작은 것이 위대하다
독일 현대시 읽기

박설호 엮고 지음

울력

울력에서 펴낸 지은이의 책
라 보에티의 『자발적 복종』

ⓒ 2007 박설호

작은 것이 위대하다. 독일 현대시 읽기

편저자 | 박설호
펴낸이 | 강동호
펴낸곳 | 도서출판 울력
1판 1쇄 | 2007년 9월 20일
등록번호 | 제 10-1949호(2000. 4. 10)
주소 | 152-889 서울시 구로구 오류1동 11-30
전화 | (02) 2614-4054
FAX | (02) 2614-4055
E-mail | ulyuck@hanafos.com
값 | 20,000원

ISBN | 978-89-89485-56-8 93850

· 잘못된 책은 바꾸어 드립니다.
· 지은이와 협의하여 인지는 생략합니다.
· 저작권법에 의해 보호 받는 저작물이므로 무단 전재나 복제를 금합니다.

차례

9 서문: 왜 하필이면 "작은 것이 위대하다. 독일 현대시 읽기"인가?

19 오이겐 곰링거: 침묵하기 · 20

23 로베르트 게른하르트: 스페르롱가 해안에서의 이중적인 만남 · 24
　　| 아 · 27 | 차범근을 위한 찬가 · 31

35 우베 그뤼니히: 만령절 · 36 | 팽창 · 38

43 두르스 그륀바인: 아침 노래 · 44 | 우리는 알았는가? · 48
　　| 프로방스에서 5 · 50

55 닥마르 닉: 오만불손 · 56 | 몰이사냥 · 59

63 프란츠 요젭 데겐하르트: 살육의 노래 제218조 · 64

71 F. C. 델리우스: 빈세레모스 혹은 취침을 방해하는 것들 · 72
　　| 늙어가는 스톤즈 팬의 고독 · 76

81 크리스티네 라반트: 십자가 짓밟기 · 82

87 루츠 라테노: 천구백육십팔 · 88 | 부코, 호숫가에서 · 90

93 엘리자베트 랑게서: 1946년 봄 · 94

99 도리스 룽게: 쾰른 성당을 바라보며 · 100 | 이카로스 · 102

105 게어하르트 륌: 소유는 절도이다 · 106

109 페터 륌코르프: 일시적으로 도취되는 이 푸른… · 110

115 로만 리터: 우체국에서 낯선 사람 끌어안기 · 116

　　　| 어느 값싼 즐거움 · 121

127 쿠르트 마르티: 조사 · 128

131 프리데리케 마이뢰커: 산 속에서, 8월 · 132 | 도시 한가운데 핀

　　　양귀비꽃에게 · 135

139 페터 마이발트: 가나안 · 140 | 한 아이가 필요로 하는 것 · 143

147 에른스트 마이스터: 양치는 여자 · 148 | 무제 · 151

155 라이너 말콥스키: 노인들 · 156 | 아름다운 드문 버드나무 · 158

161 크리스토프 메켈: 무제 · 162

167 보도 모르쉬호이저: 버림받음 · 168 | 밤 커피 · 171

175 쿠르트 바르취: 사회주의의 비더마이어 · 176

179 잉게보르크 바흐만: 광고 · 180 | 큰곰의 소환 · 182

187 위르겐 베커: 복도 마지막의 창문 · 188

191 볼프강 베힐러: 야행성의 삶 · 192

197 고트프리트 벤: 오직 두 개의 사물 · 198 | 마지막 봄 · 201

205 엘리자베트 보르헤르스: 자장자장 물은 잠에게 비를 내려 · 206

　　　| 가을 · 210

213 니콜라스 보른: 열다섯 번째 열 · 214 | 경악, 화요일 · 217

　　　| 조용한 삶 · 220

225 **가브리엘레 보만**: 가정주부 · 226

229 **요하네스 보브롭스키**: 유대인 행상 A. S.에 관하여 · 230 | 보고 · 233

| 노브고로드 근처의 사원 · 237

241 **볼프 본드라첵**: 어머니를 위하여 · 242 | 오리엔트 호텔 · 245

249 **크리스티네 부스타**: 가장자리에서 · 250 | 늙음에 관하여 · 253

257 **미하엘 부젤마이어**: 예술 · 259

263 **폴커 브라운**: 소유물 · 264 | 노동청에 있는 몸젠 · 267

273 **베르톨트 브레히트**: 기분 나쁜 아침 · 274 | 바퀴 갈아 끼우기 · 276

| 어느 젊은 여자에게서 발견한 무엇 · 279

| 나중에 널 뒤따라 떠났을 때 · 282

285 **롤프 디터 브링크만**: 슈퍼마켓의 자화상 · 286 | 오렌지주스 기계는 · 288

293 **볼프 비어만**: 프로이센의 이카로스에 관한 발라드 · 294

| 스스로 변모하는 자만이 지조를 지킨다 · 299

305 **요하네스 셴크**: 쥘 베른 · 306

309 **한스 카를 아르트만**: 장고는 지녀야 한다 · 310

315 **귄터 아이히**: 거대한 뤼베 호수 · 316 | 소지품 목록 · 319

323 **에른스트 얀들**: 시간은 사라진다 · 324 | 아침 축제, 1977년 9월 8일 · 326

329 **엘케 에르프**: 통일 후의 균열의 혼란 · 330 | 지하철 속의 다수 · 333

337 **가브리엘레 에카르트**: 세계는 크다 · 338

341 **한스 마그누스 엔첸스베르거**: 상급 학교 교과서에 실릴 시 · 342

| 미들 클래스 블루스 · 345 | 부엌 메모지 · 349 | 연구 공동체 · 353

361 브리기테 올레신스키: 얼마나 좁고 가벼운가, 어떤 연료 날개- · 362

365 베르너 죌너: 고수의 잠 · 366

371 페터 파울 찰: 2월의 태양 · 372 | 당국의 술수 · 374

377 하인츠 체홉스키: 화염 속에 가라앉는 도시에서 · 378

385 파울 첼란: 시편 · 386 | 튀빙겐, 1월 · 389 | 무제 · 393

395 야크 카르준케: 부스럼 딱지 1부터 3까지 · 396

401 하인츠 칼라우: 인간은 얼마나 많은 충격을 흡수하는가? · 402

407 귄터 쿠네르트: 도로테엔슈타트 공동묘지에 관하여 · 408

　　　| 시의 운명 · 411

415 라이너 쿤체: 방의 음량 · 416 | 타마라 A의 첫 번째 편지 · 417

421 헤르타 크레프트너: 저녁마을 · 422

425 우르줄라 크레헬: 이제 더 이상 그렇지 않다 · 426

431 레지 크로미크: 크리스티안 · 432

435 미하엘 크뤼거: 희망에 관하여 · 436

439 자라 키르쉬: 레스보스에서 온 소식 · 440 | 초록의 시골 · 443

　　　| 외눈으로 · 446

449 카린 키부스: 작가들에게 · 450 | 깨지기 쉬운 · 452

455 하넬리스 타샤우: 9월 7일에 · 456 | 무제 · 458

463 랄프 테니오르: 이른 여자 · 464 | 단순한 일들 · 467

471 위르겐 테오발디: 토요일 시 · 472 | 야간 요금 · 476

481 폴커 폰 퇴르네: 새처럼 자유롭게 · 482

489 **한스 울리히 트라이헬:** 나의 질서 · 490 | 모던의 시대 · 493

497 **외르크 파우저:** 영혼의 무게 · 498

503 **루드비히 펠스:** 쓰레기 송시 · 504

507 **에리히 프리트:** 성공하리라 · 508 | 손 안의 대화 · 510

　　　| 내가 죽기 전에 · 514

517 **리하르트 피트라스:** 아버지에게 · 518

521 **롤프 하우프스:** 배 · 522

525 **한스 위르겐 하이제:** 리스본 · 526

531 **리오바 하펠:** 나는 석양 속에서 보았다 · 532

537 **울라 한:** 고상한 소네트 · 538 | 어느 파일럿을 위하여 · 541

　　　| 남김없이 · 544

549 **마르가레테 한스만:** 에프탈루의 오솔길 · 550

553 **슈테판 헤름린:** 새들과 실험 · 554 | 11월 · 557

561 **귄터 헤어부르거:** 오그라기 양배추 콜리플라워 · 562

567 **케르스틴 헨젤:** 고습지에서의 한여름 밤의 꿈 여행 · 568

573 **페터 후헬:** 부호 · 574 | 오필리아 · 578

　　　| 테오프라스토스의 정원 · 581

587 **브루노 힐레브란트:** 애무에 관하여 · 588

593 참고 문헌

601 찾아보기

서문

왜 하필이면 "작은 것이 위대하다. 독일 현대시 읽기"인가?

"모든 시가 다 그래야 하는 것은 아니지만, 시는 우리가 잃어버린 그 무엇을, 설렘을, 위로를 되찾아주어야 한다. 어두워진 마음에 등불 하나 걸어주고, 언어의 쌀로 배고 프지 않게 해주고, 그래도 우리 생은 따뜻해야 하지 않겠느냐고 항의 섞인 물음을 던 져주어야 한다. ― 이택권

"작은 것이 위대하다." ― Cusanus

1

친애하는 J, 어느새 2007년에 당신을 위하여 책 한 권을 간행하게 되었습니다. 그런데 나의 마음은 여러 복합적 상념 때문인지는 몰라도 그다지 편하지 못하군요. 이는 오늘날의 세태에 기인하는 것 같습니다. 소련이 몰락한 이후, 오늘날 지구촌의 대부분 사람들은 역사로부터 등을 돌리고, 문학예술에 대해 어떠한 커다란 기대감도 품지 않는 것처럼 보입니다. 그들은 대부분의 경우 자신의 사적인 삶 그리고 "돈"에 혈안이 되어 있습니다. 21세기의 특징 가운데 하나를 꼽자면, 그것은 다음과 같습니다. 즉, 일반

사람들은 생각하기를 꺼려하고, 지식인들은 카산드라의 숙명을 답습하고 있습니다. 늑대와 소년의 이야기를 생각해 보십시오. 지식인들이 진실을 지적하고, 다가올 재앙을 예언한다고 하더라도, 일반 사람들은 이에 대해 추호도 관심을 기울이지 않습니다. 친애하는 J, 망각과 권태가 횡행하는 21세기에 남한 사람들 역시 세계적 추세로부터 멀리 떨어져 있지는 않는 것처럼 보입니다. 책은 새로운 매체, 컴퓨터의 등장으로 과거의 유품처럼 취급되고 있습니다. 책은 더 이상 읽히지 않고, "돈"은 "책"과 무관한 영역에서 교환될 뿐입니다. 이러한 세태를 고려할 때, 독일 현대시에 관한 책 한 권이 오늘날의 젊은이에게 과연 무슨 커다란 의미를 전해 줄 수 있을까요?

그렇지만 현재의 상황은 일시적일 수 있습니다. 과학 기술의 발달로 경제적 생활수준이 윤택해진 것은 사실입니다. 그러나 노동자들이 점점 "배부른 개"가 되어 주인이 던져주는 밥을 먹고 생각하기를 포기하면, 권력자는 반드시 그들의 코를 베어가기 마련입니다. 게다가 21세기의 가장 중요한 화두는 무엇보다도 생태계 파괴 문제가 아닐까요? 이 모든 점들을 고려할 때, 우리는 독서를 통해서 생각의 폭을 넓히고, 우리의 비판의식을 첨예화시켜야 할 것입니다. 친애하는 J, 감히 말씀드리건대, 당신에게 가장 중요한 것은 외국어 공부 외에도 독서를 통해서 자기 인식에 도달하고, 스스로 깨닫는 훈련을 쌓아 나가는 일일 것입니다. 인간 삶에서 가장 중요한 깨달음은 어떤 문제에 관해 고뇌함으로써 자기 고유의 독특한 생각을 도출해 내는 일입니다. 책을 읽고 그 내용을 암기하는 것보다, 책을 읽고 그 내용에 의문을 느끼면서 문제점을 숙고하는 일은 그 자체 매우 중요합니다. 특히 이러한 연습에 가장 도움이 되는 것은 시 작품을 정독하는 일이라고 감히 믿습니다. 그렇기에 어느 선인은 "시 300수를 읽으면, 생각함에 사특함이 없다"라고 말하지 않았습니까? 친애하는 J, 시 작품은 시대의 이슈, 특정한 시대에 살고 있는 사람들의 갈등과 갈망 등을 가장 극명하게 드러내는 예술의 매개체입니다. 그것은 단순히 문학이라는 영역에 고착된 예술의 산물이라기보다는, 오히려 인간의 갈등과 갈망의 내용을 가장 정확하게 지적해 주고 있습니다. 따라서 당신과 같은 젊은이는 시 작품을 읽고 문제점과 가능한 답을 스스로 찾아내어야 합니다.

본서는 이른바 전통적 의미에서 말하는 "독일 시에 관한 개괄적 연구"가 아니라, 일종의 "독일 지역학을 고려한 현대시 연구"를 지향하고 있습니다. 독일 현대시를 연구하는 데 있어서 우리는 무엇보다도 20세기 유럽이라는 특정한 시대 내지 시대정신의 구체적 맥락에서 시 작품들을 고찰하려는 자세를 필요로 합니다. 따라서 본서는 이른바 독어독문학이라는 기초 인문과학의 폐쇄적 영역의 틀을 넘어서서, 독일에 관한 제반 사항을 이해하고, 현재 유럽에 온존하고 있는 시대정신 그리고 문화 속의 어떤 이질적 특성 등을 접하는 데에 무엇보다도 커다란 도움이 될 것입니다.

2

『작은 것이 위대하다. 독일 현대시 읽기』는 크게 나누어 다섯 가지의 필요성을 고려했습니다. 첫째로 본서는 독일 현대시 분야의 심화 연구에 기여했으면 좋겠습니다. 둘째로 독일 현대시 연구는 당신과 같은 문예 창작을 전공하는 학생들, 특히 시 창작을 지향하는 분들에게 좋은 자료 내지는 지침서로서 유용하게 활용될 수 있을 것입니다. 셋째로 본서는 독일의 정치, 경제, 사회 그리고 문화 등의 제반 영역에서 나타나는 여러 난제들을 지적한다는 점에서 시의 영역 외에 다른 독일 지역학의 내용을 다루고 있습니다. 당신은 본서를 통해서 현대 유럽 사회의 난문제들 그리고 이를 성찰하는 시인들의 입장 등을 생생하게 접할 수 있을 것입니다. 넷째로 본서는 20세기 이후의 작품만을 대상으로 하고 있습니다. 따라서 『작은 것이 위대하다』는 현재 사용되는 독일어를 습득하고, 이를 활용하는 일에 커다란 도움을 줄 것입니다. 19세기 이전의 서정시에 비하면, 독일 현대시에 사용된 간단하고 정확한 문장들은 얼마든지 차제에 회화에 활용할 수 있는 것들입니다.

친애하는 J, 이 책은 당신에게 현대의 특정 문제점들을 제시하고, 당신 스스로 이에 대한 해답을 찾도록 의도하고 있습니다. 이는 무엇보다도 당신의 판단력에 도움을 주고, 어떤 자기 인식을 도출해 내기 위함입니다. 이러한 의도를 고려하여 나는 현대시에 관한 이론 내지 운율학Metrik 등을 일차적으로 배제하였습니다. 시론 내지 운율에 관한 내용은 처음부터 하나의 진리를 확정하려는 경향을 지니기 때문에 본서의 집필 의도와 근본적으로 어긋납니다. 대신에 나는 독일 현대 사회에 당면한 이슈를 담고 있는 작품들을 가급적이면 다양하게 다루려고 합니다. 왜냐하면 당신이 시급하게 접해야 할 사항은 다른 삶에서 비롯한 작품 속에 도사린 시적 주제와 독일적 삶 속에 나타나는 지역학적 문제점 등이기 때문입니다. 그리하여 20세기 초부터 현대에 이르는 시기의 시 작품 130여 편을 선정하였습니다.

각 작품들은 1. 시인 소개, 2. 시 작품 소개, 3. 독일어 시 원문 소개, 4. 질문, 5. 시어 설명 및 힌트, 6. 해설의 순서대로 배열되었습니다. 1. 시인 소개: 여기서 독자는 시인의 삶과 문학적 경향을 어느 정도 파악할 수 있을 것입니다. 친애하는 J, 때에 따라서는 이 부분을 나중에 읽어도 좋습니다. 왜냐하면 시인의 이력이 시의 이해에 어떤 선입견을 제공해서는 안 되기 때문입니다. 2. 시 작품 소개: 이 대목에서는 일차적으로 나에 의해 번역된 시 작품이 소개될 것입니다. 특히 시 작품의 선별 과정에서 중요한 기준으로 작용한 것은 (1) 독일 지역학과 관련되는 주제, (2) 비평의 호응도, (3) 문학적 수준 등이었습니다. 3. 독일어 원문 소개: 원문은 결코 생략할 수 없습니다. 원문이 반드시 첨가되어야만, 학생들은 원문 텍스트를 읽고, 번역본과 비교할 수 있습니다. 4. 질문: "질문"을 던진 까닭은 시를 읽고, 이를 이해하는 데 도움을 주기 위함일 뿐, 한 가지 해답을 도출하기 위함은 아닙니다. 문학 교육에서 한 가지 정답을 도출하는 일은 그 자체 위험한 발상입니다. 이는 "배움을 위한 모든 책은 자기 인식을 위한 자극제일 뿐, 해독제일 수는 없다"는 나의 입장과 관련됩니다. 5. 시어 설명 및 힌트는 경우에 따라서 생략하였습니다. 왜냐하면 많은 힌트는 독자의 자발적인 시 해석 작업을 방해하기 때문입니다. 여기서 무엇보다도 중요한 것은 어떤 문제에 대한 가능한 해답을 당신 스스로 찾는 일입니다. 6. 해설: 나는 해설 부분을 가급적이면 간명하게 그리고 조심스럽게 기술하려고 했습니다. 해설은 그야말로 보충 설명이 되어야 하지, 시 해석에 있어서 유일한 결론으로 단정되어서는 안 됩니다. 왜냐하면 나는 시 해석의 다양성을 확보하는 일이야 말로 본격 문학 작품 연구의 관건이라고 믿기 때문입니다. 바로 이러한 까닭에 나는 가급적이면 신중하게 그리고 작품으로부터 거리감을 두려고 애를 썼습니다.

친애하는 J, 당신은 『작은 것이 위대하다』에서 다음과 같은 주제들을 접하게 될 것입니다. 1. 파시즘의 극복과 과거 청산의 문제, 2. 분단과 이로 인한 갈등, 3. 관료적 전체주의의 억압 및 창작에 대한 간섭, 4. 전쟁의 위협과 평화를 주제화한 작품 5. 사랑과 연애를 주제로 다룬 시, 6. 인종 차별과 외국인 차별에 관한 문제, 7. 죽음, 신앙과 종교 갈등 등에 관한 문제, 8. 인간 삶과 자유에 관한 문제(소외 현상과 노인 복지, 젊음과 마약, 청년 실업과 여가), 9. 환경 파괴와 생태적 삶, 에너지와 미래에 관한 내용, 10. 이른바 "68 학생 운동"의 결과와 실패, 11. 동독의 비민주적인 정책 비판, 12. 현대 유럽인의 물신 숭배주의 비판, 13. 예술과 현대 시인의 사명, 14. 지식인의 영향에 관한 성찰 등이 그것들입니다. 여기서 문제되는 것은 제반 시 작품들이 한 가지 특정 주제만을 표방하는 것은 아니라는 사실입니다. 시 작품은 주제 상으로 두 개 혹은 세 개의 주제들을 한꺼번에 포괄하고 있습니다. 바로 이 점 때문에 나는 주제 중심의 분류를 포기하고, 부득이 시인의 이름에 따라 알파벳 순서로 정리할 수밖에 없었음을 솔직히 고백합니다.

3

부언하건대 본서는 시의 범례가 되는 이론을 도출해 내려고 의도하지 않았습니다. 자고로 시의 이론은 시의 창작 내지 신선한 발상을 독자의 마음속에 사전에 차단시키도록 은근히 작용합니다. 바로 이러한 까닭에 나는 시의 이론적 논의를 가급적이면 제한할 수밖에 없었습니다. 이론은 시를 이해하는 하나의 기준으로 인정할 수는 있지만, 그 자체 완전무결한 것은 아닙니다. 따라서 배우는 사람은 하나의 이론을 정립하기 전에 가급적이면 많은 일차 문헌을 접해야 마땅합니다. 친애하는 J, 이와 관련하여 본서는 당신으로 하여금 오랫동안 당연한 것으로 인지해 온 고정관념 내지 상투적인 틀을 파괴하도록 유도하려고 합니다. 왜냐하면 하나의 이론적 틀을 미리 설정해서 이를 유일무이한 진리라고 강요하는 것은 결코 문학 교육에 있어서 바람직한 태도가 아니기 때문입니다.

난들 당신에게 전하고 싶은 사상과 감정이 어찌 없겠습니까? 그러나 나는 교육에 관한 한 어떤 특정한 주장을 정당화하기 위하여 증거를 찾아다니는 학자들의 학문적 신비주의를 비판하고 싶습니다. 언제까지 선생은 "입"이고, 학생은 "귀"이어야 합니까? 얼마나 많은 학자들이 특정한 학문적 입장 내지 사상을 정당하다고 굳게 믿으면서 학생들에게 이를 강요하곤 합니까? 몇몇 사회과학자들은 다음과 같이 주장합니다. 학문 행위의 이유는 무엇인가? 그것은 자신의 입장을 첨예하게 갈고 닦으며, 견해를 달리하는 상대방의 입장을 파기시키기 위함이 아닌가? 하고 말입니다.

물론 이러한 주장은 그 자체 틀리지 않습니다. 그러나 이러한 작업은 학자와 학자 사이에서 어떤 발전적인 논쟁으로 전개되어야 마땅하지, 교사와 학생 사이에서 이루어져서는 안 됩니다. 교사는 학생들에게 자신이 옳다고 생각하는 바를 학생들의 머릿속으로 "주입"시킬 게 아니라, 어떤 문제를 제시함으로써 그들로 하여금 스스로 깨닫도록 조처해야 합니다. 교사는 학생들에게 한 가지 정답을 알려줄 게 아니라, 미처 생각하지 못했던 사소한, 그러나 가장 중요한 질문들을 던져야 합니다. 그렇게 해야만 학생들은 인문학적 자기 인식 내지 자신의 삶과 관련된 해결책을 숙고하지 않을까요?

4

친애하는 J, 이 책을 위하여 나는 『작은 것이 위대하다. 독일 현대시 읽기』라는 제목을 택했습니다. 쿠자누스는 성서의 가르침을 고려하면서 "작은 것이 위대하다"고 발언하였습니다. 쿠자누스에 의하면, 인간은 "작은 신 Parvus Deus"이라고 합니다. 쿠자누스는 이를 기하학으로 설명하였습니다. 가령 점과 같이 작은 것, 즉 나 자신의 몸에 있는 작은 점 하나는 가장 보잘것없는 "최소성 Minimum"에 해당하지만, 나는 그것을 우주 속에 존재하는 것으로 인식해 낼 수 있다는 것입니다. 또한 자신의 존재가 모든 것을 모을 수 있는 중점中点이기 때문에, 나 자신이 바로 우주, 다시 말해서 "최대성 Maximum"이라고 합니다.

그렇지만 나의 제목은 이와는 다른 맥락을 고려한 것입니다. 그것은 어쩌면 우리의 "작은 고추 콤플렉스"(?)와 관계있습니다.

한국인들은 일본인들과는 달리 크고 거창한 것을 좋아하는 것 같습니다. 예컨대 "나라를 다스리는 지도자"에 해당하는 "대통령大統領"이라는 호칭은 외국인의 시각으로 고찰할 때 그 자체 우스꽝스러운 표현이 아닐 수 없습니다. 서구 사람들은 작은 차를 오래 타고 다니는 것을 자랑삼아 이야기하는 반면에, 남한의 소형차 운전자들은 소심한 사람으로 취급당합니다. 학자들 역시 거창하고 웅대한 연구 대상을 즐겨 다루고, 작고 사소한 문제는 꺼려합니다. 그러나 우리는 때로는 아무도 눈여겨보지 않는 어떤 사소한 대상에서 어떤 가치를 발견해야 할 것입니다. 가령 프로이트 Freud는 한 개인의 작은 기이한 행동에서 광대한 무의식이라는 대양을 발견하지 않았습니까? 티끌에서 우주 전체가 발견되듯이, 우리 역시 작은 것에서 엄청나게 폭발적인 어떤 요소를 찾아낼지 모릅니다.

서정시는 소설에 비해 처음부터 작은 규모로 이루어져 있습니다. 그렇지만 규모가 작은 서정시 한 편이 우리의 인생관을 순식간에 벌컥 뒤집어 놓을 수 있지 않을까요? 물질적 가난이 때로는 우리에게 정신적, 심리적 풍요로움을 안겨 주고, 작은 것이 때로는 위대할 수 있듯이 말입니다. 오늘날 우리는 미국식 자본주의, 컴퓨터, 재화, 실리콘밸리, 사이버네틱스, 갈등 구조, 경쟁 등과 같은 단어들을 자주 듣습니다. 이러한 단어들은 우리의 의식 속에 자리하여, 살벌한 자극을 가하고 있습니다. 오늘날 21세기를 살아가는 우리에게 정작 필요한 것은 어떠한 논의일까요? 갈망, 문학, 생태주의, 사상의 공유, 여성주의, 인간적 따뜻함, 협동, 형제애와 같은 단어들은 우리에게 어떠한 함의를 전해 줄까요? 친애하는 J, 부디 본서를 읽고, 작품 속에 반영된 현대 독일과 독일인들의 문제점들을 스스로 찾으시기 바랍니다. 그것은 어쩌면 우리 자신의 하자일지도 모를 일입니다.

안산에서 박설호 씀

EUGEN GOMRINGER

오이겐 곰링거

오이겐 곰링거(1925-)는 볼리비아의 카추엘라 에스페란차에서 태어났다. 1946년부터 1950년까지 그는 베른과 로마에서 국민 경제학과 예술사를 공부했다. 1952년 잡지 『나선』이 창간되었는데, 곰링거는 잡지의 발기인이었다. 1954년부터 1957년까지 그는 울름 예술 대학에서 막스 빌의 비서로 일하였다. 1962년에서 1967년까지 곰링거는 스위스의 창작 연맹의 경영을 맡아 하였고, 1967년부터 1985년까지 주식회사 셀브의 문화 담당자로 일하였다. 그리고 그는 1978년부터 1990년까지 뒤셀도르프 예술 아카데미에서 미학 이론 강의를 맡아 하면서 구체시 발전에 커다란 공적을 남겼다.

침묵하기

침묵하기침묵하기침묵하기
침묵하기침묵하기침묵하기
침묵하기   침묵하기
침묵하기침묵하기침묵하기
침묵하기침묵하기침묵하기

Schweigen

schweigenschweigenschweigen
schweigenschweigenschweigen
schweigen   schweigen
schweigenschweigenschweigen
schweigenschweigenschweigen

질문

1. 이 작품을 맨 처음 대할 때 무엇이 연상됩니까?
2. 인간의 언어는 과연 믿을 만한 것일까요?

해설

곰링거의 구체시「침묵하기」는 무엇을 말하려고 하는 것일까요? 입 구口 자의 모형은 "침묵하기"라는 단어로 이루어져 있는데, 한복판이 비어 있습니다. 그게 과연 비어 있는 것일까, 아니면 생략된 것일까요? 만일 비어 있다면, 어떤 비밀스러운 의미가 의도적으로, 혹은 어쩔 수 없이 빠져 있는 경우일 것입니다. 만약 어떤 단어가 생략된 것이라면, 우리는 얼마든지 그 자리에 임의대로 단어를 집어넣을 수 있을 것입니다. 전자의 경우 비밀스러운 의미를 노출시키지 않으려는 함의를 드러내고, 후자의 경우 작위적 요소를 강조하려는 함의를 지닙니다. 인간의 언어는 인위적人僞的이라서 때로는 진실을 감추는 데 활용되기도 하고, 때로는 얼마든지 다른 의미로 곡해되어 전달되지 않는가요?(윤노빈 2003: 202f) 그게 아니라면 "침묵은 억압 때문에 실현이 유보되는 것"일까요?(변학수 2004: 64) 어쨌든 곰링거의 시는 언어 자체에 대한 회의감을 드러내고 있습니다. 극단적인 구체시에서는 언어가 기존의 역할을 담당하지 못합니다. 모든 것은 시각적 부호로 이해될 수 있습니다. 이는 그 자체 현실을 완전하게 언어적으로 구성하려는 노력에 대한 불신입니다. 곰링거의 위 시는 현실에 대한 모사조차 이행할 수 없는 언어의 불충분한 특성을 그대로 보여 줍니다.

ROBERT GERNHART

로베르트 게른하르트

로베르트 게른하르트 (1937-)는 에스트란트의 레발에서 태어났다. 그는 괴팅겐에서 아비투어를 마친 뒤에 슈투트가르트와 베를린에서 미술과 독문학을 전공하였다. 게른하르트는 1964년부터 프랑크푸르트에 머물고 있는데 1965년부터 『미안. 풍자 월간 *Pardon, die satirische Monatsschrift*』의 편집자로 일하면서, 미술과 문학 영역에서 왕성하게 활동하였다. 그는 시, 소설뿐 아니라, 회화, 캐리커처 등의 영역에서도 독자적인 성향으로 두각을 나타내었다. 게른하르트는 아도르노의 문명 비판에 관심을 기울였다.

스페르롱가 해안에서의 이중적 만남

태양은 이미 깊이 내려앉았지.
해변은 광활하게 비어 있었어.
너의 그림자가 달리는 동안
나의 것은 내 앞에 비스듬히 뻗어 있었지.

너는 내가 잘 알지 못하는 여자야.
너희는 신속하게 서로 가까워졌지.
너의 그림자는 어두웠고, 너는 밝았어.
너희는 모래 위로 성큼 다가왔지.

아주 아름답게 그리고 거의 벗은 채
너는 내 곁을 스치며 달려갔어.
이때 그림자들은 더 이상 두 개가 아니라
서로 정확히 겹쳐지고 있었어.

우리는 너희를 오랫동안 바라보았어.
너희는 몸 돌려 쳐다보지 않았고.
너희, 너와 너의 그림자는 달렸어, 말없이.
우리 가운데 하나가 말했지, "아" 하고.

Doppelte Begegnung am Strand von Sperlonga

Die Sonne stand schon tief./ Der Strand war weit und leer./ Schräg ging mein Schatten vor mir her,/ indes der deine lief.// Du warst mir unbekannt./ Ihr nähertet euch schnell,/ Dein Schatten dunkel und du hell,/ so kamt ihr übern Sand.// Sehr schön und ziemlich nackt/ liefst du an mir vorbei./ Da warn die Schatten nicht mehr zwei,/ sie deckten sich exakt.// Wir sahn euch lange nach./ Ihr drehtet euch nicht um./ Ihr lieft, du und dein Schatten, stumm,/ von uns sprach einer: Ach.

시어 설명 및 힌트

스페르롱가 해안: 로마와 나폴리 사이에 위치한 아름다운 해안이다. 특히 그곳 석양 풍경은 장관을 연출한다.

질문

1. 시는 언제 어디서 발생한 사건을 묘사하고 있는가요?
2. 제목, "이중적 만남"의 의미는 무엇입니까?
3. 마지막 "아" 속에 담긴 감정을 그럴듯하게 설명해 보세요.

해설

인용 시는 약강격의 3각운으로 이루어져 있으며, 세밀하게 각운을 맞추고 있는 정형시에 속합니다. 여기서 우리는 시인의 감각이 무척 시각적임을 알 수 있습니다. 미술을 전공해서 그런지 몰라도 시인의 시는 독자의 시각을 자극하곤 합니다. 남자인 "나"는 이탈리아의 아름다운 해변을 걷습니다. 태양이 깊이 내려앉은 것으로 미루어 석양 무렵입니다. 여자인 "너"는 "나"를 앞지르며 백사장 위를 달립니다. "나"는 "너"를 알지 못합니다. 그미에 대한 묘사는 간결합니다. 너는 "아주 아름답게 그리고 거의 벗은 채" 달려갑니다. 시적 기발함은 시인이 네 명(나, 나의 그림자, 너 그리고 너의 그림자)의 우연한 만남을 "이중적"으로 묘사하는 데에 있습니다. 그렇지만 아름다운 그미는 어느새 멀리 사라집니다. 한 번쯤 "몸 돌려 쳐다보지"도 않고 사라집니다. 이때 시적 자아는 어떤 순간을 떠올립니다. 두 사람 사이에는 아무 일도 없었지만, 두 개의 그림자가 "서로 정확히 겹치"던 순간을 말입니다. 시적 자아는 "아" 하고 소리 지릅니다.

시인은 남자와 여자의 만남을 그렇게 기록합니다. 보들레르의 작품 가운데 「스쳐 지나가는 한 여자에게An une passante」라는 시가 있습니다. 시인은 파리의 군중 속에서 너무나 매력적인 여자를 발견합니다. 한 번 쳐다보는 순간 애틋한 사랑의 감정을 느낍니다. 그미의 눈빛은 "번개"처럼 보들레르의 가슴에 박힙니다. 이 순간 시인은 "그미와 함께 보내는 밤"을 뇌리에 떠올립니다 (Reich-Ranicki 2000: 421). 다시 말해 아름다운 임은 인간의 마음속에 "번개"를 내리친 것입니다.

현대인은 사랑의 감정을 거창하게 표현하지 않지만, 과거 사람들은 이를 "신적인 무엇"이라고 생각했습니다. 신적인 무엇은 압도할 것 같은 아름다움 속에서 발현한다는 것입니다. 사랑의 감정은 가령 제우스신의 번개와 같습니다. 예컨대 제우스신은 아름다운 여자를 발견하면, 그미에게 황홀한 사랑의 번개를 내리치곤 했습니다. 어느 날 그는 암피트리온의 아내, 알크메네의 미모에 반합니다. 남편으로 변장한 신은 남편의 출타 중에 그미와 정을 통합니다. 알크메네는 그가 남편이라고 착각합니다. 이 경우 겁탈은 신의 축복에 의해서 미화되고 있습니다. 신의 사랑은 인간에게 한편으로는 광채를 안겨 주지만, 다른 한편으로는 비참함을 수반합니다. 인용 시 마지막에 표현된 "아"라는 표현은 그만큼 이중적으로 해석될 수 있을 것입니다. 그것은 그미에 대한 사랑의 성취감 내지 황홀감을 담고 있을 뿐 아니라, "사랑 → 동침 → 이별"로 이어지는 결과의 예측에서 비롯하는 쓰라림을 함축하고 있지 않는가요?

아

아, 마지막 시간에 나는
해야 할 일을 하고 있을 게요.
죽음이 내 문 앞에서 노크하면,
민첩하게 "들어오세요." 하고 말할 게요.

무슨 일로 시작할까? 죽는 일로?
이제껏 한 번도 해본 적 없지만
아이 안고 흔드는 쉬운 일일 테지요.
그렇겠지요, 웃기는 일이지만.

그따위 모래시계 무척 흥미로워요.

그래, 그걸 기꺼이 꼭 붙잡고 싶어요.
아, 그건 당신의 큰 낫인가요?
그게 정말 나를 휴식하게 할까요?

이제 나는 어느 방향으로 몸 돌릴까요?
왼쪽으로? 당신 쪽에서 바라봤을 때?
아, 내 쪽에서! 무덤까지 향해서?
그러면 어떻게 계속 진행될까요?

그래, 시계는 이제 멎었어요.
당신 시간을 뒤로 돌리고 싶으세요?
이제 그걸 어디서 구입할 수 있어요?
떨어져 나간 한 부분을.

내가 말하고자 하는 것은
사람들이 모든 나날을 발견하지 않으면
아! 더 이상 말하지 말아야 한다는 사실?
잘 될 거예요! 다행히 살아 있잖아요.

Ach

Ach, noch in der letzten Stunde/ werde ich verbindlich sein./ Klopft der Tod an meine Türe,/ rufe ich geschwind: Herein!// Woran soll es gehn? Ans Sterben?/ Hab' ich zwar noch nie gemacht,/ doch wir werd'n das Kind schon schaukeln-/ na, das wäre ja gelacht!// Interessant so eine Sanduhr!/ Ja, die halt ich gern mal fest./ Ach -und das ist Ihre Sense?/ Und die gibt mir dann den Rest?// Wohin soll ich mich jetzt wenden?/ Links? Von Ihnen aus gesehn?/ Ach, von mir aus! Bis zur Grube?/ Und wie soll es weitergehen?// Ja, die Uhr ist abgelaufen./ Wollen Sie die jetzt zurück?/ Gibt's die irgendwo zu kaufen?/ Ein so ausgefall'nes Stück// Findet man nicht alle Tage,/ womit ich nur sagen will/ -ach! Ich soll hier nichts mehr sagen?/ Geht in Ordnung! Bin schon.

질문
1. 인용 시에서 기발하지만, 우스꽝스러운 대목을 찾아보세요.
2. 문체를 고려할 때 인용 시가 다른 시들과 다른 점은 무엇입니까?
3. "들어오세요."라는 말은 어디서 사용되는가요?
4. 맨 마지막 행, "잘 될 거예요! 다행히 살아 있잖아요."가 암시하는 바는 무엇일까요?

해설
게른하르트의 시는 현대인의 절망을 우스꽝스럽게 표현하고 있습니다. 피상적인 우스꽝스러움은 쓰라린 유머처럼 고통스러운 절망의 여운을 남깁니다. 상기한 시는 죽음에 관해서 노골적으로 묘사합니다. 시어 역시 대체로 일상적 언어로 구성되어 있습니다. 여기에는 어떠한 비밀도 없습니다. 놀라운 것은 시적 자아가 회사를 찾아오는 노동자 한 사람처럼 죽음을 맞이하는 대목입니다. 제2연에서 사람들이 고객을 맞이하고 어떤 일을 행하듯이, 시적 자아는 "죽음"을 맞이하고 제품을 만들기 위해서 "죽는 일"을 시도합니다. 이제껏 한 번도 해본 적 없지만, 그것은 수월한 일감이라고 생각합니다. 그들이 직접 다루어야 하는 제품은 "모래시계" 그리고 "큰 낫"입니다. 제4연에서 시인은 살면서 일하는 행위에서 전혀 방향을 찾지 못합니다. 방향 자체는 큰 문제가 되지 않습니다. 누구의 입장에서 방향이 정해지는가? 하는 물음이 중요합니다. 삶과 죽음에 대한 지금까지의 진지한 해석은 그 자체 파기되어 버렸습니다. 남은 것은 오로지 내가 어떻게 사는가? 하는 물음밖에 없습니다. 제5연에서 시간은 제 기능을 다하지 못합니다. 시적 자아는 마치 골동품 수집하듯이 시간을 "구매"하려고 합니다. "이제 그걸 어디서 구입할 수 있어요?" 이때 사람들은 시적 자아가 "더 이상 말하지" 않더라도 "잘 처리될" 것이라고 생각합니다. 마치 잔업을 통해서 모든 일을 끝내듯이 죽음 역시 그렇게 처리해 버리리라는 것입니다. 마지막 행이 말하고자 하는 바는 무엇일까요? "세상의 의미는 없다. 내가 살아 있는 것만으로도 충분하다. 그러니 삶과 세계의 의미를 전근대적 방식의 철학적, 문학적, 신학적 시스템으로 말하지 말라." 시인은 죽음과 시간에 관한 전통적 사고에 의문을 제기하는 것일까요?

차범근을 위한 찬가

슈투트가르트와 싸우는 멋진 남자, 너를 우리는 처음 보았어,
심장은 마력에 사로잡혔고, 조만간 너에게 완전히
매혹 당했지. 아! 네가 푀르스터, 홀처 그리고
마르틴과 람믈러를 제치는 기술이란, 나중에 그들도 너에게
칭찬을 아끼지 않았듯이 — 너는 수비수 사이를
요리조리 헤집고, 마침내, 드디어
전반전이 끝나기 직전에, 보르헤르스가 센터링한
볼을 향해 점프하면서, 몸을 펼치면서
영리한 너의 이마로 헤딩하여
가죽 공은 오른쪽 구석 끝으로 가라앉았지, 로레더에겐
너무 고통스러웠지 —
그 장면은, 그 장면은
심장에 경련을 일으키게 했어, 기쁨과 예견이 하나로
이루어진 놀라운 환호였지.

Die Hymne an Cha Bum-Kun

Wir sahen dich erstmals, Lieblicher, gegen Stuttgart,/ - und das Herz war bezaubert, verzaubert bald/ Gar. Ach! Wie du da Förster Holzer,/ Versetztest und Martin, den Rammler, so daß selbst/ Sie dein Lob dann sangen - wie du dich/ Schlängeltest durch die Abwehr - um endlich,/ Endlich, kurz nach der

로베르트 게른하르트

Halbzeit, hoch in die/ Lüfte dich reckend, die Flanke von Borchers/ Nahmst mit der Stirn, der klugen, das/ Leder versenktest im rechtesten Toreck, Rohleder zu/ Pein -/ es war... - es war/ Wie ein Herzkrampf, ein schöner, in Freude und/ Ahnendem Jubel in eins.

시어 설명 및 힌트

로레더: 당시 슈투트가르트 축구팀의 골키퍼. 그의 이름은 "Rohleder"로서 "생가죽"이라는 의미를 지니고 있다. 홀처: 사람 이름일 수도 있지만, "태클을 거는 강인한 수비수"라는 의미를 지닌다.

해설

시 작품이라고 해서 무조건 진지하고 엄숙한 내용만을 다루어야 한다는 것은 하나의 편견입니다. 축구 경기를 관람하면서 느낀 쾌감 역시 시 작품에서 얼마든지 표현할 수 있을 것입니다. 독일 분데스리가(연방리그)는 1부와 2부로 나뉘어 실시됩니다. 여름의 2개월 보름을 제외하고는 매주 토요일에 축구 경기가 개최됩니다(약 2, 3개의 시합은 일요일에 열리기도 합니다). 수요일에는 유럽 챔피언스 리그, 유럽 컵 경기 그리고 UEFA 컵 대회가 열리니까, 선수들은 3일에 한 번씩 계속 시합에 참가해야 합니다. 분데스리가 1부에는 18개 팀이 속해 있고, 2부에는 20개의 팀이 있습니다. 그밖에 지방 팀들도 무수히 많습니다. 1부 리그의 하위 두 팀은 2부 리그로 강등되고, 2부 리그 1, 2위 팀은 다음해에 1부 리그에서 시합을 치릅니다.

차범근 선수는 맨 처음 프랑크푸르트 팀에서 놀라운 실력을 과시했습니다. 80년대 독일인들은 한국인들과 만나면 차범근 선수를 거론하곤 했습니다. 그는 100미터를 11초 4에 달리는 준족이었습니다. 그가 운동장에서 이리저리 헤집다가 골을 넣는 장면을 보는 것은 축구 팬들에게는 그 자체가 커다란 기쁨이었습니다.

UWE GRÜNIG

우베 그뤼니히

우베 그뤼니히(1942-)는 잘 알려진 작가는 아니지만, 좋은 시와 산문 작품을 몇 편 남겼다. 그뤼니히는 로츠 근처의 파비아니체에서 태어났다. 그는 작센 주의 소도시에서 유년 시절을 보낸 뒤에 일르메나우에 있는 기술 대학을 다녔다. 박사 학위 취득 후에 그뤼니히는 예나에서 기술학교 선생으로 근무하였다. 1982년 이후로 라이헨바흐에서 전업 작가로 일하였다. 통독 이후 총선거에서 자민당(CDU) 소속의 국회의원으로 피선되기도 했다. 중요한 작품으로 『12월의 여행하는 아침』(1977)이 있다.

만령절

들오리는 이른, 아직 강가에
도래하지 않은 추위로부터 흩어져 날았다,
잿빛 줄기의 갈대로부터.
몇 번 날갯짓으로
물을 채찍질하며 날아올랐다.

하얀 실로 된 안개 속
연못가에서 나는 걸었다.
오리나무에는
잎이 다 떨어졌다. 언덕으로부터
빛들이 내려왔다, 별똥 같은.
이미 정오가 되었는가?

바람의 화살은
텅 빈 화살 통에서 나와
메마른 깃털 붙은 나무 끝자락으로 보내졌다.
낙엽 쌓인 거리 아래로
나는 걸어갔다.
바스락거리는 소리는 발을 덮었다.

만령절의
시간이 가까이 온다.

그리하여 어떤 하늘은 눈빛 없는
눈꺼풀을 열고.

Allerseelen

Wildenten stoben in früher,/ nicht bis zum Ufer reichender Kälte/ aus grauhalmigem Schilf./ Mit kurzen Schlägen/ peitschten sie über das Wasser.// Ich ging im fasernden Nebel/ am Rande des Teichs./ Die Erlen/ waren entlaubt. Von den Hügeln/ kamen Lichter herab sternschnuppengleich./ War es schon Mittag?// Windpfeile wurden/ in die dürren gefiederten Kronen/ aus leeren Köchern gesandt./ Ich ging/ eine Blätterstraße hinab./ Rascheln deckte die Füße.// Die Zeit/ um Allerseelen rückt näher./ So öffnet ein Himmel/ blicklosen Auges das Lid.

질문
1. 11월의 만령절이 공휴일로 정해진 이유는 무엇일까요?
2. 마지막 연이 현재 시제로 표현된 까닭은?

(해설)
상기한 시는 그뤼니히가 1984년 베를린에서 간행한 시집 『불의 주변에서 Im Umkreis der Feuer』에 실린 것입니다. 자유시 형식으로 이루어진 「만령절」은 11월의 암울한 풍경을 언어의 화폭에 담은 작품입니다. 여기서 추위가 어디까지 영향을 미치게 될지 시인은 모르고 있습니다. 짙게 깔린 안개 속에서 시인은 방향 감각을 상실합니다. 안개 속에서는 주어진 사물이 보이지 않고, 안개의 움직임만이 감지될 뿐입니다. 안개의 움직임은 마치 죽은 영혼이 이리저리 방황하는 것처럼 느껴지지 않나요? 길에는 낙엽이 쌓여 있고, 약간의 바람이 불어 나무들이 흔들리고 있습니다. 이 시기에 인간은 죽은 영혼들을 생각할 수밖에 없습니다. "바람의 화살"은 안개를 스쳐 지나갑니다. 어쩌면 중음신中陰神들이 이곳에 서성거리는지도 모를 일입니다. 고독하게 산책하는 인간은 어떠한 찬란한 기약도 감지하지 못합니다. 하늘은 그저 "눈빛 없는 눈꺼풀"만을 열어젖힐 뿐입니다. 맨 마지막 연은, 앞의 세 연의 과거형과는 달리, 현재형의 시제로 이루어져 있습니다. 이로써 우리는 만령절이 막연히 달력에 표시된 날이 아니라, 실존적인 차원에서 이해되어야 함을 느낄 수 있습니다. 즉, 주어진 사회 내지 정치적 상황과의 관련성 말입니다.

팽창

우리가 돌아왔을 때, 지구 위에는
헤아릴 수 없는 나이가 놓여 있었지.

산들은 쉬고 있었지.
빙하 아래서 평탄하게 변한 채.

어떤 아라라트 산도
우리의 눈길에 희망을 던지지 않았지.

해초 낀 여러 웅덩이 가까이
그 인간 지구의 속을 들이켰지.

우리는 늪 가까이
우리의 입술을 갖다대었지.
그러나 호흡으로 뒤덮인
거울은 살고 있지 않았어.
그러나 거기에는 언젠가
모든 게 한 번 존재했었지.
그리고는 세 번째로 깨어나길
열망하지 않았어.
메마른 웅덩이 위로 석화된
물푸레나무 잎사귀와 함께 일어섰지.
그것은 슬픔의 천년 주위에 있다가
지구 위로 솟아올랐지.

우리는 감히 되돌아가지 않았어.
우리도 웅덩이의 물을 마셨지.
어떤 얼음의 표면 같은 어둠이 덮인
추위를 우리는 바라보았지.

동일한 직물이 세계와

언어를 포괄하고 있음을 기억했지.
그리고는 느꼈어, 그게 어떻게
생명을 죽이며 찢겨지는가를.

Dilitation

Als wir zurückkehrten, lag/ ein unermeßliches Alter über der Erde.// Die Berge ruhten/ eingeebnet unter den Gletschern./ Kein Ararat/ bot Hoffnungsgehalt unserm Blick.// An algigen Tümpeln/ trank sich der Mensch ins Alter der Erde.// Wir legten/ unseren Mund an die Moose,/ aber da lebte kein Spiegel,/ der sich mit Atem beschlug./ Aber da war/ alles schon einmal gewesen,/ und begehrte nicht,/ ein drittes Mal zu erwachen./ Über den durstigen Lachen erhob sich/ mit versteinerten Blättern die Esche./ sie überragte die Erde/ um ein Jahrtausend der Trauer.// Zurückzukehren wagten wir nicht./ Wir tranken auch aus den Tümpeln./ Wir sahen die Kälte,/ die das Dunkel wie eine Eishaut bedeckt.// Wir erinnerten uns, daß das gleiche Gewebe/ Welt und Sprache umschließt./ Wir spürten, wie es,/ das Leben tötend, zerriß.

질문

1. 제1연에서 제3연 사이의 현실은 구체적으로 어디인가요?
2. 제3연에서 "그 인간"은 누구일까요?
3. 제3연에서 기억에 관한 문제가 다루어지는 이유는?

해설

그뤼니히의 시「팽창」은 미래에 대한 경고의 시로 이해할 수 있습니다. 시인은 일체의 수식을 배제하고, 의식에 떠오른 상황만을 간결하게 서술합니다. 어쩌면 그뤼니히가 묘사하는 상은 충적세 이후에 도래한 제2홍적세의 세상인지 모릅니다. 어쩌면 참담한 현실이 빙하기의 상황으로 다루어진 것일까요? "아라라트산"은 터키 동부 지역에 위치한 높은 산을 가리킵니다. 성서에는 노아가 방주를 타고 그곳에 당도한 적이 있다고 기록되어 있습니다. 작품에서 시인은 이곳으로 되돌아옵니다. 시인이 언제 어디서 이곳으로 왔는지는 알 수 없습니다. 작품에서 "그 인간"은 구약성서에 나오는 노아를 가리킵니다. "우리는 늪 가까이/우리의 입술을 갖다대었지./그러나 호흡으로 뒤덮인/거울은 살고 있지 않았어./그러나 거기에는 언젠가/모든 게 한 번 존재했었지." 생명의 흔적은 주위에서 발견되지 않습니다. 이곳은 어디일까요? 물푸레나무의 잎사귀는 돌로 변해 있고, 주위는 어둠으로 덮여 있습니다. 어둠은 마치 "얼음의 표면"처럼 보입니다. 마지막 연은 모호하고, 난해합니다. 세상은 다시 빙하로 덮이고 더 이상 살 수 없는 지역으로 변해 버린 것일까요? 그렇다면 이 시는 가장 끔찍한 상을 보여 주는 생태시가 아닐까요?

"동일한 직물이 세계와/언어를 포괄하고 있음을 기억했지./그리고는 느꼈어, 그게 어떻게/생명을 죽이며 찢겨지는가를." 여기서 직물Textur은 텍스트Text와 관련있는 것 같습니다. 인간의 기억은 텍스트에 의해서 보존됩니다. 뮤즈의 여신이 "기억Mnemosyne"이라는 이름을 지닌 것을 생각해 보세요. 문학 내지 문헌학을 통해서 인간의 삶은 후세에 전해지고 기억될 수 있습니다. 그렇지만 변화된 세계에서 텍스트는 무용지물로 화합니다. "세계와 언어를 포괄하"는 직물은 더 이상 제 기능을 다하지 못합니다. 새로이 도래한 빙하기에서 세계는 더 이상 기억되지 않습니다. 뮤즈, 텍스트 등도 더 이상 원래의 효용 가치를 지니지 못합니다. 왜냐하면 어떤 "동일한 직물"이 모든 생명을 죽이고 스스로 찢겨지기 때문입니다.

DURS GRÜNBEIN

두르스 그륀바인

두르스 그륀바인(1962-)은 드레스덴에서 태어났다. 동베를린에서 연극사를 공부한 그는 1987년 전업 작가가 되었다. 여러 잡지사를 전전한 뒤에 갈레프 출판사의 출판 기획을 담당하였으며, 배우, 화가 등과 많은 예술 활동을 벌였다. 그륀바인은 다른 동독 출신 작가들과는 달리 프로이센 특유의 근엄성을 버리고 작센 특유의 예술성을 지향하였다. 그가 일찍이 동독 작가로 활동하기를 포기하고, 세계 시민적 예술가로 도약하려고 한 것은 결코 우연이 아니다. 이와 관련하여 그륀바인은 자신을 "점점 변화되는 현상 속에서 해체되는 세계의 요소들과 유희하는 예술가"로 규정하였다. "자아가 수많은 자극으로 백만 번 이상 찢겨지고 와해되는 물질적 세계에서" 시인으로서 무엇보다도 중요한 일은 전적으로 개방시키고 충동적으로 깨어 있는 일이라고 하였다. 그륀바인의 견해에 의하면, "새로운 예술가는 어떠한 프로그램도 지니지 않고, 세계와 타자와의 대등한 관계를 위해서 오로지 섬세한 감각 기능과 신경기관만 지니면 족하다."

아침 노래

마침내 방랑자들 모두 죽었다
당혹스러운 자들, 땅에 병든 자들의
노래들은 이제 휴식을 맞이했다
그들의 긴 그림자 속에서, 지평에서.

작은 애무와 끔찍한 표현들은
공기 속에서 해체되어 퍼진다. 항상
태양 의자에 누군가 앉아 있듯, 아이들과
노인들은 따로 웃으며 지나친다.

나뭇가지에는 기억들이, 미래 어느 날의
분명한 장면들이 겹려 있다.
도처에서 호흡과 비약은 어둠 사이로
유골로부터 자궁으로 되돌아간다.

새로운 무엇, 위험한 그것은 밤사이에
세계가 되었다. 그러니 찢겨진 수의에서
그대 밖으로 나와서 쳐다봐,
밝아지지 않는, 하늘을, 아래 또한

매복 지역에서 마구 뛰쳐나온
독 묻은 풀들과 까치들, 사악하게

날개들을 마구 퍼덕거린다, 도둑들
삶의 길 한가운데 있는 그대처럼.

Alba

Endlich sind all die Wanderer tot/ Und zur Ruhe gekommen die Lieder/ Der Verstörten, der Landschaftskranken/ In ihren langen Schatten, am Horizont.// Kleine Koseworte und Grausamkeiten/ Treiben gelöst in der Luft. Wie immer/ Sind die Sonnenbänke besetzt, lächeln/ Kinder und Alte aneinander vorbei.// In den Zweigen hängen Erinnerungen,/ Genaue Szenen aus einem künftigen Tag./ Überall Atem und Sprünge rückwärts/ Durchs Dunkel von Urne zu Uterus.//Und das Neue, gefährlich und über Nacht/ Ist es Welt geworden. So komm heraus/ Aus zerwühlten Laken, sieh sie dir an,/ Himmel, noch unbehelligt, und unten//Aus dem Hinterhalt aufgebrochen,/ Giftige Gräser und Elstern im Staub,/ Mit bösem Flügelschlag, Diebe/ In der Mitte des Lebensweges wie du.

시어 설명 및 힌트

제목 "Alba"는 두 가지 의미를 지닌다. 그 하나는 아침 여명이며, 다른 하나는 중세 독일의 연가를 의미한다. 후자의 경우, 동침한 남녀가 아침에 헤어질 때 그러한 노래를 불렀다고 한다. 땅에 병든 자들: 이 단어는 그 자체 조어이다. 단순히 향토 병자들을 가리킬 수도 있고, 자연의 아름다움에 도취한 자들을 가리킬 수도 있다. 그게 아니라면 땅에 혈안이 된 정복자를 가리키는 것일까? 밝아지지 않는: "방해받지 않는"이라는 의미를 동시에 지닌 시어이다. 까치들: 중세 이후로 까치는 선과 악을 동시에 지닌 인간군을 상징하는 새로 사용되었다. 가령 우리는 볼프람 폰 에센바흐 W. v. Eschenbach의 『파르치발』 서문을 예로 들 수 있다.

질문

1. 상기한 시는 그륀바인이 1994년에 발표한 것입니다. 이 작품의 시점은 저녁 → 밤 → 아침으로 이어집니다. 각 연이 가리키는 시점은?
2. 유럽 정신사를 고려할 때 저녁부터 아침까지 이어지는 시간의 진행은 어떠한 의미를 지니고 있을까요?
3. 우리는 그륀바인 특유의 문명 비판을 읽을 수 있습니다. 이에 해당하는 시어를 열거하고 자세히 설명해 보세요.

해설

그륀바인의 시는 대체로 난해합니다. 복잡하기 때문에 난해한 게 아니라, 다양한 의미를 지니기 때문에 독자로서 단번에 이해하기 힘이 듭니다. 시간적 순서에 의하면 「아침 연가」 제1연은 저녁 무렵을 가리킵니다. "긴 그림자," "휴식" 그리고 "지평" 등이 이를 예증하고 있습니다. 시적 분위기가 당혹스럽고 위협적이기는 하지만, 사람들은 더 이상 방랑하지 않고 귀가합니다. 제2연에 묘사된 시점은 분명히 밤입니다. 사람들은 서로 사랑을 속삭이지만, 차제에 얼마나 끔찍한 일이 벌어질지 유추하지 못합니다. 노인과 아이들은 밤 인사를 나누며 헤어지고, 잠을 청합니다. 내일 맞이할 "태양 의자"를 갈구하며 꿈을 꿉니다. 아닌 게 아니라 제3연은 꿈의 내용으로 이루어져 있습니다. 이 장면은 살바도르 달리의 그림을 연상시키기에 충분합니다. 꿈속에서는 시간이 역순으로 흐르고 있습니다. 제4연은 동이 틀 무렵을 가리킵니다. 어쩌면 사람들은 밤사이에 거대한 역사를 창조하는지 모릅니다. 왜냐하면 그들은 꿈속에서 미래의 목표를 향한 열망을 떠올렸기 때문입니다. 이렇게 창조된 역사는 "새로운 무엇"이지만, 몹시 위험하게 느껴집니다. 시적 자아는 "그대"에게 직접 말합니다, "찢겨진 수의" 바깥으로 나오라고. 그런데 놀라운 것은 다시 도래한 아침에 뛰쳐나온 것들은 그대에게 직접 해를 가하는 "독 문은 풀," 선악을 동시에 지니고 있는 "까치들" 그리고 그대의 재화를 훔치는 "도둑들"이 아닌가요? 이로써 그뢴바인의 시의 정조는 아침의 연가가 아니라, "아침의 비명"으로 돌변하게 됩니다.

 그뢴바인의 시는 다른 각도에서 해석할 수 있습니다. 오늘날 인간의 꿈은 적어도 황금기를 지나친 "늙은 유럽"을 고려할 때 더 이상 매력의 대상이 아니라고 합니다. 이로 인해 나타나는 정조는 우울이며, 문명 비관주의 내지 허무주의입니다. 두르스 그뢴바인은 이러한 정조를 작품 속에 자주 반영한 바 있습니다. 위의 작품 역시 어쩌면 역동적인 정신사라는 현대의 보편적 발전 과정을 상징하고 있는지 모릅니다. 가령 "독일 낭만주의 → 암흑기 → 포스트모더니즘"이라는 발전 과정을 고려해 보세요. 유미주의자인 그뢴바인이 이러한 도식 자체에 대해서 결코 거부감을 느끼지 않는다는 사실은 그리 놀랍지 않습니다.

우리는 알았는가?

우리는 알았는가, 무엇이 윤무를 추게 하는지를?
사랑이 더욱 고독하게 만든다는 건
사실처럼 보였다. 모두가 각자를 위해 간직했다,
자신의 가시를, 좋지 못한 시기까지
피가 붕대 바깥으로 흘러나왔다. 상처 입지 않는
경우는 무척 드물었다. 이전에 이미
어떤 고통이 타인에게 스며들었다. 버림받은
상태가 가장 커다란 불행이었다,
봄에 아무것도 느끼지 못하고, 마치 고장 난
거대한 바퀴 앞에서 절단된 듯…
우리가 추락해야 했던 열 지은 나무에서
바람이 우리를 어떻게 일으켜 세웠던가,
어떤 오랜 천국의 외침으로 무척 행복했다.

Wußten wir?

Wußten wir, was den Reigen in Gang hält?/ Daß Lieben einsamer macht,/ Schien erwiesen. Jeder behielt ihn für sich,/ Seinen Dorn, bis zur Unzeit/ Das Blut die Verbände durchschlug. Selten/ Blieb jemand unverletzt. Eher kroch/ Ein Schmerz beim anderen unter. Verlassen/ Zu sein war das größte Übel,/ Nichts zu fühlen im Frühling, wie amputiert/ Vor

defekten Riesenrädern.../ Wie uns der Wind in die
Baumkronen hob,/ Aus denen wir fallen sollten,/ Glücklich,
mit einem langen Himmelsschrei.

질문

1. 상기한 시는 39편으로 이루어진 『주제 없는 변주곡 *Variation auf kein Thema*』에 실려 있습니다. 시의 형식은 소네트 형식과 어떻게 다른가요?
2. 시의 정조는 비탄과 슬픔으로 요약할 수 있습니다. 이는 마지막 행에서 어떻게 반전되고 있습니까?

해설

이 작품은 13행으로 이루어진 자유시입니다. 각운이 없다는 게 특징적입니다. 그렇지만 소리 내어 읽을 때 어떤 운율이 느껴집니다. 시인은 14행의 소네트 형식을 의도적으로 축소시켰는지 모릅니다.

작품의 소재는 "사랑"입니다. 사랑은 남녀 사이의 소통의 시도인데, 그들로 하여금 오로지 고통과 심리적 상흔만을 교환하게 한다고 합니다. 이러한 사랑은 우울과 관계있는 감정입니다. "모든 것은 헛되고, 죽음을 기억하게 하며, 찬양할 것이라고는 아무 것도 없다 taedium vitae, memento mori, nil admirari"라는 어느 스토아 학자의 말을 생각해 보세요. 이렇듯 사랑은 "상처," "피" 그리고 "고독"의 상으로 묘사되고 있습니다. 그렇지만 비탄의 발언은 9행과 10행에서 두 개의 반대되는 모티프로 전환됩니다. "봄"과 "거대한 바퀴"가 그것입니다. 뒤이어 놀라운 비약은 "바람"에 의해 나타납니다. 바람은 연이어져 있는 나무 위로 솟아오릅니다. 이는 물론 어떤 추락에 의해서 비롯된 것이기는 하지만, 결국 천국과 행복의 외침으로 종언을 고하고 있습니다. "추락"하는 "우리"로 인해서 바람이 상승 작용을 일으킨다는 상은 어떤 거대한 바퀴 여행에 관한 기억을 떠올리게 합니다. 예컨대 오르페우스의 "운명의 바퀴Fortuna"는 상승과 하강을 반복하지 않는가요? 이로써 "바퀴" 운동은 항상 제자리에서 빙빙 도는 "윤무"의 운동과 절묘하게 대비되고 있습니다. 윤무가 비탄과 상처를 안겨 준다면, 바퀴는 역으로 추락 속의 환희를 안겨 주지 않습니까? 그륀바인은 사랑에 대한 "절망적인 희망"(?)을 다음과 같이 표현하였습니다. "희망을 품지 않는 자는 없다 (…) 그러니 시작해 보자/ 우리 저녁 속으로 함께 들어가기로."

프로방스에서 5
(아크빈쿰 근처에서)

도피하는 어느 은둔자가 여행용 자동차 바퀴에 흔적 남기듯 로마 가街에는 죽은 지빠귀가 찢겨진 채 누워 있었다.

언제나 동참하지만 어떤 무엇에도 관여하지 않던 남자, 바람은 날갯짓으로 어떤 까만 돛을 세우고 있었다.

너는 거기서 가장자리로 쓸려나간 그미를 인식했다, 멀리서,
씨족의 착상으로 땅바닥에 엎드려 굴복한 누이동생.

다키아 족, 훈족인지, 몽고의 말 그게 아니라면, 오토바이인지
그미는 욕설 퍼부으며 둥지로 시선 끌게 하지 않았다.

더 이상 아무것도 없었다. 마치 금방 떠난 것처럼
가련한 여가수로서는 거절하며 방해하는 수밖에 없었다.

당시 거친 정방형의 먼지 속에서, 오늘 젖은 아스팔트 위에서
언제나 민족 대이동이 있었다, 대부분 길가에는 위험이.

In der Provinz 5

Wie vom Reisewagen gestreift eines fliehenden Siedlers/ Lag
auf der Römerstraße die tote Amsel, zerfetzt.// Einer, der
immer dabei war, den nie was anging, der Wind/ Hatte aus
Flügelfedern ein schwarzes Segel gesetzt.// Daran erkannst du
sie, von fern, die beiseitegefegte,/ Beim Einfall der Horde an
die Erde geschmiegte Schwester.// Ob Daker und Hunnen,
Mongolenpferde und Motorräder-/ Schimpfend hatte sie
abgelenkt von der Nähe der Nester.// Mehr war nicht drin.
Sieht aus, als sei sie gleich hin gewesen./ Der miserablen Nähe
der blieb nur sich querzulegen.// Damals im Staub grober
Quader, heute auf nassem Asphalt./ Immer war Völker-

wanderung, meistens Gefahr auf den Wegen.

단어 설명 및 힌트

아크빈쿰: 부다페스트 도심을 흐르는 다뉴브 강의 오른쪽 지역을 가리킨다. 당시에는 "파노니아 인페리오르Pannonia inferior"라고 불렸던 지역의 수도였다. 이곳은 항상 타 인종 군대의 침입으로 인하여 참혹한 전쟁터로 변하곤 하였다. 그러나 정작 로마 제국은 이로 인하여 멸망하지는 않았고, 수많은 변방의 유럽인들이 비참하게 희생되었을 뿐이다. 다키아 족: 현 루마니아 지역에 거주하였던 고대 종족을 가리킨다. 다키아 족은 고대 후기에 훈족과 맹렬한 전투를 벌였다. 그들은 카르파티아 산맥에 거주하고 있었는데, 훈족이 중앙아시아 지역에서 돌진해 오자, 훈족과 죽음을 무릅쓰고 싸웠다. 훈족: 1242년 "황금의 씨족"이라고 불리는 몽고족을 가리킨다. 이들은 말을 타고 유럽 중부까지 침범하였다. 로마 가: 변방으로부터 로마에 이르는 도로를 가리킨다. 정방형: 로마 제국의 가옥 형태. 이제는 모조리 사라지고, 정방형의 터만 남아 있다.

질문

1. 상기한 시에는 여러 현실이 교차하고 있습니다. 몇 개의 상황이 시적 현실의 배경으로 자리하고 있을까요?
2. 제2연에서 "너"는 누구를 가리킵니까?
3. "지빠귀"의 죽음, 엎드려 굴복당하던 "누이동생" 그리고 "가련한 여가수" 사이의 공통점은 무엇인가요?
4. 상기한 시는 20세기 대표적인 페미니즘 문학 작품인가요?

해설

이 작품은 구조적으로 산만한 것 같아 보입니다. 여러 번 읽으면, 우리는 헥사메터(6각운)로 이루어진 정교한 구조를 알 수 있습니다. 주제 상으로 고찰할 때에도 이 작품은 결코 예사롭지가 않습니다. 어느 현대인은 휴가 여행 동안에 도로에서 깔려 죽은 지빠귀 한 마리를 목격합니다. 그는 주위에서 끔찍한 정치적 사건이 일어나는 것을 목격하지만, "어떤 무엇에도 관여하지" 않으려는 태도를 보입니다. 새가 자동차에 깔려 죽었는지, 아니면 먹이를 찾아 헤매다가 아사했는지 아무도 모릅니다.

그렇지만 지빠귀 한 마리를 바라보는 순간, 그의 뇌리에는 지금까지 잊고 있었던 어떤 놀라운 상이 떠오릅니다. 그것은 오래 전에 이곳을 침입한 낯선 인종에 의해 살해 직전에 있는 어느 여자에 관한 상입니다. 그미는 여행객의 "누이동생"과 너무도 흡사하게 보입니다. 어쩌면 "씨족"은 생존을 위해서 그미에게 머리를 조아리라고 신호를 보냈는지 모릅니다. 그미 한 사람을 희생시킴으로써 씨족 전체가 살아남을 수 있다고 생각했을까요? 그렇지 않다면 왜 그미가 낯선 남자들에게 "욕설 퍼부으며 둥지로 시선 끌게 하지 않"으려고 행동했을까요? 이는 분명히 일촉즉발의 살벌한 상황에서 벌어진 사건인지 모릅니다. 그미가 잘못 행동하면, 침입자들은 원래 그 지역에 살고 있던 주민들을 모조리 살해할 게 분명하기 때문입니다. 침입자들이 다키아 족인지, 아니면 훈족인지, 그게 아니라면 몽고족인지 우리는 알 수 없습니다. 그렇기 때문에 이러한 사건이 벌어진 시기가 고대 후기인지, 아니면 중세인지 우리는 전혀 알 수 없습니다. 확실한 것은 이러한 상황이 체코에서 일어난 사건들을 토대로 하고 있다는 사실입니다.

시인은 역사적 사실들만을 중첩적으로 묘사하지는 않습니다. 힘센 남자들 사이에서 힘없는 한 여자가 땅에 엎드려서 빌고 있는 상황을 상상해 보세요. 이러한 상황은 오늘날에도 얼마든지 발생할 수 있습니다. 그렇기에 시인은 다음과 같은 상황을 첨가합니다. 즉, "오토바이"족이 그곳 고속도로 갓길에서 어느 "가련한 여가수"를 낚아채어서, 희롱하며 겁탈하려고 하는 장면이 바로 그 상황입니다. 한마디로 시인은 이 대목에서 세 여성(내지 암컷)을 서로 대비시키고 있습니다. 즉, 자동차에 깔려 죽은 "지빠귀," 타 인종들로부터 가족들을 보호하려고 애쓰는 "누이동생," 오토바이족들에 의해 땅에 엎드린 채 고초를 겪고 있는 "여가수" 등을 생각해 보세요.

"유럽"의 역사는 여성에 대한 억압의 역사였습니다. 이를 상징적으로 말해 주는 것은 그리스 신화입니다. 유로파는 페니키아 왕의 딸로서 제우스에 의해 겁탈당하고, 나중에 크레타를 지배하게 되는 미노스 왕을 낳습니다. 마찬가지로 유럽에서 발생했던 "민족 대이동"이라는 역사적 사건들은 항상 여성에 대한 겁탈 내지는 여성 살인을 동반했습니다. 이를 염두에 둘 때 길가에 죽어 있는 새 한 마리를 목격하고, 과거 역사 내지 여성에 대한 폭력과 살인의 사건들을 추론해 내는 시인의 시각은 놀랍기 이를 데 없습니다.

DAGMAR NICK

닥마르 닉

닥마르 닉(1926-)은 브레슬라우에서 태어났다. 아버지, 에드문트 닉은 1923년부터 1933년까지 슐레지엔 방송국의 음악 담당으로 일하였다. 그미의 가족은 1933년 베를린으로 이주하였는데, 거기서 그미의 아버지는 연극과 영화를 위한 음악을 작곡하였다. 당시 닉의 어머니는 유대인 피가 약간 섞여 있어서 고립된 채 슐레지엔에서 숨어서 살았다. 1945년 닉의 가족은 소련군이 진군하기 전에 바이에른의 렝리스로 도피하였으며, 1948년부터 뮌헨에 정주하였다. 닉은 잉게보르크 바흐만, 힐데 도민 그리고 로제 아우스렌더와 함께 전후 독일 시단을 대표하는 여류 시인으로 손꼽힌다. 대표적 시집으로 『순교자』(1947), 『증명과 표시』(1969), 『헤아린 나날들』(1989) 등이 있다.

오만불손

우리는 더 이상 동일한 자들이 아니다.
삶은 우리를 공허하게 부식시켰다.
신비로운 표시들은 없고,
더 이상 비밀도 없다.

우리는 불꺼진 얼굴의
공기 없는 방들을 지나친다.
밤(夜)들은 우리의 꿈을 거부하고
별들은 아무것도 말해 주지 않는다.

우리는 천국을 파괴시켰다.
우주는 냉혹하게 우리를 싸안고 있다.
죽음은 무심하게 우리를 내버려둔다.
우리에겐 폭력이 있다.

Hybris

Wir sind nicht mehr die gleichen./ Uns ätzte das Leben leer./ Es gibt keine mystischen Zeichen,/ es gibt kein Geheimnis mehr.//Wir treiben durch luftlose Räume/ erloschenen Angesichts./ Die Nächte verweigern uns Träume,/ die Sterne sagen uns nichts.//Wir haben den Himmel zertrümmert./ Das

Weltall umklammert uns kalt./ Der Tod läßt uns unbekümmert. / Wir haben Gewalt.

질문
1. 제목 "오만불손Hybris"은 고대에 어떠한 의미를 지니고 있었나요?
2. 1행의 의미는 무엇인가요?
3. 제2연에서 "불꺼진 얼굴의/공기 없는 방"은 어떻게 설명할 수 있을까요?
4. 제2연을 읽고 현대인의 숙명적 죄를 설명해 보세요.

해설
"오만불손Hybris"은 신 내지 신적인 무엇을 인지하거나 이를 차지하려는 인간의 방자한 태도를 가리킵니다. 고대 비극 작품은 이러한 오만한 태도를 죄의 원인 내지 비극의 근본적 원인으로 묘사한 바 있습니다. 이는 나중에 기독교 문화가 도래한 뒤에는 "신성 모독Blasphemie"으로 간주되었습니다. 문제는 현대인이 거의 우연에 의해 우주 속에 내던져져 있다는 데 있습니다. 고대로부터 이어져 내려온 "범지凡知 체계Pansophie"는 이제 붕괴되었기 때문입니다.

제1연에서 시인은 "우리"의 필연적 행위뿐 아니라, "우리"가 처한 구속 상황을 지적합니다. 다시 말해서 인간은 더 이상 동일한 부류가 아닙니다. 종족 보존의 이유만으로 인구가 기하급수적으로 불어나고, 자신의 생명을 보존한다는 미명 하에 동족을 집단적으로 살해하며, 먹고 살아야 한다는 이유로 독을 퍼뜨리고,

생태계를 파괴하지 않는가요? 자연은 이제 인간에게 더 이상 신비로운 존재가 아닙니다. 자연은 인간을 위해서 얼마든지 희생될 수 있는 처녀나 다름 없게 된 것입니다.

"불꺼진 얼굴의/공기 없는 방"은 구체적으로 어떻게 설명할 수 있을까요? 그것은 하나의 장소이며, 어떤 죽음의 현장입니다. 그것은 아우슈비츠의 학살과 같은 일이 자행되고, 연쇄 살인이 일어나는 끔찍한 전쟁터가 아닌가요? 이는 결코 신의 뜻에 의해 저질러지는 게 아니라(그렇기에 "별들은 아무것도 말해 주지 않는다."), 몇몇 권력자의 우연적 욕망에 의해 대대적으로 나타나는 것입니다. 따라서 개인 한 사람의 갈망 및 노력으로는 근절하기 어려운 파국입니다.

시인은 제3연에서 인간의 모순적인 삶 자체를 노골적으로 표현합니다. 현대인은 거의 우연적으로 우주 속에 내동댕이쳐져 있습니다. 그리하여 "죽음은 무심하게 우리를 내버려둔다." 고대의 거대한 범지 체계는 사라지고 말았습니다. 왜냐하면 인간 스스로 "천국을 파괴"했기 때문입니다. 인간은 역사적으로 동일한 족속에 의해 끔찍하게 고통받았지만, 이와 반대로 차제에는 얼마든지 이러한 고통을 앙갚음할 수 있습니다. 닥마르 닉은 역설적으로 "죄에 대한 책임을 지닌 죄 없는 문명"을 시적으로 형상화하였습니다. 이는 어쩌면 반복될지 모르는 끔찍한 파국을 경고하기 위함인지 모릅니다.

몰이사냥

늦은 여름 그 직감은
이별하기 전에 솟구친다.
그대 뒤에서 그림자 드리운
집 안으로 문이 닫힌다.

광폭廣幅을 그리워한 바람,
내일 디딜 그대의 길이리라.
그대가 잃어버린 것은
새로이 빌릴 수 있으리라.

가을 폭풍이 깨어날 때까지
그댄 밖의 천막에서 지샐 수 있다.
밤 동안의 총소리에
그대가 신경 쓸 필요는 없다.

눈감은 채 그대는 발견한다,
경작지에 은폐된 여우 덫을.
어치가 경고할 즈음에야
그대는 안다, 몰이사냥의 시작을.

Treibjagd

Spätsommer, dieses Gespür/ von Abschied voraus./ Hinter dir fällt schon die Tür/ ibeschattete Haus.// Wind, der die Weite durchmißt:/ deine Wege von morgen./ Was du verloren hast, ist/ aufs neue zu borgen.// Bis der Herbststurm erwacht,/ magst du noch draußen zelten,/ die Schüsse während der Nacht/ brauchen nicht dir zu gelten.// Fuchsfallen, im Acker getarnt,/ findest du blind./ Erst wenn der Häher dich warnt,/ weißt du: die Treibjagd beginnt.

질문

1. "늦여름"은 어째서 안온하지 않고, 허전함을 안겨 주는가요?
2. "바람"이 암시하는 바는 무엇입니까?
3. 제4연에서 독자는 소름끼치는 듯한 느낌에 사로잡힙니다. 그 이유는?

해설

현재형으로 씌어진 「몰이사냥」은 일견 늦여름의 풍경과 허망함을 노래한 것처럼 들립니다. 그렇지만 작품의 함의는 정치적 억압에 대한 어떤 경고로 요약할 수 있습니다. 늦여름은 다른 사람들에게는 포만함과 안온함을 느끼게 해주지만, 이 시에서는 정반대의 정조를 유추하게 합니다. 가을이 다가오기 전에 시적 자아는 떠나가는 여름의 열기를 아쉬워합니다. 조금 지나면 "가을폭풍"이 날씨를 흐리게 하고, 사람들을 집에 머물게 할 것입니다. 바람이 불어서 "문"은 순간적으로 닫힙니다. 이로써 생명체들은 황량함 속에서 더 이상 보호받지 못하고, 어디론가 도피할 수도 없게 될 것입니다. 제2연에서 길은 바람의 방향을 드러냅니다. 그러나 그것은 불확실한 무엇만을 알려줄 뿐입니다. 어떠한 무엇도 우리에게 안전과 편안함을 제공하지 않습니다. 시간적으로 제한된 무엇이 과연 미래에 가능할까요? 이와 관련하여 시인은 다음과 같이 묘사합니다. "그대가 잃어버린 것은/새로이 빌릴 수 있으리라." 바람의 이미지는 시적 자아의 갈망, 혹은 심리적 동요를 암시하고 있습니다. 제3연 역시 앞의 상황과 관련하여 이해할 수 있습니다. 가을 폭풍이 불면 "그대"는 더 이상 천막에서 밤을 보낼 수는 없습니다. 사람들은 밤 동안에 사냥을 마다하지 않지만, 시적 자아는 총소리에 신경 쓸 필요는 없다고 조언합니다.

   시인의 경고는 제4연에 나타납니다. 지금까지의 사냥은 동물 사냥에 국한되었지만, 앞으로는 "인간 사냥"이 자행될지 모릅니다. 여우 덫은 경작지에 은폐되어 있지만, 인간 사냥을 위한 덫은 어디에 설치되어 있을까요? 이를 경고하는 것은 "어치"의 울음소리입니다. "가을 폭풍"은 그 자체 한계 상황을 암시하는 시어가 아닌가요? 그게 잠에서 "깨어" 나면, 몰이사냥은 시작되고, 상황은 얼마든지 뒤바뀔 수 있습니다. 한마디로 닉은 상기한 시를 통하여 끔찍한 과거는 얼마든지 반복될 수 있다는 사실을 암시하고 있습니다.

FRANZ JOSEF DEGENHARDT

프란츠 요젭 데겐하르트

프란츠 요젭 데겐하르트는 볼프 비어만 등과 함께 독일 가수로 시인으로 활동하였다. 그는 1931년 슈벨름에서 재정 담당 관리의 아들로 태어나, 1952년부터 1956년까지 프라이부르크와 쾰른 대학교에서 법학을 공부하였다. 1961년 자르브뤼켄 대학에서 법학 박사 학위를 받은 그는 68학생 운동 당시에 재야 세력에 적극적으로 가담하였다. 처음에 데겐하르트는 사민당(SPD)에 속했으나, 제명당한 다음에 독일 공산당(KPD)의 당원이 되었다. 그는 부활절 데모, 비상사태 법에 대한 반대 운동, 제국주의와 네오 나치에 반대하는 데모에 가담하였다. 앨범, 〈야생 가죽 외투를 입은 남자 Wildledermantelmann〉에 실린 음악은 오늘날까지도 사랑받고 있다. 2002년에 사망한 파더보른의 주교, 요하네스 요아힘 데겐하르트는 그의 사촌인데, 정치적 보수주의를 표방하다가 시인에 의해 신랄하게 비판당한 바 있다.

살육의 노래 제218조

이것은 O 부인의 이야기
그리고 P 부인의 이야기

함부르크 출신의 두 여자,
배 속에 아기 하나씩 가졌지요.
하르부르크, 강의 왼쪽
편에는 O 부인이 살았고
오른쪽 편에는 P가 살았지요.
그건 엘베 국도에 있어요.

더럽고 오래된 이야기
엘베 강처럼 차갑지요.
O는 원치 않았지요.
P도 아기를 원치 않았어요.
왜 피임약을 복용하지 않았느냐고
당신들은 이제 묻겠지요.

강의 왼쪽 편에는
여자도 함께 일해야 하는 곳에서
하루를 마냥 망각해 버리지요,
O도 그걸 잊었어요.
P는 몸매를 생각하며

약 삼키지 않았지요.

강에 뛰어들지 않았지요,
오늘날엔 그럴 필요 없으므로.
의사를 찾았어요.
O는 신속하게 출국했고
P도 비행기 타고
암스테르담으로 날아갔지요.

누군가 비밀리에 속삭였어요,
그래서 주소를 알아냈어요.
가사와 교대일 때문에
O에게는 시간이 없었지요.
P도 속삭였어요
교수님, 아프게 하지 마세요!

주급의 12배 되는 돈 주고
O는 고문대 위에 앉았어요.
돈 꿀꺽 삼킨 의사는
O에게서 더 많은 돈 요구했지요.
P의 주급이 얼마인지
아무도 알지 못하지요.

O는 단지 3일 동안
몸져누운 다음

다시 일터에 서게 되었어요.
도급일, 그건 살인이어요.
P는 3주간 쉰 뒤에
엘베 국도로 돌아왔어요.

천년 동안 지속된
더럽고도 냉혹한 이야기
아마 몇 년 후에는
그런 이야긴 더 이상 없을 거에요.
O와 P의 이야기
아마 SPD의 도움으로

Moritat 218

Das ist die Geschichte der O/ und ist die Geschichte der P.// die beide aus Hamburg sind./ Im Bauch hatten beide ein Kind./ Auf der linken Seite vom Fluß,/ in Harburg, da wohnte die O,/ auf der rechten Seite die P,/ und das ist an der Elbchaussee.// eine Geschichte, schmutzig und alt/ und wie die Elbe so kalt./ Es wollte kein Kind mehr die O,/ und es will kein Kind die P./ Jetzt fragt ihr, warum die denn/ beide die Pille nicht nahm.// Auf der linken Seite vom Fluß,/ wo die Frau mit arbeiten muß,/ da vergißt man schon mal einen Tag./ und den vergaß auch die O./ Figurbewußt ist die P,/ die schluckt die Pille nie.// Die sprangen nicht in den Fluß/ weil man heut

nicht mehr springen muß./ Die gingen zu ihrem Arzt./ die O,
die flog sehr schnell raus./ Es flog auch die P, und die nahm/
das Flugzeug nach Amsterdam.// Man flüstert' so hinter der
Hand,/ bis O die Adresse fand./ Und zwischen Familie und
Schicht,/ da gibt's nicht viel Zeit für die O./ Es flüstert auch die
P:/ Professeur, tun Sie mir nicht weh!// Für zwölfmal den
Wochenlohn/ saß O auf dem Folterthron/ von einem
versoffenen Arzt,/ der wollte noch mehr von O./ Den
Wochenlohn von der P,/ erfährt man natürlich nie.// Die O,
die feierte krank/ nur drei kuze lang./ dann stand sie wieder an
Band./ Akkord, und so was ist Mord./ Nach drei Wochen lang
feierte P/ die Rückkehr nach Elbchaussee.// eine Geschichte,
schmutzig und kalt/ und tausend Jahre alt./ Na, vielleicht so in
ein paar Jahr'n/ da gibt's so Geschichten nicht mehr,/ die
Geschichte von O und P -/ vielleicht sogar mit Hilfe der SPD.

질문
1. 두 여자의 직업은 무엇입니까?
2. 그들은 어떠한 이유에서 암스테르담으로 여행했는가요?
3. 추측컨대 누가 의료 사고로 사망했을까요?

해설
 형법 제218조에 의하면 서독에서는 1994년까지 낙태가 금지되어 있었습니다. 특히 바이에른 주정부는 겁탈당한 여성의 낙태마저 허용하지 않았습니다. 대신에 아기를 낳아 키우는 가정은 지방 정부로부터 육아 지원금을 받았습니다. 낙태 금지는 서독의 오랜 인구 정책의 일환으로 추진된 것입니다. 정부는 이러한 정책의 타당성을 "생명을 살해해서는 안 된다"라는 기독교 정신에서 찾으려 했습니다. 이에 비하면 가톨릭이 우세한 이탈리아에서는 낙태가 가능했고, 지금도 가능합니다. 사민당과 많은 서독 여성들은 형법 제218조를 폐지하라고 강력하게 주장했으나 이는 관철되지 않았습니다. 이에 비하면 동독에서는 낙태가 자연스럽게 행해졌습니다. 서독 여성들은 — 본국에서는 낙태 수술이 금지되어 있었으므로 — 다른 나라로 가서 그곳에서 소파 수술을 받아야 했습니다.

인용한 시에서 두 여인이 암스테르담으로 여행한 까닭도 거기에 있습니다. 시인은 현재 살아 있는 P라는 여성과 과거에 살았던 O라는 여성의 이야기를 동시적으로 묘사합니다. O가 과거, 정확히 말해 50년대에 살았던 여성이라면, P는 현대의 여성입니다. O가 단순 노동을 행하는 여성이라면, P는 매춘 여성입니다. O는 일하느라 피임약 복용을 잊었고, P는 "몸매를 생각하며," 피임약을 먹지 않았습니다. 피임약을 복용하면, 호르몬 공급 과다로 체질에 따라 약간 살찔 수도 있다고 합니다. 엘베 강 국도에는 캠핑 차가 열 지어 있고, 밤이면 매춘 여성들이 길거리에서 서성거립니다. P는 3주간 휴식을 취할 수 있었으나, O는 3일 쉰 뒤에 일터로 나가야 했습니다. 그 후 O가 어떻게 되었는지 아무도 모릅니다. 시인은 다음과 같은 암시만 던집니다. "도급일, 그건 살인이에요." 어쩌면 O는 낙태 수술의 후유증으로 목숨을 잃었는지 모릅니다.

데겐하르트는 낙태 금지법에 대해 완강히 반대했습니다. 그 이유는 다음과 같습니다. 출산에 대한 권리와 의무를 여성 스스로 지녀야 하지, 국가가 이에 대해 개입해서는 안 된다는 것입니다. 자고로 키울 수 없는 아이는 제대로 자랄 수 없습니다. 수많은 범법자 내지 사회에 적응하지 못하며 살아가는 자들의 과거 행적을 살펴보면, 그들에게는 거의 공통적으로 부모의 사랑이 결핍되어 있다고 합니다. 낙태 금지법은 이 노래가 발표되고 20년 후에야 비로소 철폐되었습니다.

F. C. DELIUS

F. C. 델리우스

F. C. 델리우스는 1943년 로마에서 태어나, 1963년부터 베를린에서 자랐다. 그는 발터 횔러러 Walter Höllerer의 지도하에 "영웅과 그의 기후: 시민주의 리얼리즘 속의 어떤 예술 수단과 이데올로기의 활용"이라는 제목으로 독문학 박사 학위를 취득하였다. 델리우스의 시는 60년대 말 학생 운동의 희망과 좌절, 미래에 대한 기대감 그리고 기존 사회의 보수성 등을 비판하고 있다. 형식적으로 화려함을 지양하고, 의도적으로 건조한 표현 내지 반복 등을 선호한다. 이로써 표현되는 것은 격변하는 현대 사회에서 살아가는 인간들의 내적 갈망, 비밀스러운 두려움 그리고 실제 삶 등이다. 1970년 이후부터 델리우스는 소설을 집필하고 발표했는데, 주어진 자료를 세밀하게 분석하고 규명함으로써 기록 문학의 한계를 확장하는 데 기여하였다. 주요 시집으로는 1975년 베를린에서 간행된 『도주 중의 어느 은행가. 시편들과 그림들』이 있다.

빈세레모스 혹은 취침을 방해하는 것들

내가 매일 밤낮으로 칠레를
생각하진 않아, 그래도 자주 떠올려.
신호등 앞에서 혹은 너와 악수할 때
아니면 신문을 치우면서 잠들기 전에
필름이 그렇게 신속하게 돌아가진 않지만
까마득히 잊혀지지.
잠들기 위해서 우리는 얼마나 많은
테러를 잊어야 하는가. 우리를
군중 집회, 토론으로 이끌거나 거리로,
책상으로 향하게 하는 여러 보복 조치들은
우리의 잠을 방해하지만, 그래도
우리는 잠자곤 해.
저항할 수 없는 무력함, 침대에서 벗은 몸으로,
경찰의 전력 증강, 사민당 출신의
경찰청장의 힘찬 문장들, 산업 자본가들의
연방 동맹의 무기 등에 관한 생각들이
뇌리를 스쳐 지나가면,
그건 잠들기 전에 낮보다도 더
완강하게 우리를 괴롭히곤 해.
보호받지 못한 채 뜬 눈으로 누워 있어, 매순간
그들은 온갖 문을 열어젖힐 수 있지, 비록
빈세레모스! "우리는 승리하리라"는

수천의 목소리 외침의 메아리가
너의 귀에 명확하게 들리더라도.
다음날 아침 가벼운 잠에도
일하려는 우리의 결단이 ("투쟁하려는"이라고
말하는 건 과장일 거야) 약화되지 않은 채,
커지면, "빈세레모스"는
잠들 무렵 그따위 방해물을 알지 못하는
자들에게는 과장으로 비칠 거야.

Vinceremos oder Hindernisse beim Einschlafen

Nicht jeden Tag denk ich an Chile/ und nicht jede Nacht. Aber oft genug/ vor der Ampel oder wenn ich dich bei der Hand nehm/ oder beim Weglegen der Zeitung oder vorm Einschlafen/ läuft der Film weiter, der so schnell nicht/ vergessen wird./ Wieviel Terror müssen wir vergessen, um/ schlafen zu können. Diese Rückschläge, die/ uns zu Versammlungen, Gesprächen, auf die Straßen/ und an die Schreibtische treiben und die uns/ am Einschlafen hindern, aber dann/ schlafen wir doch./ Diese Wehrlosigkeit, nackt in den Betten, wenn/ uns plötzlich der Gedanke trifft an die/ Aufrüstung der Polizei, an die markigen Sätze/ sozialdemokratischer Polizeipräsidenten, an die/ Waffen des Bundesverbands der Industriellen, das/ trifft uns vorm Einschlafen manchmal/ härter als tags./ Schutzlos liegen wir wach, in jedem Moment/ können sie jede Tür aufbrechen, auch wenn dir/ noch so deutlich im Ohr das Echo sitzt der tausend/ Stimmen: Vinceremos! Siegen werden wir!/ Und wenn trotz wenig Schlaf am nächsten Morgen/ unsre Entschlossenheit zu arbeiten (kämpfen/ zu sagen wär übertrieben) nicht kleiner geworden ist,/ vielleicht sogar größer, dann scheint Vinceremos!/ nur denen übertrieben, die solche Hindernisse/ nicht kennen beim Einschlafen.

시어 설명 및 힌트
"빈세레모스"는 "우리는 승리하리라"라는 의미를 지닌다. 이는 1970년 칠레에서 남미 최초로 마르크스주의를 신봉하는 아옌데 대통령이 집권하게 되었을 때 사용된 구호이다. 칠레 국민들은 자발적이고도 민주적인 방법으로 아옌데 대통령을 선출하였다. (그러나 3년 후 군부 독재자, 피노체트가 쿠데타를 일으켜 1989년까지 16년간 독재의 철권 통치가 이어졌다.)

질문
1. "우리"가 쉽게 잠들지 못하는 이유는 무엇인가요?
2. 시적 자아는 무엇에 대한 승리를 기대하고 있습니까?

해설
위의 시에서 "나"는 독일의 노동자로서, 그의 거주지는 70년대 초 독일의 어느 지역입니다. "나"는 칠레 노동자들의 정치적 승리를 의식하면서 노동 운동에 가담하여 어떤 커다란 성과를 꿈꾸고 있습니다. 당국은 데모하는 노동자들에게 강경책과 유화책을 번갈아 사용하였습니다. [유화책은 시에서 직접적으로 드러나지는 않지만, 우리는 이를 얼마든지 유추할 수 있습니다. 예컨대 경찰청장은 사민당 출신입니다. 사민당은 노동 혁명을 무력화시키고, 노동자의 실질적 권익 옹호를 부르짖음으로써, 노동자의 혁명을 무력화시키지 않았습니까? 실제로 학생 운동 당시에 두 개의 거대 여당(사민당+기민당)은 연립 내각을 이루어 국회를 장악하고 있었습니다. 따라서 일반 대중들은 들러리로 소외당해 있었습니다. 이때 뜻있는 사람들은 "APO(의회 밖의 야권 세력)"를 결성하여, 일방적으로 국정을 운영하는 입법부와 사법부에 대항하였습니다. 그러나 칼자루를 쥔 사람들은 당국이었습니다. 대부분 사람들은 당국의 "유화책" 내지 "보복 조치"에 그저 대응해야 했을 뿐입니다.]

  시적 자아는 제대로 잠을 이룰 수 없습니다. 침대에 누워서 잠을 청해도 여러 가지 끔찍한 상이 자꾸 떠오르기 때문입니다. 예컨대 무장한 전투 "경찰," "경찰청장의 힘찬" 목소리 그리고 산업가들의 강경 발언 등이 바로 그러한 끔찍한 상으로 다가옵니다. 이것들은 노동자들에게 실제로 가해지는 탄압보다도 더욱 강하게 심리적으로 압박합니다. 한마디로 델리우스의 시는 어느 독일 노동자의 분열된 심리 상태를 예리하게 묘사하고 있습니다. 다시 말해서 "나"는 한편으로는 노동 운동에 대한 승리를 꿈꾸지만, 다른 한편으로는 여러 보복 조처에 두려움을 느끼면서 잠을 제대로 잘 수 없습니다. 이로써 나타나는 결과는 뻔합니다. 사회 변화를 위한 노동자 운동의 자극은 주어진 사회 보장 제도 내지 복지 국가의 정책 속에서 약화되고 맙니다.

늙어가는 스톤즈 팬의 고독

그는 레코드 가게를 어슬렁거리다 즉시 자신이
원하는 음반으로 향했다, 새로 발매된 스톤즈 앨범.
그의 주위에는 헤드폰을 끼고 있는
열에서 열다섯 살 남짓 어린 아이들,
오래 전부터 다른 음악을 듣고 있다.

표정 없는 그들의 얼굴은
그를 흥분시킨다,
헤드폰을 낀 사람들 사이의 고독!
그는 음반을 들고
그다지 외로움 느끼지는 않는다.
다만 음반 시장을 더 이상
관망하지 못한다는 걸 알 뿐이야 —
물리학 전공자, 내겐 다른 걱정거리가 있어 —
아이러니하게 중얼거린다, 자신이
젊은 세대와 공유할 수 있는 건
기껏해야 데모 그리고 약간
유행 지난 대마초밖에 없다고.

그는 음반 커버를 바라본다.
별로 내 마음에 들지 않아, 너는
이제 믹과 그리고 아무도 듣지 않으려는

그의 사운드와 멀어져야 해.
그리고 믹, 말해 봐, 너는
조만간 자신을 패러디하리라고.
계산대에 네 발자국 다가서는 동안
이 문장이 그의 뇌리에 머물고 있다, 너는
언젠가는 자신을 패러디하리라고.

생생하게 기억하고 있어,
그 당시 하이드 공원에서의 스톤즈 공연을.
그때 나는 청중 속에 있었지, 거기
우리 마음속에 무언가가 생동했음을. 지금
그는 자신을 바라본다. 지금 이 순간
우월감을 느낀다, 여기 젊은이들은
더욱 천박해진 음악에 매료되고 있구나,
어쩌면 환각 상태, 혹은 권태로
고통당하는지 몰라, 그렇지만 나는,
그리고 그는 돈을 지불하고, 경품권을 주머니에 넣는다,
모든 일에 함께 관여했지 그리고
무얼 해야 하는지 잘 알지 않는가!
그렇게 생각하며 그는 다시 주위를 돌아본다,
이게 늙는다는 잘 알려진 경험인가?

레코드 가게를 나선 뒤에
의사에게 향한다, 요통 때문이다,
저녁에 새로운 음반을 듣고

F. C. 델리우스

다시금 실망감을 느낀다, 지난
과거는 과거에 불과하지만, 아직
지나가지 않고 있다.

Einsamkeit eines alternden Stones-Fans

Er latscht in den Diskshop und gleich/ auf die Platte los, die er will, die neuen Stones./ Um ihn herum, Kopfhörer um die Ohren,/ die 10 oder 15 Jahre jüngeren Typen,/ die längst was andr.// Die reglosen Gesichter/ regen ihn auf,/ diese Einsamkeit unter den Kopfhörern!/ Er nimmt die Platte und/ fühlt sich nicht sehr einsam./ Er weiß nur, rschaut/ den Plattenmarkt nicht mehr -/ Diplom-Physiker, da hab ich andre Sorgen -/ und weißt nicht, was ihn noch verbindet/ mit dir, sagt er ironisch, nächsten Generation,/ höchstens eine Demonstration, ein Joint,/ etwas von dieser Mode.// Er sieht das Cover an:/ gefällt mir eigentlich gar nicht, den Mick/ solltest du wirklich langsam abschreiben,/ aber sein Sound, den hat keiner mehr erreicht./ Und Mick sagts selber: Du wirst/ irgendwann zu deiner eignen Parodie./ Dieser Satz geht ihm durch den Kopf/ während der vier Schritte zur Kasse, irgendwann/ wirst du zu deiner eignen Parodie.// Erinnerungen kommen hoch:/ die Stons im Hyde-Park damals, da/ war ich mittendrin, da hat sich was/ bewegt mit uns. Jetzt/ fühlt er sich überlegen: die hängen hier rum,/ bei dieser immer schlechteren Musik,/ leiden vielleicht an ihren Trips oder/ an Langeweile, aber ich,/ und er zahlt, steckt den Bon ein,/ was hab ich alles mitgemacht/ und weiß jetzt, was zu tun ist, ich!/ So ein Gedanke, er sieht sich noch mal um,/ ist das nun die berühmte Erfahrung des Alterns?// Und geht aus dem Laden/ und geht zum Arzt, die Rückenschmerzen,/ und abends die neue Platte mit/ neuen Enttäuschungen, die/ Vergangenheit ist Vergangenheit -/ und nicht vorbei.

질문
1. 세대 차이는 어디서 나타납니까?
2. "믹, 말해 봐, 너는/조만간 자신을 패러디하리라고."를 설명해 보세요.
3. 시인이 비판하고자 하는 것은 사회에 대한 음악의 경미한 관련성일까요?

해설
현실의 단면 묘사를 통하여 68 학생 운동 세대와 이후의 세대 사이의 차이를 이처럼 정교하게 다룬 시도 아마 드물 것입니다. 시적 자아는 영국의 그룹사운드 롤링 스톤즈의 팬입니다. 롤링 스톤즈는 리드 보컬 믹 재거를 비롯한 5인조 그룹으로서 약 30년 이상 해체되지 않고 음악 활동을 계속하였습니다. 68 학생 운동 세대에게 록 음악은 그 자체 하나의 해방감의 표현이었습니다. 시에 등장하는 "그"는 혁명을 갈구했던 학생 운동 세대로서 물리학을 전공하여 생계를 이어가는 사람입니다. 비록 운동은 실패로 돌아갔지만, 음악에 대한 애착은 여전히 남아 있습니다. 따라서 음악은 그에게는 찬란했던 과거에 대한 기억이라는 의미를 지닙니다. "생생하게 기억하고 있어,/그 당시 하이드 공원에서의 스톤즈 공연을./그때 나는 청중 속에 있었지, 거기/우리 마음속에 무언가가 생동했음을."

 이에 비하면 오늘날은 어떠한가요? 요즈음 음악을 듣는 젊은이들의 얼굴에는 아무 "표정"이 없습니다. 왜냐하면 젊은 세대는 거대한 혁명을 조금도 알지 못한 채 "환각 상태" 내지는 "권태"에 함몰되어 있기 때문입니다. 새로운 음악은 시인의 생각에 의하면 사람들의 의식을 일깨우지 못하고, 오히려 잠들게 합니다. 그것에는 생명력 넘치는 활기도, 신선함도 없습니다. 주인공은 한편으로는 젊은 세대에 대해 못마땅해 하며, 한편으로는 우월감을 느끼고, 다른 한편으로는 자신의 "늙음"을 실감합니다. 그는 혼자 중얼거립니다. "믹, 말해 봐, 너는/조만간 자신을 패러디하리라고." 이러한 표현 속에는 무엇이 담겨 있을까요? 거대한 순간을 놓치고 만 안타까움, 시간의 흐름으로 인한 모든 망각을 거부하려는 경향, 그리고 세대 차이로 인한 작은 분노와 깊은 체념 등이 아닐까요?

CHRISTINE LAVANT

크리스티네 라반트

크리스티네 라반트(1915-1973)는 한국의 시인 한하운을 떠올리게 한다. 라반트는 오스트리아의 그로스 에델링에서 광부의 아홉 번째 자식으로 태어났다. 선병질腺病質로 인해 유년 시절 열병과 화농 증세 등으로 고통스럽게 살았다. 그미가 시력을 거의 상실한 때도 어린 시절이었다. 1921년에 초등학교에 입학했으나, 거의 병원에서 지냈다. 라반트는 혼자 걸을 수 없어 중학교 진학을 포기하고, 집에서 독서와 뜨개질로 소일하였다. 1930년에 중이염이 발병하여, 거의 귀머거리가 되었다. 1931년 심한 우울증에 사로잡혔으나, 그미는 수채화에 몰두하여, 이를 어느 정도 극복하였다. 1932년 안과에 다니면서, 시력 회복을 위해서 안간힘을 썼다. 이때 소설을 써서 그라츠에 있는 라이캄 출판사에 보냈으나 거절당하였다. 이때 라반트는 그때까지 창조한 모든 습작들을 불태워버렸다. 1933년 심한 우울증으로 클라겐푸르트 정신요양소에 입원하였다. 그미는 남매의 도움으로 살면서, 뜨개질로 생활비를 벌었다. 그미를 도와준 사람은 화가 요젭 하버니히 Joseph B. Habernig였다. 1939년에 그미는 54세의 하버니히와 결혼하였다. 그미의 고통과 시련을 극복하게 해준 것은 깊은 신앙심이었다. 그미에게 영향을 끼친 책은 성서와 에카르트 선사의 책이었다. 라반트가 글쓰기 시작한 때는 1945년부터였다. 1949년『작은 항아리』(소설) 등 많은 시와 소설들이 오스트리아의 문예지에 발표된다. 1954년 트라클 문학상 등 많은 상을 받기도 했다. 말년에 심령학에 침잠하여, 친구의 죽음을 예언하기도 했다.

십자가 짓밟기

십자가 짓밟기! ― 암캐 한 마리 비명 질러요
일곱 개의 소리, 용서하지 않은 채,
그 그림자는 개의 지옥으로 내려가
스스로 몸 던진 것을 내내 저주할 테지요.

위에는 균열 없는 장막이 남아 있고,
아무것도 암캐 한 마리 때문에 찢겨지지 않아요,
주님은 ― 그는 자신을 대리하게 한 다음 ―
친숙한 사람들과 묵념하며 앉아 있어요.

죽은 자들은 위로 오를 수 없어요!
아버지, 어머니 ― 누구도 언덕에 없었고,
두 개의 돌출한 눈동자의 별 속에서
태양은 그저 어두워졌어요.

흙으로부터 어떠한 먼지도 떨지 않았고,
그곳은 다만 약간 아래로 내려앉았어요,
사람들이 십자가를 밟은 가죽 껍질은
다시 한 번 천국을 향해 저항했어요.

썩은 고기가 ― 아무도 그걸 감출 수 없었기에 ―
굴욕의 힘으로 부활하게 되었어요.

늘대 인간 같은 주님 아버지가 거주하는
그곳 천공으로 자신을 질질 끌고 가려고.

Kreuzzertretung

Kreuzzertretung! - Eine Hündin heult/ sieben Laute, ohne zu vergeben,/ abgestiegen in die Hundehölle/ wird ihr Schatten noch den Wurf verwerfen.

Oben bleibt der Vorhang ohne Riß,/ nichts zerreißt um einer Hündin willen,/ und der Herr - er ließ sich stellvertreten -/ sitzt versponnen bei den ganz Vertrauten.

Auch die Toten durften nicht herauf!/ Vater, Mutter, - keines war am Hügel,/ und die Sonne hat sich bloß verfinstert/ in zwei aufgebrochnen Augensternen.

Von der Erde bebte kaum ein Staub,/ nur ein wenig sank die Stelle tiefer,/ wo der Balg, dem man das Kreuz zertreten,/ sich noch einmal nach dem Himmel bäumte.

Der Kadaver - da ihn niemand barg -/ kraft der Schande ist er auferstanden,/ um sich selbst in das Gewölb zu schleppen,/ wo Gottvater wie ein Werwolf haust.

질문

1. "암캐"는 고대로부터 충직한 짐승을 뜻하거나, 가장 저열한 동물로 취급당했습니다. 어째서 시인은 자신을 "암캐 한 마리"라고 일컫는가요?

2. 제2연과 제3연에서 시인은 "개의 지옥"에서의 느낌 그리고 만난 사람들을 차례로 묘사합니다. 왜 시인은 신으로부터 저주받은 상태를 노래할까요?
3. 제3연에서 시인의 지옥행이 먼지 하나 떨게 하지 않는 이유는?
4. 시인은 "예수의 몸"과 "썩은 고기"를 은근히 대비시키고 있습니다. 이러한 태도는 신에 대한 모독일까요?

해설

십자가를 짓밟는 일은 과연 용납될 수 있을까요? 어쩌면 독자는 일견 신을 모독하는 것 같은 시인의 어조에 기이한 불쾌감을 느낄지 모릅니다. 게다가 시적 현실은 중세 아니면 근대 시기에 해당하는 것처럼 느껴집니다. 오늘날 신을 집중적으로 노래하는 시인은 드물지 않습니까?

그러나 시인은 신을 모독하기 위해 상기한 시를 쓴 것은 결코 아니었습니다. 시인은 평생 극도의 고통을 가져다준 질병과 가난을 신앙심으로 극복하려고 시도하였습니다. 질병은 젊은 시절의 갈망과 바람, 삶의 목표, 사랑과 우정 등을 모조리 빼앗아갈 정도로 잔인하게 그미를 괴롭혀 왔던 것입니다. 그럼에도 그미는 에카르트 선사처럼 신과의 가장 내밀한 만남을 통해서 이를 극복하였습니다. 상기한 시는 신으로부터 저주받은 자신의 체험을 묘사하고 있습니다.

라반트에게는 오랫동안 신이 존재하지 않았습니다. 십자가를 짓밟는 일은 신에 대한 깊은 실망에서 비롯된 반작용입니다. 그것은 순교 표시(죽음)의 파괴일 뿐 아니라, 신앙의 파괴이며, 십자가 자체(신앙에 대한 의지)의 파괴이기도 합니다. 시인은 자신을 암캐라고 명명합니다. 그리하여 그미는 지옥으로 내려가서 죽은 자들을 만나려 합니다. 그러나 이들은 지옥의 어느 "언덕"에서 시적 자아와의 만남을 거부합니다. 신은 라반트의 시에서는 주님이며, 사랑하는 임입니다. 따라서 라반트의 시에서는 신앙과 사랑을 구분할 수 없습니다. 신은 그미가 살아가는 동안 손가락 하나 건드리지 않습니다. 비참하고 고통스러운 삶을 사랑하는 그분은 한 번도 거들떠보지 않는 것입니다. 이에 대해 그미는 분개하지 않을 수 없습니다. 시적 자아는 암캐 한 마리로 지옥으로 미끄러져 내려가지만, "먼지"조차 일게 하지 못합니다. 예수가 승천할 때, 기묘한 자연 현상을 보여 주지만, 이는 아무 권한이 없는 암캐에게는 해당되지 않습니다. 그렇기에 암캐의 "가죽 껍질"은 자신의 무기력함을 한탄할 뿐 아니라, 신에게 욥의 노여움 못지않은 어떤 분노를 드러냅니다.

마지막 행의 "썩은 고기"는 어떠한 의미를 내포하고 있을까요? 흔히 말하기를 예수 그리스도는 부활의 순간에 십자가의 육체에서 자신의 영혼을 분리시켰다고 합니다. 이로써 고통이 극복되고, 정신은 물질세계의 상부에 위치하며, 물질을 장악합니다. 그러나 이 세상에 재탄생한 시인의 경우는 정반대입니다. 자신의 육체에서 시인의 영혼이 떨어져 나온 게 아니라, 시인 자신의 고유한 영혼에서 육체가 떨어져 나온 것입니다. 자신의 육체는 "썩은 고기"이며, 그 자체 "굴욕"이나 다름없지 않습니까? 라반트는 자신이 지상에서 고문당하면서 살아가는 피조물 하나에 불과하다고 말하곤 했습니다. 그미의 처지를 조금이라도 추체험하는 자는 그미가 어째서 주님을 "늑대 인간"으로 비유하고 천국을 구역

질나는 곳이라고 칭하는지 조금은 이해할 수 있을 것입니다. 그렇지만 시인 자신은 잘 알고 있습니다. 신에 대한 저주는 정신에 반하는 죄로서 절대 용서받을 수 없는 행위라는 사실을.

LUTZ RATHENOW
루츠 라테노

루츠 라테노는 1952년에 예나에서 태어났다. 아비투어와 군복무를 마친 뒤에 예나 대학에서 독문학과 역사를 공부하였다. 1977년 말경에 그는 디플롬 자격 논문을 제출하고 국가 시험을 준비하고 있었다. 이때 학교 당국은 체제 비판을 이유로 그를 대학에서 쫓아냈다. 그 직후에 시인은 동베를린으로 이주하여 희곡 등을 쓰며 살아갔다. 라테노의 시집은 1989년에야 비로소 동독에서 처음으로 간행될 수 있었다. 1992년 예나 대학은 그에게 대학 졸업장을 수여하였다. 루츠 라테노는 현실을 예리하게 관찰하여, 이를 섬세하고도 비판적으로 기술하는 시인이며 소설가이다. 그는 시와 소설 외에도 동화 작품으로도 잘 알려져 있다. 그는 국가 권력 구조, 전체주의 체계가 개인에게 끼치는 악영향 등을 문학적으로 형상화하였다.

천구백육십팔

야권 세력의 모든 연설 들으며 앉아 있었지
방의 벽에다 "체는 승리한다"라고 적었지
매주 토요일 모임에 파티가 개최되었지
주제: 어떻게 이 땅에 폭동을 일으킬까
아무도 장발 차림으로 감행할 수 없었지
하마터면 그는 칼로 찌를 뻔 했어
시험 칠 때 친구들은 장발을 셔츠 안으로 숨겼지
대신 그날 밤 깃대를 사정없이 꺾어버렸지

프랭크 자파가 라디오에서 고함질렀지
미국 대통령은 죽어야 해, 죽어야 죽어야
이때 그는 기분 최고라고 생각했지

Neuzehnhundertachtundsechzig
　Saß am Radio bei jeder APO-Rede/ Schrieb "Che siegt" an seine Zimmerwand/ Jeden Samstag zum Bereden eine Fete/ Thema: Wie bringt man Aufruhr in das Land/ An seine langen Haare durft sich keiner wagen/ Beinah hätt er einmal deshalb zugestochen/ Nur beim Abi verbarg man sie im Kragen/ Hat dafür nachts die Fahnenstange abgebrochen// Frank Zappa schrie im Radio/ The american president must die die die/ da

dachte er: Er fühlt sich high

시어 설명 및 힌트

야권 세력: 1968년 학생 운동 당시에 서독 정부는 사민당과 기사당의 거대 연합으로 이루어져 있었다. 국회 내의 야권 정당은 자민당(F.D.P.)밖에 없었다. 따라서 사람들은 국회 밖에서 야권 세력을 형성하고 있었다. 체: 남미의 혁명 운동가, 체 게바라를 가리킨다. 진보적인 사람들은 1967년 볼리비아에서 사망한 체 게바라를 추모하면서, 그의 혁명 정신이 다른 사람들에 의해서 지속되기를 갈망하였다. 시험: 대학 입학을 위한 고졸 학력 시험 Abitur을 가리킨다. 프랭크 자파(1940-): 미국의 록 가수, 작곡가, 연출가. 60년대 후반부터 많은 곡을 발표하여 음악적 영향력을 쌓아 갔다.

질문

1. "그"는 누구인가요? 시인 자신을 가리킬까요?
2. 시에는 68 학생 운동의 실패가 암시되어 있습니다. 그것은 무엇인가요?

해설

라테노는 동독 예나에서 살았으므로, 서독의 학생 운동을 직접 체험하지 못했습니다. 그렇지만 그의 인용 시는 여러 가지 간접 경험을 통하여 1968년 학생 운동 당시의 젊은이들의 심리적 상태를 예리하게 투시하고 있습니다. 자고로 학생 운동의 성패 여부는 대학생의 행동이 아니라, 고등학생 내지 김나지움 학생의 열정적 운동에 달려 있다고 해도 과언이 아닙니다. 당시 독일 젊은이들은 "라디오"를 통해서 모든 정보를 입수하였고, 매주 "파티"를 개최하여 데모에 관해 열렬히 토론하였습니다. 그러나 그들은 무엇보다도 대학 진학을 준비해야 했습니다. 이렇듯 사회 전체의 이슈는 대학 진학이라는 개인적 관심사에 의해 전적으로 실천되기 어려웠던 것입니다. 시적 자아인 "그"가 할 수 있는 일이라고는 아무것도 없었습니다. 시적 자아는 그저 "미국 대통령은 죽어야 해 죽어야 죽어야"라는 프랭크 자파의 노래를 들으면서 어떤 대리 만족을 느꼈을 뿐입니다.

부코, 호숫가에서

두 마리 오리의 외침. 멀리서
개 짖는 소리. 바람은 나뭇가지의
잎사귀들을 문지른다. 드물게 어느
목소리 호수 위로 지나친다. 브레히트의 집
개별적으로 방문한 사람들, 그들의 외침:
참으로 멋지구나.

어떤 사망자를 건드릴 때의 정적도 아니고
심문의 질문 다음의 안도감도 아니다

여기 사람들은 가만히 앉아
구름을 관망할 수 있다. 두 시간
혹은 세 시간, 아무 두려움 없이
폭탄 묻혀 있는 땅 위에서

Buckow, am See

Der Laut zweier Enten, ein Hund/ in der Ferne. Wind, der die Blätter/ am Ast reibt. Selten treibt/ eine Stimme über den See. Vereinzelt/ Besucher von Brechthaus, ihre Rufe:/ Wie schön// Nicht die Stille beim Berühren eines sterbenden Menschen/ Nicht die Ruhe nach einer Fragen in dem Verhör// Hier kann man sitzen/ die Wolken betrachten. Zwei Stunden/ oder drei, ohne Angst/ auf der mit Raketen bepflanzten Erde.

질문

1. 부코는 브레히트가 말년에 머물던 별장입니다. 샤르뮈첼 호숫가의 별장은 브레히트 기념관이나 다름없는데, 언제나 방문객이 찾아옵니다. 방문객은 여기서 어떠한 느낌을 받을까요?
2. 브레히트가 쓴 시 가운데 「금년 여름의 하늘」이 있습니다. "호수 위로 높이 폭격기 한 대가 날아간다./노 젓는 보트에서/아이들, 여인들 그리고 한 노인이 바라본다. 먼 곳에서/그것들은 어린 찌르레기들 같다, 먹이를 향해/주둥이를 활짝 열어젖히는." 이 작품을 라테노의 작품과 비교해 보세요.

해설

샤르뮈첼 호수 — 브레히트는 말년에 이곳의 별장에 들러 휴식을 취하곤 했습니다. 불과 오십을 넘은 나이였지만, 당시 그의 얼굴은 노쇠하였고, 손은 칠순 노인의 그것처럼 주름 잡혀 있었습니다. 14년의 오랜 망명이 그를 심리적으로, 육체적으로 피곤하게 했습니다. 게다가 브레히트는 성을 몹시 탐했고, 여송연 담배에 찌들어 있었습니다. 지척의 거리도 그는 자동차를 몰고 다녔습니다. 그 때문인지는 몰라도 브레히트는 56세의 나이에 일찍 심장 마비로 사망했습니다.

문인의 기념관을 찾는 방문객들은 과연 무엇을 배우고 돌아갈까요? 후세인들은 지난 시대를 살다 간 문인의 삶을 생생하게 접할 수는 없습니다. 그래도 몇몇 사람들은 이곳에서 떠나간 문인의 바람과 고뇌 등을 어느 정도 유추합니다. 그러나 브레히트의 집을 찾은 대부분의 방문객들은 이러한 태도를 취하지 않고 있습니다. 그들에게 감동을 선사하는 것은 오로지 아름다운 자연 풍경밖에 없습니다. 그렇다면 자연 풍경은 사람들에게 진실을 가리는 아름다움밖에 선사하지 못하는 것일까요? 일반 사람들은 이곳의 땅 속에 (핵?)무기가 은폐되어 있다는 것을 왜 알려고 하지 않는 것일까요? 제2연은 의미심장한 내용을 품고 있습니다. 방문객이 감탄하는 것은 "어느 사망자를 건드릴 때의 정적도 아니고/심문의 질문 다음의 휴식도" 아닙니다. 그것은 오로지 진실과는 무관한 아름다움일 뿐입니다. 진실과 무관한 아름다움 — 그것은 빛 좋은 개살구 내지 가시 숨긴 장미 한 송이에 불과할 뿐입니다.

Elisabeth Langgässer
엘리자베트 랑게서

엘리자베트 랑게서는 1899년 알체이에서 태어나, 1950년 라인차베른에서 사망하였는데, 빌헬름 레만과 함께 "자연 마력 시학파naturmagische Schule"에 속하는 시인이다. 그미는 교육 전문대학을 마친 뒤에 1928년부터 헤센 지역의 여러 학교를 전전하며 교사로 일하였다. 1930년 베를린에서 교육학과 교수법을 가르치다가 전업 작가가 되었다. 하지만 유대인의 피가 섞여 있다는 이유로 창작 금지 처분을 당하였다. 1944년 복합 경화증이라는 병에도 불구하고 랑게서는 강제 노동에 시달리곤 했다. 랑게서는 딸과 함께 아우슈비츠 강제 수용소로 끌려갔다. 딸을 잃었지만, 본인은 우연히 살아남았다. 그미는 1948년 라인차베른으로 돌아왔으나, 끔찍한 과거 체험을 견디지 못하고 2년 후에 사망하였다.

1946년 봄

고결한 아네모네,
너는 다시 거기서,
밝은 꽃봉오리로 나타나
혹사당한 나를 보상해 주려는가,
마치 나우시카처럼?

바람에 일렁이는 허리,
파도, 거품 그리고 빛!
아, 어떤 천구의 황홀감이
먼지에 구부려진 등에서
마침내 무게를 앗아갔는가?

두꺼비의 제국으로부터
나는 높이 솟구쳐
플루토의 눈꺼풀 아래 주홍빛
아직도 귓가에는
저승사자의 끔찍한 피리소리.

고르고의 눈(眼)에서
쇠처럼 강한 광채를 보았고,
품어 나오는 즙액의 거짓된
속삭임을 나는 보았다, 그건

나를 죽이는 데 쓰인다고.

아네모네여! 너의 얼굴에
내 입 맞추게 하라,
스틱스와 레테 강江에
반사되지 않고 거부와
무無를 알지 못하도록.

유혹하지 않은 채,
나의 심장 조용히 건드리며,
선동하지도 않은 채
넌 거기 머무르며 살고 있구나,
나우시카의 아이여!

Frühling 1946

Holde Anemone,/ bist du wieder da/ und erscheinst mit heller Krone/ mir Geschundenem zum Lohne/ wie Nausikaa?

Windbewegtes Bücken,/ Woge, Schaum und Licht!/ Ach, welch sphärisches Entzücken/ nahm dem staubgebeugten Rücken/ endlich sein Gewicht?

Aus dem Reich der Kröte/ steige ich empor,/ unterm Lid noch Plutons Röte/ und des Totesführers Flöte/ gräßlich noch im Ohr.

Sah in Gorgos Auge/ eisenharten Glanz,/ ausgesprühte

Lügenlauge/ hört' ich flüstern, daß sie tauge/ mich zu töten ganz.

Anemone! Küssen/ laß mich dein Gesicht:/ Ungespiegelt von den Flüssen/ Styx und Lethe, ohne Wissen/ um das Nein und Nicht.

Ohne zu verführen,/ lebst und bist du da,/ still mein Herz zu rühren,/ ohne es zu schüren-/ Kind Nausikaa!

시어 설명 및 힌트

나우시카: 세리야 섬을 다스리는 알키노스의 딸이다. 호메로스의 오디세이는 폭풍우와 싸우다가 지상의 낙원인 이곳 섬에서 아름다운 그미와 상봉한다. **플루토**: 그리스 신화에서 지하 명부를 관장하는 신을 가리킨다. **고르고**: 그리스 신화에 등장하는 여자 괴물. 뱀의 머리칼을 지닌 괴물은 자신을 쳐다보는 모든 인간을 돌로 변화시킨다.

질문

1. 시인은 자연과 신화적 내용을 연결시키고 있습니다. "아네모네, 바다, 해저, 지하세계" 등이 유추하는 바는?
2. 시의 제목은 구체적 시간을 말해 주고 있습니다. 그럼에도 당면한 시대적 현실이 배후에 감추어진 까닭은 무엇입니까?

해설

시의 제목은 "1946년 봄"입니다. 시인은 전후 독일에서 우연히 핀 아네모네를 바라봅니다. "고결한 아네모네"는 마치 나우시카처럼 찬란한 모습으로 "나"에게 비칩니다. 여기서 시인은 온갖 어려움을 겪으면서 방랑한 오디세이로 의인화되어 있습니다. 마치 오디세이가 풍랑에 죽을 고비를 넘긴 다음에 세리야 섬에서 의식을 되찾았듯이, 시인 역시 세계대전 동안 죽을 고비를 여러 차례 극복했던 것입니다. 제2연에서 지하 세계가 다루어집니다. "두꺼비의 제국"은 신화적 내용을 담고 있지만, 과거 나치 군국주의가 폭력을 자행하던 곳을 상징하기도 합니다. "플루토," "저승사자" 그리고 "고르고" 등은 시인에게 고통과 죽음을 강요한 가해자들입니다. 이로써 시인이 과거에 겪었던 끔찍한 체험은 삶과 죽음 사이의 한계에서 의식된 것인데, 신화적 세계의 상으로 묘사될 수밖에 없을 것입니다. 한마디로 말해서 랑게서의 시는 살아남은 자의 거대한 절망 그리고 공허함을 달래 주는 꽃에서 위안을 찾으려고 합니다. 아네모네는 시인에게 어떠한 요구도 행하지 않고, 그냥 즐거움을 선사하는 꽃봉오리가 아닌가요? 그렇기에 꽃은 바로 나우시카의 아이가 아닐까요?

DORIS RUNGE

도리스 룽게

도리스 룽게(1943-)는 메클렌부르크에 있는 카로에서 태어났다. 그미가 10살 때 가족들은 서독으로 이주했다. 룽게는 수년 동안 스페인에서 살았는데, 현재 홀스타인 주에 있는 시스마르에서 살고 있다. 그미는 1985년에 첫 시집 『사냥의 노래 *Jagdlied*』를 발표하여 프리드리히 헵벨 상을 받았으며, 1997년 킬 대학에서, 1999년 밤베르크 대학에서 시학 강의를 맡기도 하였다.

쾰른 성당을 바라보며

우리는 못 본다
알고 있는 걸
탑들의 쌍신雙身이
하늘의 배후와
키스하는 걸
아침 먹는다
사과와 달걀
우리는 인식한다
안개 속에서
여행해야 하는 걸

mit dem blick auf den Kölner Dom

wir sehen nicht/ was wir wissen/ den doppellauf/ der türme/ den himmlischen/ rücken küssen/ wir frühstücken/ apfel und ei/ erkennen/ daß wir im nebel/ reisen müssen

질문
1. "쌍신Doppellauf"은 엽총을 연상하게 하는 시어인데, 이는 무엇을 가리킬까요?
2. "하늘의 배후"는 치솟은 탑과 마주치는 하늘의 부분인데, "멋진 엉덩이"로 번역할 수도 있습니다. 시인은 어떠한 이유

에서 이러한 이중적 언어유희를 시도했을까요?
3. "우리"는 누구인가요?
4. 마지막 두 행의 함의를 설명해 보세요.

해설

처음의 두 행은 우리를 어리둥절하게 만듭니다. 알고 있는 것을 바라보지 못하다니… 시인은 인식의 한계 내지는 오관의 불충분성을 지적하려는 것일까요? "탑들의 쌍신"은 무엇일까요? 그것은 쾰른 성당의 두 개의 탑을 가리킬 수 있습니다. "하늘의 배후"와 키스한다는 것은 무슨 뜻을 담고 있을까요? "하늘의 배후der himmlische Rücken"는 문맥에 따라서는 "멋진 엉덩이"로 번역할 수 있습니다. 시인은 어떠한 이유에서 동물의 교미 장면을 함축적으로 드러내는 것일까요? "우리"는 쾰른 성당을 바라보며, 성당의 역사적 의미, 고딕 건물의 건축학적인 구도 그리고 종교적 유토피아 등을 인식하지 못하고, 그저 사랑의 기쁨과 쾌락만을 생각하는 것일까요? 인간은 자신의 내적 수용 능력 이상의 것을 바라보지 못한다는 말인가요? 그렇다면 "우리"는 누구인가요? 쾰른을 찾아온 사랑하는 남녀임에 틀림없습니다. 그들은 신혼부부일까요? 아니면, 비밀리에 쾰른에서 만나 하룻밤을 보내고 각자 고향으로 떠나는 애인들일까요? 두 사람의 관계는 더 이상 드러나지 않습니다.

다시 한 번 시를 읽어 봅시다. "우리"는 호텔에 투숙하여 하룻밤을 보냈습니다. 두 사람은 연인임에 틀림없습니다. 최소한 같이 머무는 시간만큼은 자신이 상대방을 사랑하고 있다고 믿고 싶습니다. 제목 "쾰른 성당을 바라보며"는 무슨 뜻일까요? 그것은 라인 강 동쪽에 자리하고 있는 호텔의 이름이 아닐까요? 평상시 호텔 창밖의 풍경은 라인 강, 쾰른 시가지 그리고 우뚝 솟은 쾰른 성당 등의 모습으로 장관을 이루지 않는가요? 그러나 안개가 자욱하기 때문에, "우리"는 평상시에 잘 알고 있는 것을 바라보지 못하는 것입니다. 아침 식사 후에 두 사람은 떠나야 합니다. 두 사람의 여행 목적지가 같은지, 아니면 쾰른 역에서 헤어져야 하는지는 알 수 없습니다. 분명한 것은 그들이 "안개 속에서 여행해야" 한다는 사실입니다. 완벽하고 영원한 사랑은 인간의 의식에만 존재합니다. 삶은 영원하지 않지만, 그래도 사랑만은 영원히 남기를 부질없이 바라는 게 아닐까요? 그 때문에 "언젠가는 숙명적으로 죽을 수밖에 없는 존재"인 인간에게 사랑은 제한된 시간 속에서 더욱더 강렬하게 다가오는지 모릅니다.

이카로스

심장, 가장자리 가득
하늘과 함께
지구
나의 맹금이
점점 커지고
어둡게 되면서
일시적인 꿈속

한복판 나를
쳤을 때

ikaros

das herz randvoll/ mit himmel/ als die erde/ mein raubvogel/ immer größer/ und dunkler werdend/ mich mitten/ im flüchtigen traum/ schlug

질문
1. 번역문과 원문을 비교해 보세요. 룽게 시의 형식적 특성은 무엇인가요?
2. "지구"는 "나의 맹금"으로 의인화되어 있습니다. 그렇다면 누가 이카로스인가요?
3. 이카로스 신화와의 차이점을 지적한다면?

해설
룽게의 시는 극도의 간결함을 드러냅니다. 세계에는 너무 많은 말들이 난무하고 있습니다. 그 가운데에는 거짓말도 많고, 불필요한 말도 많습니다. 말하자면 시인은 세상의 수다스러움에 대해 비판적으로 대응하고 싶은 것입니다. 대부분 사람들은 거창한 것, 방만한 것 그리고 원시안적인 것을 좋아하지만, 시인의 눈에는 수많은 가식과 허구로 비칠 뿐입니다.

상기한 시를 살펴봅시다. 시인이라면 누구나 이카로스의 신화를 소재로 위대한 장시를 쓰고 싶어 하며, 거대 담시 한 편 정도는 후세에 남길 수 있으리라 생각할 것입니다. 그러나 룽게는 이카로스의 신화를 고작 9행의 단시 속에 담고 있습니다. 나아가 신화적 내용은 전도되어 있습니다. 신화에는 다이달로스의 아들 이카로스가 스스로 밀랍으로 만든 날개를 달고 하늘로 솟구쳐 날아올랐는데, 밀랍이 뜨거운 태양에 녹는 바람에 그만 추락합니다. 이에 비하면 상기한 시에는 "거대한 맹금"에 해당하는 지구가 "점점 커지고/어둡게 되면서" "나"와 사정없이 부딪칩니다. 그렇다면 시인의 눈에는 지구 자체가 이카로스로 비치는 게 아닌가요? 이 놀라운 사건은 시인의 "일시적인 꿈속"에서 발생하고 있습니다. 그래, 지구의 상황은 이카로스의 오만과 죽음으로 비유할 수 있습니다. 대부분의 인간은 진보에 집착하고, 전쟁을 필요악으로 단정합니다. 지하에 묻힌 석유는 이제 절반 이상을 사용하여, 생태계는 오염되고, 지구는 "어둡게" 변하지 않았습니까? 그런데도 세상은 작가와 지식인들의 경고를 듣고 이를 받아들이기는커녕, 시인을 여전히 불필요한 "방해분자 Störenfried"로 간주하지 않습니까?

놀라운 것은 맨 처음 두 행입니다. "심장, 가장자리 가득/하늘과 함께"라는 대목은 밤하늘을 수놓는 폭죽의 상을 떠올리게도 하고, 이카로스의 심장이 갈기갈기 찢겨지는 것처럼 여겨지기도 합니다. 이는 얼마나 끔찍한 파국의 장면인가요?

GERHARD RÜHM

게어하르트 륌

게어하르트 륌은 음악과 미술 영역에서도 탁월한 재능을 보인 오스트리아 출신의 시인이다. 그는 1930년 빈 필하모니 악단의 콘트라베이스 연주자의 아들로 태어났다. 그는 빈 음악 아카데미에서 작곡과 피아노를 전공하였으며, 12음계 법을 배웠다. 베이루트에 몇 달 체류하는 동안에 동양의 음악에 매료되었다. 50년대 빈 그룹의 발기인이기도 한 륌은 1964년에 베를린으로 이주하였으며, 1972년에 함부르크에 있는 미술 대학에서 그래픽을 강의하였다. 1975년에 쾰른으로 이주한 그는 예술 영역의 경계를 허무는 창조적 작업에 매진하였다. 나중에 륌은 음악과 그래픽 기술을 활용하여 시각의 음악이라는 장르를 개척하기도 했다. 그는 극작품, 실험적 방송극 그리고 실험 시들을 많이 발표하였다.

소유는 절도이다

나의 머리카락
나의 머리통
나의 두 눈
나의 두 귀
나의 코
나의 입
나의 목
나의 두 팔
나의 두 손
나의 몸통
나의 두 고환
나의 좆
나의 여자
나의 질
나의 허벅지
나의 무릎
나의 두 장딴지
나의 두 발
나의 두 구두
나의 세계
나의 뇌

eigentum ist diebstahl

mein haar/ mein kopf/ meine augen/ meine ohren/ meine nase/ mein mund/ mein hals/ meine arme/ meine hände/ mein rumpf/ meine hoden/ mein glied/ meine frau/ meine scheide/ meine schenkel/ meine knie/ meine waden/ meine füße/ meine schuhe/ meine welt/ mein gehirn

질문

1. 1970년에 발표된 이 시는 21행으로 이루어져 있습니다. 이 가운데에서 시적 자아의 신체 기관이 아닌 것은?
2. 마지막 2행을 유심히 살펴보세요. "나의 세계"와 "나의 뇌"가 맨 뒤로 배치된 것은 결론적 명제로 이해됩니다. 시인이 말하고자 하는 바는?
3. 문제는 "여자"와 "질"을 나의 것으로 단정하고 이를 나의 세계로 이해하려는 시적 자아의 태도에 있습니다. 제목을 고려하여 이러한 태도를 설명해 보세요.

해설

제1행부터 19행까지는 신체 기관으로 이루어져 있는데, 이 모든 것들이 나의 것으로 설명되고 있습니다. 시인은 머리끝부터 발끝까지 차례로 신체 기관을 묘사합니다. 시적 자아의 신체 기관이 아닌 것은 "여자"와 "질"입니다. 시적 자아는 남자이지만, 이것들을 "나"의 소유물로 규정합니다. 현대의 카사노바들은 뭍 여성들과 살을 섞은 뒤에 속된 말로 "꽃을 꺾다deflorieren"라고 표현합니다. 그러나 실제로 손해를 입는 자는 여자들이 아니라,

남자들입니다. 왜냐하면 남자들은 생물학적으로 정精을, 심리학적으로 정情을 모조리 여성에게 바치기 때문입니다. 따라서 남자들이 "여성을 정복한다"라고 말하는 것은 참으로 어처구니없는 표현이 아닐 수 없습니다. 더욱이 "귀한 정액veri spermen"을 허비한다는 것은 자신의 목숨을 앞당기는 짓거리가 아닌가요?

시인은 "나"라는 남성의 가부장적이고 여성 비하적인 태도를 비아냥거립니다. 프루동Proudhon도 말한 바 있듯이, "소유는 하나의 절도 행위La propriété, c'est le vol!"인데도, "나"는 함부로 특정 여자와 그미의 생식기를 자신의 소유라고 규정합니다. 한마디로 상기한 시가 비판하려는 것은 속물 남성의 사고입니다. 왜냐하면 그는 자신의 육체 기관 속에 여성의 육체 기관을 연결시켜 제 것으로 삼으려고 의도하기 때문입니다. 이를 예증해 주는 것이 바로 시의 제목이 아닙니까?

PETER RÜHMKORF

페터 륌코르프

페터 륌코르프(1929-)는 도르트문트에서 태어났다. 일찍부터 시적 재능을 발휘한 그는 50년대 초에 함부르크에서 교육학, 독문학 등을 공부하였으며, 신비극 공연에 관심을 기울였다. 1958년부터 1964년까지 함부르크 근처에 있는 로볼트 출판사에서 편집자로 일했으며, 1964년부터 전업 작가로 활동하기 시작했다. 시인은 정치적으로 핵발전소 건설에 반대하였으며, 예술적으로 "재즈 서정시"를 개척했다. 이는 시 낭독과 재즈 연주를 동시에 행하는 퍼포먼스를 가리킨다. 륌코르프는 많은 생태시를 남겼으며, 70년대에 여러 대학에서 시학을 강의하였다. 다음의 문장은 륌코르프의 예술론을 단적으로 보여 주는 발언이다. "예술은 삶의 문제를 표현한 것이다. 따라서 그것은 문제를 지닌 자에 의해 만들어지고, 그와 유사한 처지에 있는 사람에게 향한다."

일시적으로 도취되는 이 푸른…

젊은 것과 낡은 것은 오직 단 한 번 뒤바뀌고,
자신의 이름을 교환하며, 신발 갈아 신지 —
그대, 지상에 체류하는 동안만이라도
내 말을 들어 봐.

수많은 사랑의 말, 귀에다 속삭이고
세계가 이후 세계로 음울하게 변하기 전에,
거역할 수 없는 무엇이 어떻게 시작되는지 —
미래를 바라 봐!

미래를 바라 봐, 천년 동안 하나의 빙하가
얼마나 많은 작은 수정水晶을 건설하는지,
즉 신화를 형성하는지를, 그게 녹는 동안
누구에게 묻지 마.

파괴되는 선박으로 향하는 파도 속의 빛
— 동, 서양에서 인공 생식되고 부화되는 것처럼 —
다만 사라질 때 모든 것들이 깨달아지니까,
너, 눈물 흘릴 가치 있는지 묻지 마.

묻지 마, 묻지 마 포기하고 정신 차려 봐,
거대한 예견을 품고 별들에게로 날아가 봐.

적어도 숨이 멎고 네 몸속에 아무런
중력 없이 나아갈 수 있는 한…

인식되는 것은 화염 속에서 담소 나누고,
일시적으로 포착되고 — 춤추며 떨어져 나가
위로의 말, 마술적 언어는 함께 흘러가고,
그대가 할 수 있다면, 가슴에 귀 대어 봐!

심장의 소리 들어 봐! — 그게 떨어져나가기 전에
한 번 믿어 봐, 거역할 수 없는 무엇을
이 일시적으로 도취되는 푸른
유일한 세계를!

Diese vorüberrauschende blaue...

Einmal noch wenden sich Junges und Altes,/ tauscht seine Namen, wechselt die Schuh -/ Du während deines Erdaufenthaltes/ höre mir zu.

Vielerleilieb in die Ohren geflüstert,/ Unwiederrufliches, wie es begann -/ Eh sich die Welt zur Nachwelt verdüstert,/ sieh sie dir an!

Sieh sie dir an, aus wieviel Kriställchen/ sich im Jahrtausend ein Gletscher erbaut:/ Mythos zu bilden, frage nicht welchen/ während er taut.

Anbrandend Licht auf entteilenden Schiffen/ - Ori- und

Okzident kuckt wie geklont -/ Alles schon im Entschwinden begriffen:/ Frage nicht, ob deine Träne sich lohnt.

 Frage nicht frag und ergib und besinn dich,/ ahnungsvoll gegen die Sterne gekehrt;/ solang der Atem noch aus dir und in dich/ schwerelos fährt...

 Was sich erkennt, unterhält sich in Flammen,/ flüchtig gefaßt - auseinandergetanzt:/ Zuspruch und Zauberspruch rinnen zusammen,/ halt mal das Ohr an die Brust, wenn du kannst!

 Hör auf dein Herz und an! - ihm vertraue/ Unwiderrufliches, eh es entfällt:/ Diese vorüberrauschende blaue/ einzige Welt!

질문

1. 제1연에서 시인은 직접 누군가에게 말하려 합니다. "그대"는 누구인가요?
2. 제2연과 제7연에 나오는 "거역할 수 없는 무엇"은 무엇을 지칭하는 것일까요?
3. 제3연에 나오는 "수정"과 "신화"는 무엇을 상징합니까?
4. 제4연의 상황을 쉽게 설명해 보세요.
5. 제6연에서 "인식되는 것"은 무엇을 지칭하는가요?

해설

우주선에서 바라본 지구는 눈부실 정도로 아름답다고 합니다. 시의 제목 역시 이와 관련됩니다. 우주에는 푸른 별, 지구만큼 찬란한 장소는 없는지 모릅니다. 시의 맨 마지막에 지구가 "유일한 세계"라고 표현된 것도 이와 관련됩니다.「일시적으로 도취되는 이 푸른…」은 인류의 미래에 관한 사항을 예견하고 있습니다. 제1연에서 시인은 인간 삶을 중의적으로 표현합니다. "그대"는 일반 사람들을 지칭할 수도 있고, 구체적으로는 우주선에 올라탄 사람을 가리킬 수도 있습니다. 시인은 제1연에서 "미래"를 바라보라고 말합니다. "거역할 수 없는 무엇"은 추측컨대 인간 삶에서 나타난 필연적인 행위를 뜻하는 것 같습니다. 인간은 살아가면서, 주위 환경을 변화시켜 나갑니다. 이로 인하여 인간의 삶은 더욱 풍요롭게 되지만, 자연은 재해 내지 파국을 맞이하고 있습니다.

제3연에서 시인은 미래를 바라보라고 권고합니다. 미래는 흔히 생각하는 것만큼 찬란하지 않습니다. 인류 문명은 하나의 빙하를 건설하는 과정을 겪어 왔으며, 이로 인해서 수많은 "작은 수정水晶"들을 생성시켰습니다. 여기서 "수정"들은 죽음의 영역을 지칭하는 것으로서 인류 문명이 창조한 결과물이나 다름 없습니다. 가령 이집트의 피라미드는, 헤겔에 의하면, "수정의 건축 유토피아"로 일컬을 수 있다고 합니다. 그 까닭은 피라미드가 죽음 이후의 영원한 삶을 동경하는 고대 이집트인들의 세계관을 반영하고 있기 때문이라는 것입니다. "빙하"는 천 년 동안 "작은 수정들을 건설"하고, "신화를 형성"시킵니다. 여기서 "신화"는 죽음을 은폐시키는 진보주의자들의 거짓 이데올로기를 가리킵니다. 여기서 륌코르프는 인류의 미래에 대한 부정적인 상을 떠올리고 있습니다. 이어지는 연에서 인류가 살아날 가능성은 "분할되는 선박"으로 비치는 "빛"으로 표상되고 있습니다. 온갖 "인공 생식"과 "부화"의 과정을 통해서 생존을 실험해 보지만, 인류는 부

작용이 발생한 이후에야 비로소 사태를 제대로 인지하며, 제 잘못을 깨닫게 됩니다.

제5연에서 시인은 지구를 떠나려고 하는 사람들을 묘사합니다. 시인의 비판적 화살은 "거대한 예견을 품고 별들에게로 날아가"는 인간군에게 향합니다. 우주를 개발하는 이러한 인간군은 시인의 눈에는 지구를 탈출하려는 소수로 보일 뿐입니다. 그렇기에 시인은 그들에게 다음과 같이 충고합니다. 모든 시도가 잘못된 것일 수 있으니 "포기하"라고 말입니다. 제6연에서 시인은 묵시록과 관련된 파국을 풍자적으로 묘사합니다. "인식하는" 존재인 생명체들은 마지막 순간의 화염 속에 시달립니다. 그러나 시인의 눈에 이들은 역으로 "즐기고" "춤을 추"는 자들로 투영되고 있습니다. 왜냐하면 그들은 여전히 "신화"와 같은 "위로의 말"과 "마술적 언어"에 의해서 기만당하기 때문입니다.

시인은 주위에서 들리는 모든 전언을 무시하고, "심장의 소리"에 귀를 기울여 보라고 권합니다. 파라켈수스Paracelsus의 말을 인용해 본다면, 인간의 신체는 소우주인 아르케우스Archäus로서 대우주인 불카누스Vulkanus와 정비례합니다. 다시 말해 우주의 모든 변화는 신체의 모든 변화와 병행하여 나타난다는 것입니다(블로흐 2004: 1404).

ROMAN RITTER

로만 리터

로만 리터에 관해서는 별반 알려진 게 없다. 1943년 슈투트가르트에서 태어난 로만 리터는 대학에서 독문학을 공부하였으며, "사회주의 독일 학생 연맹(SDS)"에서 활발하게 일하였다. 그는 70년대 초에 클라우스 코네츠키, 우베 팀 등과 함께 문학잡지를 간행하였다. 1975년에 뮌헨에서 그의 첫 시집, 『우체국에서 낯선 사람 끌어안기』가 간행되었는데, 당시에 약 2,000부 정도 팔렸다. 이 시집은 나중에 동독에서 『포에지 앨범』이라는 제목으로 간행되었는데, 그곳에서 14일 만에 40,000부가 팔려 나갔다.

우체국에서 낯선 사람 끌어안기

우리는 차타고 돌아간다,
한두 시간은 중요하지 않다.
휴게소에서 커피 마시고
테이블 가장자리의 맥주 깔개를 높이 던졌다가
공중에서 붙잡았다.
나중에 운전은 교대할 것이다.

밤이다, 약간 비가 내리지만,
자동차 안은 따뜻하다.
운행 중에 들리는 바람의 파열음,
계속 둔탁하게 들리는 바퀴소리
완충기 장치의 무게는
피곤하게 만들지만, 잠이 오지는 않는다.

나는 자신을 가죽 속의 짐승처럼 느낀다.
어떤 동굴, 어떠한 물기도
스며들지 않는 가죽 속의 어느 동물, 두렵지 않다.
내 어깨에 기대고 있는 어느 여자
꼼짝하지 않고, 커브를 돌 때
그미는 무겁기도 가볍기도 하다.
이러한 애무를 위해서
손을 건드릴 필요도 없다.

신속하게 지나가는 불빛
서서히 스쳐가는 붉은 빛들,
그건 다른 차들이다. 통상적인
위험에 해당한다, 그러나
안전거리 확보로 얼마든지 관망할 수 있다.
무엇보다도 믿을 만한 것은
차도에 그려진 하얀 점선이다.
전조등이 순간적으로 포착한 것은
우리 뒤에 놓이기 전에 잊혀진다.
부릅뜬 눈으로 나와 비슷하게 생긴 누군가
멀리서 뚜렷한 눈길로 바라본다.
달은 뒤편의 구름을 비춰 준다.
뒤에 아무것도 감추지 않은 어느 조용한 면사포.

어떤 감정은 마치 여자의 따뜻함처럼
나의 몸, 이쪽에서 퍼져 나간다,
둥둥 뜬 채, 혼란스럽지 않지만, 소리 없이.
내 생에 단 한 번 조용히
애드벌룬을 타고 숲과 폭포 위를 비행하고 싶다.
한 번 우체국에서 낯선 사람을 끌어안고 싶다.
단 한 번 두려움 없는 하루하루를 생각하고 싶다.

두 시간 지나면 우리는 도착할 것이다.
방안에 둔탁한 냄새가 배여 있겠지.

머리카락이 먼지와 함께 바닥에 있겠지.

그렇지만 우리는 도중에 있다. 여자는 다시 느껴진다.

달은 앞에서 비친다. 운행 중에 바람이 소리 낸다.

Einen Fremden im Postamt umarmen

Wir fahren zurück./ Auf eine oder zwei Stunden kommt es nicht an./ Wir haben einen Kaffee getrunken in der Raststätte/ und ausgelassen Bierfilze vom Tischrand hochgeschlagen/ und in der Luft gefangen./ Nachher werden wir uns am Steuer ablösen.// Es ist Nacht, und es regnet leicht,/ aber im Auto ist es warm./ Das Zischen des Fahrtwinds,/ das beständige Orgeln der Reifen,/ das Wiegen der Stoßdämpfer/ macht müde, aber nicht schläfrig.// Ich fühle mich wie ein Tier in seinem Fell,/ ein Tier in einer runden Höhle, in einem Fell,/ durch das keine Nässe dringt und keine Angst./ An meiner Schulter lehnt ein Mädchen,/ bewegungslos, in den Kurven/ wird es leichter oder schwerer./ Für diese Zärtlichkeit/ muß sich keine Hand rühren.// Die schnell vorbeifliegenden weißen Lichter/ und die langsam vorbeiziehenden roten Leuchten,/ das sind die anderen. Sie gehören dazu,/ mit dem üblichen Risikofaktor,/ aber überschaubar und auf Distanz./ Es gibt nichts Verläßlicheres/ als die weißen Streifen am Fahrbahnrand./ Was die Scheinwerfer einen Augenblick lang erfassen,/ ist vergessen, bevor es hinter uns liegt./ Durch meine offenen

Augen schaut einer,/ der mir ähnlich ist, mit einem weiten und unzerstörbaren Blick./ Der Mond bescheint die Wolken von hinten./ Ein stiller Schleier, hinter dem sich nichts verbirgt.// Ein Gefühl macht sich breit/ wie die Wärme des Mädchens an meiner Seite,/ schwebend, unbeirrbar, tonlos:/ Ich möchte einmal in meinem Leben/ mit einem Ballon still über Wälder und Wasserfälle fliegen./ Ich möchte einmal einen Fremden im Postamt umarmen./ Ich möchte einmal ohne Angst an jeden Tag denken.// In zwei Stunden kommen wir an./ Im Zimmer wird der dumpfe Geruch hängen./ Haare mit Staubflocken werden am Boden liegen./ Aber noch sind wir unterwegs. Das Mädchen wird wieder spürbar./ Der Mond scheint von vorn. Der Fahrtwind rauscht.

질문
1. 제목이 상징하는 바는 무엇일까요?
2. 시인은 무슨 이유에서 자동차 여행을 자세히 묘사하고 있습니까?

해설
삶의 노정은 어떤 파트너와 함께 겨울밤 차를 몰고 가는 과정일까요? 로만 리터의 시는 주로 일상의 삶과 평범한 사람들의 애환과 꿈을 사실적으로 묘사하고 있습니다. 인용시도 예외는 아닙니다. 시에서 시적 자아가 누군지 밝혀지지 않고 있습니다. 우리는 그의 직업을 알 수 없습니다. "테이블 가장자리의 맥주 깔개를 높이 던졌다가/공중에서 붙잡"는 것으로 미루어, "나"가 젊은이인 것은 분명합니다. 독자는 그들이 어디서 출발하여 어디로 가는지 알지 못합니다. 그렇지만 그들은 겨울밤에 어디론가 차를 타고 가는 중입니다. 그들은 여행을 끝내고 고향으로 되돌아오고 있는가요? 그렇지는 않습니다. "나"는 자동차 안에서 마치 "가죽 속의 짐승처럼" 편안함을 느끼며 중얼거립니다. "나는 두렵지 않다." 어쩌면 시적 자아는 힘든 일을 하며 살아왔거나, 제대한 군인인지 모릅니다. 어느 여자가 자신에게 기댄 채 잠들어 있습니다. 분명히 동승한 미지의 여자입니다. 제4연에서 시적 자아는 도로 상태, 주행 상황 그리고 다른 차량의 운전자 등을 세밀하게 묘사합니다. 제각기 어디론가 향하고 있는데, 시적 자아는 그들이 누군지를 누설하지 않습니다. "나와 비슷하게 생긴 누군가/멀리서 뚜렷한 눈길로 바라"보고 있습니다. 그렇다면 두 남녀는 수많은 사람들 가운데 잠깐 동행한 범인凡人이란 말인가요?

  시인은 5연에서 뇌리에 떠오르는 세 가지 갈망을 서술합니다. "애드벌룬을 타고 숲과 폭포 위를 비행하고 싶다./한 번 우체국에서 낯선 사람을 끌어안고 싶다./단 한 번 두려움 없는 하루하루를 생각하고 싶다." 왜 시인은 우체국에서 낯선 사람을 끌어안고 싶은 것일까요? 세상은 개별적 인간에게 고립되어 있으며, 두려움을 안겨줍니다. 이 세상에서 우리의 친구는 불과 몇 명밖에 되지 않습니다. 낯선 사람들을 경원하지 않고, 모두 친구로 여기는 태도는 각박한 세상에서는 정말로 불가능한 것일까요?

어느 값싼 즐거움

늦은 오후에
텅 빈 위를 안고
슈퍼마켓을 돌아다니기 —
먹는 일이 가장 멋져.

안 그러면, 너는 얼룩진 상자,
소시지, 작업 외투복의 냄새만 맡을 수 있어.
이제 입구에 들어서면, 너의 코에는
네덜란드 겨자와 사과 냄새가 솟아오르지.
멀리서 넌 녹색 콩과 훈제 고기 냄새를 맡아.
크림소스 곁들인 파 데침 요리, 보통 땐 관심 없었는데,
눈앞에서 김을 모락모락 피워. '랑겐베르크 처녀' 포도는
너의 미각을 흐리게 해. 간 만두 요리, 송로 크림의
통조림 앞에서 너의 혀는 더욱 축축해져.
'파티멩의 수도사'라는
카망베르 치즈는 너의 입안에
얼마나 부드럽게 달라붙을까!
돼지 등심살은 얼마나 찬란한 담홍빛을 띠고 있는가!
옥수수 통조림에 그려진 녹의의 거인은
진정한 친구라는 듯 휘황찬란하게 너를 바라봐.
아이티초크 심장, 아스파라거스 샐러드 그리고 보르도 산의
맛있는 생선살 사이에서

너의 위胃는 기대에 부푼 듯 이리저리 날뛰지.
비싼 비누와 로션을 사용해야
너는 다시 안정을 찾을 수 있고, 눈 감은 채,
은밀한 향기에 젖어들 수 있어. 너는 마치
어떤 소금물 안에 멍하니 앉아 있는 기분일 거야,
피부에 느껴지는 어느 여자의 부드러운 온기.
테이블 위에는 '프랑크 쿠퍼'의
오렌지 잼이 즐거운 듯 빛을 반사하고 있어.
세르비아 산 콩 수프는 너의 몸을 데우고
흙 고동색 감자 부대 근처에서
너는 안온함을 느끼곤 해.
인스턴트식품의 알록달록한 포장을 바라보며
마치 화폭에 취한 듯 서성거리고 있어.
그건 장인의 손에 의해 만들어진
'벨라 나폴리 피자'가 아닐까?
나지고렝 속의 대나무 순이
너의 뱃속 피부를 부드럽게 간질이지 않니?
투명한 유리병 속의 '탈리아텔레 베르테'는
얼마나 흥분한 채 빙빙 감겨 있는가!
이리 와, 너의 뜨거운 감정을 식혀 봐,
거무스레한 신 버찌 가게에서.

늦은 오후에
텅 빈 배를 안고
슈퍼마켓 돌아다니기.

떠나기 전에 너는
감자 가루 한 그릇과
페퍼민트 한 묶음 사고 있어.
그건 입안을 시원하게 해줄 거야.

Ein billiges Vergnügen

Am späten Nachmittag/ mit leerem Magen/ durch den Supermarkt bummeln -/ nur essen ist schöner.

Sonst riechst du bloß den Mief/ von bekleckerten Kartons, Würsten und Werktagsmänteln./ Jetzt steigt dir schon am Eingang/ der Geruch von Kresse und Äpfeln in die Nase./ Von weitem witterst du das Rauchfleisch und die grünen Bohnen./ Das Lauchpüree mit Rahm, sonst kaum beachtet,/ dampft vor deinen Augen. Die *Langenberger Mädchentraube*/ benebelt dir die Sinne, deine Zunge wird feucht/ vor den Dosen mit Leberpastete und Trüffelcreme./ Wie weich würde sich der Camembert/ *Le moine de Patiment*/ an deinen Gaumen schmiegen!/ Wie zart rosa kann Lachsschinken sein!/ Der grüne Riese auf den Büchsen mit Mais/ lacht dich strahlend an, ein wahrer Freund./ Zwischen Artischockenherzen, Spargelsalat und Schlemmerfilet/ *à la Bordelaise*/ hüpft dein Magen erwartungsvoll hin und her./ Erst bei den Luxusseifen und Lotions/ kommst du wieder zur Ruhe, schließt die Augen,/ umschmeichelt von intimen Düften. Dir ist,/ als ob du dich auf einem blanken Laken räkeln würdest,/ auf deiner Haut die zärtliche Wärme einer Frau./ Auf dem Tisch erstrahlt im heiteren Licht/ *Frank Coopers* Orangenmarmelade./ Die serbische Bohnensuppe wärmt dich von innen her,/ und bei den erdbraunen Kartoffelsäcken/ fühlst du dich geborgen./ Vor den buntbedruckten Packungen der Fertiggerichte/ stehst du versunken wie vor Gemälden./ Ist sie nicht von Meisterhand geformt,/ die *Pizza Bella Napoli?*/ Und die Bambussprossen im Nasi Goreng,/ kitzeln sie nicht zart deine Magenschleimhaut?/ Wie aufregend schlängeln sich in der Klarsichtpackung/ die Tagliatelle verte!/ Komm, kühle dein erhitztes Gemüt/ bei den dunklen Schattenmorellen.

Am späten Nachmittag/ mit leerem Magen/ durch den Supermarkt bummeln./ Bevor du gehst,/ kaufst du ein Glas geschälte Kartoffeln/ und eine Rolle Pfefferminz./ Das gibt einen frischen Geschmack im Mund.

질문
1. 시인은 어째서 먹을거리를 자세하게 묘사할까요?
2. 굶주림을 채우거나, 맛깔스러운 음식을 맛보는 일이 과연 "값싼 즐거움"입니까?

해설
식욕과 성욕은 인간의 원초적 본능과도 같습니다. 가장 오래된 인간의 꿈은, "놀고먹는 세상"에서 다루어진 바 있듯이, 배를 채우는 일과 관련된 것이었습니다. 나무에는 소시지가 주렁주렁 자라고, 높은 산은 치즈 덩어리로 이루어져 있습니다. 개울에는 사향 포도주가 흐릅니다. 굶주림과 강제 노동은 사람들로 하여금 그런 포만한 꿈을 꾸게 하였던 것입니다. 특히 "어느 값싼 즐거움"은 독일의 음식 문화의 일면을 보여 준다는 점에서 무척 흥미로운 작품입니다. 일단 해설 대신에, 시의 이해를 위한 몇 가지 설명만 첨가해 보기로 합니다. (1) 간 만두 요리: 주로 영국 사람들이 자주 먹는 요리인데, 소의 간을 재료로 하여 만든 파이를 가리킵니다. (2) 송로 크림: 송로는 프랑스 요리 가운데 최고의 버섯 요리에 해당합니다. 송로는 땅속에서 자라므로, 프랑스 사람들은 날씨가 따뜻해지면, 돼지 혹은 개들을 훈련시켜 송로를 찾게 합니다. (3) 카망베르 치즈: 노르망디 산 치즈인데, 당신도 아시다시피 "페니실린 카멤베르티"라는 곰팡이를 사용하여 만든 응유 치즈입니다. 치즈 맛을 아는 사람들은 카망베르 치즈를 가장 즐겨 먹습니다. (4) 아이티초크: 지중해에서 자라는 서양 엉겅퀴의 일종입니다. 흰색이며 담백한 맛을 지닙니다. 소화 불량에 도움이 되며, 철분을 많이 함유하고 있다고 합니다. (5) 아스파라거스: 시베리아에서 아프리카 남부에 이르는 지역에서 자라는 식물입니다. 얼핏 보면 죽순 같아 보이지만, 죽순과는 다릅니다. 고대 로마 사람들은 이를 샐러드와 요리 재료로 활용하였습니다. (6) 나지고렝: 인도네시아의 고유한 요리입니다. 대나무 순과 카레 등을 사용한 별미에 해당합니다. 유럽에는 모든 나라의 레스토랑이 있어서, 돈만 주면 온갖 요리를 접할 수 있습니다. (7) 탈리아텔레 베르테: 이탈리아어로 "참된 면 요리"라는 뜻을 지닙니다. 이탈리아의 면 요리는 맛있기로 정평이 나 있습니다.

KURT MARTI

쿠르트 마르티

쿠르트 마르티는 1921년 스위스의 베른에서 법률가의 아들로 출생하였다. 그는 그곳에서 법학을 공부하였다. 전쟁 후에 마르티는 신학을 공부하고 목사가 되었으며, 베른 신학교에서 명예박사 학위를 받았다. 그는 문학 서클인 "올텐 그룹"을 만들었으며, 현대 스위스 작가 가운데 대표자로 손꼽힌다. 그는 많은 상을 수상했는데, 특히 1997년에는 쿠르트 투콜스키 문학상을, 그리고 2002년에는 카를 바르트 문학상을 수상하였다.

조사 弔詞

그미가 스무 살 적
한 아기를 배었을 때
그미에게 결혼해야 한다는
명령이 내려졌습니다

그미가 결혼했을 때
그미에게 모든 공부를
포기하라는
명령이 내려졌습니다

그미가 서른이 되어
일하기를 갈망했을 때
가사만을 돌보라는
명령이 내려졌습니다

그미가 나이 오십에
쇠약해지고 삶에
싫증났을 때 그미의 남편은
젊은 여자에게 갔습니다

친애하는 이웃들이여
우리는 너무 많이 명령합니다

우리는 너무 많이 복종합니다
우리는 너무 적게 삽니다

Leichenrede

als sie mit zwanzig/ ein kind erwartete/ wurde ihr heirat/ befohlen// als sie geheiratet hatte/ wurde ihr verzicht/ auf alle studienpläne/ befohlen// als sie mit dreißig/ noch unternehmungslust zeigte/ wurde ihr dienst im hause/ befohlen// als sie mit vierzig/ noch einmal zu leben versuchte/ wurde ihr anstand und tugend/ befohlen// als sie mit fünfzig/ verbraucht und enttäuscht war/ zog ihr mann/ zu einer jüngeren frau// liebe gemeinde/ wir befehlen zu viel/ wir gehorchen zu viel/ wir leben zu wenig

질문
1. 제목이 뜻하는 바는 무엇입니까?
2. 시의 내용을 고려할 때, 누가 명령하고, 누가 복종하는가요?
3. "그미"처럼 살지 않으려면, 어떻게 해야 할까요?

해설
제목은 주지하다시피 하관식이 거행될 때 목사 혹은 신부가 참석자들에게 들려주는 말을 가리킵니다. 자고로 죽은 자를 비난하는 것은 금기Tabu로 되어 있습니다. 그것은 죽은 자의 영혼을 모독하는 행위이기 때문입니다.

마르티는 목사로 살아가는 시인입니다. 그는 상기한 시에서 이른바 통상적인 예식의 말을 의도적으로 생략하고 있습니다. 쿠르트 마르티는 죽은 사람 앞에서 핵심적인 질문을 던집니다. 그것은 인습에 관한 질문입니다. 이로써 시 작품은 죽은 영혼을 달래주는 통상적인 위로의 말 대신에 솔직하게 그리고 거침없이 한 여성의 삶을 비판적으로 조명합니다. 어째서 임신한 여자는 반드시 결혼해야 하는가요? 어째서 결혼한 여자는 학업을 포기해야 하는가요? 어째서 가정주부는 직장을 포기해야 하는가요? 어째서 나이든 여자는 다른 여자에게 사랑을 빼앗겨야 하는가요? 어느 죽은 여자는 그런 식으로 부자유스럽게 살다가 세상을 떠났습니다. "그미"는 외부로부터의 두려움과 억압에 순응하는 식으로 살았던 것입니다. 그렇다면 누가 그미에게 명령을 내리는 것일까요? 무엇이 여성들의 사고를 옥죄고 있는가요? 그것은 분명히 보이지 않는 이데올로기로서의 사회적 통념일 것입니다. 남성적 가부장주의는 남한에서 뿌리를 내리고 있으며, 정도는 약하지만 스위스에도 여전히 나타나는 현상입니다.

FRIEDERIKE MAYRÖCKER
프리데리케 마이뢰커

프리데리케 마이뢰커는 1924년 빈에서 태어났다. 그미는 영문학을 공부하여, 1946년부터 빈에 있는 어느 실업계 중등학교에서 영어를 가르쳤다. 1969년에 마이뢰커는 교사직을 그만두었다. 1954년부터 에른스트 얀들과 연인이자 친구 관계를 맺었다. 1970년과 1971년에 DAAD(독일 학술 교류처)의 장학금을 받고 서베를린에 머물렀다. 1972년에 그미는 얀들과 미국으로 건너가 시를 낭독하였다. 지금까지 20여 권의 시집을 간행한 그미는 오스트리아를 대표하는 시인으로서 수많은 상을 받았다.

산속에서, 8월

밋밋한 가지 아래, 젊은
나무는 비스듬히 서 있다, 더 이상 푸르지 않은
제각기 밋밋한 나무들, 나는
거기 서성이며 거미줄로 묶인
두 가지의 껍질과 내 피부가 서로
떨리고 있음을 느낀다,
그 안에는 작은 곤충 한 마리, 거칠게
흔들리는 분홍빛 관목, 바람에 빗질된 솜털의
엉겅퀴 머리통 ("그건 그대의 아름다운 머리") 분홍빛
엉킨 채 흐릿하게 몇몇 산의 환히 드러난
정수리, 산의 배후는 벌채되어 있고
이와 마주한 거대한 반달,
백양나무 잎의 은빛은 푸름 속에 넘친다,
그건 항상 푸르고, 젊어, 나를 넋 나가게
했다, 부드러운 향기, 보랏빛 거품을 마신다, 여자 농부의
앞치마, 위로 향해 뻗었던 푸름,
그건 봉사하는 자들의 유품인가, 돋보기
아래에는 붉은 오렌지 색깔, 빨랫줄로 뻗은 채,
덤불 속으로 사라지고, 울타리 안쪽으로 완연히
들어서서, 딸기 따고 있다, 채취할 때 밤은
마치 그미가 문 안으로 들어서듯
모든 연결을 낯설게 한다

Im Gebirge, August

unter kahlen Gezweig, junger/ Baum steht schief, einzelne kahle/ Bäume die nie mehr grünen, steh/ ich verspüre die zitternden/ Ränder an meiner an seiner Haut des/ zwischen zwei Äste gespannten Spinnennetzes/ darin ein kleines Insekt, und wild/ schwankende Staude rosa und windgefegt wollige/ Distelköpfe ("ist ja dein lieber Kopf") rosa/ versponnen verschwommen die lichten Scheitel/ der Berge, geschlägert aus dem Rücken des/ Bergs gegenüber ein riesiger Halbmond, die/ Silberlinge des Birkenlaubs ins flüssige/ Blau so blau war so jung so auszer mir war und/ immer, sauge den zarten Duft, violetten Schaum, Bläue/ der Schürze der Bäuerin, nach oben/ langend, Requisit der Dienenden?, unter der/ Lupe orangenrot, nach dem Wäschedraht langend, ver-/ schwindet dann im Gebüsch, geht ganz in die Hecke/ hinein, Beeren pflückend, beim Beerenpflücken als/ ginge sie durch eine Tür, das Nächtliche/ aber fremdet den Bund.

질문

1. 시는 1986년에 발표된 것입니다. 이 시를 세 단락으로 나누세요.
2. 시 「산 속에서, 8월」은 시인의 의식 속에 떠오르는 밤을 차례로 묘사한 것입니다. 이러한 특성은 어디서 발견되는가요?
3. 이 작품은 프리드리히 횔덜린의 「빵과 포도주」와 유사성을 지니고 있습니다. 작품을 비교하여 주제 상의 차이를 논하

세요.

해설

마이뢰커는 수채화의 시인입니다. 그미의 작품 속에는 이른바 "한여름 밤의 꿈"이 언어의 화폭 속에 채색되어 있습니다. 작품은 세 단락으로 나뉘어 있습니다. (1) 시적 자아가 주위에서 인지하고 있는 정경("나무," "곤충 한 마리," "엉겅퀴 머리통" 등), (2) 정경을 둘러싸고 있는 광범한 자연 풍경(산의 "정수리," "거대한 반달," "푸름" 등), (3) 제3자의 삶 속으로 투영된 삶의 모습("여자 농부의 앞치마," "오렌지 붉은 색깔," "딸기" 등).

상기한 세 장면의 전환은 무리 없을 정도로 자연스럽습니다. 가령 세 장면은 주로 시인이 유추하는 색에 의해서 자연스럽게 교차되고 있습니다. 가령 분홍빛 관목의 상은 산의 모습으로 자연스럽게 전환되며, 푸름 속에서 넘치던 "백양나무 잎의 은빛"은 어느새 "여자 농부의 앞치마"의 푸름과 결합되고 있습니다.

이 시의 압권은 단연코 맨 마지막 두 행인 것 같습니다. "(…)채취할 때 밤은/마치 그미가 문 안으로 들어서듯/모든 연결을 낯설게 한다." 낯선 여인으로 의인화된 밤(夜)은 이리저리 돌아다니며 일하는 여자 농부의 기이한 움직임과 유사합니다. 여기서 시인은 밤을 통해서 일상적 현실상을 해체시키는 것 같습니다. 모든 연결을 낯설게 하는 그미의 움직임은 다른 세계 내지 죽음 이후의 세계를 잠깐 보여 주지 않습니까?

마이뢰커의 자연 시에는 여름밤의 정취 이상의 무엇이 담겨 있습니다. 가령 프리드리히 횔덜린은 그의 비가, 「빵과 포도주」에서 시적 자아의 엑스타시 내지 열광적으로 끓어오르는 이상을 유감없이 드러내는 반면, 마이뢰커의 시는 주어진 현실의 모든 연결 고리가 차단된 순간의 부호를 은밀히 보여 주고 있으니까요.

도시 한가운데 핀 양귀비꽃에게

몇 개의 내 머리통에서 눈물의
폭죽이 솟아오른다, 바로 그
라일락은 이제 시들고, 쥐똥나무
바람에 흔들리며, 여름의 속임수는
뇌우를 예견하게 한다 —
대극은 복도에 씨를 뿌리고, 그
찌르레기들은 떨어지고, 모기들은
가시덤불 속에서 어른거리며, 어느
구름의 시든 꽃은 완두마냥 푸른 버찌 열매로
왕관을 쓰고 있는데 —
황제의 각인된
두 독수리상과 함께 — 붉은 벽돌 위의 상 — 묘지의
담장을 흔드는데
다만 항상 푸른 담쟁이의 치렁치렁한
줄기에 의지해 있다 —
나의 심장은
상승기류에 날개 퍼덕이는

어느 맹금처럼 노획물을 바라보고 있다

An eine Mohnblume mitten in der Stadt

aus meinen Köpfen sprießt/ das Feuerwerk der Tränen, der/ Flieder rostet, der Liguster/ weht, die Camouflage des/ Sommers läßt Gewitter ahnen -/ Wolfsmilch besamt die Flur, die/ Stare fallen, Mücken/ flirren im Dorngebüsch, das/ abgewelkte Blühen einer Wolke von erbsengrüner Kirschenfrucht/ gekrönt -/ samt aufgeprägten kaiserlichen/ Doppeladlern - Portraits auf roten Ziegeln - bröckelt/ die Friedhofsmauer ab/ gestützt nur noch von immergrünen/ Efeuranken -/ im Aufwind flügelschlagend/ steht/ raubvogelgleich mein Herz nach Beute äugend.

질문
1. 시인은 스스로 양귀비꽃이 되어 세상을 바라봅니다. 이를 뒷받침해 주는 표현은?
2. 시에서는 마침표가 생략되어 있습니다. 작품 내에서 "-"는 어떤 기능을 담당할까요?
3. 자연 풍경은 자연 묘사 외에도 시적 창조성을 상징합니다. 이는 어느 구절에서 발견되고 있습니까?
4. 마지막 3행에서 시인이 말하고자 하는 바는 무엇인가요?

해설

마이뢰커는 늦여름의 시기를 자주 묘사하였습니다. 그 까닭은 늦여름이 만물의 결실뿐 아니라, 퇴락의 시작을 알리는 시기이기 때문입니다. 이는 위의 시에서도 그대로 나타납니다. 마이뢰커의 시 작품은 수많은 분위기와 정조를 마치 수채화에 뒤섞인 물감처럼 섞어 놓습니다. 왜냐하면 시적 감흥은 어느 순간 불현듯 시인의 뇌리를 스치기 때문입니다. 따라서 모든 의미, 상징 그리고 이미지 등은 시적 영감이 전해 주는 바람 속에서 이리저리 흩날리고 있습니다.

시적 자아는 양귀비꽃을 바라보는 순간, 스스로 꽃의 입장 속으로 자신이 빨려 들어감을 느낍니다. 그리하여 그는 "도시 한가운데 핀 양귀비꽃"으로 모든 것을 인지하려고 합니다. 이 순간 자신의 머리에서 "눈물의/폭죽이 솟아"오릅니다. 이때 시든 "라일락," "쥐똥나무," 유독 식물의 하나인 "대극," "찌르레기들" 그리고 "모기들"은 인지되는 시적 대상일 뿐 아니라 유추되는 대상이기도 합니다. 그렇기에 풍경은 묘사의 대상으로서의 자연일 뿐 아니라, 시적 창조성에 대한 비유이기도 합니다. 시인의 눈에 비치는 것은 현재의 사물만은 아닙니다. "묘지," 사라진 것, 부서지는 문장紋章, 잃어버린 영화로움, 잊혀진 망자들 — 이 모든 것들은 양귀비꽃의 눈에는 마치 신기루처럼 비칠 뿐입니다.

놀라운 것은 마지막 3행에 나타난 표현입니다. 여기서 우리는 처음에 느꼈던 결실의 "눈물"이 승리감의 비약으로 전복되는 것을 유추할 수 있습니다. 가령 "가슴을 열고 sursum corda"라는 미사의 구절을 생각해 보세요. 시인은 가슴을 열어젖힌 채 마치 "상승기류에 날개 퍼덕이는/어느 맹금처럼" 하늘 위로 솟아오릅니다. 이러한 비약은 종교적 경건성에 의해 비롯된 게 아니라, 오히려 승리감의 상승 작용으로 이해할 수 있습니다.

PETER MAIWALD

페터 마이발트

페터 마이발트는 1946년에 그뢰칭겐에서 태어났다. 그는 아비투어를 마친 뒤에 뮌헨에서 연극학, 독문학 그리고 사회학을 전공하였다. 1968년에 독일 공산당에 가입하였는데, 1984년에 잡지 『뒤셀도르프 토론』을 간행했다는 이유로 제명당하였다. 1968년 이후로 마이발트는 전업 작가로 일하면서, 시, 소설 등을 주로 발표해 왔다. 그는 자본주의를 적으로 삼아, 이를 공격하기 위해서 글을 썼다. 맨 처음에는 거리 연극이라는 퍼포먼스에 집착했지만, 나중에는 시와 산문 집필로 옮겨갔다. 1975년에 쓴 책 『노동자 B.의 이야기, 자세와 연설 방식 *Die Geschichten von B., Haltungen und Redensarten*』은 브레히트의 코이너 씨의 이야기에 자극을 받아 쓴 것이다. 1984년에 간행된 시집 『토요일에서 일요일까지의 담시 *Balladen vom Samstag auf Sonntag*』가 호평을 받았다.

가나안

말과 행동대로 이루어진 것은 없었다.
지옥에 가까웠고, 멀리에는 어떤 천국.
하얀 말 페가수스 한 마리도 없었다.
아무것도 싹트지 않았다, 싹튼 것은 자라지 않았다.

맹인들 가운데 불구자는 눈멀어 있었다.
여명은 없었고, 오직 연옥만이 있었다.
가련한 빈곤은 너무 큰 대가를 요구했다.
미래는 아이 없이 그냥 임신하였다.

노예 왕의 노예가 있었다.
우유와 꿀이 흐르는 강은 없었다
납으로 주술해 낼 새로운 행복은 없었다.
선함 속에서는 나쁜 것만이 나빴다.

축복받은 땅에서 불에 그슬리고
끓는 물에 담겼던 우리는 스스로 변모할 수 없다.

Kanaan

Es war nichts wie gesagt wie getan./ Es war die Hölle nah und fern ein Himmel./ Es war kein Pegasus: Ein weißer

Schimmel./ Es ging nichts auf. Was aufging, fing nicht an.// Es war der Lahme unter Blinden blind./ Es war kein Morgenrot: Ein Fegefeuer./ Es war die arme Armut noch zu teuer./ Es ging die Zukunft schwanger ohne Kind.// Es war der Knecht nur des Knechtkönigs Knecht./ Es war kein Fluß, wo Milch und Honig fließen./ Es war kein neues Glück in Blei zu gießen./ im Guten nur das Schlechte schlecht.// Wir, abgebrannt von den gelobten Ländern/ und abgebrüht und können uns nicht ändern.

시어 설명 및 힌트

가나안: 구약성서에 따르면, 모세는 이집트에서 노예로 살던 이스라엘 백성들을 축복받은 땅 가나안으로 데리고 갔다. 페가수스: 그리스 신화에 나오는 날개 달린 말이다. 시적 영감을 상징한다. 납으로 주술해 낼 새로운 행복: 서양 사람들은 12월 31일에 납을 녹여 모형을 만든다. 이때 나타나는 납 모형은, 관습에 의하면, 도래할 갈망의 상을 보여 준다고 한다.

질문

1. 1991년에 발표된 이 시는 불완전하지만 소네트 형식으로 씌어져 있습니다. 이를 지적해 보세요.
2. 시인이 소네트 형식을 채택한 까닭은 무엇인가요? 가령 소네트의 전성기는 바로크 시대였음을 상기하세요.
3. "하얀 말," "가련한 빈곤," "노예 왕의 노예" 등의 표현은 시인에 의해 사용된 역설적 표현입니다. 이는 시에서 어떠한

효과를 거두고 있습니까?

해설

소네트 형식에다 얌부스(약강격)가 사용된 이 작품은 바로크 시대의 비가적 특성을 의도적으로 수용하려고 한 셈입니다. 전형적인 소네트 형식(4행 4행 3행 3행)은 변칙적으로 바뀌어져 있습니다(4행 4행 4행 2행). 이는 아마도 맨 마지막 2행을 강조하려는 이유에서 비롯된 것입니다. 작품 내용을 살펴봅시다. "말과 행동대로 이루어진 것"은 하나도 없습니다. 제5행 "맹인들 가운데 불구자는 눈멀어 있었다"는 약간의 설명을 요합니다. 그것은 "맹인은 불구자를 업는다"는 속담을 연상시킵니다. 불구자는 걸을 수 없고, 맹인은 볼 수 없으니, 서로 도우면, 많은 것을 행할 수 있지 않을까요? 시인은 이러한 속담을 패러디함으로써 역설적으로 사람들의 방향 감각 상실을 희화화하고 있습니다. 모든 강령은 선함으로 이루어져 있었으나, 나쁜 무엇이 모든 것을 그르치고 말았습니다. 그렇기에 축복받은 땅은 언제 어디서든 실제로 존재하지 않았으며, 주어진 현실에서는 어떠한 갈망도 실현될 수 없습니다. 시는 한마디로 말해서 동독 붕괴 이후의 좌파 지식인들의 참혹한 절망감을 노래한 작품입니다. 왜냐하면 지금까지 유럽 사람들이 시도한 사회주의의 실험은 실패로 돌아가고 말았기 때문입니다. 그렇다면 마이발트의 시는 참혹한 절망만을 노래하고 있는가요? 그렇지는 않습니다. 비록 "우리"는 "불에 그슬"리고, "끓는 물에" 고문당했지만, 사라진 것은 다만 축복받은 것으로 생각된 땅뿐입니다. 과연 사회주의의 이상마저 모조리 파기되어야 할까요? 이와 관련하여 시인은 마지막 대목에서 "우리는 스스로 변모할 수 없다"라고 노래합니다. 그렇지만 이러한 발언이 기막힌 저항을 불러일으키는 것은 어떤 연유 때문일까요?

한 아이가 필요로 하는 것

한 아이가 태어나면,
필요한 것들은 거주지,
옷, 장난감 통,
칭찬을 위한 사탕,
중얼거림, 자신의 침대,
유치원,
책들과 시소,
모든 종류의 동물,
숲, 들판, 도시,
여름, 비, 겨울,
비행기, 선박들, 자전거 하나,
다른 수많은 아이들,
일자리 지닌 남자 한 명,
영리한 엄마 한 명,
평화로운 나라,
그리고 빵과 버터.
만약 아이가 아무것도 얻지 못하면,

인간적으로 되지 못한다.
아이가 모든 것을 지니도록,
우리는 지상에 있다.

Was ein Kind braucht

Wenn ein Kind geboren ist,/ braucht es eine Wohnung,/ Kleider, eine Spielzeugkist,/ Bonbons als Belohnung,/ Murmeln und ein eignes Bett,/ einen Kindergarten,/ Bücher und ein Schaukelbrett,/ Tiere aller Arten,/ Wälder, Wiesen, eine Stadt,/ Sommer, Regen, Winter,/ Flieger, Schiffe und ein Rad,/ viele andre Kinder,/ einen Mann, der Arbeit hat,/ und eine kluge Mutter,/ Länder, wo es Frieden hat,/ und auch Brot und Butter./ Wenn ein Kind nichts davon hat,/ kann's nicht menschlich werden./ Daß ein Kind das alles hat, sind wir auf der Erden.

질문

1. 아이가 필요로 하는 것들은 누구에게 속합니까?
2. 시는 모두 3문장으로 이루어져 있습니다. 이는 논리적으로 어떻게 기능하는가요?
3. "우리는 지상에 있다"라는 말은 지상의 천국을 연상시킵니다. "auf der Erden"이라는 고어체의 표현 때문입니다. 그렇다면 이 문장의 의미는?

해설

앞의 시는 1971년에 발표되었는데, 생태 문제를 역으로 지적하고 있습니다. 마지막 4행은 모순적 내용으로 이루어져 있습니다. "만약 아이가 아무것도 얻지 못하면,/인간적으로 되지 못한다./아이가 모든 것을 지니도록,/우리는 지상에 있다." 아이가 태어나면, 우리는 아이를 인간답게 키우기 위해서 상기한 시에서 거론한 모든 것을 필요로 합니다. 만약 이것들을 얻을 수 없다면, 아이는 인간답게 자라지 못합니다. 그러나 실제로 우리는 이 모든 것들을 소유할 수 있을까요? 시인은 다음과 같이 대답합니다. 만약 그러하다면, 우리는 지상의 천국에 있으리라고 말입니다. 그렇지만 모든 사람들이 스스로 바라는 모든 것들을 소유한다는 것은 불가능합니다. 지상의 천국에서의 삶은 시인의 논리에 의하면 가상에 불과합니다.

19세기에 독일 철학자, 프란츠 바더 Fr. Baader는 지구가 인간의 삶을 위한 전제 조건이라고 말한 바 있습니다. 그러나 이는 20세기에 이르러 주체의 일방적인 시각에서 나온 편견이라는 사실이 밝혀졌습니다. 생각해 보세요. 인간은 자신의, 혹은 자식의 행복을 위해서 최대한의 노력을 다하나, 필요로 하는 모든 것을 얻을 수 없습니다. 왜냐하면 지구의 자원은 제한되어 있기 때문입니다. 행복을 추구하려는 주체의 자유는 생태계라는 제한된 공간 속에서 제약을 받을 수밖에 없습니다. 마이발트의 시는 인간이 어떻게 해야 할지를 유추하게 하는 작품입니다. 우주 탐험을 통하여 또 다른 영역을 개척해야 한다는 주장은 현재로서는 당장 실효성을 거둘 수 없는 망상일까요? 귄터 쿠네르트의 말대로 매일 지구상에는 2만의 인간이 태어나므로, 처음부터 개별적 인간 자체가 역설적으로 인류의 행복을 파괴하는 존재란 말인가요? 어떻게 하면 우리는 인간의 자유를 고수하면서, 아울러 생태계를 보존할 수 있도록 세계 질서를 바로 세울 수 있을까요?

ERNST MEISTER

에른스트 마이스터

에른스트 마이스터(1911-1979)는 하겐-하스페라는 지역에서 태어났다. 그는 30년대에 마르부르크에서 신학을, 베를린에서 철학과 문학을 그리고 프랑크푸르트에서 예술사를 공부했다. 1939년 아버지가 경영하는 회사에 직원으로 근무하다가, 독일군으로 징집되었다. 전쟁 후에 상업 분야에 종사하다가 60년대 초부터 시를 발표하기 시작하였다. 그 후에 마이스터는 촌철살인의 경구시를 많이 집필하였으며, 이로써 독일 시단에 커다란 영향을 끼쳤다. 1932년에 간행된 시집 『전시 Ausstellung』는 쉬르리얼리즘을 연상시키는 언어로써 도시의 기괴한 모습, 기계적 인간 등을 다루고 있다. 1954년에 간행된 시집 『유희 금고에 대해 Dem Spielkabinett gegenüber』는 성서에 나오는 일부 내용을 모티프로 하여 기독교적 구원이 현실에서 얼마나 낯선 것인가를 추적하고 있다. 마이스터의 마지막 두 권의 시집 『시간의 틈 사이에서 Im Zeitspalt』(1976), 『벽 없는 방 Wandloser Raum』(1979)에서는 다음의 사항을 다루고 있다. 즉, "인간은 제한된 의식 속에서 살아가기 때문에 죽음이라든가, 저세상 그리고 영원 등을 파악하지 못한다는 것이다.

양치는 여자

그들, 어린 양들을 부르는
양치는 여자여,
그들을 보호하지 말라,
도살자들에게
맡겨질 양들의 그러한
환영들인가?

말해 봐,
어떤 목소리로
그미는 저녁에
동물들을 집으로
향하게 하는가?

그러나 보라,
백합 태양의
광선 속에서
따뜻한 모피 곁에서
터벅터벅 걷는
어린 양 해골들을.

Hirtin

Die sie ruft, die Lämmer,/ Hirtin,/ hütet sie nicht auch/ die Schemen solcher/ Schafe, die sie überließ/ den Schlächtern?// Sag,/ mit welcher Stimme/ lockt sie ihre Tiere/ heimwärts/ abends?// Aber sieh,/ dann trotten/ neben warmen Vliesen/ in dem Strahlen/ einer Liliensonne/ Lammskelette.

질문

1. "어린 양," "양치는 여자"에서는 종교적 냄새가 다분히 풍깁니다. 예수 그리스도는 모든 양떼를 돌보는 양치는 여자로 비유되었습니다. 나아가 "양치는 여자"는 자연을 생각하게 합니다. 그렇다면 이러한 내용은 창세기에 대한 급진적 비판과 어떤 관련성을 지닐까요?
2. "백합 태양"이라는 표현은 조어입니다. "백합"은 순결을 상징합니다. 가령 오를레앙의 처녀는 수많은 예술 작품 속에 백합꽃을 손에 든 양치는 여자로 표현되었습니다. 그렇다면 "태양"이 상징하는 바는 무엇일까요?
3. 양떼는 제3연에서 "어린 양 해골들"로 표현되어 있습니다. 시인이 이로써 지적하려는 바는?

해설

제1연은 저녁 무렵 양떼를 부르는 어느 여자의 모습을 시적으로 형상화하고 있습니다. 그러나 엄밀히 따지면, 그미가 양떼를 보호하려는 게 아닙니다. "양치는 여자"라는 표현에는 관사 "die"가 생략되어 있습니다. 따라서 양치는 여자는 한 개인일 뿐 아니라, 추상적인 의미를 지닙니다. 이는 나아가 고색창연한 느낌을 드러냅니다. 왜냐하면 19세기까지 사용되던 "3인칭 명령문장"이 사용되기 때문입니다. 제2연에서 그미는 저녁에 양들을 유혹하여 도살장으로 데리고 가려고 합니다. 그미의 목소리는 보호해 주겠다고 약속해 놓고 망나니에게 딸을 넘겨주는 잔인한 어머니의 그것을 방불케 합니다. 제3연은 제1연의 문장 구조를 그대로 따르고 있습니다. "따뜻한 모피"는 "어린 양 해골들"과 대립됩니다.

　마이스터의 시는 절대적 창조라는 기독교적 진리를 날카롭게 비판하고 있습니다. "양치는 여자"는 선한 목자의 상을 반영하고 있는데, 다른 한편으로 "어머니로서의 자연"을 지칭하기도 합니다. 신은 고대적 창조자의 모습으로 나타나지만, 구약성서의 신 개념과는 달리, 자신의 지배 근거를 정의에 두고 있지 못합니다. 오히려 신은 세계의 운명을 우연으로 설정하고 있으며, 세상에서 일어나는 모든 일에 대해 수동적으로 바라보고 있을 뿐입니다. 신이 인간에게 부여한 인식 능력은 자신의 운명을 향상시키는 데 사용되지 못하고 있습니다. 따라서 인간은, 마이스터에 의하면, 끔찍한 세계 속에 그냥 던져져 있습니다. 결론적으로 말해서 마이스터의 상기한 시는 기독교적 창조의 원리를 급진적으로 비판하기 위해 씌어진 작품인 것 같습니다.

무 제

지난 일에 관한
이야기는
다만 파괴 속에
보존되어 있다.

말하자면 죽은 자는
자신에 관한
가식적인 일화를
들려줄 수 없다.

이 경우
서술의 좋은
장소는 바로
무덤이리라.

Ohne Titel

Die Erzählung/ vom dem, das war,/ ist nur enthalten/ im Zerfall.// Die Toten nämlich,/ unfähig sind sie/ der umständlichen/ Fabel ihrer selbst.// Dabei/ wäre das Grab/ gerade der Ort/ von Erzählen.

질문

1. 제1연은 다음을 뜻합니다. "과거는 종결되거나 파괴되지 않으면, 서술될 수 없다." 이 말의 의미를 설명해 보세요.
2. "umständlich"라는 단어는 "가식적인" 혹은 "번거로운, 귀찮은" 등의 의미를 지닙니다. 어떤 단어가 여기서 가장 적절할까요?
3. 제3연의 정조는 앞의 연의 그것에 비해 어떠한가요?

해설

마이스터는 언어를 극단적으로 아낍니다. 따라서 그의 작품들은 에리히 프리트의 그것처럼 "사상시" 내지 "격언시"의 유형에 해당합니다. 위의 시를 처음 읽는 독자는 시인이 역사와 언어 등의 가치를 처음부터 부정한다고 생각할지 모릅니다. 그러나 이는 하나의 편견에 불과합니다. 마이스터는 특정한 역사 내지 언어를 추상적으로 부정하지는 않습니다. 이러한 판단은 철학자의 몫이 아닐까요? 대신에 시인은 모든 사람들이 개별적 삶에서 지니고 있는 각양각색의 이야기들의 특징을 문학적으로 포괄하려 합니다.

시를 살펴보기로 합시다. "이야기Erzählung," "일화Fabel," "서술Erzählen" 등은 인간의 지나간 삶을 내용으로 합니다. 여기서 지나간 삶에 관한 서술은 과거의 내용을 끝까지 알고 있음을 전제로 합니다. 지나간 것은 과거 속에 확정되어 있습니다. 엄밀히 따지면, 살아 있는 자는 자신의 과거의 삶을 타인에게 들려줄 수 없습니다. 왜냐하면 그는 자신의 삶에 대한 종말을 알지 못하기 때문입니다. 삶이 종결되는 순간, 인간은 안타깝게도 이 세상 사람이 아닙니다. 삶의 이야기를 타인에게 전해 줄 수 있는 사람은 논리적으로 고찰할 때 삶의 종말을 경험한 자일 것입니다. 그렇지만 삶의 종말을 경험하면, 이 세상 사람이 아니기 때문에 자신의 과거 삶을 타인에게 전할 수 없습니다. 이는 분명히 하나의 역설입니다.

과거의 삶에 관한 이야기는, 마이스터에 의하면, "가식적"입니다. 왜냐하면 지나간 삶에 관한 이야기는 "파괴" 속에 "보존"되는데, 다시 말해서 종결이 감지되어야 제대로 인지되고 타인에게 전달될 수 있는데, 이는 현실적으로 불가능하기 때문입니다. 따라서 인간 삶을 서술하는 일은, 시인에 의하면, 불가능합니다. 인간은 유감스럽게도 삶의 시작과 종말을 상호 보완해 주는 일원성의 문제, 참뜻 그리고 제반 관련성 등을 죽음의 순간에 전적으로 인식한다는 것입니다. 그렇지만 그는 남아 있는 사람들에게 이를 "들려줄 수 없"습니다.

제3연은 비현실적 화법으로 이루어져 있습니다. 따라서 그것은 시인의 갈망을 내재하고 있습니다. 한마디로 과거사에 관한 서술의 갈망은 성취될 수 없습니다. 왜냐하면 죽음이 이를 거부하기 때문입니다. 그렇지만 제3연에서 나타나는 정조는 체념적 위안을 보여 줍니다. "폐허"가 강하고 엄하게 들린다면, "무덤"은 비교적 부드럽게 울려 퍼지지 않습니까?

RAINER MALKOWSKI
라이너 말콥스키

라이너 말콥스키는 1939년 베를린의 템펠호프에서 태어나, 2003년 9월에 사망하였다. 그는 오랫동안 출판사와 광고 대행 업소에서 일하며, 주로 시와 산문을 집필하였다. 1967년에서 1971년 사이에 뒤셀도르프에서 광고 대행 업소를 차려 일하기도 했다. 1981년에서 1983년 사이에 로마에서 거주하였다. 그는 단시를 즐겨 쓰는 시인이다. 그러나 그의 단시는 결코 단순하지도 경박하지도 않다. 그것은 인간과 사물 사이의 희귀한 상황을 예리하게 포착한다.

노인들

나는 커피를 직접 자신의
고유한 처방으로 걸러 마시는
노인들을 가장 좋아한다,
커져 가는 근육 위축증과 함께
점점 굳어 가는
그들은 말한다,
노인의 지혜가 순응하는
행위로 이해된다면, 너희는
더 젊은 사람을 찾아라.

Die Alten

Am meisten liebe ich die Alten/ die ihren Kaffee selber/ und nach eigenem Rezept/ brauen/ die immer härter werden/ mit wachsendem Muskelschwund/ die sagen:/ wenn ihr unter Altersweisheit versteht/ daß man sich abfindet/ sucht euch einen Jüngeren.

질문
1. 어떠한 이유에서 "커피를 직접 자신의/고유한 처방으로 걸러 마시는/노인들"이 시인의 마음에 드는 것일까요?
2. 마지막 문장이 뜻하는 것은 무엇입니까?

해설

늙는다는 것은 그 자체 자연스러운 현상입니다. 몸은 굳어 가고 근육은 위축되지요. 그렇지만 그들의 내면이 낡았다고 말할 수는 없습니다. 인간의 마음은 결코 늙지 않습니다. 오히려 인간의 심리적 구조는 나이가 들수록, 젊음으로 충만해 있습니다. 젊은 사람들은 바로 이 점을 간파하지 못하고, 노인들의 외모만 바라보며, 이들을 늙었다고 생각합니다. 이 얼마나 어리석은 판단인가요? 인용 시는 우리에게 늙음의 의미를 예리하게 지적해 줍니다. 늙는다는 것이 여기서는 체제에 순응하는 태도와 무관한 것으로 묘사되고 있습니다. 나이든 사람들 가운데 일부는 일반적 상식과는 다른 어떤 삶의 방식으로 살아갑니다. 이는 인용 시에서 "커피"와 관련하여 언급되고 있습니다. 시적 자아는 이러한 유형의 노인들을 좋아합니다. 만약 누군가 노인의 지혜를 모든 것에 "순응"하는 자세에서 발견하려고 한다면, 그는 잘못 생각한 게 틀림없습니다. 인간의 지혜는 주어진 질서에 대한 대항이나 순응이 아니라, 통상적 상식과는 다른 차원에서 이해할 수 있는 무엇이 아닙니까? 그러므로 늙는다는 것은 체제에 순응하는 일과는 별개의 것인지도 모릅니다. 노인들 가운데에는 보통 젊은이들보다 더 급진적이고 진보적인 생각을 지닌 사람도 더러 있으니까….

아름다운 드문 버드나무

가끔, 가을 폭풍이 지나간 뒤,
고요해지고, 빗질되어 있으면,
나는 정원을 돌아다니며 꺾인
가지들을 헤아려 본다.
오로지 버드나무만 변화가 없다.
오랫동안 나무에 경탄한다.
유연함이 살아남는다면,
항상 아름답게 보이지는 않는다.

Schöne seltene Weide

Manchmal, nach einem Herbststurm,/ wenn die Luft still und gefegt ist,/ gehe ich im Garten umher und zähle/ die abgeschlagenen Äste./ Nur die Weide zeigt keine Veränderung./ Ich bewundere sie lange:/ nicht immer sieht es so schön aus,/ wenn die Biegsamkeit überlebt.

질문
1. 상기한 시를 브레히트의 시 「쇠 Eisen」와 비교해 보세요.
2. 버드나무가 "항상 아름답게 보이지는 않"는 이유는 무엇 때문일까요?

해설

 말콥스키의 시는 브레히트의 연작시, 부코 비가 가운데 어느 한 편을 연상시킵니다. 가령 브레히트의 시, 「쇠Eisen」의 전문은 다음과 같습니다. "꿈속에서 오늘 밤/나는 어떤 거센 폭풍을 보았다./그것은 축대를 건드리며/건물 받침대의 쇠 부분을/찢어 내리고 있었다./그러나 거기 나무로 이루어진 것은/휘어져 버티고 있었다." 거센 폭풍에 버틸 수 있는 것은, 브레히트에 의하면, 강인한 쇠가 아니라 유연한 나무입니다. 이러한 비유를 통하여 브레히트는 유함이 강함을 물리치며, 어려운 상황에도 결국 살아남을 수 있다는 점을 강조하였습니다.

 말콥스키의 시를 살펴봅시다. 가을 폭풍에 많은 가지들이 꺾여 떨어집니다. 그렇지만 버드나무 가지는 유연한 놀림으로 그대로 머물고 있습니다. 시인은 "오랫동안 나무에 경탄"합니다. 그렇지만 버드나무는 "항상 아름답게 보이지는" 않습니다. 그 이유는 무엇 때문일까요? 과연 살아남는 일만이 대수일까요? 살아남는 일을 중시하는 인간은 의로움을 상실할 수 있습니다. 도리를 지키다 보면, 때에 따라서는 감옥에도 들락거릴 수 있고, 장렬한 죽음을 맞이할 수도 있습니다. 목숨을 부지하기 위해서 무조건 도망치는 태도는 용기 있는 자가 취해야 할 덕목은 아닙니다. 죽기 직전의 사람이 죽지 않으려고 몸부림치는 행위는 타인에게는 추하게 보이는 법입니다. 가을 폭풍에도 불구하고 상처 하나 입지 않은 버드나무는 몹시 얄밉게 보입니다.

CHRISTOPH MECKEL
크리스토프 메켈

크리스토프 메켈(1935-)은 베를린에서 출생하였고, 화가로서 각광을 받기도 했다. 뮌헨, 파리 그리고 프라이부르크 등지의 학교에서 회화와 도안 수업에 참가하였다. 1956년에 시집 『도롱이 Tarnkappe』를 발표한 뒤, 시와 산문 등을 활발하게 발표하였다. 1974년에 발표된 소설, 『숫염소의 뿔 Bockshorn』, 1980년에 발표된 산문 『내 아버지에 관해 추적한 그림 Suchbild über meinen Vater』은 서독 문학계에 커다란 반향을 불러일으켰다. 메켈은 시적 주제를 감정으로 진솔하게 호소하는 시인이다. 이러한 특성은 — 남한의 경우와는 반대로 — 독일 시단에서 희귀한 편이다. 메켈은 삭막한 사회에서 살아가는 현대인들의 심리적 갈등과 그들의 갈망 등을 예리하게 포착하여, 이를 문학적으로 형상화하였다. 특히 크리스토프 메켈은 전체주의 사회에서 피해를 당하는 개인의 자율성을 강하게 부각시킨 작품으로 유명하다.

무제

1.
그미의 전화번호를 끝내 잃어버리게 되었을 때
나는 생각했다, 너는 해방되었다고,
겨울에 공중 전화박스에 서성거리다, 마침내
너는 다시 얻었다고, 시간
겨울 시간을, 거친 사람들 속에서
어느 어두운 바에서 백포도주와 함께하던 휴식
이리스는 무지개 위에서 멀어진다.
그래도 좋아. 이주일 후에 나는 재킷 주머니에서
그걸 다시 찾았다, 모든 게 새로이 시작되지
긍정, 부정, 개연성
꾸르륵거리는 지옥

2.
넌 필요 없어. 오든 말든 맘대로 해.
밤에 내 집에 머물러도 좋아.
너의 육체는 욕망 없이 생각할 수 있어
널 사랑하지 않는 것도 육체 때문이야.
사랑하지 않아도 되는 나의 행복은 오로지 너 때문이야.
네가 떠나거나 찾아오는 것은
어떤 마지막도 시작도 아닐지 몰라.
그냥 왔다가 그냥 가는 건 고통스럽지 않을 테니.

그렇지만 한 가지 믿고 있어. 만약 내가 한 말이 의심스러우면,
우리의 행복은 더욱 커질지 모른다고.

3.
나는 그미의 붉은 목욕 가운의
벨트를 계단에서 발견했다. 그미는
이미 오래 전에 여행 떠나고 없었다. 밤들. 나는
벨트 아래치기를 더 이상 기대하지 않았다.
무無 그리고 벨트 하나로 살기 시작하기.

Ohne Titel

1. Ihre Telefonnummer. Als ich schließlich/ verloren hatte, dachte ich: das bist du los:/ rumstehen in einer Telefonzelle im Winter, endlich/ hast du das wieder: Zeit/ und Winterzeit in rauhen Mengen/ Ruhe in einer dunklen Bar mit einem Sherry/ und Iris entfernt sich auf dem Regenbogen./ Na schön; in der Jackentasche finde ich sie wieder/ zwei Wochen später, und alles beginnt von vorn:/ das Ja, das Nein, das Vielleicht/ die gurrende Hölle

2. Ich brauche dich nicht. Du könntest kommen und gehn./ Du könntest bleiben, in meiner Wohnung, nachts./ Dein Körper ist denkbar ohne Verlangen/ und ich verdanke ihm, dich nicht zu lieben./ Mein Glück, nicht zu lieben, wird vollkommen durch dich./ Dein Gehen, dein Kommen/ wäre

weder Ende noch Anfang von etwas./ Es wäre, schmerzlos, ein Kommen und wäre ein Gehn./ Aber ich glaube fast: unser Glück wäre größer/ wenn wir zweifeln könnten an dem, was ich sage.

3. Ich fand den Gürtel ihres roten/ Bademantels unter der Treppe nachdem sie/ lange schon abgereist war, und nachts. Ich hatte/ keinen Tiefschlag mehr erwartet./ Anfangen zu leben mit nichts und einem Gürtel.

질문
1. 제1부에 묘사된 어느 남자의 상황을 묘사해 보세요.
2. 제2부에서 "나"와 "너"는 구체적으로 어떤 관계에 있는가요?
3. "벨트 아래치기 Tiefschlag"는 권투 시합의 용어입니다. 이 단어의 함의는 무엇일까요?

해설
현대적 감각을 유형적으로 담고 있는 연애시입니다. 크리스토프 메켈은 잠시 동독 출신의 시인 자라 키르쉬와 깊고도 격정적인 사랑을 나누었다고 합니다. 인용한 시에 등장하는 "그미"가 키르쉬를 지칭하는지는 알 수 없습니다. 특히 두 번째 시에서 우리는 사랑과 섹스를 동일시하지 않는 시인의 생활관을 유추할 수 있습니다. 만나기 전에 마치 밀물처럼 다가오는 사랑의 열망은 당사자를 얼마나 설레게 하는가요? 그렇다고 해서 헤어진 뒤 마치 썰물처럼 빠져나가는 감정은 단순히 이와 반대되는 아쉬움이라고 말하기는 어려운 법입니다. 시인은 모든 것을 정반대로 묘사합니다. "오든 말든 맘대로 해./밤에 내 집에 머물러도 좋아./너의 육체는 욕망 없이 생각할 수 있어/널 사랑하지 않는 것도 육체 때문이야." 서로 사랑한다는 것은 두 사람에게는 분명히 기쁨입니다. 그러나 두 사람은 사랑을 고수하기 위해서는 제각기 지금까지 누렸던 자유를 희생해야 합니다. 왜냐하면 사랑은 제각기 상대방에 대한 책임과 의무를 요구하기 때문입니다. 따라서 시인에게 사랑은 어떤 엄청난 부담감으로 작용합니다. 그래서 그는 다음과 같이 말합니다. "네가 떠나거나 찾아오는 것은/어떤 마지막도 시작도 아닐지 몰라." 그래서 시인은 그미에게 "그냥 왔다가 그냥 가"라고 요구합니다. 왜냐하면 그것은 서로에게 심리적 상처를 주지 않기 때문입니다. 그렇지만 시인은 한 가지를 굳게 믿고 있습니다. 만약 사랑 없는 만남, 사랑 없는 섹스가 의심스러울 때, 두 사람 사이의 "행복은 더욱 커질지" 모른다고 말입니다. 이 얼마나 놀라운 역설인가요?

상기한 시에서 "벨트 아래치기"란 파트너의 상실로 인한 깊은 충격을 상징하는 것일까요? 아니면 성적 문제의 고통을 표현한 것일까요? 이에 대한 분명한 답변은 그냥 유보하는 것이 시를 해석하는 온전한 태도일지 모릅니다.

BODO MORSCHHÄUSER
보도 모르쉬호이저

보도 모르쉬호이저(1953-)는 베를린에서 태어났다. 1983년 클라겐푸르트의 잉게보르크 바흐만 문학 경연 대회에 참석하여 그곳으로부터 창작 지원금을 받았다. 1979년에 간행된 시집 『모든 날. 시편들 *Alle Tage. Gedichte*』에서 모르쉬호이저는 자아의 반역적인 꿈을 노래하면서, 아울러 주어진 사회를 비판하고 있다. 시인에 의하면, 서독 사회는 파시즘의 잔재를 완전히 씻지 못하였으며, 물신 숭배에 의한 진보적 낙관주의로 가득 차 있다고 한다. 모르쉬호이저는 1980년 이후로 시를 쓰지 않고, 소설만 쓰고 있다.

버림받음

텅 빈 침대, 간단한 식사,
아침의 상처 입은 시점.
나는 그래 다시, 신문 앞에 혼자 있다.
곁의 전화기 아주 멀리 있다,
번호조차 기억나지 않으니.

만인 중 한 명으로 중앙 건물로 향하자!
마침내 내 앞의 수가 줄었다, 우리가 만나 곁으로
비켜선 주위에는 상품이 즐비했다.
아름다운 여자, 나는 스쳐 지나갔다,
그미 또한, 둘은 지나가고 있었다.

다른 여자, 드리워진 커튼
네 개의 강한 플래시.
그미의 젖가슴만 보았다, 가슴 위의 부드러운.
얼굴 없는 이러한 모습에
나는 개의치 않았다.
우리는 나란히 서서 앞만 바라보았다.
다행히 그미는 침묵했다.
그미가 날 좋아하지 않는 게 마음에 들었다.
마치 타인을 위해 치장할 필요 없다는 걸
끝내 관철시킨 것처럼.

내가 필요했던 증명들처럼
사진이 나왔다.
내가 본 것은 나였다.

Verlassen

Leer das Bett, klein das Frühstück,/ wunder Punkt am Morgen./ ICH also wieder, allein vor Zeitungspapier./ Nebenan, weit weg, das Telefon:/ keine Erinnerung an ihre Nummer.// Dem Zentrum entgegen, als einer unter allen!/ Endlich war ich mir weniger, standen Waren herum,/ wo wir uns trafen und zur Seite stießen./ Schöne Frau, ich ging vorüber,/ auch sie, und beide waren wir vorbei.// Andere Frau, zugezogener Vorhang/ und vier harte Blitzlichter./ Ich sah nur ihre Bluse, weich auf der Brust./ Dieser Anblick, ohne Gesicht,/ war mir gerade recht./ Wir standen nebeneinander und sahen geradeaus./ Wie zum Glück schwieg sie./ Daß sie mir nicht gefiel, gefiel mir an ihr./ Als hätte sie es endlich geschafft,/ sich für niemanden mehr herrichten zu müssen.// Wie der Beweis, den ich brauchte,/ kamen die Fotos./ Den ich sah, das war ich.

질문
1. 시적 자아는 언제, 어디서 발생하는 일을 묘사하고 있습니

까?
2. 그는(혹은 그미는) 무엇을 행하고 있는가요?
3. 왜 그는(혹은 그미는) 중앙 건물로 향합니까?

해설

제1연은 등장인물 "나"의 삶을 단적으로 반영합니다. "텅 빈 침대, 간단한 식사"로 미루어 등장인물에게는 애인도, 직업도 없습니다. 친구도 많지 않고, (무슨 이유인지는 몰라도) 부모와의 관계도 단절되어 있는 듯합니다. 자신의 전화 "번호조차 기억"할 수 없을 정도로 전화기는 사용하지 않고 있습니다. 신문 구독이 세상사를 알기 위한 게 아니라는 추측은 이어지는 연에서 사실로 확인됩니다. 제2연에서 시적 자아는 중앙 건물로 향합니다. "비켜선 주위에는 상품이 즐비"한 것으로 미루어, 등장인물은 일자리를 구하려고 다른 사람들과 치열한 경쟁을 벌인 듯합니다. 그 밖에도 2연에서 우리는 등장인물이 여성임을 알 수 있습니다.

등장인물이 들어선 곳은 어디일까요? "다른 여자, 드리워진 커튼/네 개의 강한 플래시./그미의 젖가슴만 보았다, 가슴 위의 부드러운./얼굴 없는 이러한 모습에/나는 개의치 않았다." 우리는 그곳이 사진 촬영장이라는 것을 단번에 알 수 있습니다. 그러나 카메라는 얼굴로 향하지 않고, 젖가슴으로 향합니다. 아, 등장인물은 포르노 제작업소를 찾아가서 모델로 일하려고 의도하고 있습니다. 시를 분석할 때 이 사실이 미리 공개되어서는 시를 음미하는 맛이 반감될 것입니다. 한마디로 말해 모르쉬호이저의 시는 서구 사회에서 젊은 여성들이 겪는 고독과 가난 그리고 그들을 유혹하는 포르노 사업 등을 간접적으로 비판하고 있습니다.

밤 커피

우리 다시 둘이야.
엎드려 누워 있다가, "한 개비
피울게" 하고, 두 잔에 담긴
뜨거운 커피를 바라봐.
긴장을 풀어주려고
네 어깨를 만져줘. 두 시간 전에
책가방이 구석으로 날아가고
너는 침대에 쓰러졌어.
책 속에는 너무나 명확한 문장들이
표시되어 있어, "할수록, 더욱더…" 그 속에는
우리에 관한 사항은 많이 없어.
다른 사람이 너와 나에 관해 말하는 한
설명은 충분해. 그건 이 방까지
미치지는 않아. 기껏해야
두려움에 관한 기억으로 사는 순간에는.
너 좀 나아졌니? 오늘 나는 백화점에
들렀는데, 아무도 만나지 못했어.
아무것도 읽고 쓰려고 하지 않았어,
모든 게 발견된 것 같아서. 너에 관한 기억 속에는
불안이 전혀 없어. 따로 침묵 지키는
일은 얼마나 빨리 가능할까, 비록
입들이 아직 움직이지만.

그건 어떤 자신과의 대화일까? 우리는
아침 식사시간을 합의하고
불을 끈 다음 깨어 있으려고 해,
태양이 뜨거운 커피를 담은
초록 찻잔 속에 떠오를 때.

Nachtkaffee

Schon wieder wir beide./ Liegen auf dem Bauch und sagen/ "eine rauch ich noch," schauen/ auf zwei Tassen heißen Kaffee./ Ich streiche dir die Spannung/ aus den Schultern. Vor zwei Stunden/ flog die Tasche mit Büchern in die Ecke/ und du fielst aufs Bett./ In den Büchern sind die klarsten Sätze/ markiert, "Je mehr, desto…", und so viel/ von uns kommt nicht vor in ihnen./ Die Erklärungen reichen, solange ein andrer/ über dich und mich reden kann. Sie reichen nicht/ in dieses Zimmer in diesem Augenblick, höchstens/ als Erinnerung an die Angst zu leben./ Geht es dir nun besser? Ich war heute in den/ Kaufhäusern und habe niemenden gesehen./ Ich wollte nichts lesen, nichts schreiben/ alles schien entdeckt. Die Gedanken an dich/ waren Gedanken ohne Unruhe. Wie schnell es geht/ nebeneinander stumm zu werden, obwohl/ die Münder sich noch bewegen./ Ist das ein Selbstgespräch?/ Wir einigen uns auf das Frühstück/ machen das Licht aus und wollen wach sein/ wenn die Sonne aufgeht in den/

dunkelgrünen Tassen mit heißem Kaffee.

질문
1. 두 사람의 관계 및 이들의 직업을 말해 보세요.
2. 어째서 두 사람은 사회로부터 소외되어 있습니까?

해설
보도 모르쉬호이저가 쓴 일상시입니다. 이 작품은 일견 동거하는 젊은 두 남녀의 일상적 삶의 단면을 묘사한 듯 보입니다. 세밀하게 읽으면, 우리는 다음의 사실을 알 수 있습니다. 즉, "밤 커피"가 현대 사회에서 인간 소외의 문제와 거대한 자본주의의 바퀴 속에서 영원히 떨어져 있을 수 없는 개개인의 처지 등을 주제화하고 있다는 사실 말입니다. 등장인물인 "나"는 젊은 작가이고, "너"는 취업 내지 진학을 위해 공부하고 있습니다. 그렇기에 저녁이 되면, 그미의 "책가방이 구석으로 날아"갑니다. "나"는 글을 쓰려고 하지만, 모든 것은 이미 "발견"되어 더 이상 쓸 만한 게 소진되었습니다. 모든 것은 연구되어 있습니다. 이는 볼프강 힐데스하이머W. Hildesheimer의 방송극에서 주로 다룬 주제이지요. 두 사람은 고립되어 살아갑니다. 아니, 세상이 그들의 관심사로부터 멀어져 간다고 표현하는 게 타당할 것입니다. 모든 정보와 지식은 너와 나와는 무관합니다. 신문과 방송의 모든 내용은 우리의 삶과는 거리감이 있습니다. 그럼에도 너와 나는 거대한 자본주의의 시장 구조로부터 벗어날 수 없습니다. 왜냐하면 "우리" 역시 다른 사람과 마찬가지로 돈이 필요하기 때문입니다.

KURT BARTSCH

쿠르트 바르취

쿠르트 바르취(1937-)는 베를린에서 태어났다. 1954년 고등학교를 중퇴하고 여러 직업을 전전하였다. 1964/65년에 자라 키르쉬, 헬가 노박 등과 함께 라이프치히의 요하네스 베허 문학 연구소에서 공부를 시작했으나, 정치적 이유로 중도에 그만두었다. 1979년 당 제1서기 호네커에게 항의하는 글을 쓰다가 작가 동맹에서 제명되었다. 1980년에 바르취는 서독으로 이주하였다. 바르취의 문학적 특성은 대체로 패러디로 요약할 수 있다. 그는 1968년에 『더러운 바람 Zugluft』, 『포에지 앨범 Poesiealbum 13』이라는 두 권의 시집을 간행하였다. 여기에 등장하는 사람들은 노동자, 판매원 등 사회의 다양한 계층의 사람들인데, 이들을 통해서 사회적 제반 문제를 패러디하고 있다. 그는 1980년에 베를린을 배경으로 한 사회 소설 『발드첵 Waldzeck』을 발표하였다.

사회주의의 비더마이어

액자 속 격언과 모순 사이에서
그들은 편안한 포즈를 취해.
왼쪽에도 소파, 오른쪽에도 소파
한가운데에는 상징물 하나 있어.

입술로 몇 마디 명제 지껄이고
화장실 바닥 위의 양탄자.
과거에 마르크스 자주 읽었지,
허나 지금 없어도 그냥 즐거워.

"자본"은 이자를 지니고 있어,
고유한 자동차, 바깥 색은 붉어.
일주일에 한 번 콩 수프 먹고
그 대신 저녁에 샴페인 마셔.

비판과 아이러니에 대해서
자신과 직결된다고 느끼고 있어.
언제나 불만스레 아랫입술 내밀지만
스페이드 에이스 얻지는 못해.

생각일랑 접어두고, 그저 믿기만 해.
바람 불어도 적당한 말로 꾸며대지.

만일 우리가 평화를 위한다면
어째서 머리통이 이렇게 접질리지?

형제들이여, 붉은 깃발을 봐
우리의 부엌 바깥에다 걸어 봐.
바깥에는 태양, 안에는 크림
이제 마르크스는 모리츠처럼 보여.

Sozialistischer Biedermeier

Zwischen Wand- und Widersprüchen/ Machen sie es sich bequem./ Links ein Sofa, rechts ein Sofa/ In der Mitte ein Emblem.// Auf der Lippe ein paar Thesen/ Teppiche auch auf dem Klo./ Früher häufig Marx gelesen./ Aber jetzt auch so schon froh.// Denn das "Kapital" trägt Zinsen:/ Eignes Auto. Außen rot./ Einmal in der Woche Linsen./ Dafür Sekt zum Abendbrot.// Und sich noch betroffen fühlen/ Von Kritik und Ironie./ Immer eine Schippe ziehen/ Doch zur Schippe greifen nie.// Immer glauben, nur nicht denken/ Und das Mäntelchen im Wind./ Wozu noch den Kopf verrenken/ Wenn wir für den Frieden sind?// Brüder, seht die rote Fahne/ Hängt bei uns zur Küche raus./ Außen Sonne, innen Sahne./ Nun sieht Marx wie Moritz aus.

질문

1. 제목은 무엇을 암시합니까?
2. 이 시에서 비판의 대상이 되는 부류의 사람은 누구인가요?
3. 마르크스주의를 비아냥거리는 시어를 있는 대로 골라 보세요.

해설

앞에서 인용한 풍자시는 동독의 중산층에 속하는 관료의 생활 태도 및 사고방식을 그대로 보여 줍니다. 시인은 지루한 운율을 일부러 맞춤으로써, 사생활 속으로 도피한 중산층의 의식 구조를 비아냥거립니다. 제1연에서 "소파"라는 시어는 이를 예증하고 있습니다. 세계관과 확신 등은 허튼 상용구로 전락해 있습니다. 혁명적인 열정 대신에 소비 사회의 삶이 대두한 것입니다. 시인은 패러디의 요소를 마구 섞음으로써, 기존 사회주의가 얼마나 미약하고 개개인에게 다가가지 못하는가? 하는 면을 풍자합니다.

몇몇 시구들은 국제 노동자 운동의 투쟁가에 대한 패러디와 같습니다. 제1연의 3, 4행은 "왼쪽에도 포플러, 오른쪽에도 포플러, 가운데에는 말똥"에 대한 패러디이며, 제6연의 1, 2행은 "형제들이여, 붉은 깃발을 보라, 과감하게 앞으로 나아가자"에 대한 패러디입니다. 마지막 대목에서 바르춰의 기존 사회주의 비판은 도를 넘어서고 있습니다. "이제 마르크스는 모리츠처럼 보여"라는 구절은 빌헬름 부시 Wilhelm Busch(1832-1908)의 "막스와 모리츠"를 연상시킵니다. 막스와 모리츠는 개구쟁이들의 갈망과 우스움을 담은 만화로서 오늘날까지 세계적으로 널리 알려져 있습니다. 시인은 마르크스를 모리츠와 연결시킴으로써 마르크스 사상의 잘못된 실천을 희화화합니다.

INGEBORG BACHMANN
잉게보르크 바흐만

잉게보르크 바흐만(1926-1973): 바흐만(본명: 루트 켈러)은 오스트리아의 클라겐 푸르트에서 교사의 딸로 태어나, 1973년 로마에서 화재로 목숨을 잃었다. 그미는 인스부르크, 그라츠, 빈 등지에서 철학, 문학, 심리학을 공부하였으며, 1950년 하이데거의 실존 철학의 비판적 수용에 관한 연구로 박사학위를 취득하였다. 그 후 바흐만은 방송 편집을 맡아서 일하였다. 1953년부터 전업 작가로 활동한 바흐만은 1953년부터 1957년까지 주로 로마에 살면서 시, 소설 그리고 방송극 등을 발표하였다. 그미는 50년대에 스위스의 극작가 막스 프리쉬 Max Frisch와 사랑에 빠지기도 하였다. 1959/60년에 그미는 프랑크푸르트에서 시학 강연을 행했고, 여러 나라를 여행하다가 1965년에 로마에 정주하였다. 바흐만은 작가로서 그리고 번역가(그미는 이탈리아어와 영어에 능통했다)로서 커다란 업적을 남겼다. 바흐만은 감동적인 방송극과 소설들을 많이 남겼다. 행복과 고통에 관한 경험, 이에 관한 극단적 유혹 등이 바흐만 문학의 일관된 주제이다.

광고

그런데 우리 어디로 갈까
근심 없이 걱정 마세요
날이 어두워지고 추워지면
걱정 마세요
그렇지만
음악과 함께
우리가 무얼 해야 하고
즐겁게 음악과 함께
생각해야 할까
즐겁게
어떤 종말에 즈음하여
음악과 함께
어디로 향해 우리는 지니고 갈까
가장 훌륭한 건
모든 세월에 관한 물음과 전율을
근심 없는 꿈의 세탁으로 걱정 마세요
그렇지만 무슨 일이 일어날까
가장 훌륭한 건
만일 죽음의 고요함이

들어선다면

Reklame

Wohin aber gehen wir/ *ohne sorge sei ohne sorge/* wenn es dunkel und wenn es kalt wird/ *sei ohne sorge/* aber/ *mit musik/* was sollen wir tun/ *heiter und mit musik/* und denken/ *heiter/* angesichts eines Endes/ *mit musik/* und wohin tragen wir/ *am besten/* unsre Fragen und den Schauer aller Jahre/ in *die Traumwäscherei ohne sorge sei ohne sorge/* was aber geschieht/ *am besten/* wenn Totenstille// eintritt

질문
1. 두 사람이 한 행씩 차례로 읽어 보세요. 그러면 누가 질문을 던지고 누가 대답합니까?
2. 어째서 광고의 대답은 공허하게 울려 퍼지는가요?
3. 인용 시는 특정한 삶의 태도에 대한 아이러니로 이해됩니다. 그것은 어떠한 아이러니인가요?

해설
1956년에 발표된 시 「광고」는 질문과 대답으로 이루어져 있습니다. [이 작품 역시 자유로운 시 형식을 채택하고 있는데, 시인은 현대인의 삶에 대한 급진적 성찰을 위해서는 이것이 필수적이라고 생각하는 듯합니다.] 이어지는 질문은 삶에 관한 본질적 물음에 관한 것들이며, 이어지는 대답은 통상 광고로 사용되는 문구들입니다. 시인은 서로 어긋나는 이러한 물음들을 차례로 병기함으로써, 현대인들이 처한 삶의 상황이 광고 효과에 의해서 얼마나 은폐되어 있는가? 하는 점을 예리하게 지적합니다. 서로 어긋

난 질문과 대답은 불협화음으로 독자에게 기이하게 다가옵니다.

자고로 자본주의 체제 내의 광고들은 그 자체 인간의 비판적 의식을 은폐시키는 효과를 지니고 있을 뿐 아니라, 처음부터 인간의 의식 구조를 마비시키고 조종합니다. 그렇습니다, 광고 앞에서 "모든 세월의 전율"은 무해한 것으로 치부될 뿐입니다. 삶의 본질적 질문은 우리를 곤혹스럽게 하고, 고통에 사로잡히게 만듭니다. 이에 비하면 광고는 즐거움과 친절함을 수단으로 합니다. 전자는 인간에게 비판의 가시를 들이댐으로써 비록 아프게 하지만, 진실을 감지하게 합니다. 이에 반해서 후자는 사탕발림의 화법으로 고객을 유혹하지 않습니까? 이는 오로지 제품 판매를 위한 상업적 전략이기 때문에 그 자체 거짓된 것입니다. 그럼에도 불구하고 광고는 고도의 선전 기법을 통하여 진실로서 전달됩니다. 가령 거짓을 참으로 선전하는 언론을 생각해 보세요 (Hoffmann 98: 214). 그들은 일반 사람들에게 장밋빛 미래를 약속함으로써 현실에 도사린 난제와 모순점을 회피합니다. 힌미디고 지식인들의 암담하고 비관적인 세계관을 그저 암울하다는 이유로 폐기 처분하려는 태도는 그만큼 위험합니다.

큰곰의 소환

큰곰이여, 내려와, 텁수룩한 밤,
늙은 눈(眼)을 지닌 구름 털가죽 동물,

별의 눈들,
발톱 달린 너의 앞발,
흐릿하게 정글을 헤치는구나,
별의 발톱들,
우리는 조심스럽게 무리를 지키지만,
네게서 추방되어, 너의 피곤한
측면과 날카로운, 반쯤 열린
이빨을 불신하는구나,
늙은 곰아.

솔방울 하나는 너희의 세계.
너흰 거기에 박힌 비늘들.
나는 이것들을 충동하여 굴린다,
맨 처음 전나무로부터
마지막 전나무까지,
그것들을 헐떡이게 하고, 입안을 살며시
앞발로써 움켜잡는다.

두려워하거나 두려워하지 말라!
헌금주머니 속에 돈을 넣고 맹인에게
어떤 좋은 말을 전해 주어라,
바로 그가 곰을 묶어두었다고.
양고기에 양념을 잘 쳐라.
어쩌면 이 곰이 줄을 풀고
더 이상 위협 가하지 않고 전나무에서 떨어진

모든 솔방울을 사냥할지 몰라,
천국에서 추락했던
거대한, 날개 달린 것들에서.

Anrufung des großen Bären

Großer Bär, komm herab, zottige Nacht,/ Wolkenpelztier mit den alten Augen,/ Sternenaugen,/ durch das Dickicht brechen schimmernd/ deine Pfoten mit den Krallen,/ Sternenkrallen,/ wachsam halten wir die Herden,/ doch gebannt von dir, und mißtrauen/ deinen müden Flanken und den scharfen/ halbentblößen Zähnen,/ alter Bär.

Ein Zapfen: eure Welt,/ Ihr: die Schuppen dran./ Ich treib sie, roll sie/ von den Tannen am Anfang/ zu den Tannen am Ende,/ schnaub sie an, prüf sie im Maul/ und pack zu mit den Tatzen.

Fürchtet euch oder fürchtet euch nicht!/ Zahlt in den Klingelbeutel und gebt/ dem blinden Mann ein gutes Wort,/ daß er den Bären an der Leine hält./ Und würzt die Lämmer gut./ 's könnte sein, daß dieser Bär/ sich losreißt, nicht mehr droht/ und alle Zapfen jagt, die von den Tannen/ gefallen sind, den großen, geflügelten,/ die aus dem Paradies stürzten.

질문
1. 곰은 옛날부터 어떠한 신앙으로 숭상되었습니까? 이 시에서 큰곰이 뜻하는 의미는 무엇인가요?

2. "맹인"은 누구를 지칭하고 있는가요? 인간을 바라보지 못하는 신일까요? 아니면 오늘날 적선으로 먹고 사는 곰 안내인일까요?
3. 전나무가 가리키는 바는 무엇일까요? "천국에서 추락했던/거대한, 날개 달린 것들"이라고 칭해지는 것을 생각해 보세요.

해설

큰곰은 어디에 있습니까? 더러는 인간의 도시를 떠나 깊은 산중에 숨어 살기도 하지만, 이제 죽어서 하늘의 별자리가 되어 있습니다. 바흐만은 현대인의 소외된 삶을 뼈저리게 의식하면서, 이 시를 쓴 게 틀림없습니다. 인간은 어째서 토템 신앙으로 알려져 있는 거대한 범지 체계를 상실하게 되었을까요? 제1연에서 시적 자아는 현대인들에게 거의 영향을 끼치지 않는 곰을 "소환"해 내려고 합니다. 그는 큰곰 별자리에서 서성거리는, 이른바 인간으로부터 멀리 떨어져 있지만, 날카로운 발톱과 이빨을 지니고 있습니다. 인간은 조심스럽게 가축을 키우지만, 정작 "곰"으로부터 추방되어 있습니다. 이제 현대인들은 곰의 당당한 권능을 더 이상 믿지 않습니다.

제2연에서 시적 자아는 곰의 세계를 투영하면서 인간의 역사를 비판적으로 성찰합니다. 곰의 눈에는 세계가 마치 솔방울의 "비늘"처럼 경미하게 보입니다. 전나무는 무엇을 뜻하는 것일까요? 그것은 기독교 신앙에 대한 객관적 상관물로 이해할 수 있습니다. 성탄절이 가까워지면, 기독교인들은 전나무를 장식하고 그리스도의 탄생을 축복합니다. 주지하다시피 기독교의 세계관은 고대의 정령 내지 토템 신앙을 무너뜨리고, 유일신이 지배하는 세계를 창조해 내지 않았던가요? 시인은 이를 유추하면서 "맨 처음 전나무로부터/마지막 전나무까지"의 세계의 역사를 비판적으로 반추해 봅니다. 이러한 역사는 광의적으로 고찰할 때 곰에 대한 학대의 역사가 아닙니까?

인간은 비록 눈을 지니고 있지만, 진실을 바라볼 수 없게 되었습니다. 대신에 맹인만이 과거의 자연관을 견지하고 있을 뿐입니다. 그렇지만 "맹인"은 오늘날 적선으로 연명하는 곰 안내인에 불과합니다. 가령 오늘날 북아메리카에서 살고 있는 인디언들을 생각해 보세요. 그들은 자신의 삶과 자연을 동일한 차원에서 이해하지만, 타인들에게는 원시적인 삶을 영위하며 "헌금주머니"에 의지해 먹고사는 불필요한 인간군으로 보일 뿐입니다. 제3연에서 누가 말하고 있습니까? 만약 곰이 직접 말한다면, 우리는 다음과 같이 생각하며 경악하게 될지도 모릅니다. 전나무는 삶의 시작이자 종말이라고 말입니다. 현대인들은 종말을 맞이하는 서구의 가치관 속에서 살아가고 있다고 말입니다. 곰은 "줄을 풀고," 인간이 모여 사는 전나무의 땅에 내려와, "모든 솔방울을 사냥할지" 모르니까요….

JÜRGEN BECKER
위르겐 베커

위르겐 베커는 1932년 쾰른에서 태어났다. 7살 되던 해에 그는 양친과 함께 에어푸르트로 이사했으나, 1950년에 다시 쾰른으로 이주했다. 1953년부터 54년 사이에 대학에서 잠깐 공부했고, 1959년부터 서부독일방송국(WDR)에서 일하면서, 전업 작가로 살았다. 1964년부터 1965년 사이에 로볼트 출판사의 편집자로 일했으며, 1974년에 독일 방송국의 방송극 담당 대표로 일하기도 하였다. 그는 여러 가지 실험적인 시편들을 발표했는데, 이것들은 시집 『여러 들판 *Felder*』(1963)과 『가장자리들 *Ränder*』(1968) 등에 실렸다. 『여러 들판』에서 베커는 처음에는 헬무트 하이센뷔텔의 영향으로 언어적 실험을 시도하였다. 베커는 인간의 상투적 언어 사용을 지적함으로써 인간의 경직된 사고와 판에 박힌 행위 등을 적나라하게 밝히려 하였다.

복도 마지막의 창문

복도 마지막 그림에는
하늘, 풍경 그리고 강이 있다.
왼쪽과 오른쪽엔 아파트들,
소방 시설, 엘리베이터 작동 소리.
퇴근 시간 이후. 외면하는 얼굴들,
한마디 말도, 애무도 없다.
누군가 무언가 시작하겠지,
자신의 문을 지나치고
그림을 지나 계속 가겠지,
비행을 위한 공간 속으로.

Das Fenster am Ende des Korridors

Der Himmel, die Landschaft, der Fluß:/ das Bild am Ende des Korridors./ Links und rechts die Appartments;/ die Feuerlösch-Anlage. Das Summen des Aufzugs./ Die Zeit nach Büroschluß. Abweisende Gesichter,/ kein Wort und keine Zärtlichkeit./ Jemand wird den Anfang machen/ und an seiner Tür vorbeigehen/ und weitergehen durch das Bild/ hinaus in den Raum zum Fliegen.

질문

1. 시적 자아는 언제 어디서 서성거리고 있나요?
2. 작품에서 드러나는 정조는 "소외감," "냉혹함" 그리고 "고립" 등으로 요약됩니다. 이를 말해 주는 시어는 무엇인가요?
3. "비행을 위한 공간"이 암시하는 바는 무엇입니까?

해설

상기한 시는 1977년에 발표된 작품입니다. 시어 가운데 시적 자아가 처한 상황을 알려 주는 것은 "엘리베이터"와 "퇴근 시간 이후"입니다. 시적 자아는 작품에 등장하지는 않지만, 그가 머물고 있는 곳은 어느 사무실임에 틀림없습니다. 사무실은 정서적으로 냉혹한 작업 공간입니다. 이곳에서 여러 시간 일하는 인간의 삶은 얼마나 행복과는 거리감이 있는가요? 그런데 "복도 마지막 그림에는" 풍경화가 걸려 있습니다. 풍경화는 황량하고 부자연스러운 작업 공간과 대조적 특징을 드러냅니다. 시인은 작업 공간을 세밀하게 관찰합니다. 왼쪽과 오른쪽에는 익명의 사람들이 거주하는 아파트가 보이고, 소방 시설이 보입니다. 이로써 모든 것은 일견 전혀 위험하지 않은 것 같아 보입니다. 문제는 여기 사무실에서는 인간적 만남이 거의 없다는 점입니다. 만남은 있으나, 그것은 일과 돈과 관계될 뿐입니다. 이를 보여 주는 것은 다음의 사실입니다. 즉, 작업이 끝나면, 모두 제각기 "말도, 애무도" 없이 사라집니다. 어떻게 이런 몰인정하고 고립된 삶의 방식이 지속될 수 있을까요? 시인은 숙고합니다, "누군가 무언가 시작하"리라고. 누군가 일상으로부터 벗어나, 자유를 위해 저항할 것이라고. 이는 "비행을 위한 공간 속으로"라는 표현에서 드러납니다. 그렇다면 소외된 노동에 시달리는 자는 어디로 탈출할 수 있을까요?

WOLFGANG BÄCHLER
볼프강 베힐러

볼프강 베힐러(1925-)는 아욱스부르크에서 변호사의 아들로 태어났다. 제2차 세계대전 당시에 군에 징집되어 프랑스 전선에 배치되었는데, 부상을 당하였다. 전쟁 후에 베힐러는 뮌헨 대학교에서 독문학, 로마어문학, 예술사, 연극학 등을 공부하였다. 그는 한스 베르너 리히터와 함께 "47그룹"에서 활동했으며, 작가 생활 외에도 폴커 슐렌도르프, 라이너 베르너 파스빈더 그리고 베르너 헤어초크 등의 영화에 배우로 출연하기도 했다. 1953년부터 극도의 우울증에 시달렸으며, 50년대에는 주로 프랑스 등지에서 살았다. 베힐러는 초기 시집에서 제반 사물들을 초시간적으로 신비롭게 묘사하였다. 1954년부터 1969년까지 꿈들을 기술하여, 『잠 속에서 Im Schlaf』라는 제목으로 1988년에 책을 간행하였다. 대표적 시집으로 『빛의 변화 Lichtwechsel』(1955), 『초인종 Türklingel』(1962), 『야행성의 삶 Nachtleben』(1982) 등이 있다. 베힐러에 의하면, 현실은 개별적 부호로 찢겨져 있는 불가해한 무엇이다. 그렇기에 세상 전체는 그에게 낯선 존재일 뿐이다. 특히 『문의 초인종』에서는 에른스트 블로흐 Ernst Bloch의 갈망의 모티프가 다루어지고 있다. 그럼에도 시집의 전체적 분위기는 희망과는 거리가 먼 염세적 특성으로 이루어져 있다.

야행성의 삶

건강 상태가 좋으면
오전이 있다, 아침 햇빛,
산책, 친구 만나기,
낮 일, 전화걸기, 독서하기.
건강 상태가 나쁘면
오전 내내 잠자고
오후를 빈둥거리며 보내고
아예 전화도 받지 않고
편지의 답장도 쓰지 않는다.

밤이 되어야 나는 화해한다,
살점 찢겨나가는 고통의 낮과.
저녁 빛은 무감각과
소외로부터 나를 깨우고,
상점이 닫히기 전에 얼른 장을 본다.

밤이면 마음속에서 시간이 끓는다,
게릴라들은 산에서 정글에서
거리의 계곡에서 싸우며,
내 몸 사이로 데모대가 행군하고,
무장한 경찰에 둘러싸인 채
머리 위로 적색 녹색 깃발,

무정부주의자의 검은 깃발 나부낀다,
그리고 불현듯 깨닫게 되는
수많은 언어로 씌어진 슬로건의 흰 천.

Nachtleben

Wenn es mir gut geht,/ gibt es auch Vormittage, Morgenlicht,/ Spaziergänge, Begegnungen,/ Tagesarbeit, Anrufe, Lektüre./ Wenn es mir schlecht geht,/ verschlafe ich sie,/ vertrödle ich die Nachmittage,/ nehm ich den Hörer nicht ab/ und beantworte keine Briefe.

Erst die Nacht söhnt mich aus mit dem Tag/ und den Qualen der Selbstzerfleischung./ Erst das Abendlicht weckt mich/ aus meiner Apathie und Entfremdung,/ und kurz vor Ladenschluß kauf ich noch ein.

Nachts gärt die Zeit in mir,/ kämpfen Partisanen in Gebirgen,/ Dschungeln und Straßenschluchten,/ marschieren Demonstranten durch meinen Körper,/ flankiert von bewaffneten Polizisten,/ wehen rote und grüne Fahnen über den Köpfen/ und die schwarzen der Anarchisten/ und weiße Bänder mit Slogans in vielen Sprachen,/ die ich plötzlich verstehe.

질문

1. 밤에 일하는 사람들의 생활은 어떤 장단점을 지니는가요?

볼프강 베힐러

2. 위의 시의 압권은 제3연입니다. 왜 밤이 되어야 낮의 투쟁이 그다지도 민감하게 느껴지는 것일까요?

3. 이 시의 주제는 무엇입니까?

해설

야행성 인간은 낮에 자고, 밤에 일합니다. 예술가나 사상가들 가운데 야행성 인간이 많습니다. 카를 크라우스K. Krauss, 에른스트 블로흐E. Bloch, 한스 블루멘베르크H. Blumenberg 등이 그들이지요. 헤겔Hegel의 말대로, 미네르바의 올빼미는 황혼이 지나서야 비로소 날기 시작합니다. 온 세상이 어둠에 잠겨 있을 때 야행성 인간들은 불빛 아래에서 집필에 몰두하며 살아가지 않습니까?

위의 시는 일견 사적인 내용을 담은 것처럼 보입니다. 시의 내용 역시 야행성 인간의 생활상만 기술한 것 같습니다. 고대 그리스의 철학자 헤라클레이토스는 다음과 같이 말했습니다 "잠자고 있을 때 인간은 모두 자신의 고유한 세계를 가지지만, 깨어 있을 때 세계는 공동적이다." 그러나 이 말은 예술가에게는 전혀 들어맞지 않습니다. 예술가들은 깨어 있을 때 일상 사람들의 무관심에 절망을 느끼고, 꿈속에서 어떤 혁명의 상을 떠올리지 않는가요? 그래, 인용 시에서 시적 자아는 밤에 게릴라전, 데모, 무력시위 등을 떠올립니다. 이러한 상들은 낮의 일상이 담아내지 못한 놀라운 것들입니다. 낮의 삶이 "산책, 친구 만나기,/낮 일, 전화걸기, 독서하기" 등과 같은 일로 이루어진다면, 밤에 떠올리는 상들은 이와는 정반대됩니다. 그것은 정글에서의 게릴라전, 데모하는 일, 수많은 슬로건 내세우기, 가두시위 등의 끔찍한 사건들이 아닌가요?

　이로써 시인이 말하고자 하는 것은 명확합니다. 제3세계에는 게릴라들의 혁명 투쟁, 살인과 방화 그리고 무력시위, 폭정과 가난 등이 온존하고 있습니다. 그렇지만 유럽 사람들은 이를 신문, 방송에서만 간접적으로 접할 뿐, 끔찍한 상황을 피부로 생생히 느끼지 못합니다. 위의 시는 일견 자신의 비정상적인 삶의 패턴을 전해 주면서, 은밀하게 유럽 사람들의 무사안일한 생활 방식을 간접적으로 꼬집고 있습니다. 문학적 상상력 — 그것은 세분화된 현대 사회에서 개별적으로, 분업적으로 살아가는 일상인들로 하여금 (일견 자신과 무관한 것처럼 느껴지는) 세상의 문제를 공통적으로 느끼도록 하는 공감대 역할을 행할 수 있을지 모릅니다.

GOTTFRIED BENN
고트프리트 벤

고트프리트 벤은 1886년 만스펠트에서 목사의 아들로 출생하였고, 1956년 베를린에서 사망하였다. 벤은 오더 강변의 프랑크푸르트에서 김나지움을 다녔으며, 이때 작가 클라분트와 교우하였다. 벤은 아버지의 뜻을 따라 마르부르크와 베를린에서 신학과 문헌학을 공부하였다. 1905년 카이저 빌헬름 아카데미에서 의학 공부를 시작하였다. 그리하여 그는 1912년에 의학 박사학위를 취득하였다. 군의관으로서 군복무를 마친 벤은 베를린에 있는 여러 병원에서 근무하였다. 이 시기에 벤은 엘제 라스커-실러를 알게 되었고, 표현주의 시를 발표하기 시작하였다. 제1차 세계대전이 일어났을 때, 그는 1917년까지 벨기에에서 군의관으로 일했으며, 나중에 베를린에서 피부 비뇨기과 의사로 개업하였다. 1935년부터 다시 군의관으로 근무하며 시를 썼다. 1938년 사소한 이유로 벤은 나치 당국으로부터 작품 발표 금지 및 개업 금지 처분을 받았다. 전쟁이 끝난 뒤에 벤은 점령군으로부터 나치 동조자라는 이유로 1949년까지 작품 발표 금지 처분을 받았다.

오직 두 개의 사물

수많은 형태로 잘려나가고
나, 우리 그리고 너에 의해,
그렇지만 모든 것은 영원한 질문인
"왜?"로 고통스럽게 남아 있다.

그건 아이들의 질문이야.
너는 나중에야 비로소 의식하겠지,
견디는 일 한 가지만 있다고.
— 의미든, 병적 열망이든, 소문이든 —
네게 멀리서 정해진 무엇을, 반드시.

장미든, 눈이든, 바다든 간에
모든 것은 만개하다가, 소멸하지,
두 가지만 있어, 공허함
그리고 표기된 자아.

Nur zwei Dinge

Durch so viele Formen geschnitten,/ durch Ich und Wir und Du,/ doch alles blieb erlitten/ durch die ewige Frage: Wozu?// Das ist eine Kinderfrage./ Dir wurde erst spät bewußt,/ es gibt nur eines: ertrage/ -ob Sinn, ob Sucht, ob Sage -/ dein fernbestimmtes: Du mußt.// Ob Rosen, ob Schnee, ob Meere,/ was alles erblühte, verblich,/ es gibt nur zwei Dinge: die Leere/ und das gezeichnete Ich.

질문
1. 이 시는 벤이 1953년에 발표한 후기 작품입니다. "표기된 자아"는 세상에서 발생하는 사건에 대해 어떤 식으로 반응합니까?
2. 오스발트 슈펭글러 O. Spengler는 『서구의 몰락』에서 다음과 같이 기술하였습니다. "모든 문화는 제한된 생명력을 지닐 뿐이다. 그렇기에 유기적인 세계는 만개, 결실 그리고 소멸의 법칙 속에 종속되고 있다"(Hoffmann 98: 44). 이와 관련하여 서구 문화는 소멸의 단계에 처해 있다고 합니다. 슈펭글러의 이러한 입장은 시에서 어떻게 수용되고 있는가요?
3. "표기된 자아"는 "문자 내지 부호로 전달될 수 있는 주체"라는 의미를 지닙니다. 그렇다면 세상에 존재하는 것은 벤의 주장대로 과연 "공허함"과 "표기된 자아"밖에 없는가요?

해설
벤의 시는 일견 서정적 자아의 조용한 체념을 보여 줍니다. 고트프리트 벤은 1949년 2월 17일 친구 욀체 F. W. Oelze에게 다음과 같은 편지를 보냈습니다. "나의 시는 어떤 현대적 지성의 경험 내지 인식과 일치합니다. 시 작품에서 나는 마지막 사물에 관해 질문을 던진 게 아니라, 다음의 사실을 말하고 싶었습니다. 즉, 삶의 해답이란 하나로 확정된 무엇으로 종결되지 않는다는 사실 말입니다"(Reich-Ranicki 2000: 123). 한마디로 벤의 시는 "어떤 마지막 의미의 불확실성"을 묘사한 듯합니다. 중요한 것은 ― 막스 베버 Max Weber도 "직업으로서의 학문"이라는 연설에서 말한 바 있듯이 ― "회피할 수 없는 운명을 아무런 한탄 없이 남성적으로 견뎌내는 자세"라고 합니다.

그렇다면 체념과 죽음 충동이 벤의 시 창작 작업의 근본적인 계기였을까요? 그렇지는 않습니다. 실제 "역사"에 대해 벤은 처음부터 어떤 특정한 입장 내지 어떤 정치적 견해를 고수하려고 하지 않았습니다. 그는 의사로서 그리고 시인으로서 살면서, 어떠한 경우에도 주어진 이데올로기에 동조하지 않았고, 비판하지 않았습니다. 물론 벤의 몇몇 시에 파시즘의 혐의가 없는 것은 아닙니다. 그러나 주어진 현실에 대한 냉담하고도 소극적인 태도로 인하여 벤은 나치에 혹독하게 이용당했습니다. 1948년 벤은 어느 편지에 다음과 같이 기술하였습니다. "15년간 (나는 ― 옮긴이) 나치에 의해 돼지로, 공산주의자들에 의해서 얼간이로 취급되었고, 민주주의자들에 의해 정신적 창녀로 간주되었네. 망명객들에게는 변절자로, 종교인들에게는 병적인 니힐리스트로 취급당했네"(Hiebel 2006A: 240).

무언가 달성하려고 시도하는 모든 노력은 인간을 지속적으로 괴롭게 만듭니다. 따라서 인간 삶의 제반 노력의 의미는 확실하고도 만족스러운 해답을 가져다주지 않는다는 사실을 내용으로 하고 있습니다. 작품의 내용은 벤이 삶의 마지막에 남기는 유언처럼 들립니다. 제10행에서는 슈펭글러의 사멸에 관한 견해가 강하게 드러납니다. 모든 것이 사라지면, 남는 것은 공허함밖에 없는데, 그렇게 되면 인간의 모든 노력은 어떤 절대적 의미 속에서 본연의 가치를 상실하게 될지 모릅니다. 인간은 행복을 추구하며 행동하는 존재이지만, 근본적으로는 어떤 운명에 의해서 "표기된" 개체 그 이상은 되지 못합니다. 누군가 이에 대해 완강하게 저항한다고 하더라도, 운명 자체는 간파할 수 있는 성질의 것이 아닙니다. 그렇기 때문에 인간은 모든 것을 감내해야 하고, 반드시 "멀리서 정해진 무엇"을 따라야 한다는 것입니다.

마지막 봄

개나리를 네 마음속 깊이 간직하라.
라일락이 피면, 이것을 너의 피와 행복
너의 궁핍한 존재와 섞어보아라.
그리고 네가 기대고 있는 어두운 토양 또한.

느릿느릿한 나날. 모든 게 극복되었다.
언제 끝이고 언제 시작인지 묻지 말라.
그러면 6월까지의 시간들은 아마도
장미들과 함께 너를 간직하리라.

Letzter Frühling
Nimm die Forsythien tief in dich hinein/ und wenn der

Flieder kommt, vermisch auch diesen/ mit deinem Blut und Glück und Elendsein,/ dem dunklen Grund, auf den du angewiesen.//Langsame Tage. Alles überwunden./ Und fragst du nicht, ob Ende, ob Beginn,/ dann tragen dich vielleicht die Stunden/ noch bis zum Juni mit den Rosen hin.

질문
1. 이 시는 벤이 죽기 직전에 쓴 작품입니다. 시적 자아는 누구에게 명령합니까?
2. 제1연 1행은 무엇을 암시하고 있는가요?

해설
    시인이라면 누구에게나 이상적 공간이 있습니다. 시적 이상향은 유년의 장소일 수도 있고, 젊은 시절의 잊을 수 없는 추억이 자리하는 곳일 수도 있습니다. 벤의 그곳은 베를린의 벨레 알리앙스 거리였습니다. 젊은 시절에 시인은 그곳에서 의사로 일하다가, 망중한을 이용하여 창문 밖 어두운 골목길을 내려다보곤 했습니다. 거기에는 이웃 사람들의 빨래가 걸려 있었고, 아이들이 뛰어놀곤 했습니다. 골목 어느 구석에는 개나리가 살며시 얼굴을 내밀고 있었습니다. 개나리는 도시인에게 봄을 전하는 메시지가 아닌가요? 라일락꽃도 시인에게 과거의 많은 순간을 떠올리게 해 줍니다. 무릇 세계는 온통 몇몇 엘리트에 의해서 장악되곤 했습니다. 이에 비하면 자연은 만인의 것이 아닌가요? 나무, 풀 그리고 꽃들은 그냥 자태를 드러낼 뿐입니다.
    말년에 벤은 암에 걸려 있었습니다. 그렇기에 꽃의 자태는 자신이 평생 가꾸어 오던 아름다움을 마지막으로 보여 주고 있었습니다. 꽃을 대하는 순간 그의 뇌리에는 "피"와 "어두운 토양" 그리고 "행복"과 "궁핍한 존재" 등에 관한 모든 체험이 주마등처럼 스쳐 지나갑니다. 개나리, 라일락 그리고 장미 ― 그것들은 그 자체 아름다움입니다. "아름다움(美)"은, 스탕달Stendhal도 말한 바 있듯이, "행복과 성취를 기약해 주는 무엇une promesse de bonheur"이 아니던가요? 라이너 마리아 릴케R. M. Rilke는 죽기 직전에 다음과 같은 유언을 남겼습니다. "기념비를 세우지 마세요. 대신 내 곁에 매년 장미를 꽃피우게 하세요. 그건 바로 오르페우스니까요"(Reich-Ranicki 2000: 111). 고트프리트 벤 역시 릴케처럼 그렇게 장미를 생각했을까요? 어쨌든 장미는 죽어 가는 시인에게 자신의 알몸을 보여 주었고, 시인은 이에 대해 기뻐한 게 틀림없습니다. 벤이 죽은 때는 7월이었으니까요.

ELISABETH BORCHERS
엘리자베트 보르헤르스

엘리자베트 보르헤르스(1926-)는 홈부르크에서 태어났다. 유년을 엘자스 지방에서 보낸 그미는 나중에 프랑스, 미국 등지에서 공부하였다. 1959년부터 잉게 숄 시민 대학에서 강사로 일하였고, 1960년부터 1971년까지 루흐터한트 출판사의 편집인으로 일하였다. 1971년부터 보르헤르스는 주어캄프/인젤 출판사의 편집인으로 일하다가 편집 책임자로 승진하기도 하였다. 그미는 시, 소설 그리고 동화 등을 많이 발표하였다. 보르헤르스의 문학은 일상의 현실에 도사린 불안의 요소를 예리하게 포착하여 이를 비판적으로 묘사하는 강점을 지니고 있다.

자장자장 물은 잠에게 비를 내려

I.

자장자장 물은 잠에게 비를 내려
자장자장 저녁은 풀 속으로 헤엄치고
물로 향하는 자 잠자러 가지
저녁에 오는 자 풀이 되고
하얀 물 푸른 잠
거대한 저녁 작은 풀
다가온다, 다가온다
낯선 남자가

II.

익사한 그 선원을 우리 어떻게 해야 할까?
그의 장화를 벗기지
그의 조끼를 벗기지
그를 풀 속에 눕히지

   강 속의 내 아이 어둡지
   강 속의 내 아이 젖었지

익사한 그 선원을 우리 어떻게 해야 할까?
그에게 물을 입히지
그에게 저녁을 입히지

그리곤 그를 되돌려주지

  내 아이 넌 울 필요 없어
  내 아이 그건 다만 잠이야

익사한 그 선원을 우리 어떻게 해야 할까?
그를 위해 물의 노래 부르고
그를 위해 풀 기도를 드리지
그럼 그는 기꺼이 돌아갈 거야

  III.
괜찮아, 괜찮아
낯선 남자
거대한 풀 속에서 잠시 저녁 보내고,
하얀 잠 속에서 초록으로 젖은 채
잠으로 향하다 밤이 되지
잠으로 향하여 축축해지지
자장자장 저녁은 풀 속으로 헤엄치고
자장자장 물의 잠 비를 내려

eia wasser regnet schlaf
I. eia wasser regnet schlaf/ eia abend schwimmt ins gras/ wer zum wasser geht wird schlaf/ wer zum abend kommt wird gras/ weißes wasser grüner schlaf/ großer abend kleines gras/

es kommt es kommt/ ein fremder

II. was sollen wir mit dem ertrunkenen matrosen tun?/ wir ziehen ihm die stiefel aus/ wir ziehen ihm die weste aus/ und legen ihn ins gras// mein kind im fluß ist's dunkel/ mein kind im fluß ist's naß// was sollen wir mit dem ertrunkenen matrosen tun?/ wir ziehen ihm das wasser an/ wie ziehen ihm den abend an/ und tragen ihn zurück// mein kind du mußt nicht weinen/ mein kind das ist nur schlaf// was sollen wir mit dem ertrunkenen matrosen tun?/ wir singen ihm das wasserlied/ wir sprechen ihm das grasgebet/ dann will er gern zurück

III. es geht es geht/ ein fremder/ ins große gras den kleinen abend/ im weißen schlaf das grüne naß/ und geht zum gras und wird ein abend/ und kommt zum schlaf und wird ein naß/ eia schwimmt ins gras der abend/ eia regnet's wasserschlaf

질문

1. 상기한 시는 보르헤르스가 1960년에 발표한 작품입니다. 어째서 시인은 1연과 3연을 내용상 서로 반대되도록 표현했을까요?
2. 상기한 시에서 가장 중요한 시어는 무엇인가요? 이는 제목에서도 발견됩니다.
3. "익사한 그 선원을 우리 어떻게 해야 할까?"는 영국 선원들이 즐겨 부르던 노래에서 따온 것입니다(What shall we do with thr drunken sailor?). 어째서 시인은 자장가의 형식과 뱃

노래의 형식을 동시에 사용하고 있나요?

해설

일견 신비로운 동화처럼 들리지만, 한 행씩 읽어 가면, 독자들은 어떤 섬뜩함을 느낄 것입니다. 이는 죽음과 두려움에 관한 상에서 유래합니다. 어쩌면 시인은 상기한 시를 통하여 현대인들이 느끼는 영혼의 불안을 달래 주려고 의도했을까요? 시에서 거대한 잠재의식 내지 무의식적인 것은 "물"로 비유되고 있습니다. 저녁에 내리는 비는 자연을 젖게 하고 자그마한 풀을 덮칩니다. 인간의 잠 역시 거대한 무의식으로서의 밤에 비하면 그저 작을 뿐입니다. 낯선 남자는 무의식의 깊은 심연 속에서 서서히 모습을 드러냅니다. 제2연에서 시인은 "익사한 선원"과 "우리"의 관계를 재미있게 묘사합니다. "우리"는 의식을 지닌 자아 그리고 모든 강령을 대변하는 초자아 등을 지칭합니다. 이에 비하면 "익사한 선원"은 의식의 영역과 무의식의 영역 사이에서 방황하는 영혼으로서, "내 아이"와 동일합니다. 뱃노래에 의하면, 사람들은 익사한 선원이 깨어나기를 간절히 바랍니다. 그렇지만 자장가를 부르는 어머니는 아이가 잠들기를 간절히 바랍니다. 시인은 의식과 무의식 사이에서 오가는 방황하는 영혼을 절묘하게 표현하려고 했습니다. 여기서 뱃노래와 자장가의 형식이 동시에 사용된 것도 그 때문입니다. 제2연의 두 후렴 역시 내용상 대립되고 있습니다. 첫 번째 후렴이 낯선 내용을 받아들이지 않으려는 자아의 의식적 저항이라면, 두 번째 후렴은 고통스럽지만 낯선 내용을 받아들여야 하는 필연성을 강조하고 있습니다.

보르헤스의 시는 1960년에 『프랑크푸르트 알게마이네 차이

퉁』(FAZ)에 발표되었습니다. 이때 많은 독자들은 이 작품이 너무 작위적이라고 비판하였습니다(Vgl. Hoffmann 98: 230f). 사실 상기한 작품에는 "물," "풀," "저녁," "잠" 등의 시어가 생동감 넘치는 뒤엉킴으로 묘사되어 있습니다. 아마도 독자들은 "익사한 선원"을 제2차 세계대전 당시에 전사한 독일 군인과 동일시했는지 모릅니다. 그렇지 않았더라면 보르헤르스의 시가 그렇게 혹평당할 이유는 크지 않았을 것입니다.

가을

마치 교회 탑들이 빛 속에서 떨듯이
우리는 빛보다 더 오래 살지 못할 것이다.
탑들을 움직이게 하는 빛에 의해
우리가 자신을 잘못 인지하듯이.

Herbst

Wie die Kirchentürme zittern im Licht/ wir werden es nicht überleben./ Wie wir uns täuschen lassen/ vom Licht, das die Türme bewegt.

질문

1. 당신은 어느 건물이 마치 무너지는 듯한 느낌을 받은 적이 있는가요?
2. 상기한 시의 전언은 무엇입니까?

해설

가을은 우리에게 결실을 안겨 주고, 수많은 식물들에게 울긋불긋한 옷을 입힙니다. 그렇지만 가을은 낙엽, 음울한 바람 그리고 짙은 안개를 동반합니다. 결실의 계절은 죽음의 전령사와 같아 보입니다. 상기한 시는 맑고 고요한 가을빛에 떨리는 교회 탑의 모습을 묘사하고 있습니다. 이때 우리는 섬뜩함을 느끼고, 삶의 유한함을 감지합니다. 이는 묵시록적인 환영이지만, 우리는 실제 현실의 감각으로 되돌아옵니다. 지구는 움직이지 않고, 인간은 두 발로 그냥 서 있습니다.

그렇다고 불안해 할 이유가 전혀 없는 것일까요? 프랑스와 독일에서 공히 인정받는 마르크스주의 소설가, 마네 슈페르버 Manès Sperber(1905-1984) 역시 이와 유사한 경우를 경험했다고 합니다. 엑상프로방스의 소도시 압트를 거닐 때, 그는 보도에 발을 내딛다가 그냥 넘어지고 말았습니다. 아니, 넘어진 게 아니라, 순간적으로 의식을 잃었던 것입니다. 그것은 하나의 신호처럼 느껴졌습니다. 보르헤스의 상기한 시 역시 어쩌면 어떤 묵시록의 신호인지 모릅니다(Reich-Ranicki 2002: 559f). 흔들리는 교회 탑의 상은 하나의 경고로 이해할 수 있지 않을까요? 그렇지만 이는 다른 측면에서 고찰할 때 어떤 깊은 희망의 모습으로 설명할 수도 있습니다. 물론 조락, 시듦 등은 죽음을 연상하게 합니다. 그렇지만 폐허, 흔들리는 탑 그리고 그림자 저편에는 다시 도래하게 될 봄의 세계가 도사리고 있으니까요. 왜냐하면 우리를 떨게 하는 순간은 죽음을 유추하게 하지만, 동시에 재생하는 봄을 기약해 주는 계기로서 이해되기 때문입니다. 그렇기에 보르헤스는 노래합니다, "탑들을 움직이게 하는 빛에 의해/우리가 자신을 잘못 인지" 한다고 말입니다.

NICOLAS BORN

니콜라스 보른

니콜라스 보른(1937-1979)은 페터 한트케, F. C. 델리우스, 롤프 디터 브링크만과 함께 70년대 서독의 대표 작가이다. 보른은 1937년 뒤스부르크에서 태어나, 유년 시절을 루르 지방에서 보냈다. 그는 일찍부터 시적 재능을 인정받아, 1963년에 발터 횔러러에 의해 문학 세미나에 초대받았으며, 1964년에 『산문 쓰기 Prosa schreiben』를 간행하였고, 1965년에 『두 번째 날 Der zweite Tag』을 발표하였다. 특히 후자의 작품은 70년대 이후의 "성찰하는 주체의 내면성"을 선취하는 작품이었지만, 당시에는 세인의 주목을 받지 못하였다. 1965년 베를린으로 이주한 그는 시집 『시장의 상황 Marktlage』(1967), 『내 머리가 서 있는 곳 Wo mir der Kopf steht』(1970)을 발표하였다. 여기서 보른은 서독의 소비 사회와 베트남 전쟁을 강도 높게 비판하였다. 1969년 보른은 미국으로 건너가, 미국의 전위주의 시인들과 어울리며 토론을 벌였다. 이러한 토론은 그의 시집, 『발견자의 눈 Das Auge des Entdeckers』(1972)에 반영되어 있다. 1973년에 보른은 로볼트 출판사에서 문학 잡지를 간행하며, 소설 창작에 심혈을 기울였다. 그의 소설 『위조 Fälschung』는 레바논 내전의 실제 사건을 보도하는 게 얼마나 어려운 것인가를 이중의 각도에서 제시하고 있다. 소설 『이야기의 지구 반대편 측면 Die erdabgewandte Seite der Geschichte』은 1976년에 간행되었는데, 대대적인 성공을 거두었다. 1979년에 보른은 암으로 사망하였다.

열다섯 번째 열

차렷 자세의 군인들
수를 세는 장교, 죽은 적들
순서대로
뒤이어 어느 여자 눈물 터뜨렸지요
(그곳 아시아인들은 항상 그렇지요)

누군가 주위에
그냥 누워 있었지요
다른 특징은 없었지요

대부분 크게 뜬 눈으로
구부린 채 엎드려 누워 있었지요
눈에는 아무것도 보이지 않았지요

아이들은 먹을 것을
충분히 얻었지
더 이상 고함지르지 않았어요

그 다음 본 영화가 시작되었지요
우리는 열다섯 번째 열에 앉아 있었지요

Fünfzehnte Reihe

Soldaten in Stellungen/ zählende Offiziere: tote Feinde/ reihenweise/ dann eine Frau die weinte sehr/ (wo Asiaten sonst doch immer)// und einer lag/ in der Gegend herum/ dem fehlte Verschiedenes// die meisten lagen krumm und verdreht/ mit weit offenen Augen/ in denen nichts zu sehen war// die Kinder bekamen genug/ zu essen/ sie schrien auch nicht mehr// dann fing der Hauptfilm an/ wir sassen Fünfzehnte Reihe

질문
1. 시인은 영화의 예고편을 서술하고 있습니다. 이는 어디서 나타나는가요?
2. "열다섯 번째 열"은 어떠한 함의를 지니고 있습니까?

해설
전쟁은 얼마만큼 인간의 마음을 경직하게 만들까요? 제목부터가 어떤 거리감을 드러내고 있습니다. 열다섯 번째 열에 앉아서 영화를 감상하는 사람들은 누구일까요? 그들은 단순히 영화 관람객일 수도 있고, 영화를 감상하는 군인일 수도 있습니다. 어쨌든 간에 전쟁의 끔찍한 장면은 오로지 자막에 의해서 전달될 뿐입니다. 어느 아시아 여자는 눈물을 흘리고 있습니다. 그미의 통곡 소리가 생생히 들리는 듯합니다. 그미는 사랑하는 남자를 전쟁 통에 잃었거나, 일가친척 중의 한 사람의 죽음을 슬퍼하고 있습니다. 놀라운 것은 "(그곳 아시아인들은 항상 그렇지요)"라는 표현입니다. 괄호가 사용된 것으로 미루어, 이렇게 생각하는 자는 시인이 아니라 영화의 관람객일지 모릅니다.

제2연에 이어지는 상황 역시 그 자체 끔찍한 장면을 냉혹하게 보여 줍니다. 전쟁은 어떠한 양심도 보여 주지 않습니다. 인간은 수단 방법을 가리지 않고 적을 섬멸시키는 데에만 혈안이 되어 있습니다. 제3연의 주체는 누구일까요? "대부분 크게 뜬 눈으로/ 구부린 채 엎드려 누워 있었지요/눈에는 아무것도 보이지 않았지요." 그들은 아마도 죽은 병사들인지 모릅니다. 어쩌면 영화를 관람하는 사람들을 가리키는 것인지도 모릅니다. 하지만 이렇게 해석하기에는 "엎드려"라는 단어가 무척 어색합니다. 시인은 아마도 70년대 초에 극에 달했던 베트남 전쟁을 묘사하려 했는지 모릅니다. 그게 아니라면 베트남 전쟁을 통하여, 모든 전쟁의 끔찍함을 적나라하게 드러내려고 했을까요? 제4연에서는 아이들이 묘사되고 있습니다. 아이들은 심리적으로 불안할 때 주로 고함을 지릅니다. 이제 그들은 더 이상 고함지르지 않고, "믿을 것을 충분히 얻"습니다. 그렇지만 아이들은 끔찍한 사건을 경험했는데, 그들의 심리적 상처는 단시간에 치유되지 못할 것입니다.

그러나 이 모든 것은 어느 영화의 예고편으로 방영되고 있습니다. 제5연에는 다음과 같이 씌어져 있습니다. "그 다음 본 영화가 시작되었지요/우리는 열다섯 번째 열에 앉아 있었지요." 관객은 어느 특정 영화를 감상하기 전에 상기한 내용을 예고편으로 접하고 있습니다. 이것은 말 그대로 다음 영화에 대한 예고편인지, 영화 감상 전에 볼 수 있는 일반 뉴스인지 알 수 없습니다. 중요한 것은 사람들이 모든 것을 영화의 장면으로 대하고 있다는 점이요, "우리"가 "열다섯 번째 열에 앉아 있"다는 점입니다. 중요한 것은 다음과 같습니다. 즉, 일반 사람들은 끔찍한 전쟁을 자신의 주어진 일상과 무관하거나, 주어진 일상으로부터 멀리 떨어진 사건으로 냉담하게 받아들일 뿐입니다.

경악, 화요일

휴식하고 있는
타르 칠한 전철 선로
마치 필사본으로 돌아가는 듯한
다시 오랜 시간의 기다림

갑작스러운 비, 오후 시간
그저 작은 빛이 여러 얼굴 안에 모인다
가랑비 내리는 잿빛, 들판 가까이
어두운 방수로, 나무는 깊이 박혀 있다

젖은 옷깃, 젖은 입술들
젖은 머리 땋은 아이가 노인을 이끈다

창고 선로 곁의 시멘트 저장고
새들의 무리, 깃발이 내려가고
여판매원은 유리벽 사이로 신호를 보낸다

신도시 주변 여섯 시 불빛 깜박인다
나는 멀리 고립된 "뇌의 섬들"을 생각한다

기중기, 시멘트의 밝은 황량함
이제 살아남지 못하게 된
상승하는 세상으로 향한 눈길

Horror, Dienstag

Die ruhenden/ flüchtig überteerten Straßenbahnschienen-/ wieder ein Warten auf alte Zeiten/ wie Rückkehr zum Handschriftlichen// Plötzlicher Regen, es ist Nachmittag/ nur wenig Licht gesammelt in Gesichtern/ nieselnde Gräue, die Felder nah/ dunkle Wassergräben, Bäume stehen tief// Nasser Kragen nasse Lippen/ Kind mit nassen Zöpfen führt alten Mann// Zementsilos neben dem Abstellgleis/ Vogelschwärme Banner sinken/ Verkäuferin winkt durch die Glaswand ab// Neuer Stadtrand flackert auf um sechs/ ich denke an fern ausgesetzte "Inseln des Gehirns"// Baukräne, zementhelle Öde/ Blick in die aufsteigende Welt/ die nun doch nicht überlebt hat

질문
1. 시적 상황은 언제 어디일까요?

2. "상승하는 세상"이 "이제 살아남지 못하게 된" 까닭은 무엇일까요?

해설

「경악, 화요일」은 1978년에 쓰어진 시로서 보른의 대표작 가운데 하나입니다. 이 작품은 1975년 로볼트 출판사에서 간행된 시선집 『시편들 Gedichte 1967-1978』에 발표되었습니다. 니콜라스 보른은 70년대 후반부터 언어를 절제하며, 주어진 현실의 여러 사물들을 냉정하게 투시합니다.

「경악, 화요일」은 일상시로 분류되지만, 생태시로 이해할 수 있습니다. 시인은 "그 자체 낯섦을 의미하는 상태"를 간결하게 묘사합니다. 이곳은 어디일까요? 베를린 주위에 있는 황량한 지역일까요, 아니면 루르 지방의 어느 변두리일까요? 때는 비 내리는 봄날 아니면 가을일지 모릅니다. 분명한 것은 오후 6시라는 사실입니다. 이곳에는 "타르 칠한 전철 선로"만이 뎅그렁 놓여 있습니다. 인적은 드물고, 허망한 시간만이 다가올 전철을 기다리는 듯 보입니다. 선로 가의 풍경은 몹시 을씨년스럽습니다. 마치 시간이 거꾸로 돌아가는 듯한 느낌이 들 정도입니다. "창고," "시멘트 저장고," "기중기" 들은 전철 선로와 마찬가지로 문명의 잔해들입니다. 이것들은 "여러 얼굴," "젖은 입술들," "머리 땋은 아이," "새들" 그리고 "나무"에게 위협적으로 작용합니다. 나무는 언제 뽑힐지 몰라 불안해하고, 새들은 기중기 소리에 소스라치게 놀란 듯하고, 실명한 노인은 아이의 손에 이끌려 조심스럽게 걷고 있습니다. 문명은 인간 삶을 편리하게 해 주었지만, 세상을 더 이상 살 만한 곳으로 보존해 주지는 못했습니다. 오후에 비가 급작스럽게 내리고, 새로운 도시 주변은 "불빛으로" 타오르고 있습니다. 도시의 경제적 상황은 조금 나아질지 모르지만, 주위 여건은 더욱 황량함을 드러냅니다. 그렇기에 "상승하는 세상"은, 시인의 눈에는, 더 이상 "살아남지 못하게 된" 공간처럼 보일 뿐입니다.

조용한 삶

보험회사 콘크리트는 하늘 위로 솟구친다.
미트볼 하나, 아주 매운 걸로!
지하철 안에서 부풀어 오른 다리(足)들.
아름답고 푸른 하벨 강의 하늘
조세 분배의 불평등한 선물
유럽 센터 안의 얼어붙은 얼음 공주들
김이 피어오르는 종이컵들
TV 쇼에서의 아름다운 하모니카
활기 없는 영화 제작자들
잿빛 머리의 상원의원들
오락실에서 덜거덕거리는 돌고래

넌 스스로 그렇게 대단하다고 여기니?
그렇게 대단하게 인정받는다고? 그건

아직 감정 느낀다는 거야.
너의 여자 친구도 사회학을 전공했니?
이런 인간, 너는 마치 감방에 앉아 있는 것 같아,
벽에 창문 하나 그렸니,
아니면 무얼 바라보고 있니?

다시 볼펜을 잃어버렸구나, 혹은
물건들이 몽땅 사라진 것일까?
너의 집의 다른 열쇠를 줘.
여기 붙잡아 봐! 네가 여기 느끼는 건 사실이야
마침내 사람들은 현실을
마치 이론처럼 말로 표현할 수 있어.
언젠가 전쟁 후에 나의 신발 한 쪽 길가에
숨어 있었지, 몇 시간 동안 나는 다른 신발
팔에 안은 채 울고 있었어.

아마 나는 꿈의 세계에 관한 걸 쓸 거야.
완전히 어떤 대상 없이 작동하는 백만장자의
유산, 그건 다만 비유로 슬쩍 들어가.
그러나 어느 날 모든 상황 알게 될 거야, 어느
완전한 여자가 내 소파에 있고, 그러한 거대한
슬픈 여자, 오점 없는 피부 지닌, 오해 받지 않는 여자
그미의 경력 상의 정점을 달리고 있는
마치 잡지에 일시적으로 누운 여자처럼.

Stilles Leben

Versicherungsbeton wächst höher in den Himmel./ Bitte eine Boulette, aber schön scharf!/ Geschwollene Beine in der U-Bahn/ schöner blauer Havelhimmel/ Gift nach dem Gießkannenprinzip/ gefrorene Eisprinzessinen im Europacenter/ dampfende Pappbecher/ schöne Mundharmonika im Fernsehspiel/ flaue Filmemacher/ graue Senatoren/ rattelnde Flipper in den Spielhallen.

Fühlst du dich auch so großartig?/ So großartig bevorzugt? Es ist das Gefühl/ noch Gefühle zu haben./ Hast du auch eine soziologische Freundin?/ Mensch, du sitzt so gut wie in der Zelle,/ hat dir auch nur ein Fenster an die Wand gemalt/ oder siehst du noch was?

Schon wieder ein Kugelschreiber verloren oder/ lösen die Dinge sich auf./ Gib mir den andern Schlüssel zu deiner Wohnung./ Hier, faß mal an! Das ist wahr, was du hier fühlst,/ endlich Realität die man wie Theorie/ in den Mund nehmen kann./ Einmal nach dem Krieg ist mein Schuh in der Straße/ steckengeblieben; stundenlang hab ich/ den anderen im Arm beweint.

Vielleicht schreib ich mal was über die Traumwelt/ der Milionenerben, die vollkommen ungegenständlich/ arbeiten: sie schieben bloß Metaphern herum./ Aber eines Tages werden alle Bilder wahr: eine/ vollkommene Frau auf meinem Sofa, so eine Große,/ Traurige, mit makelloser Haut, eine

Unmißverständliche/ wie sie vorläufig in Illustrierten liegt/ auf dem Höhepunkt ihrer Karriere.

질문

1. 제2연에서 "너"는 누구를 가리킵니까?
2. 일상의 불안은 언제 나타나는가요? 제3연에서 찾아보세요.

해설

시인은 누구를 생각하며, 「조용한 삶」을 집필했을까요? 시는 네 연으로 이루어져 있습니다. 첫 연은 "불안정한 사회복지 체제를 서술"합니다. 사람들은 아무런 생각 없이 건물을 지어 올리고, 식당에서 대충 "미트볼"을 시켜 먹습니다. 강 위의 하늘은 아름다우나, 가난한 사람들은 하벨 강 아래에서 약간의 조세 혜택을 받으며, 힘들게 일합니다. 노동자들은 약간의 시간을 이용하여 "종이컵"에 담긴 음료수를 마십니다. "유럽 센터" 안에서 피겨 스케이팅 선수들이 승리를 위하여 열심히 연습하고 있습니다. 저녁이 되면, 대부분 사람들은 TV를 시청합니다. 혹은 오락실 "바다 이야기"에서 게임을 즐기는 것으로 저녁시간을 보냅니다.

제2연은 일반 사람들에게 던지는 질문입니다. 사람들은 제각기 열심히 살고 있지만, 그들이 원하는 행복은 좀처럼 주어지지 않습니다. 그들은 만인으로부터 인정받고 싶지만, 외면당하고 고립된 채 살아갑니다. 사랑하는 여자 친구는 "잘 나가는 사람"이 아니라, 독일에서 취직하기 힘들다는 "사회학 전공"자일 뿐입니다. 소시민들에게는 자신의 처지를 뛰어넘을 기회가 주어지지 않습니다. 그들은 불가능한 미래를 상상함으로써 그들의 낮꿈을 승화시킵니다.

제3연에서 시인은 일상적 사물을 잃어버릴 때 느낄 수 있는 불안을 다루고 있습니다. 어째서 사람들은 볼펜을 잃어버리고, 자신의 건망증 대신에 복잡한 현실만을 탓하는가요? 왜 사람들은 열쇠 때문에 자신의 집에 갇혀야 하는가요? 현실은 이론적으로 해명되지 않는데도 왜 사람들은 추상적 이론 속에 함몰하곤 하는가요? 이러한 일련의 태도는 불안을 씻어버리고 싶은 인간의 무의식적인 반응으로 이해할 수 있을지 모릅니다.

"조용한 삶"은 젊은이들이 갈구하기에는 멋이 없습니다. 그러나 그것은 온갖 욕망이 근절되고 사라진 이후의 순수한(?) 삶일지 모릅니다. 젊은이들이 꿈꾸는 것은 "백만장자의 유산"이며, "완전한," "오점 없는" 여자입니다. 그렇지만 이러한 여자는 사랑을 경험하지 않은 처녀라야 합니다. 그래야 다른 사람들이 입방아 찧지 않습니다. 그래, 제4연은 이른바 소시민이 꿈꾸는 욕망이 묘사되어 있습니다 회사원이 갈구하는 돈과 여자, 혹은 어느 부엌데기가 갈구하는 부유함 그리고 이를 충족시켜 주는 백마의 기사 — 이는 안타깝게도 허상에 불과합니다. 문제는 행복에 대한 소시민들의 수동적 갈망에 있습니다. 이러한 갈망은 현실에서 착취당하는 사회적 시스템에 대한 비판적 통찰력을 상실하도록 작용하지 않습니까?

GABRIELE WOHMANN

가브리엘레 보만

가브리엘레 보만(1932-)은 목사의 딸로 다름슈타트에서 태어났다. 그미는 프랑크푸르트 대학교에서 독문학, 로마어문학, 음악, 철학 등을 공부하였으며, 47그룹의 회원이 되었다. 1956년부터 보만은 수많은 산문 작품을 발표하였으며, 많은 상을 수상하였다. 그미의 작품은 삶과 인간관계의 위기를 잘 묘파한다. 가령 그미는 개개인에게 갈등을 야기하는 사회적 메커니즘을 예리하게 포착한다. 보만은 크리스타 볼프에 비해 다작의 경향을 지니며, 경박하다는 평을 받기도 하였다.

가정주부

12시 30분경 마치 집안일에 마비된 듯
그미는 통상 아무 욕구 없이 하품하며
어쩔 수 없이 해야 하므로
어떤 일도 즐기지 않는 동안,
— 이제 다시 점심 식사시간이 돌아왔다 —
교차로가 그미의 뇌리에 스쳤다
그곳의 흐릿한 신호체계
일상적으로 매일 즉시 망각하는
그미의 남편을 위한
우선 운행의 나쁜 규칙
최근에 매우 잦은,
그의 혼자만의 여행
마지못해 주말에 쉬면서
시간 없어 하고 말한다.
허나 그미는 얼마나 무의식적으로 익숙한가,
남편, 오직 이 한 가지 일,
이 위대한 행복 그리고 기적 등에 대해
항상 교통사고가 발생해도
남편은 사건에서 제외되었다는 사실.
이를 생각하면, 가정주부에게서 하품이 사라진다,
그미는 **과거처럼 그렇게 살았으면** 하고 기도해 본다,
그 다음에 남편의 외투를 집어 들고

단추 하나를 뜯는다,
외투에 그 단추를 새로 달면서
그미는 교차로의 일상적 행복을 느낀다.

Die Hausfrau

Während sie gähnte, lustlos wie üblich/ Gegen 12 Uhr 30, erlahmt vom Haushalt/ Und nicht freiwillig so aussah wie sie aussah/ Keinen richtig gern hatte/ -Jetzt war mal wieder das Mittagessen fällig-/ Fiel ihr die Kreuzung ein/ Die unübersichtliche Markierung/ Die schlechte Regelung der Vorfahrt/ Alltäglich für ihren Mann/ Den sie alltäglich sofort vergaß/ Wenn er wegfuhr, dann weg war/ Dem sie, in der letzten Zeit sogar häufiger/ Das freie Wochenende nicht von Herzen gönnte/ Und ICH HABE JA NIE FREI sagte./ Wie bewußtlos sie sich doch an alles gewöhnt hatte/ An ihn und dieses Einerlei/ An dieses große Glück, an das Wunder/ Daß sie doch immer wieder nicht/ Ihren Mann verlor bei einem Unfall./ Da verging der Hausfrau das Gähnen/ Sie versuchte LASS ALLES BEIM ALTEN zu beten/ Sie packte seinen Mantel/ Sie riß einen Knopf ab/ Beim wiederannähen vom Knopf an den Mantel/ Empfand sie das gewöhnliche Glück auf der Kreuzung.

질문

1. 어떠한 이유에서 그미의 뇌리에 교차로가 떠오를까요?
2. 그미의 남편은 주말에 어디서 지낼까요?
3. 그미는 누구로부터, 무엇으로부터 소외되어 있습니까?

해설

가사를 돌보는 일은 지루합니다. 그러나 가사 노동은 임금이 지불되지 않습니다. 사람들은 이것을 "주부의 일"이라고 못을 박습니다. 그미의 남편은 추측컨대 다른 여자에게 가버리고 없습니다. 그렇기에 그미는 주말에 혼자 지내면서, 교차로를 떠올립니다. 남편이 교통사고로 콱 죽어 버렸으면, 하고 순간적으로 생각합니다. 그러나 운 좋은 남편은 교통사고를 당하지 않습니다. 그미는 남편의 애인이 누군지 구체적으로 알려고 하지 않습니다. 파고들면 파고들수록 자신의 고통은 더 커질 게 분명하기 때문입니다. 그미는 기도합니다, 모든 게 행복했던 과거로 되돌아가기를. 그미는 남편이 밉지만, 그가 부디 자신의 품으로 되돌아오기를 애타게 기다리고 있습니다. 그미는 남편의 외투에서 단추를 떼 냅니다. 그러고는 다시 단추를 제자리에 달아봅니다. 자신에 대한 남편의 정이 마치 단추처럼 제자리에 달리기를 바라면서, 그미는 단추를 답니다. 이러한 갈망은 그미를 행복하게 합니다. 비록 순간이지만 말입니다. 소설가 이경자는 다음과 같이 말합니다. "여성은 오롯이 자기 자신으로 살아야 합니다. 내면의 황폐화를 남자의 사랑으로 극복하려고 하는 것은 위험합니다." 당신은 이러한 견해에 대해 동의하십니까?

JOHANNES BOBROWSKI

요하네스 보브롭스키

요하네스 보브롭스키는 1917년 동프로이센의 틸시트에서 철도 공무원의 아들로 태어나, 1965년 동베를린에서 사망하였다. 30년대에 쾨니히스베르크 대학에서 예술사를 공부할 무렵, 군에 징집되었다. 1945년 소련군 포로가 된 보브롭스키는 1949년에야 출감하였다. 그사이에 그는 수용소에서 석탄을 채굴하였고, 반파시즘 학교에서 수업을 받았다. 1949년 동독 지역으로 귀환한 보브롭스키는 1950년부터 "알트 베를린" 출판사에서 근무하였다. 그에게 영향을 끼친 작가는 클롭슈토크, 하만, 헤르더 등이었다. 보브롭스키는 특히 바이히셀, 돈 그리고 볼가 강 지역의 인간과 풍경을 문학적으로 형상화하면서, 독일인으로서 인접한 국민들에게 행한 역사적 죄를 집요하게 추적하였다. 보브롭스키의 문학 행위는 "자기반성으로서의 기억"으로 명명할 수 있다. 자고로 가장 혹독한 범죄는 감히 말과 글로 표현하기 힘들다. 인간의 심리적 자존심이 잘못을 공개적으로 드러내기를 허용하지 않기 때문이다. 그럼에도 과거의 끔찍한 죄악은 글로써 기술되어야 한다는 게 보브롭스키의 지론이었다. 혹자는 보브롭스키가 동독의 구체적 현실을 외면했다고 비판하기도 한다. 그러나 그의 기독교적 기본자세와 높은 윤리적 이상은 현실로부터 거리감을 취하게 했는지도 모른다.

유대인 행상 A. S.에 관하여

난 라자이넨 출신이야.
그건 네가 강에서 올 때
두 번째 밤(夜)의 숲을 지나는 지역,
목재들이 눈에 띄고
목초지로부터 누렇게 변한
모래가 밀쳐오는 곳이야.

그곳의 밤은 아주 환해.
우리 여자들은 즉시
소등하지. 오랫동안
우리는 깊이 호흡해, 배회하는
바람의 어두운 입김으로.

모든 걸 지니고 있어, 모든
시간은 조상들의 손에서 비롯해.
그들의 근심 우리를 지켜줘.
별 덮인 그들의 두려움은
우리 대화의 끝자락에서 번쩍이고 있어.
떨면서 우리는 그들 무덤 위에 흙을
뿌려. 그 위에는 오래
구름이 머물고 있어, 연기.

항상 누군가 사라지지.
뒤돌아보지도 않고, 어떤 신호도
남기지 않아. 그렇지만 대문
기둥에 씌어진 대양에 관한
고대의 격언이 그를
지켜줘, 여전히. 멀리서
자작나무 길이 그를 깨워,
현악 연주 소리, 슬프다.

Auf den jüdischen Händler A. S.

Ich bin aus Rasainen./ Das ist, wo die zweite Waldnacht/ vorbeigeht, wenn du vom Strom kommst,/ wo die Gehölze sich auftun/ und aus den Wiesen drängt/ gilbender Sand.// Dort sind die Nächte hell./ Unsre Frauen löschen die Feuer/ zeitig. Lang/ atmen wir, tief mit dem dunklen/ schweifenden Windhauch.// Alles haben wir, jede/ Zeit aus den Händen der Väter./ Ihre Sorg' hält uns wach./ Ihr übersterntes Gefürcht/ glänzt im Gezweig unsrer Rede./ Frierend schütten wir ihnen/ Gräber. Es lagern die Wolken/ lange darüber, Rauch.// Immer geht einer davon./ schaut nicht zurück, kein Winken/ folgt ihm. Doch hält der Alten/ Spruch an den Pfosten des Tores/ über dem Meer noch. Fern/ weckt ihn der Birkenwege/ wehe tönendes Saitanspiel.

질문

1. 유대인 가운데 부동산 업자가 드문 이유는 무엇일까요?
2. "모든/시간은 조상들의 손에서 비롯해."가 지닌 함의는?
3. "대양에 관한/고대의 격언"은 무엇을 지칭하며, 누구를 연상시킵니까?

해설

유대인들 가운데 부동산 업자는 드물었습니다. 그들은 대부분 화장품 장수, 고리대금업 그리고 재단사 등의 일로 생계를 이어 갔습니다. 거주 이전의 용이함 때문에 유대인들은 땅과 가옥 매매에 종사할 수 없었던 것입니다. 그들은 토박이들과 마찰을 빚을 경우 지체 없이 다른 곳으로 이주해야 했습니다. 이와 관련하여 유대인의 예술 역시 시와 음악에 국한되었습니다. 유대인 가운데 화가나 조각가로 활동한 사람은 드물었습니다. 화가나 조각가들이 이사할 때, 작품 운반이 얼마나 어려울지 상상해 보세요. 그들에 비해 유대인 음악가는 악보 몇 장과 바이올린만 챙기면 훌훌 떠날 수 있었습니다. 마음속에는 야훼 신을 극진하게 모시면서….

이 시를 읽으면, 우리는 마차를 타고 떠돌아다니는 유대인 행상을 떠올릴 수 있습니다. 실제로 동유럽의 유대인들은 흩어져 유랑하며 살았습니다. 유대인 행상은 그들이 돌아다니던 지역을 고려하지 않고는 도저히 생각할 수 없습니다. 말하자면 그들의 고향은 바로 숲이요, 강이요, 평야였던 것입니다. 시인은 시에서 유대인 상인의 말을 직접 인용합니다. 제1연에서 유대인 행상 A. S.의 고향 "라자이넨"은 아주 명확하게 설명되고 있습니다(Groth

93B: 187). 제2연은 유대인들이 휴식을 취하는 저녁의 상황을 그대로 묘사합니다. 밤이 되어도 그다지 어둡지 않기 때문에 여자들은 일찍 "소등"합니다. 제3연에서 시인은 유대인 행상의 삶 내지 조상들과의 관계를 묘사합니다. "모든/시간은 조상들의 손에서 비롯"한다고 말할 정도로 그들은 과거의 전통을 존중합니다. 조상들이 언제나 유대인들을 지켜 주고 있으므로, 그들은 자주 예식을 올리면서, "무덤 위에 흙을/붓"곤 합니다. 제4연은 유대인의 방랑하는 삶과 그들의 주위 환경 사이의 관련성을 다루고 있습니다. 주지하다시피 "대양에 관한 고대의 격언"은 홍해를 건너는 모세의 말과 관계있는 것입니다. 모세가 야훼의 도움으로 무사히 홍해를 건넜듯이, 유대인 역시 방랑하는 동안 자신에게 언제나 행운이 찾아오기를 기대하는 것입니다. 마지막 연을 읽는 독자는 자작나무 길을 떠나며 바이올린을 연주하는 유대인 가족을 쉽게 연상할 수 있을 것입니다.

보고

바이라 겔블룽,
게토로부터 후송 도중에
바르샤바에서 탈출했다,
처녀는
숲을 지나쳤다,

무장한 채, 그 게릴라 여대원
브레스트-리토브스크에서
체포되었다,
군용 외투(폴란드)를 입고 있었다,
독일 장교들에게
심문을 당했다, 사진 한 장이
있다, 장교들은 젊은
사람들, 나무랄 데 없는 군복을 입고 있었다,
나무랄 데 없는 얼굴들,
그들의 태도에는
잘못이 없었다.

Bericht

Bajla Gelblung,/ entflohen in Warschau/ einem Transport aus dem Ghetto,/ das Mädchen/ ist gegangen durch Wälder, bewaffnet, die Partisanin/ wurde ergriffen/ in Brest-Litowsk,/ trug einen Militärmantel (polnisch),/ wurde verhört von deutschen/ Offizieren, es gibt/ ein Foto, die Offiziere sind junge/ Leute, tadellos uniformiert,/ mit tadellosen Gesichtern,/ ihre Haltung/ ist einwandfrei.

단어 설명 및 힌트

브레스트-리토브스크: 폴란드의 지명. 이곳은 독일 인접 지역으로서, 제2차 세계대전 당시에는 후방에 속했다. 사진 한 장: 이 사진에는 바이라 겔블룽과 독일 장교들이 모습을 드러내고 있다. 제2차 세계대전 당시 어느 독일 신문은 "교활한 게릴라와 총 든 유대인 여자"에 대한 증오심을 부추기기 위해서 이 사진을 공개했다. 바로 이 사진을 통해서 그미의 이름이 세상에 알려지게 되었다.

질문

1. "게릴라"의 정확한 의미는? 바이라 겔블룽은 게릴라였을까요?
2. 전쟁 후에 수많은 독일 장교들이 유대인 학살을 부인했습니다. 그들은 유대인 게릴라에 관해 들어본 적도 없다고 공공연하게 말했습니다. 그들은 왜 거짓말을 했을까요?
3. 보브롭스키의 시는 무엇을 지적하고 있습니까?

해설

보브롭스키는 독일군에 강제 징집되어, 폴란드 침공에 가담하였습니다. 1941년 6월 28일 카우나스Kaunas라는 지역에서 3,800명의 유대인이 학살되는 것을 직접 목격하기도 했습니다. 시인은 당시에 죽은 유대인들과 파괴된 노브고로드 지역에 대한 기억을 죽을 때까지 뇌리에서 씻을 수 없었습니다. 그의 수첩에는 다음과 같이 기록되어 있었습니다. "늪지, 밤, 페우푸스 호수, 게릴라 배치, 프리드리히 폭파되다, 목소리, 파르티스, 숙소 모두 사망." 그에 비해서 다른 독일 장교들은 세계대전 이후에 전쟁 범죄에 대해 침묵으로 일관하였습니다. "고결한 인간이라면 전쟁 과정에서 저지를 수밖에 없었던 일들(학살 ― 옮긴이)을 결코 발설하지 않는다"는 게 그들의 주장이었습니다(Reich-Ranicki 2000: 300). 심지어 그들은 "학살에 대한 물적 증거를 찾아보라"고 항변하기도 했습니다. 이와 관련하여 보브롭스키는 1961년에 발표한 시 「보고」를 통하여, 나치 범죄에 대한 물적 증거를 통렬하게 제시하고 있습니다.

게릴라는 사전에 의하면 다음과 같은 의미를 지닙니다. "게릴라는 침범한 적군이 작전을 수행할 때, 나라를 지키기 위해서 배후에서 공격하는 무장 세력을 지칭한다." 그렇다면 시에 등장하는 여자는 과연 게릴라 요원으로 활동했을까요? 바이라 겔블룽 — 물론 그미가 살아남기 위해서 처절히 사투를 벌인 것은 사실입니다. 그미는 유대인으로서 폴란드에 위치한 게토 지역에 수감되어 있었는데, 어느 날 용케도 그곳을 탈출합니다. 그러나 안타깝게도 바이라는 브레스토-리토브스크에서 독일군에게 체포되었습니다. 그곳은 후방 지역이었으므로, 전투라고는 한 번도 발생하지 않았습니다. 그럼에도 독일군은 그미에게 게릴라라는 죄명을 씌워 처형시켜 버립니다. 죽기 전에 겔블룽은 어디서 무기를 구했는지, 어떻게 게릴라 그룹과 만났는지 등을 털어놓아야 했습니다. 그미는 총 든 적이 한 번도 없었지만, 나치들은 그미에게서 "게릴라 대원"이라는 거짓 자백을 받아냈던 것입니다. 나치에 맹종하는 어느 신문은 총 든 유대인 여자에 대한 증오심을 부추기기 위해서 바로 이 사진을 대대적으로 게재하였습니다.

이제 한 장의 사진은 모든 것을 백일하에 증명하고 있습니다. 시인은 군복을 입은 장교들의 얼굴이 "나무랄 데 없"으며, "그들의 태도에는/잘못이 없었다"고 묘사합니다. 과연 잘못이 없었을까요?

노브고로드 근처의 사원

강, 육중한,
공기가 그리로 밀려오고, 오래 전,
깊은 곳에 도사린
정령들, 비 맞으며 말하며
강 아래로 향한다. 갈대 아래
에속스가 있다.

하얀 장벽 곁에서
울리는 종소리, 빛이
처마 위로 가라앉는 동안에,
단식포斷食布의 밤, 입 다문
새들에 의해 곤두박질친다.

문들, 비어 있는, 돌 박힌
오솔길, 풀 자란 계단,
하얀 정수리의 노인,
만곡으로 울려 퍼지는 찬송가
솟구칠 때, 바람은 청동 문안으로
들어오고, 바닥으로부터
경직된 지느러미
은빛으로 치솟는 에속스.

요하네스 보브롭스키

Kloster bei Nowgorod

Strom, schwer,/ den die Lüfte umdrängen, alt,/ Geister der tiefen/ Ebene, redend im Regen/ uferhinab. Der Hecht/ steht unterm Schilf.// An dem weißen Gemäuer/ Glockenschläge Licht,/ Über die Dächer sinkend/ das Hungertuch Nacht, von verstummten/ Vögeln durchstürzt.// Türen, leer, der steinerne Pfad, auf verwachsener Stufe/ der Greis mit dem weißen Scheitel,/ wenn Gesang im ertönenden Bogen/ aufsteht, Wind tritt ins erzene/ Tor, silberner steigt,/ flossenstarrend/ der Hecht aus dem Grund.

질문

1. 제1연과 제3연에 나타나는 시어들을 서로 비교하세요. 가령 "강, 육중한" ↔ "문들, 비어 있는"이라든가, "정령들" ↔ "노인" 등의 표현은 서로 대비되며, "비 맞으며 말하며" ↔ "만곡으로 울려 퍼지는 찬송가" 그리고 "에속스가 있다" ↔ "은빛으로 치솟는 에속스" 등의 표현은 서로 대비됩니다. 여기서 우리는 무엇을 감지할 수 있습니까?
2. 노브고로드 근처에는 현재 사원이 존재할까요?

해설

노브고로드는 동유럽 어느 지역에 있는 강 이름입니다. 여기서 우리는 다만 다음의 사항을 유추할 수 있습니다. 즉, 근처의 사원은 제2차 세계대전으로 인하여 완전히 파괴되었다는 것 말입니다. 가령 시인의 이력은 이러한 추측을 충분히 짐작하게 합니다.

시는 모두 3연으로 이루어져 있습니다. 시인은 현재형의 시제를 사용하지만, 각 연에서 묘사된 상황의 시점은 분명히 다릅니다. 가령 제1연은 가장 최근의 상황입니다. 보브롭스키가 이 시를 1962년에 발표한 것으로 미루어 보아, 60년대 초일 것입니다. 이제 사원은 깡그리 사라졌고, 강물만 무심히 흐르고 있습니다. 어쩌면 강의 깊은 곳에는 사원에서 수도하던 수사들의 정령이 살고 있는지 모릅니다. 그러나 이제 그곳에는 생명체가 없습니다. "에속스"는 죽은 채 "갈대 아래" 그냥 있습니다. 제2연은 어떤 사건의 현장을 암시합니다. 어쩌면 사원이 파괴될 시점의 상황이 묘사되고 있는 게 아닐까요? 앞의 두 연에 비하면 제3연에 묘사된 것은 분명히 전쟁 발발 전의 상황임에 틀림없습니다. 사원이 폭파되기 전에 사원은 이미 황폐해 있었습니다. 오솔길에는 "돌"이 박혀 있고, 계단 위에는 풀이 무성하게 자라 있었습니다. 전쟁 발발 소식에 모두 떠나고 없지만, "하얀 정수리의 노인"만이 그곳을 지키고 있었으며, 에속스 물고기 역시 "은빛으로 치솟"고 있었습니다.

그렇다면 이 시는 다만 과거의 황량함과 현재의 공허함만을 대비시키고 있을까요? 그렇지는 않습니다. 보브롭스키는 다른 한편으로 이 시를 통하여 현재 삶의 암울함과 일회성을 지적합니다. 자연은 잃어버린 과거의 삶의 흔적을 조심스럽게 보여 주지 않나요? 나아가 시는 기독교적 낮과 밤을 함께 거론함으로써 어떤 더 나은 기독교적 이상을 유추하게 해 줍니다. 캄캄한 밤은 오래 전부터 "단식포"에 둘러 싸여 있습니다. 그리스도의 부활을 갈구하는 프로테스탄트 종교인들은 단식하면서, 그날을 기다립니다. 세상은 캄캄한 밤으로 이루어져 있으며, 입 다문 새들도 땅 아래로

"곤두박질" 치고 있습니다. 이때 시인은 다음과 같은 상을 유추해 냅니다. 비록 땅은 장벽으로 나뉘어 있지만, 주위는 빛으로 인하여 밝아지지 않을까요? 이러한 밝음은 기독교의 찬란함이 아닐 수 없습니다.

WOLF WONDRATSCHEK

볼프 본드라첵

볼프 본드라첵(1943-)은 튀링겐의 루돌슈타트에서 태어나서, 칼스루에에서 성장하였다. 1962년부터 1967년까지 하이델베르크, 괴팅겐, 프랑크푸르트 대학에서 문학, 철학, 사회학을 공부하였다. 1967년부터 본드라첵은 전업 작가와 비평가로서 일하였다. 1970-71년에 영국에 머물면서, 워익 Warwick 대학에서 초청 교수로 시학을 가르쳤다. 1977-78년에 미국의 여러 대학에서 강연하였다. 그의 시는 60년대 말 학생 운동 당시에 촌철살인의 경구로 세인에게 잘 알려졌다. 신좌파 운동이 사라진 이후부터 그는 시 쓰기에 전념하였다. 이로써 그는 비평가들로부터 "폭넓게 인정받는 록 시인"이라고 거론되었다. 1969년 방송극,「파울 혹은 어떤 듣는 범례의 파괴 Paul, oder die Zerstörung eines Hör-Beispiels」로 전쟁 맹인들을 위한 문학상 수상자로 선정되었다. 그러나 본드라첵은 이 상을 거부했다. 왜냐하면 작가는 국가와 좋은 관계를 맺을 수 없기 때문이라는 것이다. 최근 몇 년 사이에 본드라첵은 "팝 시인"으로서 최고의 명성을 누렸다.

어머니를 위하여

세잔의 사과로 그미는 분명히 사과잼을 만들었으리라
그미는 세상의 모든 것에 감탄하지 않는다,
적어도 누가 요리하고, 빨래하며 내 아이를
돌보는가? 하는 질문이 해결되지 않으면,
그게 어떠한 예술보다 앞서니까.
"내가 죽으면," 하고 그미는 쓴다, "어떻게 될까?"
식사 잘 하라고 그미가 동봉한 돈으로
나는 담배와 종이를 사서,
끽연하고 글을 쓰며
그리고 그미를 사랑한다.
그민 나의 농부이다,
그민 내가 여러 번 높이 비상한 뒤
추락할 지점들을 잘 알고 있다.
삶도 그러할 것이다,
그것은 직접 만든 케이크 하나와
두 장의 손수건으로
실패한 무엇을 완결하는 일

Für meine Mutter

　Aus Cézannes Äpfeln hätte sie Apfelmus gemacht,/ das alles beeindruckt sie nicht,/ solange folgende Fragen ungeklärt sind:/ Wer kocht und wäscht und sorgt für mein Kind?/ Das hat Vorrang vor aller Kunst./ "Wenn ich sterbe" schreibt sie, "was dann?"/ Vom beigelegten Geld für ein gutes Essen/ kaufe ich Zigaretten und Papier,/ rauche und schreibe/ und liebe sie./ Sie ist meine Bäuerin,/ Sie kennt die Absturzstellen/ meiner Höhenflüge./ So müßte das Leben sein:/ das Mißlungene vollenden/ mit einem selbstgebackenen Kuchen/ und zwei Taschentüchern.

질문
1. "나"의 직업은 무엇일까요?
2. 시적 자아는 어째서 어머니를 "나의 농부"라고 명명할까요?
3. 삶이 "실패한 무엇을 완결하는 일"인 까닭은 무엇일까요?

해설
앞에서도 언급했듯이 본드라첵은 68 학생 운동 세대에 속하는 시인입니다. 그는 70년대 이후부터 일상의 삶을 다루기 시작하였습니다. 일상에 대한 그의 시각은 결코 현실 도피의 의미로 이해할 수는 없습니다. 과거에 행동으로 보여 주었던 정치적 입장은 일상 삶에 대한 묘사 속에 혼입되어 있습니다. 말하자면 세계를 고찰하는 시인의 시각이 복합적 스펙트럼을 지녔다고 할까요? 어쨌든 시인은 현실 정치에 대해 공개적으로 실망감을 드러내었으며, 모든 학문 행위를 혐오하였습니다.

인용 시는 시인의 어머니를 다루고 있습니다. 첫 행에서 나타나듯이, 시인의 어머니는 많이 배우지 못하여, 세잔의 정물화에 담긴 예술적 가치를 제대로 이해하지 못합니다. 시에서는 분명히 거론되지 않지만, 끼니때마다 "가족"들의 식사를 걱정하고, 빨래하며 그리고 자식을 키우며 살아왔습니다. 그미는 자식 걱정을 편지에 담으면서, 잘 챙겨 먹으라고 용돈까지 동봉합니다. 어머니가 "여자 농부"라고 명명되는 까닭은 한편으로는 그미가 농촌 출신의 소시민이기 때문이며, 다른 한편으로는 힘들게 일하면서도 이타적인 마음으로 자식을 끔찍하게 아끼기 때문입니다. 시적 자아는 어머니께서 "식사 잘 하라고" 건네준 돈을 담배 값으로 소비해 버립니다. 어머니는 아들이 쓰는 시라든가 현대 미술을 이해하지는 못하지만, 그래도 아들의 광기("비상")와 우울("추락")을 누구보다도 잘 알고 있습니다. 왜냐하면 행여나 아들이 불행하게 될까봐 언제나 노심초사하며 살아가기 때문입니다. 어머니의 이러한 마음은 편지 구절에 잘 나타나 있습니다.

어쩌면 시인은 다음의 사항을 은밀히 전하는지 모릅니다. 세상의 모든 예술적 가치는 어머니의 희생적 배려 앞에서는 그 자체 부차적이라는 것 말입니다. 블로흐를 예로 들지 않더라도, 삶은 "실패한 무엇을 완결하는 일"입니다. 적어도 살아 있는 한 우리는 영원히 무엇을 추구하고, 실패를 거듭합니다. 시적 자아가 할 수 있는 일이라곤 "직접 만든" 값싼 "케이크 하나"와 "두 장의 손수건"을 전해 드리는 것입니다. 추운 겨울에 한 조각 드시고, 눈물 흘릴 때 사용할 수 있도록….

오리엔트 호텔

태곳적부터 사랑하는 연인들은
어떤 열정으로 애무하다가
마차의 마부들에게 훤히 보이는
그곳으로 가서 옷을 벗는다.
선잠은 여러 습관으로부터 서서히
벗어난다. 사람들은 과감히 웃는다.
여자들의 살덩이, 서로 분배해야 하는
훔친 물건, 그것은 빌로도 커튼보다
더욱 육중하다, 커튼의 색은 여기서
어떤 아기도 태어나지 않는다는 사실을
시사하고 있다. 안 그래도 이곳에서 일어나는
일은 완전한 삶으로 나타나지 못한다.
그는 말한다, 시간이 충분치 않다고.
그미는 태곳적부터 그 때문에
눈물 글썽이고, 그의 말을 믿는다.

Hotel Orient

Seit Menschengedenken gehen dorthin/ die Liebespaare und entkleiden sich/ unter Liebkosungen einer Leidenschaft,/ die auch Fiakerkutschern einleuchten./ Langsam entweicht der schlechte Schlaf/ anderer Gewohnheiten. Man wagt zu lachen./ Das Fleisch der Frauen, dieses Diebesgut,/ das es zu teilen gilt, schwerer ist es/ als die samtenen Vorhänge, deren Farbe/ daran erinnert, daß hier keine Kinder/ gezeugt werden. Auch sonst wird aus dem,/ was hier geschieht, nie ein ganzes Leben./ Es reicht, sagt er, die Zeit nicht./ Und sie, seit Menschengedenken will sie/ darüber weinen, glaubt ihm.

질문
1. 시의 제목은 오스트리아 빈의 어느 호텔을 가리킵니다. 그밖에 빈을 연상시키는 시어는 무엇입니까?
2. "선잠"은 나쁜 잠을 가리킵니다. 그렇다면 "선잠은 여러 습관으로부터 서서히/벗어난다" 속에는 어떠한 삶의 과정이 응축되어 있습니까?
3. 마지막 3행에는 연인의 대화가 압축되어 있습니다. 주제를 고려하여 이를 설명해 보세요.

해설
오스트리아의 빈에 있는 "오리엔트 호텔"은 이른바 러브호텔입니다. 아니, 그곳은 러브호텔로 기능하는 공간이라기보다는 매춘 영업소나 다를 바 없습니다. 빈 시 당국은 매매춘 행위를 공개적으로 탄압하지 않습니다. 어차피 근절되지 않을 바에야, 공공연하게 이를 허용하는 게 낫다고 믿습니다. 그래서 유럽 대부분의 국가들은 공창 제도를 마련하여, 시 당국에서 매춘에 종사하는 사람들의 위생을 철저하게 관리하곤 합니다.

이 시는 1996년에 발표된 작품입니다. "오리엔트 호텔"이라는 명칭은 고유 명사이지만, 그 자체 오래 전에 동방에서 행해졌던 "혼음" 내지 "수간獸姦"을 연상시킵니다. 실제로 유럽 사람들은 가령 터키의 하렘을 연상하며, 동방 민족들의 무질서한 성생활을 비아냥거리곤 했습니다. 따라서 "오리엔트 호텔"이라는 이름 자체가 성적인 욕구와 관련됩니다. 시의 제목과 "마차의 마부 Fiakerkutscher"라는 시어는 시적 공간이 오스트리아의 빈이라는 사실을 시사해 줍니다. 실제로 빈의 여러 관광 명소 근처에는 화려한 마차들이 손님을 기다리고 있습니다. 시적 자아는 시에서 모습을 드러내지 않습니다. 그는 마치 관음증 환자처럼 오리엔트 호텔 근처의 사람들을 세밀하게 관찰합니다. 그의 묘사에는 어떠한 감상적 태도도 드러나지 않습니다. "선잠은 여러 습관으로부터 서서히/벗어난다." 이 구절의 의미는 그 자체 모호합니다만, 이어지는 문장으로 유추할 수 있습니다. 가령 처음으로 창녀를 대하는 남자와 처음으로 "고객"을 맞이하는 처녀의 마음을 헤아려 보십시오. 처음에는 모든 게 낯설고, 부끄러우며, 추악하다고 생각할지 모르지만, 시간이 흐르면, 사람들은 모든 것을 유희로 생각하며, "과감히" 웃기도 합니다. 시인은 "여자들의 살덩이"를 "훔친 물건," 즉 "장물贓物"과 비교합니다.

본드라첵의 시는 어떤 비극적 정서, 즉 쓸쓸함과 고통을 느끼게 해줍니다. "살덩이"가 "분배"될 수 있다는 발언을 생각해 보세요. 우리의 몸과 마음은 특정한 임에게 바쳐져야 하는데, 오리엔트 호텔에서 일하는 사람들의 그것은 여러 고객들에 의해서 "활용"되고 있습니다. 그러나 화류계에도 순정은 있습니다. 비록 한 번의 만남이라고 하더라도 인간은 순간적으로 엄청난 사랑의 깊이를 느낄 수 있습니다. 그렇지만 그러한 사랑은 어떠한 결실도 맺지 못합니다. 왜냐하면 "커튼" 뒤의 공간에 머물던 자들을 위해서 "어떤 아기도 태어나지 않"기 때문입니다. 시인은 이러한 유형의 순간적 만남과 이별을 "완전한 삶"으로 파악하지 않습니다. 두 사람이 만나서, 결혼하고, 가정을 꾸리며, 아기를 낳아서 기르기에는 "시간이 충분치 않"습니다. 바로 이 사실을 알기 때문에 몸 파는 어느 여자는 눈물을 흘리며, "그의 말"에 동의합니다.

CHRISTINE BUSTA

크리스티네 부스타

크리스티네 부스타(1915-1987)는 빈에서 출생하였다. 힘든 유년 시절을 보낸 뒤에 빈 대학에서 독문학과 영문학을 공부하였는데, 질병과 가난으로 중도 포기하였다. 30년대에 음악가 막시밀리안 딤트 M. Dimt와 결혼했는데, 남편은 제2차 세계대전 동안에 사망하였다. 전쟁 이후에는 통역자로 그리고 호텔 직원으로 일하였다. 부스타는 50년 이후부터 빈 시립 도서관의 사서로 일하면서 작품을 발표하였으며, 여러 권의 시집을 간행하였다. 바인헤버와 릴케의 영향을 받은 때문인지는 몰라도, 부스타는 처음에는 엄격한 형식의 체험시를 썼으나, 나중에는 자유시로 전환하였다. 그미는 비독단적 가톨릭 사상을 신봉함으로써 로마 가톨릭 교회의 전체주의적 체제를 은근히 비판하였다.

가장자리에서

가끔 문턱에 주저앉기,
도착하지 않는 걸음으로부터 휴식하기,
너의 문 앞에서 노크하지 않기.

모든 소음을 듣기만 하고
아무 소리도 내지 않기.
너를 떠올리지 않는 삶을 골라 듣기:
집에서, 거리에서
쥐와 모터의 심장,
공기와 물의 소리,
사람과 별들의 발자국 소리,
흙과 돌의 흐느낌.

가끔 빛이, 가끔 그림자,
충직한 자매가
너 위에 드리운다,
너 위에 먼지가 둥지 틀려 하고
발 디딜 수 없는 눈(雪) 또한.

혓바닥 아래 서서히
너의 마지막 말이 따뜻해진다.

Am Rande

Manchmal auf einer Schwelle sitzen,/ ausruhn vom Gehn, das nicht ankommt,/ die Tür hinter dir und nicht klopfen.// Alle Geräusche wahrnehmen/ und keines verursachen./ Das Leben, das dich nicht annimmt, erhören:/ im Haus, auf der Straße,/ das Herz der Maus und des Motors,/ die Stimmen von Luft und Wasser,/ die Schritte des Menschen, der Sterne,/ das Seufzen von Erde und Stein.// Manchmal setzt sich das Licht zu dir/ und manchmal der Schatten,/ treue Geschwister./ Staub will nisten auf dir/ und unbetretbarer Schnee.// Langsam unter der Zunge/ wärmt sich dein letztes Wort.

질문
1. 시에서 "너"는 누구를 가리킬까요?
2. 삶의 가장자리에는 자아는 없고, "너"만이 자리합니다. 이는 여성주의의 시각으로 고찰할 때 어떠한 의미를 전해 주는가요?
3. "혓바닥 아래"의 "마지막 말"은 무엇을 지칭합니까?

해설
크리스티네 부스타의 시 「가장자리에서」는 시인 자신과의 대화로 이루어져 있습니다. 자아의 삶에 대한 성찰이지만, 정작 "나"는 생략되어 있고, 매 연마다 "너"만이 주인공으로 부각됩니다. 이를 고려할 때 부스타의 시는 여성주의의 차원에서 분석하는 게 바람직할 것 같습니다. 삶에서 화려한 영광을 얻는 것은 "너"이며, 가끔 빛의 그림자는 세인의 눈에 띄지 않는 "나"에게 드리워질 뿐입니다. 그렇기에 나는 "너"와 동등한 존재가 아니라, 사라져도 좋고, 머물러도 좋은 그저 그런 존재로서의 "충직한 자매"일 뿐입니다.

그런데 나는 정작 어떻게 살아가고 있습니까? 시키는 대로 살아가는 게 여성적 삶의 원칙인가요? 그렇다면 차라리 "가끔 문턱에" 털썩 주저앉고 싶습니다. 하루만이라도 나는 "너의 문 앞에서" 노크하고 싶지 않습니다. 대신에 아무도 귀 기울이지 않는 소리들을 찾아서 듣고 싶습니다. 자연스러운 생명의 소리들은 도처에서 들리지만, 현대인들은 잊고 살아가지 않습니까?

맨 마지막 구절은 여러 가지 의미로 해석할 수 있을 것입니다. 첫째로 "혓바닥 아래의" 마지막 말은 웅변가 데모스테네스를 연상시킵니다. 천하의 웅변가 데모스테네스(BC. 384-322)는 어린 시절에 웅변술을 익히기 위하여 입에다 자갈을 넣고 파도치는 절벽에서 발성 연습을 했다고 합니다(Reich-Ranicki 2002: 405). 그렇다면 "너"는 시에서 시적 자아의 연인으로서 시지후의 연실을 버느리는 정치가를 지칭할 수도 있습니다. 둘째로 "마지막 말"은 그렇게 복잡한 의미를 지닌 게 아니라, 한마디로 죽어가는 연인을 지칭합니다. 사람들은 죽은 사람들의 혀 아래에 동전 한 닢을 넣곤 합니다. 이는 지옥행의 노잣돈이라는 것입니다. 셋째로 그것은 발설되지 않은 어떤 구체적 비밀을 지칭할 수도 있습니다. 삶에서 뼈저리게 깊이 체험한 무엇이 언어로 드러나는 경우는 과연 몇 퍼센트나 될까요?

늙음에 관하여

사랑하면 모든 게 중요하게 보여. 사랑스러워.
뺨 속의 어느 그림자 분지가
눈 주위의 가냘픈 주름들이,
발가락 아래의 유년 시절 상처가,
피부의 어떤 감추어진 얼룩이,
분명히 보이는 어느 혈관이,
드문드문해진 머리칼이.

모든 상실은 이득이 되기도 하고,
기억을 풍요롭게 해.
쾌락보다는 충직함이 정겹게 보이고,
덧없음의 고통이 새롭게 나타나.
조심스러운 슬픔의 필터에서
우리는 추출해 내, 머무는 아름다움을.

Vom Altern

Der Liebe wird alles wichtig und lieb:/ eine Schattenmulde in der Wange,/ das Runzelgeflecht ums Auge,/ eine Kindheitsnarbe unter den Zehen,/ ein verborgener Makel der Haut,/ eine sichtbarer werdende Ader/ und die kahle Stelle im Haar.// Jeder Verlust wird auch Gewinn/ und mehrt die

Erinnerung./ Treuer als Lust macht Zärtlichkeit,/ der Schmerz um Vergängliches erneuert./ Aus den Filtern behutsamer Trauer/ bergen wir die Schönheit, die bleibt.

질문

1. 상기한 시는 두 연으로 이루어져 있습니다. 전자가 노인의 외형적 특징을 언급하고 있다면, 후자는 무엇을 언급할까요?
2. 어떠한 이유에서 사람들은 애써 죽음을 의식하지 않으려 할까요?

해설

죽음은 그 자체 두려움의 대상입니다. 죽음이 두려운 것은 인간이 죽음 이후의 세계를 명확하게 알지 못하기 때문입니다. "알 수 없음," 그것은 계몽된 인간의 모골마저 송연하게 합니다. 인간의 문명도 죽음과는 반대되는 방향으로 발전해 왔습니다. 인간의 역사에서 죽음의 영역을 찬란하게 간주한 문명이 있다면, 그것은 이집트 문명일 것입니다. 이집트의 피라미드는 영원한 죽음을 찬양하기 위해서 만들어진 것이지요. 그밖에 어떠한 문명도 죽음을 긍정적 대상으로 수용하여, 이를 즐거이 인지하려 하지는 않았습니다.

부스타의 시는 늙음을 묘사하지만, 근본적으로는 아무도 관심을 기울이지 않는 죽음의 문제를 다루고 있습니다. 늙으면, 우리의 외모는 추하게 변합니다. 그럼에도 이러한 외형적 추함을 대신해 주는 것은 사랑입니다. 시인은 다음과 같이 묘사합니다. 사랑하는 사람에게는 추한 모습도 그 자체 사랑스럽고 중요하다고 말입니다. 놀라운 것은 제2연에 나타난 늙은이의 심경입니다. "모든 상실은 이득이 되기고 하고/기억을 풍요롭게 해." 나이 마흔을 넘게 되면, 집착은 추해지고 버림이 아름답게 보입니다. 왜냐하면 지나간 찬란한 삶은 이제 아름다운 기억의 장으로 변하기 때문입니다. 놀라운 것은 마지막 문장입니다. "조심스러운 슬픔의 필터에서/우리는 추출해 내, 머무는 아름다움을." 덧없이 떠나는 낙엽, 애처로이 울부짖는 귀뚜라미 소리는 우리로 하여금 비애의 감정을 떠올리게 하지만, 그 자체 가을의 아름다운 흔적으로 자리하고 있지 않습니까?

MICHAEL BUSELMEIER
미하엘 부젤마이어

미하엘 부젤마이어는 하이델베르크를 대표하는 시인이다. 그는 1938년에 베를린에서 태어났으나, 하이델베르크에서 성장하였다. 하이델베르크 대학에서 독문학과 예술사를 공부한 다음 언론에 종사하면서 줄곧 작품을 발표해 왔다. 부젤마이어의 문학은 하이델베르크의 생태계가 파괴되고 있다는 사실을 집요하게 지적한다. 1981년에 발표된 산문집, 『하이델베르크의 몰락』, 그리고 2003년에 발표된 『암스테르담, 고통의 계획』 등은 도시에 관한 인상, 사건 등을 기술한 책이다. 부젤마이어는 하이델베르크에서 진보적 신문인 『코뮤날레』를 간행하고 있으며, 시집으로는 『어떤 무엇도 변화되지 않는다』(1978)가 있다.

예술

부끄러움 때문에 글을 쓴다,
게릴라가 되고 싶고
외과 의사, 영화 배우의 동반자
바그너의 트리스탄을 즐겨 부르고 싶다
우리 잠시 숨을 고르거나
80년대의 투쟁을 위해서
우리 잠깐 휴식을 취할까?
마지막 경험들
실제의 무엇을
보다 정확하게 바라보는 일
저기 나의 정치 그룹이 있다
나의 오랜 낯섦
접촉에 대한 두려움, 조심스럽게
특별한 낭비 없이 나를 내쫓은
대학 건물 주위를 들락거린다,
제발, 내가 간판이나
벽보를 읽는 동안에
어느 누구도 말 걸지 않기를 바란다
책방에서 신간 서적들을
순서대로 펼쳤다 덮는다
테오가 내 뒤를 따라온다
"내 장시 집어 들었지?

복사판은 가지고 있지 않아."
집에서 창문을 열고
클레멘스 브렌타노 전집에 묻은
먼지를 털어낸다
"모든 인간들이여, 얼굴에
땀 한 방울 없이 돈을 번다면,
너희는 약간 부끄러워해야 하리라"
균형을 잃는 것은
예술이 아니다
강하게 비가 내리는데도
딸을 자전거에 태운 채
저녁의 혼잡한 대도시 사이로 달린다.

Kunst

Ich schreibe aus Schüchternheit/ lieber wäre ich Guerillero/ Chirurg, Begleiter von Filmstars/ würde gern Wagners Tristan singen/ Halten wir gerade den Atem an/ oder holen wir Luft/ für die Kämpfe der achziger Jahre?/ Die letzten Erfahrungen/ ein genaueres Hinsehen/ auf Wirkliches/ da ist meine politische Gruppe/ meine alte Fremdheit/ Angst vor Berührung, vorsichtig bewege ich mich durch das Uni-Gebäude/ wo man mich rausgeworfen hat/ ohne besonderen Aufwand/ hoffentlich redet mich keiner an/ während ich die Aushänge/ und die Wandzeitungen lese/ Im Buchladen klappe

ich die Neuerscheinungen/ der Reihe nach auf und zu/ Theo
rennt hinter mir her/ "Hast du mein langes Gedicht
eingesteckt?/ ich habe keinen Durchschlag davon"/ Zu Hause
öffne ich das Fenster/ klopfte den Staub/ aus Clemens
Brentanos Gesammelten Werken/ "Alle Menschen, welche ihr
Brot/ nicht im Schweiß ihres Angesichts verdienen/ müssen
sich einigermaßen schämen"/ Das Gleichgewicht verlieren/ ist
keine Kunst/ Bei starkem Regen steuere ich/ meine Tochter
auf dem Fahrrad/ durch den abendlichen Großstadtverkehr.

질문
1. 부끄러움 때문에 시를 쓰는 이유는?
2. 나이 든 시인은 무엇을 위해서 대학 건물 주위를 들락거립니까?
3. "균형을 잃는 것은/예술이 아니다"에서 무엇에 대한 균형일까요?

해설
위의 시 「예술」은 작가의 사회 참여와 예술의 기능에 관한 성찰을 담고 있는 시 작품입니다. 부젤마이어 역시 학생 운동 세대로서 60년대 말에 정치적 데모에 가담하곤 하였습니다. 시인은 학생 운동의 실패에 커다란 환멸을 느꼈습니다. 젊은 지식인으로서 제대로 행동하지 못했다는 자책이 그로 하여금 글을 쓰게 했습니다. "우리 잠시 숨을 고르거나/80년대의 투쟁을 위해서/우리 잠깐 휴식을 취할까?/마지막 경험들/실제의 무엇을/보다 정확하게 바라보는 일" — 이러한 서술은 70년대에 작품 활동을 시작한 젊은 세대의 심경을 공통적으로 보여 주고 있습니다. 시인은 자신이 다니던 대학 주위를 거닙니다. 모든 것은 낯설 뿐입니다. 시인은 간판이나 벽보에 씌어진 글들을 읽습니다. 과거에 볼 수 있었던 거칠지만 신선한 구호들은 발견되지 않습니다. 이제 더 이상 베트남 전쟁, 학생 운동 등을 거론하지 않고 있습니다. 그렇지만 시적 자아는 지금까지 등한시했던 일상의 지엽적인 사물들에 관심을 기울입니다. 시인은 서점에서 신간 서적을 훑어봅니다. 그러나 질적으로 훌륭한 문학 작품은 베스트셀러 목록에 포함되어 있지 않습니다. 집으로 돌아와서, 브렌타노 전집에서 먼지를 닦아 냅니다. 과연 오늘날 훌륭하게 탁마된 작품들이 발표되고 있을까요?

"모든 인간들이여, 얼굴에/땀 한 방울 없이 돈을 번다면,/너희는 약간 부끄러워해야 하리라." 성서의 한 구절에 시인은 내심 수치심을 느낍니다. 자신이 글을 쓰게 된 것은 부끄러움 때문이었습니다. 비록 작은 힘이지만, 정의로운 세상을 만드는 데 동참하고 싶었습니다. 그러나 이러한 노력이 좌절되자, 시인은 집필을 통하여 자신의 가능성과 한계를 성찰하려고 했던 것입니다. 그렇지만 오늘날 기껏해야 동료 시인인 테오만이 자신의 시집을 구입하라고 은근히 독촉할 뿐입니다. 예술과 학문의 균형, 일상과 예술 사이의 균형을 잃지 않는 게 중요합니다. 오늘날 시인이 할 수 있는 모든 일은 반역하는 행위입니다. 비록 사소한 일이라도 다른 사람들과 유사하게 살아서는 안 된다고 시인은 생각합니다. 그렇기에 그는 비를 맞으면서, "딸을 자전거에 태운 채/저녁의 혼잡한 대도시 사이로" 달립니다.

VOLKER BRAUN

폴커 브라운

폴커 브라운은 동독에서 가장 이념적이고 비판적인 작가들 중 한 사람이었다. 그는 1939년에 드레스덴에서 태어났다. 동독에서는 노동자, 농민의 자제만이 아무 조건 없이 대학에 입학할 수 있었다. 그래서 브라운은 인쇄소에서 배관 설비 작업을 행하고, 탄광 기계들을 제조한 다음, 1960년에서 1964년까지 라이프치히 대학교에서 철학을 전공하였다. 1965년부터 베를린 앙상블에서 연출가로 일한 다음, 전업 작가가 되었다. 브라운은 1972년과 1977년 사이에 동베를린의 "독일 극장"의 연출가로, 다시 베를린 앙상블에서 연출가로 일하였다. 브라운은 동서독에서 중요한 문학상을 수상했는데, 여러 가지 마찰에도 불구하고 마지막까지 동독에 머물렀다. 공산주의의 유토피아적 이상과 현실 사회주의 사이의 간극은 더욱 커져갔고, 이는 작가의 주요 관심사로 작용했다. 따라서 80년대 동독의 출판사들은 그의 작품을 기꺼이 간행하려 하지 않았다. 1993년 브라운은 자신의 모든 작품을 『시간 순에 의한 텍스트들 Texte in zeitlicher Folge』이라는 제목으로 간행하였다.

소유물

난 여기 있는데, 내 나라는 서쪽으로 떠나네.
오두막에 전쟁을 왕궁에 평화를.
스스로 내 나라에 발길질한 셈이구나.
내 나라는 몸 던지고 초라한 휘장마저 버리네.
겨울에 이어 욕망의 여름이 뒤따르네.
물론 나도 멀리 떠나 상관하고 싶지 않아.
나의 모든 텍스트는 이해되지 않을 테지.
한 번도 지니지 못한 무엇이 내게서 빠져나가네.
살아보지 못한 무엇을 나는 영원히 기릴 테지.
희망은 마치 덫처럼 도중에 놓여 있었네.
너희의 발톱은 내 소유물을 낚아채었구나.
언제 다시 나의 것 하고 말하며 모든 걸 생각할까.

Das Eigentum

Da bin ich noch: mein Land geht in den Westen./ KRIEG DEN HÜTTEN FRIEDE DEN PALÄSTEN./ Ich selber habe ihm den Tritt versetzt./ Es wirft sich weg und seine magre Zierde./ Dem Winter folgt der Sommer der Begierde./ Und ich kann *bleiben wo der Pfeffer wächst.*/ Und unverständlich wird mein ganzer Text./ Was ich niemals besaß, wird mir entrissen./ Was ich nicht lebte, werd ich ewig missen./ Die Hoffnung lag im

Weg wie eine Falle./ Mein Eigentum, jetzt habt ihrs auf der Kralle./ Wann sag ich wieder *mein* und meine alle.

시어 설명 및 힌트

시의 제목은 처음에는 "나중의 외침Nachruf"이었는데, 나중에 「소유물」로 바뀌었다. 횔덜린은 송시 「나의 소유물Mein Eigentum」에서 자신의 노래를 "친밀한 피난처"로 애호했다면, 브라운은 자신의 "나라"를 "소유물"로 지칭하고 있다. 뷔히너의 「헤센 급사Die hessische Landbote」에는 "오두막에 평화를, 왕궁에 전쟁을"이라고 씌어져 있다. 셰익스피어의 「리처드 3세」에는 다음과 같은 구절이 있다. "이제 우리들의 불만의 겨울이 오는구나/요크의 태양으로 찬란했던 여름이 지나가고." 제6행을 직역하면 다음과 같다. "물론 나도 후추가 자라는 곳에 머물 수 있지." 이 행은 1990년 6월 22일 주간 신문 『디 차이트*Die Zeit*』에 실린 울리히 그라이너Ulrich Greiner의 다음과 같은 글에 대한 패러디이다. "현실 사회주의의 죽은 영혼은 후추가 자라는 곳에 머물라고 하라. 나는 이에 대해 상관하고 싶지 않으니까." 제10행의 희망은 "거짓된 대상을 사랑하다가 배신당한 자의 우울"로 이해할 수 있다.

질문

1. 시인은 나라를 잃은 심경을 피력합니다. 누구를 원망하고 있는가요? 제2행에서 찾아보세요.
2. 브레히트는 서독을 "아무에게나 몸 던지는 창녀"로 비유하고, 동독을 "경직된 마귀할멈"에 비유하였습니다. 이와 관련

하여 "욕망의 여름"은 무엇을 암시할까요?
3. 맨 마지막 행을 설명해 보세요.

해설

폴커 브라운은 동독 작가 가운데에서 사상적으로 가장 강직한 입장을 피력했습니다. 그렇기에 1989년 베를린 장벽이 무너졌을 때 이를 가장 아쉬워한 지식인은 볼프 비어만과 폴커 브라운이었습니다. 그들은 민주적 사회주의의 삶을 한 번도 눈앞에서 체험하지 못했던 것입니다. "개혁(페레스트로이카)"의 요구는 "개방(글라스노스트)"의 압력에 주저앉고 만 것이었습니다. 이는 무엇보다도 동독의 정책에 대한 동독 소시민들의 불만에 기인하는 것이었습니다. 많은 동독인들이 나라를 떠나 체코와 헝가리의 자국 대사관에서 연좌 농성을 벌인 뒤에 서독으로 출국하게 된 사건이 화근이었습니다. 이로써 28년 동안 존속된 베를린 장벽은 마치 봇물 터지듯이 순식간에 무너지고 밀있습니다. 조금만 더 기다리고 동독의 민주화를 이룩하자는 지식인들의 요구 사항은 동독 시민들을 설득시키지 못했습니다. 사회주의는 공산주의로 향하는 과도기의 체제로 이해되어야 마땅했지만, 권력자들은 이를 정치적으로 이용해 왔습니다. 그렇기에 공산주의에 대한 희망은 인민들에게 오랫동안 하나의 "덫"으로 작용했는지 모릅니다. 사람들은 완전한 미래를 위해서 불완전한 현실적 문제들을 외면해 왔습니다. 미래의 찬란함이 가장 중요했으므로, 당면한 일상적 난관을 사소한 것으로 치부해 버렸던 것입니다. 문제는 사람들이 한 번도 제대로 시도해 보지도 못하고, 한 번도 제대로 살아보지도 못한 채 사회주의로부터 등을 돌린 데 있습니다. 시인은 피를 토하면서 외칩니다, "언제" 우리는 "다시 나의 것 하고 말하며 모든 걸 생각할까" 하고. 호르스트 돔다이 Horst Domdey는 맨 마지막 구절을 비판하며, 이를 어떤 사회주의 공동체의 거대한 성찬식에 대한 갈망이라고 해석하기도 하였습니다.

노동청에 있는 몸젠

모래, 그건 내 흔적이야,
노동청에서. 어떤 일에 관한 것일까?
역사, 여자. 난 그것들을 모두 놓쳤어
너무 많은 사건이 발생했어, 한탄할 수 없어.
역사가 모래 속으로 들어가서
나의 잉크 손가락 사이로 흘러내린다.
콘크리트 장벽 또한 산산조각 나 있어,
할 일이 참 많을 텐데, 달리 기록하는 일이.
전쟁이 한창 진행되는 동안에, 볼셰-
비키를 위한 600억 제국 마르크, 그러나
고르바초프 동지는 다시 지불한다,
동독 마르크로, 값 떨어진 화폐가 나라의
사람들에게 지급된다. 누가 서술할 수 있을까.
일자리를 잃어버린 학자는 일자리를 지닌
학자에게 무엇을 말할 것인가?

데친 소시지 하나 주세요라고. 역사는
당신 알겠지, 익살을 떤다, 그래서 나는
거기다 겨자를 바른다. 무언가 부족해지면
그대는 세 번째 것을 얻으려 줄 선다,
그러면 첫째와 마지막이 남아 있다.
그 하나는 사랑이다,
여기 회사에 빈자리 하나 있으면,
당신 일부러 수고하지 마세요, 내가 일에 관해 말하는가?
그밖에 역사는 위 아래 계층 사람들의
두터운 물건이다.
계층들은 차곡차곡 쌓여 있고, 상승했다가
비난당한다. 균열, 동굴. 그래.
나도 삽질해 보았어, 상처 입은 손톱으로
우리는 헤집었다고 믿어, 지층 속, 다시 말해
모래 속에서, 도저히 감당할 수 없을 때까지
표어는 너무 높이 걸려 있고. 날씨는 그걸 씻어버리지
그대는 더 이상 읽을 수 없어
모든 글씨는 허공 속, 혹은 포만 속으로
번져버렸다. 다른 하나는 죽음이다.
이게 지층에 관한 말이야. 모래 폭풍인가? ―
문 닫아. 당신, 밖에서 기다리세요.

Mommsen im Arbeitsamt

Sand, ist das meine Spur/ Im Arbeitsamt. Von was für einer

Arbeit:/ Geschichte, Frau. Ich bin sie los/ Es ist zu viel geschehn, ich kann nicht klagen./ Die Geschichte in den Sand gesetzt/ Und rinnt durch meine Tintenfinger./ Die Mauer auch, Beton, zerbröckelt ist sie./ Da gäb es viel zu tun: sie umzuschreiben./ 60 Milliarden Reichsmark für die Bolsche-/ Wiki mitten im Weltkrieg, aber/ Genosse Gorbatschow zahlt es zurück/ In Mark der DDR, die schwache Währung/ An Land und Leuten. Wer das schreiben könnt./ Was sagt ein arbeitsloser Akademiker/ Zum Akademiker, der Arbeit hat?/ Eine Bockwurst bitte. Die Geschichte/ Sehn Sie, reißt Witze, und ich gebe/ Den Senf dazu. Was wenn sie knapp wird/ Und du anstehst für die dritte Sache/ Dann bleibt dir nur die erste oder letzte./ Das eine ist die Liebe/ Falls eine Stelle frei ist hier bei Ihnen/ Bemühen Sie sich nicht, red ich von Arbeit?/ Übrigens die Geschichte ist ein dickes/ Ding aus Schichten oben unten/ Die liegen übereinander, steigen auf/ Und werden verworfen. Risse, Gruben. Ja:/ Geschaufelt hab ich auch, mit wunden Pfoten/ Wir wühlten, glaub ich, in der Formation/ D. h. dem Sand, bis man auf Granit beißt/ Die Losung hängt zu hoch, das Wetter wäscht sie/ Du kannst sie nicht mehr lesen/ Alles läuft auseinander und ins Leere/ Bzw. Volle. Das andre ist der Tod./ Soviel zu dem Massiv. Ist das ein Sandsturm? -/ Türe zu. Warten Sie draußen.

질문

1. 몸젠이 노동청에서 무엇을 기다리고 있는가요?
2. "역사가 모래 속으로 들어가서/나의 잉크 손가락 사이로 흘러내린다."에서 모래가 상징하는 바는 무엇입니까?
3. 다음의 시구는 무엇을 암시합니까? "계층들은 차곡차곡 쌓여 있고, 상승했다가/비난당한다. 균열, 동굴. 그래."
4. "표어는 너무 높이 걸려 있고"에서 표어는 무엇을 가리킵니까?

해설

하이너 뮐러는 장시 「몸젠의 블록」에서 사회주의 이상이 사라진 통일된 독일에서 자신이 어째서 절필해야 하는가? 하는 문제를 투영하였습니다. 위대한 역사가 테오도르 몸젠의 불멸의 작품 『로마사』 제5권, "황제 시대에 관한 역사"는 결본으로 남아 있습니다. 왜 그는 이것을 끝내 완성하지 않았을까요? 그는 다른 역사가들처럼 "네로가 집권하던 때는 로마 시대에서 가장 행복한 시기였다"고 기술하고 싶지 않았습니다. 그렇게 쓰는 것 자체가 프로이센의 황제를 간접적으로 칭송하는 것이라고 판단했습니다.

이에 비하면 브라운의 상기한 시는 몸젠의 구체적 삶과 학문 행위를 추적하지는 않습니다. 몸젠은 오늘날 거의 영향력을 상실한, 가난한 학자와 지식인의 전형으로 그려져 있습니다. 물질 만능 사회에서 정의와 학문은 거의 불필요하게 보입니다. 사회주의의 이상도 이제는 사라지고 없습니다. 역사적 사실을 말해 주는 모든 사실들은 산산조각이 나서 "모래"가 되었습니다. 브라운은 아마도 다음의 사실을 암시하려 했는지 모릅니다. 지식과 지식인의 측면에서 고찰할 때 소련은 독일로부터 사상적 자양을 습득했지만, 나중에 그것을 독일에 베풀지 못했다는 사실 말입니다. 고르바초프의 "개혁"과 "개방"은 결국 사회주의 국가들의 몰락으로 이어졌습니다. 실제로 통일된 독일에서 수많은 사회과학자들은 대학을 떠나야 했습니다. 학생들은 취직을 잘 할 수 있는 학과의 과목을 배우려고 했으므로, 순수 인문과학 교수들은 사표를 제출해야 했던 것입니다. 역사가 몸젠도 실업자가 되어 있습니다. 이제 그는 노동청에 가서 실업 수당 및 구직 가능성을 탐색해야 합니다.

노동청 민원실의 의자에 앉아서 그는 생각에 잠깁니다. "역사란 위 아래 계층 사람들의/두터운 물건이다." 그러나 역사는 이제 산산조각이 나서, 고위층과 일반 사람들의 처지가 뒤바뀌게 됩니다. 사람들은 "상처 입은 손톱으로" 여러 곳, 가령 "모래 속"을 헤집어 봅니다. 더 이상 하늘이 보이지 않습니다. 모든 사람들이 "자본주의 체제 내에서 배부른 두더지"가 되어버린 것입니다. 인간 삶의 이상에 관한 "표어는 너무 높이 걸려 있고" 사람들은 이것을 더 이상 읽을 수 없습니다. 그 이유는 모든 글씨가 "허공 속, 혹은 포만 속으로" 번져 버렸기 때문입니다(Haugk 2004: 18).

역사는 우리에게 다음의 사실을 가르쳐줍니다. 수많은 학자와 지식인들이 당대에 어렵게 살면서, 그들 나름대로의 지혜를 남겼다는 것을. 만약 세상이 이러한 역사에 대해 더 이상 주의를 기울이지 않으면, 어떻게 될까요? 역사적 진리를 추구하는 작업이 제대로 수행되지 않는다면, 인간 삶은 다시 야만으로 돌아가게 될까요? 이러한 물음을 고려할 때 브라운의 시는 뮐러의 시보다도 더욱 참담하게 우리의 귀에 울려 퍼집니다. 뮐러는 유토피아 부재의 시대의 문학과 문학인의 죽음을 슬프게 노래하였지만, 브라운은 학문과 지식의 죽음을 처절하게 노래하지 않습니까? 문제는 브라운이 지적하는 내용이 모두 거짓되지 않다는 데 있습니다. 돼지는 항상 살찌고, 배고픈 소크라테스에게는 "데친 소시지 하나"조차 제대로 주어지지 않습니다. 따라서 브라운의 시는 궁극적으로 우리에게 다음과 같이 묻습니다. 과연 어떻게 하면 학자가 제대로 대접받는 시대가 도래할 수 있는가? 하고 말입니다.

BERTOLT BRECHT

베르톨트 브레히트

베르톨트 브레히트는 1898년에 아욱스부르크에서 태어나 1956년 동베를린에서 사망하였다. 어린 시절 부유한 가정에서 자란 그는 제1차 세계대전 동안 아욱스부르크에서 위생 보조원으로 일하였다. 1917년 브레히트는 뮌헨 대학에서 자연과학과 의학을 공부하다가, 극작품을 발표하며 작가의 길을 걷기 시작했다. 1924년 베를린으로 이주하여, 그곳에서 카를 추크마이어와 함께 막스 라인하르트의 독일 극장에서 일하였다. 1926년 이후로 서사극을 발전시켰다. 1933년 나치가 권력을 차지했을 때, 브레히트는 덴마크에 있는 스벤드보르로 망명하였다. 1939년 독일군이 진입하기 직전에 그는 핀란드로 망명하였고, 1941년 모스크바, 블라디보스토크를 거쳐 미국의 산타모니카로 향하였다. 1947년 공산주의자라는 혐의로 심문을 당한 직후에 브레히트는 취리히로 이주하였다. 공산주의 혐의로 서독 입국을 거부당한 그는 1949년 체코를 경유하여 동독으로 입국하였다. 그곳에서 그는 헬레네 바이겔과 함께 '베를린 앙상블'을 창단하였다. 1950년 이후로 브레히트는 죽을 때까지 동독을 고향으로 여기지 않고, 오스트리아 여권을 소지하며 지냈다.

기분 나쁜 아침

이곳의 잘 알려진 아름다운 은백양 나무
오늘 따라 늙은 요부. 호수
하나의 늪 구정물, 휘젓지 마시오!
금어초 사이의 푹시아 꽃 천박하고 공허하다.
왜?
어젯밤 꿈속에서 나를 가리키는 손가락들을 보았다,
마치 문둥이 한 명을 손가락질 하듯. 그것들은 닳아 있었고
부서져 있었다.

아무것도 모르는 자들! 하고 나는 외쳤다
죄의식에 사로잡힌 채.

Böser Morgen

　Die Silberpappeln, eine ortsbekannte Schönheit/ Heut eine alte Vettel. Der See/ Eine Lache Abwaschwasser, nicht rühren!/ Die Fuchsien unter dem Löwenmaul billig und eitel./ Warum?/ Heut nacht im Traum sah ich Finger, auf mich deutend/ Wie auf einen Aussätzigen. Sie waren zerarbeitet und/ Sie waren gebrochen.// Unwissende! schrie ich/ Schuldbewußt.

질문

1. 금어초 사이의 푹시아 꽃은 무엇을 상징하는 것일까요?
2. 두 번째 연에서 브레히트는 죄의식 외에도 어떠한 심경을 드러내고 있습니까?

해설

「기분 나쁜 아침」은 1953년 동베를린에서 일어난 노동자들의 데모와 무관하지 않습니다. 이 시는 두 연으로 이루어져 있습니다. 제1연 1행부터 4행까지에는 동사가 생략되어 있습니다. 이로써 제1연의 앞부분은 시인의 순간적 느낌을 반영합니다. 제1연은 5행 "왜?"를 축으로 하여 두 부분으로 나누어집니다. 브레히트는 동독이 건설될 무렵, 새로 탄생하는 동쪽의 사회주의 국가를 "젊은 매춘부"로 규정했습니다. 왜냐면 동독은 히틀러의 패배로 인해 양대 이데올로기 사이에서 어부지리로 탄생한 분단국가로서, 언제나 소련에 추파를 던져야 했으니까 말입니다. 이에 비해 서독은 브레히트의 눈에 "파시즘으로 무장한 창백한 모친"으로 보였습니다.

만약 누군가 구정물을 휘저으면, 파시즘의 똥물이 호수 전체를 오염시킬 게 분명합니다. 이는 당시의 정치적 상황과 관련시킬 때 명확해집니다. 그렇다면 "금어초 사이의 푹시아 꽃 천박하고 공허하다."는 어떻게 이해할 수 있을까요? 왜 브레히트가 나중에 이 대목을 첨가했을까요? 금어초는 독일어로 "Löwenmaul"이며, 푹시아 꽃은 "Fuchsien"입니다. 두 단어 속에는 동물을 규정하는 단어가 감추어져 있습니다. "Löwe"는 독일어로 사자를, "Fuchs"는 여우를 지칭하지 않나요? 주지하다시피 사자는 용맹스럽고 품

위 있는 동물이고, 여우는 영리하고 꾀 많지만 때로는 변절하는 동물로 비유됩니다. 사자가 권력을 지닌 인간군이라면, 여우는 지식인 계층으로 이해할 수 있습니다. "금어초 사이의 푹시아 꽃"이란 표현은 권력자들의 눈치만 보는 어용 지식인일 수 있습니다. 노동자들의 손가락이 "부서"지고 "닳"은 것은 사회주의 체제 내에서도 소외된 노동을 체험하는 계층이 있다는 점을 시사합니다. 손가락이 부서진 것은 힘든 노동 때문이기도 하지만, (두 주먹을 불끈 쥐며) 하나의 세력을 규합할 수 없다는 의미를 지닙니다. 당시 브레히트는 동독의 노동자 세력을 무기력하다고 판단했습니다. 어쩌면 노동자들의 입장에서 볼 때 브레히트는 전혀 도움이 되지 않는 먹물 내지는 "문둥이"에 불과한 반면에, 시인의 입장에서 볼 때 노동자 계급은 (최소한 당시 상황을 고려할 때) "가장 타락한 상태의 계급"이었습니다. 따라서 노동자 계급은 "아무것도 모르는 자들"로 이루어져 있었는데, 그것은 무지無知 때문이라기보다는 바른 정보를 입수하지 못했기 때문이므로, 나중에 악용당하리라는 점을 스스로 깨닫지 못했던 것입니다.

바퀴 갈아 끼우기

나는 길가에 앉아 있고
운전기사는 바퀴를 갈아 끼운다.
이리 온 길을 나는 좋아하지 않는다.

가야 할 길을 나는 좋아하지 않는다.
왜 나는 바퀴 갈아 끼우는 것을
초조하게 바라보는가?

Der Radwechsel

Ich sitze am Straßenrand/ Der Fahrer wechselt das Rad./ Ich bin nicht gern, wo ich herkomme./ Ich bin nicht gern, wo ich hinfahre./ Warum sehe ich den Radwechsel/ Mit Ungeduld?

질문

1. 망명 시기에 브레히트가 처했던 상황을 고려한다면, 이 시는 어떻게 해석할 수 있습니까?
2. 1953년 동독의 노동자 데모를 고려한다면, 시적 주제는 무엇입니까?

해설

원래 브레히트는 1행에서 '비탈길'을 사용했는데, 나중에 "길가"라는 단어로 바꾸어 썼다고 합니다. 만약 '비탈길'을 사용하게 되면, 평탄하지 않은 과정, 즉 혁명 이전의 시기를 연상하게 되니까요. 이렇게 시어를 바꾼 것은 수수방관자 취급을 당하는 '나'를 강조하려 했기 때문입니다. 3행과 4행을 읽으면서 "파시즘"과 "사회주의"의 이행 과정을 유추한다면, 본래의 주제는 약화될지 모릅니다. 물론 제목부터 「바퀴 갈아 끼우기」이므로, 당신은 어떤 사회 체제의 변화를 떠올릴 것입니다. 그런데 이 시에서는 변화 그 자체가 중요한 것 같습니다. 변증법에 가치를 두는 사람은 주어진 상황이 바로 변화의 과정이고, 현재가 바로 과도기라고 말합니다. 독문학자인 히벨Hiebel의 견해에 의하면, "초조하게"라는 단어 속에는 미래에 대한 브레히트의 세계관이 담겨 있다고 합니다. 실제로 시인이, 히벨의 말대로, 동독 및 소련의 기존 사회주의에 대해 비판적 입장을 표현한 것은 사실입니다(Hiebel 2006A: 302). 다시 말해, 브레히트는 역사 결정론에 대한 엥겔스의 입장을 비판했습니다. 그렇다고 해서 그가 이른바 블로흐 식의 "비독단적인 마르크스주의"에 대한 회의감을 표현했을까요? 이에 대해서 우리는 차제에 학문적으로 깊이 천착해야 할 것입니다. 과연 브레히트가, 쿠네르트Kunert가 주장한 대로, 독일인들의 사회주의 전체를 비아냥거리려고 시도했을까요(Kunert 85: 66)?

「바퀴 갈아 끼우기」에 나타난 상황은 1953년 동베를린 노동자 데모와 직결됩니다. 3행부터 6행까지의 발언은 분명히 모순적입니다. 시인은 예나 지금이나 간에 주어진 사회 형태 및 정치 구조를 탐탁하게 여기지 않습니다. 그럼에도 불구하고 그는 초조감을 느끼고 있습니다. 브레히트는 민중의 의지가 정책에 완전히 반영되는 것을 정치의 가장 바람직한 구도라고 간주하였습니다. 그러나 실제로는 민중과 일부 지식인들의 견해는 53년을 전후한 동독 사회에서 경제 및 문화 정책에 조금도 반영되지 않았습니다. 6행에서 시인은 자신의 태도를 비판함으로써, 독자에게 시대 비판적 설득력을 생생하게 보여 줍니다.

어느 젊은 여자에게서 발견한 무엇

어느 아침의 담담한 작별, 문과 문지방 사이에
서 있는 어느 여자, 냉담하게 바라보았다.
그때 나는 보았다, 그미의 머리칼이 잿빛임을.
더 이상 그미를 떠나려고 작심할 수 없었다.

말없이 그미의 젖가슴을 만졌다. 밤손님인 내가
밤을 보낸 뒤에 어째서 떠나려 하지 않느냐고
그미는 물었다, 그렇게 생각했는지도 몰라
그미를 똑바로 쳐다보면서, 말을 던졌다.

그게 하루 밤이라면, 좀 더 머물려고 해
너의 시간을 활용해 봐, 그렇게 우두커니
문과 문지방 사이에 서 있는 게 나쁘지 않니.

좀 더 빨리 많은 대화를 나누도록 해
네가 언젠가는 죽는다는 걸 잊고 있잖아.
욕망으로 내 목소리가 턱턱 막히고 있었다.

Entdeckung an einer jungen Frau

Des Morgens nüchterner Abschied, eine Frau/ Kühl
zwischen Tür und Angel, kühl besehn./ Da sah ich: eine Strähn

in ihrem Haar war grau/ Ich konnt mich nicht entschließen mehr zu gehn.// Stumm nahm ich ihre Brust, und als sie fragte/ Warum ich Nachtgast nach Verlauf der Nacht/ Nicht gehen wolle, denn so war's gedacht/ Sah ich sie unumwunden an und sagte:// Ist's nur noch eine Nacht, will ich noch bleiben/ Doch nütze deine Zeit; das ist das Schlimme/ Daß du so zwischen Tür und Angel stehst.// Und laß uns die Gespräche rascher treiben/ Denn wir vergaßen ganz, daß du vergehst./ Und es verschlug Begierde mir die Stimme.

질문
1. 브레히트의 연애시는 전통적 애정관에 대해 어떠한 태도를 취하고 있는가요?
2. "잿빛" 머리칼은 무엇을 시사해 줍니까?
3. 시적 자아가 젊은 여자에게서 궁극적으로 발견한 것은 무엇인가요?

해설
인간은 사랑의 관계 속에서 대체로 이기적 태도를 취합니다. 이타적 사랑이 일상사에서 가끔 우리의 뒤통수를 때리는 까닭은 무엇일까요? 완전한 사랑을 베푸는 행위는 완전한 사랑을 받는 행위와 동시에 이루어질 수 없기 때문입니다. 사랑의 크기는 사랑하는 두 사람의 관계 속에서 서로 비교되지 않습니까?

브레히트의 시는 전통적 애정관과 위배되는 내용을 보여 줍니다. 혹자는 그의 시를 읽고 불쾌하게 생각할지 모릅니다. 그렇지만 브레히트의 시편들은 인간의 욕망 속에 도사리고 있는 심원한 의미를 도출해 내고 있습니다. 위의 시는 하룻밤 살을 섞은 이후에 시적 자아가 느낀 사랑의 감정을 서술하고 있습니다. 등장인물은 서로에게 부담을 주지 않은 채 그냥 즐기고 헤어지는 사이입니다. 틀림없이 남자는 여자에게 화대를 지불했을 것입니다. 남자는 아침에 여자의 존재를 인지합니다. 그미의 잿빛 머리카락이 눈에 뜨입니다. 저녁에 본 그미의 젊은 얼굴과 고혹적인 몸매는 남자의 성욕을 자극했지만, 아침에 본 흰머리는 나이 듦을 의식케 하는, 사랑의 만남을 핵심적으로 표현해 주는 매개체로 작용합니다. 그렇습니다, 인간은 시간이 흐르면 죽습니다. 바로 이 생생한 체험이야말로 남자의 마음속에 그미에 대한 애정을 부추깁니다.

화무십일홍花無十日紅이라, 여성의 아름다움과 청춘은 시간의 흐름 속에 사라집니다. 그미의 여성성, 흰머리, 젖가슴, 말씨 등은 그 자체 "죽음의 가시"를 암시합니다. 누가 말했던가요, 성적 결합은 언제나 떨어져 살아가는 암컷과 수컷의 일시적 행복감으로서, 나중에 타나토스의 영원으로 이어진다고? 이를 의식하는 순간 남자는 자신의 삶 역시 영원하지 않으리라는 것을 감지합니다. 자신 역시 언젠가는 사멸할 것입니다. 사멸과 죽음을 의식하고 상대방의 존재가 "발견"되는 바로 그 순간, 남자의 마음속에서 무언가 솟아오릅니다. 인간적 사랑의 슬프고도 아쉬운 감정, 바로 그것입니다.

나중에 널 뒤따라 떠났을 때

나중에 널 뒤따라 떠났을 때
바로 그 위대한 오늘
세상에 눈을 떴을 때 내게는
우스운 사람들만 보였네.

그날 저녁이 지난 뒤부터
뭘 말하려는지, 넌 짐작하겠지
나의 입술은 더욱 아름답고 나의
다리는 더욱 날씬하게 보였지.

그렇게 느낀 뒤부터, 나무와
관목과 들판은 더욱 푸르고
내 알몸에 물을 끼얹을 때마다
그건 더 시원하게 느껴지고.

Als ich nachher von dir ging

Als ich nachher von dir ging/ An dem großen Heute/ Sah ich, als ich sehn anfing/ Lauter lustige Leute.// Und seit jener Abendstund/ Weißt schon, die ich meine/ Hab ich einen schöneren Mund/ Und geschicktere Beine.// Grüner ist, seit ich so fühl/ Baum und Strauch und Wiese/ Und das Wasser schöner kühl/ Wenn ich's auf mich gieße.

질문
1. 시적 자아가 여자라는 사실을 시사하는 단어는 무엇입니까?
2. "그날 저녁"에 무슨 일이 일어났을까요?
3. 만약 시적 자아가 한국 처녀라면, "위대한 오늘" 이후로 그런 식의 즐거움을 느낄까요?

해설
위의 시는 1950년 작곡가 파울 드소Paul Dessau를 위해 씌어졌는데, 연작시 「네 편의 연애시」로 발표되었습니다. 이 작품은 1953년 기타 반주로 처음 발표되었으며, 협주곡의 프로그램 책자에 실렸습니다. 브레히트는 이 작품에다 "어느 사랑하는 여자의 노래"라는 제목을 달았습니다.

작품에서 처녀는 "그날 저녁"에 무언가를 체험합니다. 이러한 체험은 시각조차 변화시킵니다. 그미의 눈에 사람들이 우스꽝스럽게 비치기 시작한 것입니다. 그렇다면 그날 저녁에 무슨 일이 벌어진 것일까요? 처녀는 이에 관해 발설하지 않습니다. 발설한다는 것 자체가 껄끄러운 일이기 때문입니다. "뭘 말하려는지, 넌 짐작하겠지." 이때의 체험은 너무나 큰 것이었으므로, 주위의 사물 어느 것도 그미의 눈에 띄지 않았습니다. 그를 "뒤따라" 그곳을 떠났을 때, 그제야 비로소 모든 것이 정확히 보이기 시작합니다.

두 연인은 침대에 있었을까요? 그럴지 모릅니다. 그러나 두 사람의 살 섞기는 그미에게 일상적인 일은 아니었습니다. 그것은 어떤 새로운 놀라움이었습니다. 그렇기에 "오늘"이 그미에게 "위대한" 날로 기억되는 게 아닐까요? 처녀는 "그날 저녁"에 자신의 처녀성을 상실합니다. "처녀성 상실"이라는 표현 자체는 진부하게 들리므로, 달리 표현해 봅시다. 그미는 그날 저녁에 사랑하는 임에게 자신의 순결을 바칩니다. 첫 경험은 마치 "꽃이 꺾이는" 것과 같습니다(Reich-Ranicki 2000: 235).

그렇지만 첫 경험은 "상실"과는 정반대되는 결과를 낳습니다. 처녀는 자신의 아름다움을 상실하기는커녕, 찬란하게 만개하지 않습니까? 작품에서 그미는 스스로 그렇게 느낍니다. 세상을 바라보는 시각 자체가 변화된 것입니다. 이제 우스운 사람들이 분명히 인지되고, 주위의 자연은 초록을 뿜냅니다. 자신감 역시 강화되고 있습니다. 그미는 자신의 "입술"이 옛날보다 더욱 아름다우며, 자신의 "다리"가 날씬하다는 사실을 깨닫습니다. 사랑의 경험과 이로 인한 감정은 인간의 심리 상태를 놀라울 정도로 변화시키고, 인식 능력마저 바꾸어놓습니다. 이 시를 쓸 무렵 브레히트의 나이는 52세였습니다. 성숙한 시기의 시인, 그러나 그는 여전히 청춘을 사랑하는 한 남자였습니다.

ROLF DIETER BRINKMANN

롤프 디터 브링크만

롤프 디터 브링크만은 1940년에 올덴부르크 근처의 베히타에서 태어났다. 그는 아비투어를 취득한 다음 쾰른 교육대학을 다니다가 대학 수업을 포기하고, 서적 판매상으로 살아갔다. 1964년에 결혼하였으며, 1975년에 런던에서 교통사고로 사망할 때까지 줄곧 쾰른에서 거주하였다. 브링크만은 60년대 초에 시를 쓰기 시작하여, 콜라주 작업을 하며 방송극과 소설 등을 집필하였다. 그에게 영향을 끼친 것은 프랑스의 누보로망 작가 로브그리예였으며, 미국의 팝 음악이었다. 브링크만은 재즈뿐 아니라, "도어스Doors"와 "롤링스톤즈Rolling Stones" 등의 음악을 즐겼다. 브링크만의 문학적 소재는 ― 68 학생 운동에 참여했던 젊은이들의 생활 습관과 세계관을 대변하기라도 하듯이 ― 섹스, 마약 그리고 로큰롤이었다. 그는 1975년 영국에서 교통사고로 사망하였다. 우측 통행의 교통질서 하나가 재능 있는 시인의 목숨을 앗아가고 말았다.

슈퍼마켓의 자화상
디터 벨러스호프를 위하여

어느
거대한
유리창 속에서 슈퍼

마켓의 나는 자신을
만난다, 난 어떠한가.

정확한 충격을
기대한 건 아니었는데
충격은 그럼에도

나에게 적중한다. 계속 걷는다,

어느 밋밋한 벽 앞에서
더 이상 알지 못할 때
까지.

분명히 누군가
나중에 그곳에서 날

데리고 가겠지.

Selbstbildnis im Supermarkt: für Dieter Wellershoff

In einer/ großen/ Fensterscheibe des Super-// markts komme ich mir selbst/ entgegen, wie ich bin.// Der Schlag, der trifft, ist/ nicht der erwartete Schlag/ aber der Schlag trifft mich// trotzdem. Und ich geh weiter// bis ich vor einer kahlen/ Wand steh und nicht mehr weiter/ weiß.// Dort holt mich später dann/ sicher jemand// ab.

질문
1. 당신은 백화점에서 스스로 상품이라고 느껴 본 적이 있습니까?
2. 맨 마지막 문장을 알기 쉽게 설명해 보세요.

해설
위의 시는 1968년에 발표된 것입니다. 나는 얼마짜리 상품일까요? 슈퍼마켓의 상품에는 가격표가 매겨져 있습니다. 자본주의 사회에서 상표를 달고 있는 것은 비단 물건만은 아닙니다. 어쩌면 우리 모두 보이지 않는 가격표를 달고 생활하고 있는지 모릅니다. 누가 나를 구매할까요? 반대로 나는 누구를 구매하려고 할까요? 사업상 만나는 사람들은 과연 나의 친구인가요, 나의 적인가요? 그게 아니라면 내가 활용할 수 있는 도구인가요, 재활용할 수 있는 상품인가요? 우연히 슈퍼마켓의 거울에 시인의 얼굴이 비칩니다. 과연 나는 재화라는 시계의 거대한 움직임 속에서 어떻게 태엽처럼 감겨져 있을까요? 누가 나를 비밀리에 칭칭 감고 있을까요? 내가 행하는 모든 행동은 과연 자발적인 의도에서 비롯한 것일까요? "나는 계속" 걷습니다. 어느 밋밋한 벽 앞에서 일순 나 자신이 자유인이 아니라고 생각합니다. 고유한 나는 상품으로서의 나에 의해 정복당해 있습니다. 마지막 구절에서 시인의 기발한 발상이 돋보입니다. "분명히 누군가/나중에 그곳에서 날// 데리고 가겠지." "나"는 이렇게 말하며 쓴웃음을 짓습니다. 왜냐하면 사람들이 데리고 가는 나는 고유한 나 자신이 아니라, 상품으로서의 "나"이기 때문입니다.

  브링크만의 시는 미국의 전위주의 시인, 앨런 긴스버그Allen Ginsberg의 시 「캘리포니아의 어느 슈퍼마켓A Supermarket in California」에서 착안한 작품입니다. 긴스버그는 메마른 자본주의의 일상에서 시인 월트 휘트먼을 등장시켜서, 소비 사회의 냉혹함을 비아냥거리고 있습니다. "월트 휘트먼, 우리는 어디로 갈까/한 시간 후면 이곳 문은 닫히는데/오늘 저녁 그대의 수염은 어느 방향을 보여 줄까?" 긴스버그의 시 작품은 팝 음악으로 발표되었는데, 브링크만이 이를 듣고, 이 작품을 패러디하였습니다.

오렌지 주스 기계는

돌고 있어 & 그 바텐더가 처음에
차가운 차 한 잔 마시는 어느 처녀의
맨살을 힐끔 쳐다보는 건

좋은 일이야. "여기 아주
무덥지요?" 하고 묻는다, 그건 주위의
분위기를 띄우는 질문이지,

아니면 뭘까? 처녀는 억센 육체를
지녔어. 그미는 자신의 팔을
뻗어서, 잔을 유리 판 위에

다시 얹어놓는 순간
땀난 겨드랑이에서 까만 털의
얼룩이 보여. 그건 공간을

순간적으로 변화시키지만, 생각을
바꾸게 하진 않아. 그리고 모두
바라봐. 그미가 이러한 방식으로

율동을 즐기는 모습을, 그러면 바텐더는
오랜 휴식 다음에 박자를
두드려. 오로지 언제나

그러하듯이, 선풍기 돌아가는 소리만
들었던 시간, 아니면 대체로 지금
이 낮 시간 동안에.

Die Orangensaftmaschine

dreht sich & Es ist gut, daß Barmann/ zuerst auf die nackten Stellen eines/ Mädchens schaut, das ein Glas kalten// Tees trinkt. "Ist hier sehr heiß,/ nicht?" sagt er, eine Frage, die/ den Raum etwas dekoriert,// was sonst? Sie hat einen kräftigen/ Körper, und als sie den Arm/ ausstreckt, das Glas auf// die Glasplatte zurückstellt,/ einen schwitzenden, haarigen/ Fleck unterm Arm, was den Raum// einen Moment lang verändert, die/ Gedanken nicht. Und jeder sieht, daß/ ihr's Spaß macht, sich zu bewegen// auf diese Art, was den Barmann/ auf Trab bringt nach einer langen/ Pause, in der nur der Ventilator// zu hören gewesen ist wie/ immer, oder meistens, um/ diese Tageszeit.

질문

1. 시적 배경이 로마임을 암시해 주는 시어는?
2. 무료함과 짜릿함은 브링크만 문학의 특징입니다. 두 요소를 위의 시에서 찾으세요.

해설

브링크만은 1973년 후반 로마 체류 시에 이 시를 집필하여, 이듬해 미국 텍사스에서 수정에 수정을 거듭했습니다. 시의 행과 연은 형식적인 면에서 문장의 구분 없이 끊기고 있습니다. 이로써 시인은 어떤 긴장의 순간을 무엇보다 강조하려 했는지 모릅니다. 맨 처음 기계(오렌지 주스)는 맨 끝의 기계(선풍기)로 이어집니다. 두 개의 기계는 시에서 어떤 틀처럼 작용하지만, 그 자체 어떤 특별한 의미를 지니지는 않습니다. 그것을 기계 문명에 대한 비판으로 이해할 수는 없습니다. 기계들은 일상 속에서 그냥 존재하고 있습니다. 일상 삶이 무료하게 이어지듯이, 기계 역시 아무 뜻 없이 움직입니다. 말하자면 "오렌지 주스 기계는" 그냥 "돌고" 있습니다.

인간의 삶이 마치 선풍기처럼 돌아가듯이, 주스 기계 역시 회전하고 있습니다. 오렌지 주스 기계는 최소한 시적 공간이 어딘지를 독자에게 전해 줍니다. 우리는 이로써 주어진 "공간"이 가정집이나 레스토랑이 아니라, 선술집이라는 것을 유추할 수 있습니다. 시인은 "바텐더"에 해당하는 단어로서 "Barkeeper" 대신에 "Barmann"을 사용합니다. 문맥을 고려할 때 바텐더는 바에서 술만 파는 사람이 아니라, 음악을 틀어 주는 등 적극적으로 고객을 즐겁게 해줍니다. 이러한 경우는 이탈리아, 스페인 등지에서 자주 나타나곤 합니다.

더운 여름 대낮의 선술집은 무료합니다. 그렇기 때문에 바텐더가 "어느 처녀의/맨살을 힐끔 쳐다보는" 것은 그 자체 "좋은 일"이라고 묘사됩니다. 차가운 차를 마시는 처녀는 거의 반나체 차림입니다. 팔을 뻗어 잔을 제자리에 놓을 때 "땀난 겨드랑이에는 까만 털의/얼룩이" 보입니다. 이는 주위 사람들의 마음속에 성적 흥분을 불러일으키기에 충분합니다. 그미의 까만 털은 "얼룩 Fleck"으로 표현되어 있습니다. 얼룩은 일견 더러움을 연상시킵니다.

시인은 로마의 여름, 어느 한가로운 선술집에서 어떤 자극을 발견합니다. 이러한 자극은 차 마시는 어느 처녀의 "맨살"과 "땀 난 겨드랑이"에서 나타납니다. (시인은 시에서 직접 등장하지는 않지만, 고객들 사이에 끼여 있습니다. 제5연 "모두"라는 시어가 이를 보여 주지 않나요?) 그미의 이러한 성적 자극은 순간적 상으로 시인의 눈에 투영되고 있습니다. 그것은 선술집의 "공간을 순간적으로 변화시키지만," 사람들의 내면을 그대로 반영하지는 않습니다. 그렇기 때문에 처녀의 겨드랑이에서 발견되는 "까만 털의 얼룩"은 사람들의 생각을 변화시키도록 작용하지는 않습니다.

여기서 우리는 한 가지 사실을 포착할 수 있습니다. 즉, 시인이 강조하는 것은 무엇보다도 "표피성의 미학"입니다. 실제로 위의 시는 등장인물의 어떠한 마음가짐도, 생각도 전해 주지 않습니다. 이 경우, 항상 표피적인 미학을 추종하는지 모릅니다. 이로써 시인은 어떤 개별적 감정 속에서 세계의 감정을 발설할 수 있습니다. 시 쓰는 작업은, 브링크만에 의하면, 궁극적으로 모든 질서 잡힌 사물들을 표현하는 대신에, 자신의 사상 내밀한 감수성을 미적으로 드러내는 일이라고 합니다.

WOLF BIERMANN

볼프 비어만

볼프 비어만은 1936년 함부르크에서 태어났다. 그의 아버지는 조선소의 노동자였는데, 공산주의 활동으로 체포되어, 1943년 아우슈비츠의 강제 수용소에서 살해당했다. 비어만은 1953년 동독으로 이주하여 훔볼트 대학에서 정치경제학, 철학, 수학 등을 공부하였다. 첫 번째 가요를 발표했을 때, 동독 당국은 이를 문제 삼았고, 1963년 그를 사회주의 통일당에서 제명시켰으며, 1965년 공연 금지 조치를 내렸다. 1976년 쾰른의 금속 노조 초청으로 서독에서 연주 공연을 개최했을 때, 동독 정부는 그를 추방시켰다. 이후로 동독에서는 끊임없는 항의가 발생했으며, 이를 계기로 수많은 예술가들이 동독을 떠났다. 비어만은 언제나 비판적인 글을 발표하였다. 1991년 게오르크 뷔히너 문학상 수상식에서 슈타지 문제를 거론하여 커다란 물의를 일으켰다. 비어만은 특히 젊은 시인 자샤 안더존이 자행한 동료들에 대한 감시 행위에 대해 신랄하게 비판했다. 안더존의 비열한 행위는 동독의 자발적인 문화 운동을 방해했으며, 지식인 세력을 약화시켰다는 것이다. 비어만의 시는 직설적 언어, 명징하고 저돌적인 남성의 표현으로 이루어져 있다.

프로이센의 이카로스에 관한 발라드

1.
거기, 프리드리히 가(街)가 물위로
얕게 걸음 디디는 그곳
슈프레 강 위에 뎅그렁 걸려 있네,
바이센담 다리(橋)가. 너는 거기서
프로이센의 독수리를 볼 수 있지,
내가 난간 위에 서 있으면.

   그러면 거기 프로이센의 이카로스,
   철로 빚은 푸른 날개로 서성거리지
   팔 무게로 고통을 느끼며
   날아가지도 — 낙하하지도 않고
   과장하지도 — 소진하지도 않은 채
   슈프레 강 난간 위에서.

2.
가시철조망은 서서히 안으로 자라지
피부 깊숙이, 가슴과 다리 사이로
뇌 속으로, 회색 세포 속으로
납으로 출렁이는 파도 속에서
철망 붕대로 칭칭 동여매여 있는
우리나라는 섬의 나라지.

거기에는 프로이센의 이카로스,
　철로 빚은 푸른 날개로 서성거리지
　팔 무게로 고통을 느끼며
　날아가지도 — 낙하하지도 않고
　과장하지도 — 소진하지도 않은 채
　슈프레 강 난간 위에서.

3.
그래, 떠나길 원하면, 너는 가야 해.
수많은 자들이 두 동강난 나라를
떠나는 걸 나는 이미 보았지.
미운 이 새가 나를 마구 할퀼 때까지,
가장자리 밖에서 나를 당길 때까지,
추워질 때까지, 난 여기 버틸 거야.

　그럼 나는 프로이센의 이카로스,
　철로 빚은 푸른 날개 지닌 채
　팔의 무게로 고통을 느끼며
　그럼 난 높이 날아 — 아래로 추락하고
　약간 소란 떨고 — 스스로 소진해 버리지,
　슈프레 강 난간 위에서.

Ballade vom Preußischen Ikarus

1. Da, wo die Friedrichstraße sacht/ Den Schritt über das Wasser macht/ da hängt über der Spree/ Die Weidendammerbrücke. Schön/ Kannst du da Preußens Adler sehn/ wenn ich am Geländer steh.

dann steht da der preußische Ikarus/ mit grauen Flügeln aus Eisenguß/ dem tun seine Arme so weh/ er fliegt nicht weg - er stürzt nicht ab/ macht keinen Wind - und macht nicht schlapp/ am Geländer über der Spree

2. Der Stacheldraht wächst langsam ein/ Tief in die Haut, in Brust und Bein/ ins Hirn, in graue Zelln/ Umgürtet mit dem Drahtverband/ Ist unser Land ein Inselland/ umbrandet von bleiernen Welln

da steht der preußische Ikarus/ mit grauen Flügeln aus Eisenguß/ dem tun seine Arme so weh/ er fliegt nicht hoch - er stürzt nicht ab/ macht keinen Wind - und macht nicht schlapp/ am Geländer über der Spree

3. Und wenn du wegwillst, mußt du gehn/ Ich hab schon viele abhaun sehn/ aus unserm halben Land/ Ich halt mich fest hier, bis mich kalt/ Dieser verhaßte Vogel krallt/ und zerrt mich übern Rand

dann bin ich der preußische Ikarus/ mit grauen Flügeln aus Eisenguß/ dem tun mir seine Arme so weh/ dann flieg ich hoch - dann stürz ich ab/ mach bißchen Wind - dann mach ich schlapp/ am Geländer über der Spree

질문

1. 시인이 프로이센의 독수리에게서 그리스 신화의 인물인 이카로스의 면모를 찾으려는 이유는 무엇일까요?
2. 제1연에서 이카로스가 하늘로 날지 못하는 이유를 "철로 빚은 푸른 날개," 즉 자신을 옥죄이는 부자유로 설명하고 있습니다. 제2연에서는 어떻게 설명하고 있는가요?
3. 시의 각 연에는 제각기 후렴이 뒤따릅니다. 그런데 3연의 후렴은 앞 연과 약간 다릅니다. 이는 어떠한 효과를 드러내고 있습니까?

해설

비어만의 대표작에 해당하는 이 시는 1976년에 씌어졌으며, 쾰른의 IG 금속 노조의 초청 공연에서 처음으로 발표되었습니다. 이카로스는 이 시에서 "갇혀 있는 부자유의 땅을 뛰어넘을 수 있는 인물"입니다. 작품의 집필 계기는 단순합니다. 미국의 시인, 앨런 긴스버그Allan Ginsberg는 1976년 동독을 방문하여, 바이덴담 다리 위에서 비어만의 모습을 사진으로 담았습니다. 바로 이 단순한 기념사진 한 장이 「프로이센의 이카로스」를 쓰게 된 계기로 작용하였습니다. 사진 속에는 비어만의 어깨에 프로이센의 독수리 날개가 무겁게 매달려 있는 것처럼 보입니다.

비어만은 프로이센의 독수리 모습에서 크레타 섬에 갇혀 있던 이카로스를 떠올립니다. 원래 독수리는 오래 전부터 독일을 상징하는 새로 간주되어 왔지만, 이 시에서 독수리는 국가를 지칭하지는 않습니다. 오히려 독수리는 (적어도 1연과 2연에서는) 마치 이카로스처럼 부자유의 질곡에 내동댕이쳐져 있는 고통당하는 예술가의 면모를 보여 줍니다. 시적 자아는 제3자로서 프로이센의 독수리를 관망합니다. 이카로스는 아버지 다이달로스의 뒤를 따라 하늘로 날다가 추락하지만, 프로이센의 이카로스는 둔중한 자세로 "슈프레 강 난간 위에" 그냥 서성거리고 있습니다. 시인의 눈에는 동독이 마치 크레타처럼 비칩니다. 동독은 온갖 무기로 인하여 "납으로 출렁이"고 있습니다. 게다가 국경은 철조망으로 "칭칭 동여매여" 어느 누구도 이곳을 함부로 빠져 나갈 수 없습니다. 가시 철조망은 바깥에 자리하고 있는 것만 말하는 것은 아닙니다. 그것은 "피부 깊숙이, 가슴과 다리 사이로/뇌 속으로" 파고들며, 동시대 사람들의 마음을 옥죄이고 있습니다. 이로써 시인이 비판하는 것은 동독 내의 폐쇄성, 부자유스러운 삶, 감시 하에 살아가는 동시대인들의 삶 등입니다.

놀라운 시적 비약은 마지막 연의 후렴에서 나타납니다. 즉, 시적 자아 자신이 바로 "프로이센의 이카로스"로 판명되고 있습니다. 이로써 시적 유희는 마지막 연에 이르러 어떤 섬치석 예술석 진지함으로 돌변하고 있습니다. 이카로스의 추락은 "동독 종말의 징후를 서둘러 타전한 경보 신호" 내지는 "역사적 참언讖言"일 수 있습니다(류신 2005: 352). 그렇지만 그것은 어쩌면 공산주의의 종언을 지칭하는 게 아닐까요? 다시 말해 이카로스는 여기서 공산주의를 지향하는 인간상으로 이해되는 게 아닐까요? 예컨대 공상적 사회주의자인 카베 Étienne Cabet 는 1839년에 간행된 책 『이카리로 향한 여행 *Voyage en Icarie*』에서 평등 사회의 모델을 "이카리"라는 장소로 설정하였습니다. 여기서 그는 "공산주의자 communiste"라는 단어를 처음으로 사용하였고, 하이네는 이 단어를 처음으로 독일어로 옮겨 쓴 바 있습니다. 그렇다면 프로이센의 이카로스에 해당하는 전형적인 인물은 과연 누구일까요? 어쩌면 그는 ― 비어만 역시 언급한 바 있듯이 ― 비운의 혁명가, 루디 두츠케Rudi Dutschke일지 모릅니다.

스스로 변모하는 자만이 지조를 지킨다

자궁 헤집고 거대한 빛 쪽으로 헤엄쳤네.
호기심 품은 채 배에서 나왔지.
난 동물이었고, 또한 인간이었어.
처음부터 게슈타포에게서
심문 당하는 걸 어설프게 배웠네.
부끄럼 없이 젖을 빨면서
모유와 함께 바로 그 진리를:
스스로 변모하는 자만이 지조를 지킨다.

함부르크를 떠나온 나는
이미 16세 때 약속의 땅으로 향했지.
그때 백만여 명이 나와 같은 길을
택했어, 다만 정반대 방향으로.
나는 집을 떠나고 싶었어.
집으로! 여행은 새로운 게 아니야.
젊은이는 으레 조국을 찾는 법.

스스로 변모하는 자만이 지조를 지킨다.

그래, 저쪽에 도착했지. 마치 눈먼
어린아이처럼 악의 없이 열광했어.
또한 즉시 보았지, 붉은 신들 역시
인간 탈을 쓴 개돼지 새끼라는 것을.
항상 거짓말 되풀이하라고
아버지가 날 낳은 건 아니야.
그렇기에 나는 진리를 외치네:
스스로 변모하는 자만이 지조를 지킨다.

덥든 춥든, 언제나 전시戰時였어.
서에서 동으로, 다시 서로 떠났지.
나의 무기인 기타와 한 자루의
연필을 꼭 붙잡은 채 나는
원래의 모습 언제나 유지했어,
절반은 유대인, 절반은 비유대인
그렇지만 한 가지는 분명히 알아
스스로 변모하는 자만이 지조를 지킨다.

여자들에 관해 나는 다만 복이 없
지는 않았네. 눈 먼 듯 그들을 좋아했으니.
그렇지만 여자들 역시 인간이라는 것을
처음부터 머릿속에 담고 있었어.
이제 나는 마누라를 기쁘게 해줄

한 가지 세밀한 부분을 소상히 알아,
남정네의 지배는 정말 가증스럽다는 걸.
스스로 변모하는 자만이 한 남자로 머문다.

처음부터 나는 절망하고 있었어.
그래도 항상 새롭게 갈구했어.
그런 식으로 살 수 있지. 조만간 죽을 테니까.
친구 하인을 잘 알고 있지. 자주 만나.
결국 그는 나의 적일 거야, 함께 운 맞춘
장미꽃잎 그에게 뿌리지 않을 테니까.
마지막 숨을 들이쉬며 소리 지르네.
스스로 변모하는 자만이 지조를 지킨다.

Nur wer sich ändert, bleibt sich treu

Ich schwamm durch Blut in das große Licht/ Neugierig kam ich aus dem Bauch/ Ich war ein Tier. Und ich war ein Mensch/ Von Anfang an und lernte auch/ Bei der Gestapo im Verhör/ Soff ich am Busen ohne Scheu/ Die Wahrheit mit der Muttermilch:/ *Nur wer sich ändert, bleibt sich treu*

Von Hamburg bin ich dann abgehaun/ Mit Sechzehn ins Gelobte Land/ Da sind Millionen den gleichen Weg/ Wie ich, bloß umgekehrt gerannt/ Ich wollte von zuhause weg/ Nach Haus! Die Reise ist nicht neu:/ Wer jung ist, sucht ein Vaterland/ *Nur wer sich ändert, bleibt sich treu.*

So kam ich drüben an: ohne Arg/ Und blindbegeistert wie ein Kind/ Bald sah ich, daß rote Götter auch/ Nur MenschenSchweineHund sind/ Mein Vater hat mich nicht gemacht/ Damit ich Lügen wiederkäu/ Drum schrie ich meine Wahrheit aus:/ *Nur wer sich ändert, bleibt sich treu.*

Heiß oder kalt, immer war da Krieg/ Ich ging von West nach Ost nach West/ Und hielt mich an meinen Waffen, die/ Gitarre und am Bleistift fest/ Ich bleibe was ich immer war/ Halb Judenbalg und halb ein Goij/ Eins aber weiß ich klipp und klar:/ *Wer sich ändert, bleibt sich treu.*

Mit Weibern habe ich nichts! als Glück/ Gehabt. Ich war so grün und blind/ Und wußt nur vorne im Hinterkopf/ Daß auch die Weiber Menschen sind/ Nun weiß ich bis ins kleinste Teil/ Mit dem ich meine Frau erfreu:/ Die Männerherrschaft stinkt mich an/ *Nur wer sich ändert, bleibt ein Mann*

Ich war verzweifelt von Anfang an/ Und immer hab ich neu gehofft/ - so kann man leben. Bald kommt der Tod/ Ich kenn Freund Hein, ich traf ihn oft/ Er bleibt mein Feind, dem ich auch nicht/ zum Schluß gereimte Rosen streu/ Mit letzter Puste krächze ich:/ *Wer sich ändert, bleibt sich treu.*

질문

1. 앞의 시는 1991년에 발표된 것입니다. 제목이 뜻하는 바는 무엇입니까?
2. 시인은 자신의 이력을 노래합니다. 제1연부터 제4연까지의

시점을 말해 보세요.
3. 제5연에서 시인은 어떠한 이유에서 여성을 예찬하고 있습니까?
4. 제6연에서 "하인Hein"은 누구를 지칭할까요?

해설

상기한 시는 1991년에 발표된 것으로서 독일의 역사학자, 아르노 루스티거A. Lustiger에 헌정된 것입니다. 루스티거는 20세기 유대인 박해에 관한 역사 연구로써 비어만과 함께 2002년 하인츠 갈린스키 재단의 유대인 기념사업의 일환으로 상을 받은 바 있습니다. 비어만은 한편으로는 친구에게 현실의 변화와 그에 상응하는 유연한 사고의 중요성을 전하면서, 다른 한편으로는 지금까지의 창작을 스스로 평가하려 합니다. 즉, 시인은 삶의 전환기를 맞이하여 문학의 방향을 새로이 설정하거나, 침묵해야 한다고 믿습니다. 지금까지 수십 년 동안 비어만은 자유의 나라에서 평등하게 살아가려는 이상을 품고 있었습니다. 그렇지만 이러한 이상은, 시인의 눈에는, 동독 붕괴와 함께 성취될 수 없을 것처럼 보입니다. 그렇다면 무엇이 변모되어야 하는가? 하고 그는 자신에게 묻습니다.

제1연은 비어만의 탄생(1936)부터 성장(1952) 때까지의 시기를 요약하고 있습니다. 1943년 함부르크에 폭탄이 떨어질 때 비어만의 어머니는 운하에 빠진 자신의 아들을 헤엄쳐서 구출하였습니다. 어머니는 남편의 원수를 갚기 위해서 아들에게 시와 음악을 가르쳐주었습니다. 제2연에는 1952년 자의에 의해서 "약속의 땅," 동독으로 이주한 때부터 62년 음유 시인으로 성장하기 직전까지의 시기가 묘사되고 있습니다. 제3연은 1963년에서 1977년 사이의 시기를 포괄합니다. 이때 시인은 "붉은 신"들이 "인간 탈을 쓴 개돼지 새끼"라는 쓰라린 사실을 확인해야 했습니다. 비어만은 1977년 당국에 의해 서독으로 추방당합니다.

마지막 연에서 비어만은 자신의 삶을 다음과 같이 요약합니다. "처음부터 나는 절망하고 있었어./그래도 항상 새롭게 갈구했어." 현실의 사악함에 절망했지만, 그래도 희망을 잃은 적은 한 번도 없었습니다. 절망은, 비어만에 의하면, 체념과는 처음부터 다릅니다. 전자가 주어진 상황의 참담함에 대한 인식이라면, 후자는 주체의 용기를 처음부터 약화시키는 자기 연민일 뿐이라고 합니다. 주어진 여건은 절망적이지만, 희망을 꺾기에는 가능성의 여지가 아직도 남아 있는 것입니다.

"(…)조만간 죽을 테니까./친구 하인을 잘 알고 있지. 자주 만나./결국에 그는 나의 적일 거야, 함께 운 맞춘/장미꽃잎 그에게 뿌리지 않을 테니까." 여기서 "하인"은 시인의 동업자를 지칭합니다. 왜냐하면 그 단어는 소설가 크리스토프 하인Chr. Hein을 가리킬 수도 있고, "하이네Heine"를 지칭할 수도 있기 때문입니다. 문제는 과거의 동지가 이제 적으로 둔갑할 수 있는 상황에 있습니다. 이런 어처구니없는 현실에서 시인이 할 수 있는 행동은 마지막 숨을 들이쉬며 다음과 같이 말하는 것입니다. "스스로 변모하는 자만이 지조를 지킨다"고.

JOHANNES SCHENK
요하네스 셴크

요하네스 셴크(1941-)는 베를린에서 태어났다. 초등학교를 졸업한 다음 14세의 나이에 선원이 되어, 11번 항해를 나갔다. 나중에 접시닦이, 책장사, 도로 건설 노동자, 무대 기술자 등의 일을 전전하였다. 셴크는 1969년 친구들과 함께 베를린의 크로이츠베르크에서 노천극장을 창립했으며, 시, 산문 그리고 방송극 등을 집필하고 발표하였다. 1990년 『놀라운 구경꾼 Spektakelgucker』이라는 시집을 간행하였다.

쥘 베른

잠수기 속에서 몸 굴려서, 하고
쥘 베른은 말했다, 백화점에서 솟구치고 싶다,
심해의 비누와 동굴의 코르셋을 지나치며 탐색하다가
내 책들 가운데 어느 한 권에서
미국의 조종사들이 나보다 먼저 가기 전에,
100년 전에 방문했던 달의 처녀를 위해
섬세한 양말 한 켤레를 찾고 싶다, 그래야
그들은 나의 억압된 사랑에게 껌 하나, 장난감 폭탄,
디트로이트의 작은 모자를 주지 못할 테지.
케이블 윈치를 분명히 달고, 우리는 처마 위로 기어가
뚜껑을 닫는다, 나는 가라앉는다. 제발
모든 가정주부, 흔들거리는 바지 차림의 아이들,
불친절한 판매원들이
나의 정상적인
잠수기 눈빛에 대해
경악에 사로잡히지 말기를.

Jules Verne

Ich könnte doch, eingerollt in meiner Taucherglocke,/ sagte Jules Verne, tauchen in die Warenhäuser/ navigieren an Tiefseeseifen und Höhlenmiedern vorbei/ auf die Suche gehen

nach einem feinen Strumpf/ für das Mädchen im Mond, das ich
vor 100 Jahren/ besuchte in einem meiner Bücher, ehe mir die/
amerikanischen Piloten zuvorkommen und/ meiner
gedruckten Liebe einen Kaugummi verpassen,/ eine
Splitterbombe und ein Hütchen aus Detroit./ Macht die
Seilwinde klar wir klettern aufs Dach/ schließt den Deckel, ich
tauche und bitte/ alle Hausfrauen, schaukelhosigen Kinder/
und unfreundlichen Verkäuferinnen/ nicht zu erschrecken
über meinen/ durchaus gewöhnlichen/ Taucherglockenblick.

시어 설명 및 힌트

쥘 베른: 1863년 『기구氣球를 타고 5주일』을 발표하여 폭발적 인기를 얻었으며, 그 후로는 과학 모험 소설에 전념하였다. 평생 동안 80여 편의 작품을 썼으며, 그가 말하는 경이적 여행은 꿈속의 여행이었다. 19세기 후반에 과학이 크게 발달함에 따라, 자연 과학 지식을 이용한 소설들이 많이 나왔는데, 그는 그러한 지식에다 풍부한 공상을 더하여 인간 지력知力의 한계를 탐구하고 인류 문화의 미래를 예언하였다. 사실상 그의 꿈은 원자력 잠수함과 달 여행 등으로 뚜렷이 실현되고 있다. 공상 과학 소설의 선구자로서 대표작으로는 『80일간의 세계 일주』가 있다.

질문

1. 시인은 어떠한 이유에서 쥘 베른의 이야기를 끄집어내는 것일까요?
2. 시에서 미국 자본주의를 비판하는 시구를 있는 대로 찾아보

세요.

3. 백화점의 판매원은 왜 "나"에게 불친절한가요?

해설

위의 시는 일견 유머를 기발하게 드러내는 것 같습니다. 그러나 가만히 고찰하면 주제는 우리에게 무척 슬픈 내용을 암시해 줍니다. 시인이 자리하고 있는 곳은 대도시의 거대한 백화점입니다. 수많은 사람들이 마주치지만, 이들을 연결시켜 주는 것은 오로지 돈뿐입니다. 시적 자아는 주어진 자본주의 사회에 순응하며 살아가는 생활인은 아닙니다. 그에게는 돈이 많이 없습니다. 그렇기에 시적 자아는 비싼 물건을 구매할 수 없습니다. 백화점의 판매원들은 이러한 사람 대신에 돈 많은 VIP 고객을 선호하지 않습니까? 시인은 불현듯 공상 작가 쥘 베른을 상상하며 그와 동화同化됩니다. 쥘 베른이 묘사하던 미래 사회는 그렇게 찬란한 것만은 아닙니다. 그가 "지금," "이곳"에서 살고 있다면, 아마도 "달의 처녀"를 위해서 양말 한 켤레를 살 것입니다. 놀라운 것은 "미국의 조종사"들에 대한 시인의 묘사입니다. 이들은 쥘 베른의 연적이지요. 쥘 베른의 상상력을 그대로 실현시켜 준 우주인들이 바로 그들이 아닌가요? 조종사들은 "껌 하나," "장난감 폭탄" 그리고 "디트로이트의 작은 모자"를 선물하려고 합니다. 그러나 "나" 쥘 베른은 이들보다 먼저 달의 처녀를 차지하고 싶습니다. 과연 미국 우주인들의 선물이 오로지 평화를 위한 것일까요? 마지막 대목에서 시인은 유머와 즐김을 알지 못하는 평범한 사람들을 놀라게 하려고 합니다. 만약 내가 잠수복을 입고 백화점에 기이한 모습을 드러내면, 사람들이여, 제발 경악에 사로잡히지 말라고 중얼거리면서….

HANS CARL ARTMANN

한스 카를 아르트만

한스 카를 아르트만(1921-)은 빈에서 태어났다. 직업학교를 마친 뒤에 구두 제조 기술을 익혔다. 그런데 아르트만은 자신의 이력을 의도적으로 거짓되게 기술함으로써, 연구자들을 혼란에 빠뜨리게 했다. 그는 혼자 공부하여 스웨덴어, 말레이시아어를 배웠다. 아르트만은 틈틈이 제임스 해밀턴이라는 가명으로 탐정 소설을 집필하기도 하였다. 제2차 세계대전 당시 군인으로 징집되어 싸우다가 그는 미군 포로수용소에 수감되었다. 빈으로 되돌아와서 여러 직업을 전전하였다. 아르트만은 50년대에 "빈 그룹(프리드리케 마이뢰커, 우르스 비드머, 에른스트 얀들)"의 창단 멤버로 활약하였다. 1961년부터 스톡홀름, 베를린, 말뫼, 그라츠 등지를 전전하다, 70년대 초부터 잘츠부르크에서 정주하였다. 그는 빈의 방언으로 시를 썼으며, 시 외에도 통속 소설과 범죄 소설을 즐겨 집필하였다.

장고는 지녀야 한다

장고는 지녀야 한다,
박차 달린 두 개의 장화,
매질할 작은 주먹 하나,
끌고 갈 작은 관 하나,
작은 말 아프게 하지 않을
발꿈치엔 두 개의 박차,
쏴 죽여야 할 작은 적,
금으로 도배한 총알,
복수할 이유가 있지,
그건 사실에 해당하니까,
그래서 텍사스를 이리저리
쏜살같이 빨리 달렸지.
그래, 꼬마아이야, 우리 장고가
어떻게 하는지 주의해 봐,
겁먹고 약해지지 않으려면,
열심히 그를 모방해 봐!

ein django der muß haben ...

ein django der muß haben/ zween stiebel um zu traben,/ ein fäustlein um zu schlagen,/ ein särglein ums zu tragen,/ zween sporen an den fertzen,/ die nie ein rößlein schmerzen,/ ein feindlein ums zu schießen/ und gold zum kugeln gießen,/ dazu noch grund zur rache,/ denn das gehört zur sache,/ so eilt er texas auf/ und ab in tollem lauf./ drum, kindlein, gib fein acht,/ wies unser django macht,/ willst sein nit feig und schwach,/ so tus ihm fleißig nach!

질문

1. 상기한 시를 큰소리로 낭독하면, 시적 운율은 동요처럼 들립니다. 이는 어떠한 효과를 지니는가요? 진지한 사건을 우습게 묘사하려는 태도 속에는 작가의 어떤 저의가 도사리고 있는가요?
2. 시에는 "작은 주먹," "작은 관," "작은 말," "작은 적," "꼬마 아이" 등의 시어가 등장합니다. 이는 어떠한 의미로 해석할 수 있는가요?
3. 장고는 미국 서부의 무법자입니다. 그의 주된 행동은 이른바 정의를 위하여 복수하는 일입니다. 추론하건대 아르트만은 이에 대해 어떠한 입장을 취하는가요?

해설

석양의 무법자 — 스크린에서 울려 퍼지는 음악만 들어도 가슴이 설렙니다. 부녀자들을 돕고, 사악한 자들을 물리치는 정의로운 총잡이의 이야기는 스릴 만점입니다. 서부 영화를 좋아하는 사람들은 대체로 소시민들이지요. 그들은 실제 현실에서는 돈과 권력에 굴복하지만, 영화에서는 스스로 총잡이가 되어, 사악한 권력자에게 총을 쏘며 쾌재를 부릅니다. 여기서 한 가지 문제가 발생합니다. 과연 폭력과 살인이 이른바 정당방위라는 미명 아래 아무 제한 없이 용납될 수 있을까요?

위의 시는 1967년에 발표되었는데, 동요에서 나타나는 반복 각운을 사용하고 있습니다. 사용되는 시어 역시 축소어미가 붙어 있는 것들입니다("작은 주먹," "작은 관," "작은 말," "작은 적," "꼬마 아이" 등). 한마디로 작품은 장고의 영화를 풍자하고 희화화합니다. 놀라운 것은 마지막 행에서 나타납니다. 시인은 멋모르고 날뛰는 꼬마아이에게 충고합니다. "겁먹고 약해지지 않으려면," 장고의 행동을 모방해야 한다는 것입니다. 사악한 "적"을 분명히 못 박음으로써 맹목적 애국주의를 강조합니다. 이러한 애국주의는 그 자체 은폐된 국수주의와 다름이 없습니다. 이러한 내용을 고려할 때 마지막 시 구절은 그 자체 역설적인 패러디입니다. 장고의 행동을 모방하는 자는 결국 어떻게 될까요? 그는 결국 자신이 만든 관 속에서 영원히 잠들게 될 것입니다.

미국에서 만든 서부 영화에는 모든 폭력이 정당방위라는 미명 아래 용납되고 있습니다. 마찬가지로 미국 CIA가 행해 온 모든 일들을 유추해 보세요. 미국은 오래 전부터 세계의 모든 잘못을 마치 장고처럼 응징하려는 태도를 취해 왔습니다. 이와 관련하여 시인은 묻습니다. 과연 세계 경찰로서 행동하는 미국의 술수와 무제한적인 무력 사용이 타당한가? 참고로 다음의 사항을 지적하고자 합니다. 1955년 오스트리아가 군사적 재무장을 추진하려고 했을 때, 아르트만은 이에 대해 다음과 같은 성명서를 발표하였습니다. "우리는 모든 힘을 동원하여 군사적 재무장에 반대합니다. 오스트리아에 자국 군대든 외국 군대든 간에 병력이 주둔하는 것은 말도 되지 않습니다. 이러한 것은 그 자체 어처구니없는 카스파 공연이 아닙니까. 우리는 모든 힘을 다하여 이러한 공연이 개최되지 않도록 노력해야 합니다"(Hoffmann 98: 205).

GÜNTER EICH

귄터 아이히

귄터 아이히(1907-1972)는 오더 강변의 레부스에서 출생하였다. 그는 라이프치히에서 아비투어를 마친 뒤에 베를린에서 중국 문학과 경제학을 공부하였다. 1932년부터 방송국에서 방송 작가로 일하다가, 1939년에 독일군에 징집되었다. 1946년에 미군이 관리하는 포로수용소에 있다가 풀려났다. 47그룹의 창립 멤버. 1953년 일제 아이힝거와 결혼하여, 독일 남부와 잘츠부르크 근처에서 거주하였다. 그는 50년대 이후부터 탁월한 방송극을 발표하였으며, 말년에는 『두더지들 Maulwürfe』이라는 제목의 산문을 공개하기도 하였다. 아이히의 문학은 시, 방송극 그리고 콩트로 요약되는데, 시인은 자신의 작품에 대해 해설하는 것을 가장 싫어했다.

거대한 뤼베 호수

두루미 떼, 뇌리에 떠오르는
새들의 모습,
삼각 구도 점의 구조.

여기서 내게 엄습했다,
경사진 반대편 강둑 어두운 벽 앞에서,
고독의 시작이,
눈꺼풀의 충격, 두 번
견디지 않을 어느 눈,
나직한 비난 섞인 비둘기의 눈이,
단도가 목 동맥을 끊고 있을 때,
고독의 시작이,
여기엔 보트도 다리도 없는데,
절망의 갈대,
삼각 구도 점,
무無 속에서의 측량,
새의 비행이 전개되는 동안,
바람 없는 9월 어느 날,
날면서 사라지는 금빛 경쾌함
두루미 날개 위에서, 흔적 없이.

Der große Lübbe-See

Kraniche, Vogelzüge,/ deren ich mich entsinne,/ das Gerüst des trigonometrischen Punkts.// Hier fiel es mich an,/ vor der dunklen Wand des hügeligen Gegenufers,/ der Beginn der Einsamkeit,/ ein Lidschlag, ein Auge,/ das man ein zweites Mal nicht ertrüge,/ das Taubenauge mit sanftem Vorwurf,/ als das Messer die Halsader durchschnitt,/ der Beginn der Einsamkeit,/ hier ohne Boote und Brücken,/ das Schilf der Verzweiflung,/ der trigonometrische Punkt,/ Abmessung im Nichts,/ während die Vogelzüge sich entfalten,/ Septembertag ohne Wind,/ güldene Heiterkeit, die davonfliegt,/ auf Kranichflügeln, spurlos.

질문
1. 뤼베 호수는 독일 북동 지역인 폼메른 지방에 위치한 거대한 호수입니다. 이 지역은 시인의 고향과 얼마나 멀리 떨어져 있습니까?
2. 1955년에 발표된 시는 19행으로 이루어져 있습니다. 시인은 무엇을 체험하였습니까?
3. 이 시에서 복합적으로 뒤엉킨 네 개의 상은 무엇입니까?

해설
시가 두 연으로 이루어진 것으로 미루어 우리는 다음의 사항을 쉽게 유추할 수 있습니다. 시적 자아는 두루미 떼가 날아가는 모습을 대하면서 과거의 어느 체험을 떠올립니다. 누군가 비둘기한 마리를 잡아서, 목을 따고 있습니다. 불쌍한 날짐승은 죽어가면서 눈을 뜬 채 시적 자아를 바라봅니다. 이 시에서는 네 개의 복합 구도의 상이 마치 몽타주처럼 뒤엉켜 있습니다. 1. 두루미의 비행 모습(1, 16, 19행), 2. 삼각 구도의 점(3, 14행), 3. 다가갈 수 없는 벽으로서의 갈대(5, 13행), 4. "고독의 시작"으로 설명되는 시인의 내면(6, 11행). 이러한 구도의 상은 유년의 기억을 반추하는 매개체로 사용되고 있습니다.

아이히의 시는 여러 각도에서 달리 해석할 수 있습니다. 첫째로 아이히의 시는 20세기 초반에 젊은이가 감지했던 파괴된 방향 감각을 상징적으로 드러냅니다. 자신의 삶의 조건을 확인하기 위하여 죽음으로 뛰어드는 태도는 제1차 세계대전 당시 수많은 사람들의 참전 행위로 표출되었으며, 하이데거Heidegger 역시 자신의 철학서에서 "죽음 안으로의 돌진"이라고 명명한 바 있습니다. 둘째로 작품은 무엇보다도 평화의 상실을 예측하고 느꼈던 시점視點을 상징적으로 드러냅니다. 고대에 예언자들은 새의 비상을 통해서 신의 섭리 내지 미래를 점치곤 하였습니다. 마찬가지로 시적 자아는 "삼각 구도 점의 구조"로서 새들을 바라봅니다. 두루미 떼가 멀어져 갈 때 주위에, 혹은 시인의 의식 속에 남아 있는 것은 비둘기의 죽음밖에 없습니다. 갈대는 절망적으로 서걱거리고, 죽어가는 비둘기의 눈동자는 시적 주체의 기억 속에 오랫동안 각인되어 있습니다. 그것은 죽음과 고독의 시작을 알리는 하나의 상으로 작용합니다.

소지품 목록

이건 나의 모자,
이건 나의 외투,
여기 아마 포대 속에는
나의 면도기.

통조림 깡통들은
나의 접시, 나의 잔,
하얀 양철에다
내 이름 새겼다.

여기 새겨 넣었다,
열망하는 눈을 피해
내 몰래 숨겨둔
이 귀중한 못으로.

빵 주머니 속엔
한 켤레 털양말과
누구에게도 알리지 않은
물건들이 있다.

그건 밤에 나의
베개로 쓰인다.

나와 땅 사이에
깔린 여기 마분지.

가장 아끼는 것은
무엇보다 연필심,
밤에 생각한 것을
낮에 시로 쓰니까.

이건 나의 노트,
이건 나의 천막,
이건 나의 세수수건,
이건 나의 실타래.

Inventur

Dies ist meine Mütze,/ dies ist mein Mantel,/ hier mein Rasierzeug/ im Beutel aus Leinen.// Konservenbüchse:/ Mein Teller, mein Becher,/ ich hab in das Weißblech/ den Namen geritzt.// Geritzt hier mit/ diesem kostbaren Nagel,/ den vor begehrlichen/ Augen ich berge.// Im Brotbeutel/ sind ein Paar wollene Socken/ und einiges, was/ ich niemand verrate,// so dient es als Kissen/ nachts meinem Kopf./ Die Pappe hier liegt/ zwischen mir und der Erde.// Die Bleistiftmine/ lieb ich am meisten:/ Tags schreibt sie mir Verse,/ die nachts ich erdacht.// Dies ist mein Notizbuch,/ dies ist meine Zeltbahn,/

dies ist mein Handtuch,/ dies ist mein Zwirn.

질문
1. 시적 자아에게 중요한 물건들은 무엇입니까? 소유물에다 이름을 새겨 넣으려고 하는 욕구는 어떻게 설명할 수 있나요?
2. 시인은 지금 어디에서 무엇을 행하면서 살고 있습니까?
3. 이틀 굶주린 자와 주지육림 속에서 살아가는 부자에게 밥맛이 다른 까닭은 무엇 때문일까요?

해설
일곱 현인 가운데 한 사람인 철학자 비아스Bias는 자신의 물건을 항상 지니고 다녔습니다. "모든 소유물을 나 스스로 지니고 다닌다Omnia mea mecum porto"(Bloch 85: 20). 그는 기원전 570년경에 고향을 떠나 도주하면서 그렇게 말했습니다. 철학자 비아스가 동경한 "가방 없는 삶"이란 어쩌면 특권층에게 해당하는 것인지 모릅니다. 그렇기 때문에 거지는 항상 무엇을 들고 다니지 않습니까?

인간이 비참한 현실에 처하면, 그의 눈높이는 낮아집니다. 그렇게 되면 평소 하찮게 생각했던 물건들이 생존을 위한 가장 중요한 물건들로 둔갑하게 되는 것입니다. 왜냐하면 깡통 하나가 밥그릇으로 사용되고, 더러운 마분지 조각이 추위로부터 몸을 보호해 주는 이불로 사용되기 때문입니다. 못 하나는 아주 귀한 물건으로 활용됩니다. 왜냐하면 그것은 주어진 환경에 순응하기 위하여 자신의 소유를 분명하게 표현할 수 있게 해 주니까 말입니다. 시적 자아가 "누구에게도 알리지 않은" 것은 무엇일까요? 자신의 가장 귀중한 소유물을 드러내지 않겠다는 태도는 하나의 저항이나 다름이 없습니다. 개인적 자아의 가장 내밀한 부분을 보여 주지 않겠다는 태도는 일견 결벽증으로 비칠지 모릅니다. 그러나 엄밀히 따지면 그것은 시적 자아의 고유한 의지가 사회 전체의 이데올로기에 의해 매도당하지 않게 하겠다는 제스처를 담고 있습니다. 이러한 제스처야 말로 시적 자아로 하여금 새롭게 도덕적으로 출발할 수 있게 하는 동인으로 작용할 것입니다. 아이히의 시는 전쟁 귀환자의 기초적 사물에 대한 인식 행위를 담고 있습니다. 이러한 시도는 전쟁의 상흔을 겪은 자가 살아남기 위한 시도입니다. 그것은 어떠한 이데올로기에 의해서도 간섭받지 않으려는 태도로서, 사물을 있는 그대로 받아들이려고 합니다.

아이히의 시, 「소지품 목록」은 표절 시비에 휘말렸습니다. 체코 출신의 시인 리하르트 바이너 R. Weiner(1884-1937)는 프랑스의 정적주의자인 장 B. 샤르댕 Jean B. Chardin에 관한 시, 「장 B. 샤르댕」을 썼는데, 이 작품은 1917년 프란츠 펨페르트 Fr. Pfempfert가 간행한 앤솔로지, 『젊은 체코 시인들의 시』에 실렸습니다. "이것은 나의 책상/이것은 나의 실내화/이것은 나의 유리/이것은 나의 주전자/(…)/이것은 나의 서가/이것은 나의 파이프/설탕을 위한 깡통/할아버지의 유산/(…)/가장 즐겨 먹는 것은/소스 곁들인 아스파라거스/후추 친 식용고기/크림 바른 딸기(…)"(Siehe Reich-Ranicki 2000: 288). 과연 아이히가 바이너의 시를 읽고 이를 모방했을까요? 아이히는 나중에야 바이너의 시를 접했다고 술회하였습니다. 우리는 이에 대해서 알 수가 없습니다. 문학에서 완전무결한 원작은 있을 수 없으며, 알든 모르든 간에 항상 어떤 선례를 모방하니까요.

ERNST JANDL

에른스트 얀들

에른스트 얀들은 1925년에 빈에서 중앙은행 관리의 아들로 태어나, 2000년에 빈에서 사망하였다. 제2차 세계대전이 끝난 뒤에 빈 대학에서 독문학과 영문학을 공부하였으며, 1950년에 아르투르 슈니츨러의 노벨레에 관한 연구로 박사학위를 취득하였다. 1951년 그는 오스트리아 사회당에 가입하였다. 베를린에서 강의를 맡기도 한 얀들은 1973년 그라츠 작가 회의의 임원으로 일하였다. 1991년 이래로 그는 국제 에리히 프리트 모임의 의장직을 맡았다. 1950년대부터 빈 그룹 Wiener Gruppe과 관계를 맺은 뒤에 프리데리케 마이뢰커와 깊이 사귀었다. 얀들은 구체시 영역에서 "언어시 Sprachgedichte"를 직접 낭송했는데, 이는 커다란 반향을 불러일으켰다. 수많은 시집들 가운데 『소리와 루이제』(1966)가 가장 독창적인 작품집으로 알려져 있다.

시간은 사라진다

루스티크
루스루스티크티크
루스루스루스티크티크티크
루스루스루스루스티크티크티크티크
루스루스루스루스루스티크티크티크티크티크
루스루스루스루스루스루스티크티크티크티크티크티크
루스루스루스루스루스루스루스티크티크티크티크티크티크티크
루스루스루스루스루스루스루스루스티크티크티크티크티크티크티크티크

die zeit vergeht

lustig
luslustigtig
lusluslustigtigtig
luslusluslustigtigtigtig
lusluslusluslustigtigtigtigtig
luslusluslusluslustigtigtigtigtigtig
lusluslusluslusluslustigtigtigtigtigtigtig
luslusluslusluslusluslustigtigtigtigtigtigtigtig

시어 설명
사실 얀들의 상기한 시의 완벽한 번역은 불가능하다. "루스티

크lustig"는 독일어로 "유쾌하게"라는 뜻을 지니는데, 오스트리아 사람들의 발음에 따른 것이다.

질문
1. 얀들의 시는 저절로 움직이는 시계를 연상케 합니다. 어째서 그러한가요?
2. "루스lus"는 어떠한 단어를 떠올리게 합니까?
3. 2번 문제의 답을 알아맞혔을 경우, 왼쪽("루스")과 오른쪽 ("티크")이 뜻하는 바를 서로 비교해 보세요.

해설
원래 이 시는 한 문장으로 이루어져 있습니다. "시간은 유쾌하게 사라진다Die Zeit vergeht lustig." 여기서 "유쾌하게"는 두 음절로 구분되어 있습니다. 원래 이 단어는 "욕망Lust"을 연상시킵니다. 그것은 "성욕"으로 번역되기도 하지요. 인간은 살아가면서 자신의 욕망을 추구하고, 때로는 이를 성취하곤 하지만, 시간은 무심결에 흘러갑니다. 즐겁게 살아가는 사람의 삶은 달콤하지만, 시간은 순간처럼 사라집니다. 시간을 의식하는 자는 비극적 감정에 사로잡힙니다. 그게 아니라면 현재 그는 비극적으로 살고 있습니다. 날짜 꼽는 병장과 죄수의 달력에는 X자가 그어지곤 합니다. 시간관념 — 그것이 바로 제한된 삶을 살아가는 생명체가 느끼는 비극적 의식인지 모릅니다.

얀들이 단어를 시각적으로 배열한 까닭은 무엇 때문일까요? 그것은 아마도 시계의 추를 연상시키게 하려는 의도 때문인지 모릅니다. 시계의 추가 좌우로 흔들리는 모습은 삼각형의 구도를 띠니다. "루스티크"라는 단어를 끊어서 표현한 것은 무척 유머러스합니다. 모든 욕망은 시간의 흐름에 따라 순간적으로 "틱탁" 사라지지 않는가요? 이를 고려할 때 두 음절, 즉 "루스"와 "티크"는 두 가지 상반되는 여운을 던집니다. 현재를 즐기라는 이른바 "오늘을 붙잡아라Carpe diem"라는 명제, 그리고 순간은 과정에 불과하다는 이른바 "죽음을 기억하라Memento mori"라는 명제가 바로 그러한 상반된 여운이 아닐까요? 따라서 시간의 흐름은 어쩌면 에로스가 사라지고, 타나토스가 다가오는 과정으로 이해할 수 있을지 모릅니다.

아침 축제, 1977년 9월 8일
프리데리케 마이뢰커를 위하여

파리 한 마리 발견한다, 나는 침대 속에서
아, 아침은 놈에게 아름다운 열정 부추기고
마냥 수컷의 열기로써 자신을 구출하려는 듯
허나 놈은 잠의 뒤척임 속으로 들어와
이불 끈 위에서 찾지 못한다, 아무 반점도 나는
다만 부드러운 다리 하나 풀어서
다른 다리들 그리고 두 날개 또한
이 검은 물건에다 꾹 눌러버린다
이건 더 이상 자신을 위해 발버둥치지 않아

아, 아침은 놈에게 아름다운 열정 부추기고

Die morgenfeier, 8. Sept. 1977: für friederike mayröcker
einen fliegen finden ich in betten/ ach, der morgen sein so
schön erglüht/ wollten sich zu menschens wärmen retten/ sein
aber kommen unter ein schlafwalzen/ finden auf den linnen
ich kein flecken/ losgerissen nur ein zartes bein/ und die
andern beinen und die flügeln/ fest an diesen schwarzen dings
gepreßt/ der sich nicht mehr um sich selbst bemüht/ ach, der
morgen sein so schön erglüht

질문
1. 원문을 읽고 문법적으로 이상한 대목(현재 인칭 변화)을 발견해 보세요.
2. 시의 제재는 "파리"입니다. 어째서 시인은 이 단어 대신에 "수컷menchens," "물건dings," "놈sein" 등과 같은 민중적 언어를 사용하고 있는가요?

해설
독일 현대시에서 에른스트 얀들만큼 우스꽝스러움과 진지함을 시적으로 결합시키는 시인도 드물 것입니다. 얀들의 시 쓰기는 진지함과 유머를 존재론적 일원성으로 용해시키는 작업입니다. 얀들은 1954년 인스부르크에서 프리데리케 마이뢰커를 알게 되었으며, 그 후에 두 사람은 동료 시인이자 연인으로 오랫동안 함께 살았습니다. 시는 마이뢰커에게 헌정되어 있지만, 시에서 간접적으로 드러나는 여인이 그미인지는 불분명합니다. 시의 모티프는 "파리"입니다. 얀들은 의도적으로 이것을 "수컷menchens," "물건dings," "놈sein" 등과 같은 민중적 언어를 사용하여 표현합니다. 이는 시인이 느끼는 아침의 화려한 열정을 희화화하기 위함인 것 같습니다. 만약 이러한 우스꽝스러운 대비가 없었더라면, 시는 순진무구한 연애시 한 편으로 전락했을지 모릅니다. 어디 그뿐일까요? 동사의 인칭 어미인 "en"을 작위적으로 첨가함으로써, 달콤하고도 에로틱한 시적 정조는 우스운 분위기로 돌변하게 됩니다.

판타지는 얀들과 마이뢰커에게 기존의 것 내지 가상적인 무엇을 서술함으로써 소진되지는 않습니다. 이 세상에 존재하지 않는 객체를 생산해 내는 작업이 무엇보다도 중요합니다. 이는, 얀들에 의하면, 오로지 문법과 문장을 느슨하게 하는 방법에 의해서 기능할 뿐이라고 힙니다. 이로써 형성되는 상은 어떤 왜곡된 것으로 비치는 언어의 상인데, 이는 자연스럽게 인지되는 일상의 세계를 새로운 무엇으로 인지하게 합니다.

ELKE ERB

엘케 에르프

엘케 에르프(1938-)는 아이펠에 있는 셰르바흐에서 태어났다. 1949년 동독의 할레로 이주하였으며, 1963년 교사 시험 Lehrerexamen을 치른 뒤에 줄곧 출판사에서 편집인으로 일하였다. 에르프는 1966년부터 전업 작가로서 베를린에서 살고 있다. 그미는 시뿐 아니라, 산문 번역 일도 하고 있다. 에르프의 시세계는 시적 자아의 확정된 자기 동일성에 대한 거부로 요약할 수 있다. 에르프의 시는 독자로 하여금 스스로 통상적 입장 내지는 관점을 거부하도록 한다. 이를 위해서 시인은 "변화된 시각" 내지 "흔적 찾기"를 집중적으로 작품에 도입하고 있다. 이렇게 함으로써 사람들의 의식을 변화시키고 행동 방향을 옮겨놓을 수 있다는 것이다. 이는 1975년에 간행된 작품집 『소견서, 시와 산문 Gutachten, Poesie und Prosa』에서 그대로 나타난다. 엘케 에르프는 알지 못하는 사물을 추적하면서, 주로 어떤 익숙한 특성과 낯선 특성을 동시에 인지한다. 여기서 발견되는 것은 이러한 두 가지 특성 사이에 도사리고 있는 거대한 고통 내지 내적 차이점들이었다.

통일 후의 균열의 혼란

"나의 인생 편력을 너에게서
분명하게 듣고 싶어

가령 왜 사람들은 절반은 초라하게
절반은 정상으로 나를 바라보지?

그게 아니라면 내가 절반쯤
초라하거나, 절반쯤 정상일까?"

"내가 도대체 어디서
너의 인생 편력을 알겠니?

만약 그게 너의 관심사였다면,
이야기는 이미 끝난 거야."

"이야기가 이미 끝났다면
명확해, 나는 갈 거야."

Spaltungsirr nach der Vereinigung

"Ich will von dir endlich Klarheit/ über meine Biographie://
Warum sehen mich die Leute so an,/ die Hälfte schäbig, die

Hälfte normal?"// Oder ist es so, bin ich/ zur Hälfte schäbig, zur Hälfte normal?"// "Woher kenne denn ich/ deine Biographie?// Wenn das dein Anliegen war,/ so ist das Gespräch beendet."// "Ist das Gespräch beendet, klar, so geh ich eben."

질문
1. 첫 번째 연에 나타나는 소외감, 불안감, 우스꽝스러운 점을 지적하세요.
2. 제2연에서 "사람들"은 구체적으로 누구를 가리키는가요?
3. 세 개의 질문 속에 담긴 화자의 태도를 유추한다면, 그것은 어떠할까요?
4. "이야기는 이미 끝난 거야."를 설명해 보세요.
5. 마지막 연을 첫 번째 연과 비교해 보면, 우리는 어떠한 결론을 도출해 낼 수 있습니까?

해설
맨 처음 제기되는 질문은 독자를 당혹스럽게 만듭니다. 시적 화자는 마치 기억 상실증 환자처럼 자신의 흔적을 찾으려 합니다. 말하자면 자신이 살아온 길을 "당신"을 통해서 듣고 싶어 합니다. 어쩌면 두 사람은 지금까지 달리 살아왔는지 모릅니다. 그렇다면 이것은 동독인과 서독인의 만남일까요? 아니면 동독 내의 세대 차이를 지닌 사람들의 만남일까요? 아마 둘 중 하나일 것입니다. 시적 화자는 구체적으로 묻습니다. 가령 "왜 사람들은 절반은 초라하게/절반은 정상으로 나를 바라보지?//그게 아니라면 내가 절반쯤/초라하거나, 절반쯤 정상일까?" 이 구절에서 통일의 경제적, 문화적, 심리적 혼란을 유추할 수 있습니다. 서로 다른 삶의 경험과 사회의 경험들이 서로 부딪치고, 이는 제각기 다른 사람에게 기이하게 비칠 수 있습니다. 시적 화자는 자신을 바라보는 세인의 눈길에 대해 당황스러움과 불쾌함을 동시에 느낍니다. 어쩌면 그는 자신을 바라보는(혹은 깔보는) 눈길에 대해 어떤 저항의 전략을 찾으려고 하는지 모릅니다. 어쨌든 우리는 제1연에서 제3연까지의 단락에서 대화 단절 내지는 차단된 의사소통의 상황을 충분히 감지할 수 있습니다.

문제는 제4연입니다. 상대방은 앞의 질문에 대해 추호의 관심도 기울이지 않습니다. "내가 도대체 어디서/너의 인생 편력을 알겠니?//만약 그게 너의 관심사였다면,/이야기는 이미 끝난 거야." 시적 자아는 고립된 상황 속에서 대화의 문을 열어젖히려고 하지만, 문은 조금도 열리지 않습니다. 어쩌면 이러한 반응은 처음부터 예정된 것인지 모릅니다. 자신의 인생 편력을 타인에게서 찾으려는 시도 자체가 잘못된 것이었을까요? 제 살기도 바쁜데, 남들이 어찌 나의 삶에 대해 조언커녕, 나의 과거 행적에 대한 조언을 들려줄 수 있을까요? 시적 자아의 입장에서 고찰할 때 더욱 기분을 우울하게 만드는 것은 상대방의 냉담입니다. "이야기는 이미 끝"났다고 돌아서려는 상대방에게 내뱉을 수 있는 말은 무엇입니까? 자존심을 지키기 위해서는 상대방보다 먼저 등을 돌리는 일입니다.

위의 시에 표현된 두 사람의 대화는 마르틴 발저Martin Walser를 둘러싼 논쟁을 연상케 합니다. 통독 이후에 사람들은 여전히 과거의 끔찍한 범죄들에 관해서 더 이상 기억하려 하지 않습니다. 이러한 경향은 60년대 서독의 현실뿐 아니라, 90년대 초 통일된 독일에서 다시금 반복되어 나타나고 있습니다. 역사가, 자울 프리트렌더Saul Friedländer는 1998년 통독 이후의 독일인들의 기억 상실증을 다음과 같이 경고하였습니다. "독일인은 다른 나라 사람들과 마찬가지로 정상적인 일상적 사회인들이다. 그러나 정상적인 사회는 과거의 슬픔으로부터 고개를 돌리는 기억 없는 사회인들로 이루어져 있는가?" 이에 대해 마르틴 발저는 1998년 11월 평화상 수상 연설에서 다음과 같이 말합니다. "독일인은 이제 완전히 정상적인 민족, 하나의 일상 사회인들이라고 누군가 말한다면, 이 얼마나 의문스러운가요?" 이렇게 말함으로써 발저는 "독일인들이 유대인 박해라는 짐을 영원히 짊어지고 살 수는 없다"는 자신의 입장을 분명히 하였습니다.

지하철 속의 다수

모자 쓴 남자, 푸른 눈,
높은 코 — 나의 R처럼
카르슈타트, 카르슈타트. 약간 씩씩하게 말했다
헝가리어로 여러 정거장들.

나는 받아쓰려고
시도해 본다. 그때, 사비니,
그들은 내린다.

엘케 에르프

반 호수로 향해 떠났다. 어둠 속에서.

그뤼네발트, 아직 두 정거장.
부인 옆의 중년 부인은 두 개의
새로 구입한 버드나무 의자를

지니고 있었다, 아무 준비 없이
집으로 향하기.
어떻게 살아가는지 채 알기도 전에 끝난다.

Überzahl in der S-Bahn

Einer mit Hut, blauem Aug,/ scharfer Nase - wie mein R./ Karstadt, Karstadt. Sprachen was wacker/ auf Ungarisch mehrere Stationen.// Ich schicke mich an/ mitzuschreiben, da, Savigny,/ stiegen sie aus.// Fuhr nach Wannsee. Im Dunkeln.// Grünewald, zwei Stationen noch./ Matrone neben Matrone trug/ übereinander zwei neu erstandene// Korbsessel marsch/ vor dem Bauch nach Haus./ Ehe ich weiß, wie sichs lebt, ist es aus.

질문

1. "카르슈타트"는 베를린의 지하철 역 이름입니다. 이 단어가 반복되는 까닭은?

2. 시에 묘사된 상황은 언제로 유추할 수 있는가요?
3. 시적 자아는 관찰자로 등장하고 있습니다. 그의 태도에 관해서 설명해 보세요.
4. 마지막 행 "어떻게 살아가는지 채 알기 전에 모든 것은 끝난다"를 설명해 보세요.

해설

　독일의 시장에서 생필품을 사려면 주의해야 할 게 있습니다. 저녁 6시 30분이 지나면, 모든 셔터 문이 일제히 내려진다는 게 바로 그것입니다. 저녁이 되면 대부분의 가게 문은 일제히 닫힙니다. 만약 제 시간에 장을 보지 못하면, 레스토랑에서 저녁 식사를 해결해야 하거나 굶어야 합니다. 특히 주말이나 연휴를 미리 알지 못해서 굶주리는 외국인들도 많이 속출합니다.

　작품을 살펴봅시다. 제목 자체가 시적 상황을 그대로 말해 주고 있습니다. 때는 금요일 저녁 6시경, 지하철 내부. 시적 자아는 지하철 객차에 앉아 있습니다. 그는 수많은 사람들이 "카르슈타트" 백화점에서 물건을 사들고 지하철에 오르는 것을 바라봅니다. 수많은 사람들은 서로 알지 못합니다. 그 가운데에는 헝가리어로 대화를 나누는 외국인들도 있습니다. 시적 자아는 그들의 모습에서 연인을 떠올리지만("나의 R처럼"), 시인은 모든 것을 비판적으로 바라봅니다. "일상인들은 왜 나의 삶으로부터 멀리 떨어져 있을까? 그들은 구매해야 할 소비품만을 염두에 둘 뿐, 다른 것은 의식하지 못하지 않는가?" 시적 자아는 헝가리 단어를 "받아쓰려고" 시도하지만, "사비니"라고 불리는 남자와 그의 일행들은 순식간에 하차해 버립니다. 전철은 어둠 속을 뚫고 달립니다.

모두다 누가 어디서 고독하게 사는지 개의치 않습니다. 시적 자아의 앞에는 중년 부인이 앉아 있습니다. 시적 자아는 그미의 삶을 유추합니다. 가족의 저녁 식사 준비 때문에 서둘러 집으로 향하는 것일까요? 신문에 실린 끔찍한 살육에 관한 소식은 그저 자신과 무관한 일일 뿐입니다. 시적 자아는 지하철 내부의 상황을 통해 승객들의 삶을 유추해 보려고 하나, 승객들은 분주히 하차하고 "어떻게 살아가는지 채 알기도 전에" 모든 것은 끝나 버립니다.

GABRIELE ECKART

가브리엘레 에카르트

가브리엘레 에카르트는 1954년 포크트란트의 팔켄슈타인에서 태어났다. 1972년에 그미는 동베를린 훔볼트 대학교에서 철학을 공부하였고, 1979년 라이프치히의 "요하네스 베허 연구소"에 잠시 다녔다. 그 후 에카르트는 전업 작가로 활동하였다. 1987년에 프랑크푸르트 도서 시장에 참석한 뒤 그미는 "나는 사실을 이렇게 본다"라는 책을 간행하려고 했으나 뜻을 이루지 못하였고, 끝내 동독으로 되돌아가지 않았다. 에카르트는 현재 미국 미니아폴리스에서 살고 있다.

세계는 크다

세계는 크다 나는 다만 한 번 산다
이 작은 나라에서 죽치고 앉아 있다
마치 날개에 바늘 꽂힌 채 고정된 나비처럼

작은 나라는 지구 위의 훨씬 높은 곳에 있다
멕시코 만의 난류가 도달하지 않는 곳, 무역풍은 없다
태양이 다만 일당 받고 일하는 야윈 여자처럼 내게 나타나는 곳

바다로 향한 문 앞에서
나라는 어떤 해마 같은 섬을 지니고 있다
그래도 난 그곳의 모든 풀, 갈매기들을 잘 안다

Die Welt ist groß

Die Welt ist groß Ich lebe nur einmal/ Und sitze fest in diesem Ländchen/ Wie ein aufgespießter Schmetterling// Es liegt weit oben auf dem Globus/ Wo der Golfstrom hinreicht nicht und kein Passat/ Und wo die Sonne mir erscheint wie eine magre Tagelöhnerin// Vor seinen Toren in der See/ Besitzt es eine Insel wie ein Seepferdchen/ Doch jeden Grashalm kenn ich dort und jede Möwe

질문

1. 제1연에서 시적 자아가 "날개에 바늘 꽂힌 채 고정된 나비"로 인식하는 까닭은 무엇인가요?
2. 제2연에서 "멕시코 만의 난류"와 "무역풍"이 거론되는 이유는?
3. 태양은 "일당 받고 일하는 야윈 여자"로 비유되고 있습니다. 무엇을 뜻하는가요?

해설

생명이 붙어 있어도, 박제로 살아가야 하는 고통을 아시는지요? 인용 시는 1982년에 발표된 것으로서, 우베 콜베의 「이 안에 태어나」와 거의 동일한 주제를 다루고 있습니다. 서정적 자아는 "이 작은 나라" 속에서 자신의 가능성을 충족시키지 못하고 있습니다. 마치 곤충 채집 상자 속의 "나비"처럼 바늘에 꽂혀 있고, "죽치고 앉아 있을" 뿐 아니라, 행복하게 살지도 못하고 있습니다. 제2연에서 시인은 자신의 거처를 지정학적으로 해명합니다. 그녀는 자신의 공간 속에서 "아무런 위안"도 얻지 못합니다. 시인은 일견 기후라든가 지정학적 사항을 거론하고 있지만, 이는 하나의 기발한 메타포로 이해됩니다. 태양은 "일당 받고 일하는 야윈 여자"로서 의인화되어 있습니다. 이는 체제에 대한 아이러니로 받아들일 수 있습니다. 실제로 에카르트는 동독 북부 해안에 위치한 섬, "히덴제"에서 은거해 살았는데, 제3연에서 이곳의 풍경이 묘사되고 있습니다. 다른 장소는 삭막하고 볼 품 없으나, 최소한 히덴제만큼은 시인에게 어느 정도 위안을 가져다주었는지 모릅니다.

# H. M. ENZENSBERGER

한스 마그누스 엔첸스베르거

한스 마그누스 엔첸스베르거(1929-)는 알고이에 있는 카우프보이렌에서 태어났다. 그의 본명은 안드레아스 탈마이어이다. 1949년부터 1954년까지 그는 에어랑겐, 함부르크, 프라이부르크, 소르본 등지에서 문학, 어학 그리고 철학을 공부하였다. 1955년 클레멘스 브렌타노 시학 연구로 박사학위를 취득하였다. 1955년에서 1957년 사이에 남독 방송국의 프로듀서로 일하면서, 울름 대학교에서 강의를 맡기도 하였다. 1960년에서 1961년 사이에 프랑크푸르트의 출판사에서 편집을 담당하였으며, 1963년에는 잡지 『코스 북 Kursbuch』 편집장으로 일하였다. 엔첸스베르거는 1964년에서 1965년 사이에 프랑크푸르트 대학교에서 시학을 강의하였다. 1957년에는 미국을, 1963년에서 1964년 사이에는 소련을, 1968년에서 1969년 사이에는 쿠바를 방문하였다. 그는 현재 노르웨이와 로마를 오가며 살고 있다. 엔첸스베르거는 사회 비판적인 글을 많이 발표하였으며, 60년 후반부터 재야 운동가로 활동하기도 했다. 특히 그의 서사시 『타이타닉 호의 몰락』은 서구 문명과 생태계 문제를 비판적으로 조명하고 있다.

상급 학교 교과서에 실릴 시

송시를 읽지 마, 내 아들아, 차 시간표를 읽어.
그게 더 정확해. 항해도를 펼쳐 봐,
늦기 전에. 깨어 있어, 노래 부르지 마.
그날이 오면, 그들은 다시 대문에 목록을
붙이고, 반대파의 가슴에 뾰족한 표시를
그리지. 눈에 띄지 않게 걷는 법을 배워. 거주지,
여권, 얼굴 바꾸는 법을 나보다 더 많이 배워.
작은 배반에 익숙하고, 매일 매일 더러운
구원에도 능숙해야 해. 교황의 칙서들은
불쏘시개로 쓰고, 성명서들은
저항할 수 없는 자들에게는 버터와 소금을
보상하는 데 쓰이지. 분노와 인내가 필요해,
권력의 허파에 미세한 독 먼지를
불어넣으려면. 아주 정확하고, 많이
배운 사람들 그리고 바로 너에 의해
갈아 만든 독 먼지를.

Ins Lesebuch für die Oberstufe
Lies keine Oden, mein Sohn, lies die Fahrpläne:/ sie sind genauer. Roll die Seekarten auf,/ eh es zu spät ist. Sei wachsam, sing nicht./ Der Tag kommt, wo sie wieder Listen

ans Tor/ schlagen und malen den Neinsagern auf die Brust/
Zinken. Lern unerkannt gehn, lern mehr als ich:/ das Viertel
wechseln, den Paß, das Gesicht./ Versteh dich auf den kleinen
Verrat,/ die tägliche schmutzige Rettung. Nützlich/ sind die
Enzykliken zum Feueranzünden,/ die Manifeste: Butter
einzuwickeln und Salz/ für die Wehrlosen. Wut und Geduld
sind nötig,/ in die Lungen der Macht zu blasen/ den feinen
tödlichen Staub, gemahlen/ von denen, die viel gelernt haben,/
die genau sind, von dir.

질문

1. 제목이 시사하는 비판적 내용은 무엇인가요?
2. 제5행의 "뾰족한 표시"는 무엇을 연상시킵니까?
3. 아버지가 아들에게 전하는 메시지에 해당하는 단어를 본문에서 찾아보세요.
4. "권력의 허파에 미세한 독 먼지를/불어 넣"기 위하여, 시인은 무엇을 권하는가요?

해설

「상급 학교 교과서에 실릴 시」는 1957년에 발표되었습니다. 같은 해 영국에서는 존 오스본John Osborne의 『성난 얼굴로 돌아보라 Look Back in Anger』가 발표되었습니다. 사람들은 "분노한 젊은 세대 angry young men"에 관해 언급하였습니다(Reich-Ranicki 2000: 384f). 따지고 보면 엔첸스베르거 역시 이 세대에 속합니다. 시를 살펴보기로 합시다. 운율은 의도적으로 생략되어 있으며,

제목 역시 무척 특이합니다. 오늘날 고등학교에서는 거의 송시를 다루지 않습니다. 송시를 다루는 교사는 김나지움 교사직에서 물러나야 할지 모릅니다. 따라서 그러한 제목은 그 자체 아이러니와 다름이 없습니다. 시적 자아는 아들에게 송시를 읽거나, 노래 부르지 말라고 경고합니다. 대신에 차 시간표를 읽고, 항해도를 펼치라고 요구합니다. 차 시간표와 항해도는 어디론가 떠나는 데 도움이 되지 않습니까? 상기한 시구는 솔로몬의 격언을 연상시킵니다. "아침을 찬양하지 말라. 왜냐하면 오늘 무슨 일이 닥칠지 너는 알지 못하기 때문이다." "내 아들아, 꿀을 먹어라. 그것은 좋다. 너의 영혼을 위한 지혜를 배워라."

그래, 끔찍한 독재 상황은 얼마든지 다시 반복되어 나타날 수 있습니다. "그날이 오면," 특정 인종은 재차 낙인찍히고, 반체제 인사는 다시금 구속될지 모릅니다. 그러면 후세 사람들은 "눈에 띄지 않"아야 합니다. 그들은 변장에 능해야 하며, 마지못해 고향을 등져야 할지도 모릅니다. 그렇디고 해서 시인은 후세 사람들에게 무작정 도주만을 권하지 않습니다. 왜냐하면 도망치는 것만이 능사는 아니기 때문입니다. 물론 이들이 필요로 하는 것은 극한적 한계 상황에서 살아남는 생존 능력인 것은 사실입니다. 그렇지만 후세 사람들은 실제 현실에서 날조되고 뒤바뀌어 수용되는 진실과 거짓의 관계를 꿰뚫어볼 줄 알아야 합니다. 그래야만 그들은 독재에 대해 "분노"하고, 어느 순간까지 "인내"하지 않겠습니까? 시인은 강한 어조로 말합니다, 후세 사람들이 교묘한 방법을 동원하여 권력자에 대항하여 싸울 줄 알아야 한다고 말입니다. 이는 바로 저항입니다. "권력의 허파에 미세한 독 먼지를 불어넣"는 일은 비판적 행위에 대한 비유나 다름 없습니다. 우리가 자유롭게 살 수 있는 유일한 방법은 비판하는 행위가 아닙니까?

미들 클래스 블루스

우리에겐 한탄할 게 없다.
우리는 할 일이 있다.
우리는 배부르다.
우리는 먹는다.

풀이 자란다.
국민 총생산이
손톱이
과거가.

거리는 텅 비었다.
결산은 완벽하다.
사이렌은 울리지 않는다.
그건 일시적이다.

죽은 자들은 유서를 만들었다.
비가 약해졌다.
전쟁은 아직 선포되지 않았다.

서두를 필요 없다.

우리는 풀을 먹는다.
우리는 국민 총생산을 먹는다.
우리는 손톱을 먹는다.
우리는 과거를 먹는다.

우리에겐 숨길 게 없다.
우리에겐 놓칠 게 없다.
우리에겐 말할 게 없다.
우리는 가지고 있다.

시계의 태엽은 감겼다.
실제 상황은 정리되어 있다.
설거지는 이미 끝났다.
마지막 버스가 지나간다.

버스는 비어 있다.

우리에겐 한탄할 게 없다.

우린 무엇을 기다리는가?

middle class blues

wir können nicht klagen./ wir haben zu tun./ wir sind satt./ wir essen.// das gras wächst,/ das sozialprodukt/ der fingernagel,/ die vergangenheit.// die straßen sind leer./ die abschlüsse sind perfekt./ die sirenen schweigen./ das geht vorüber.// die toten haben ihr testament gemacht./ der regen hat nachgelassen./ der krieg ist noch nicht erklärt./ das hat keine eile.// wir essen das gras./ wir essen das sozialprodukt./ wir essen die fingernagel./ wir essen die vergangenheit.// wir haben nichts zu verheimlichen./ wir haben nichts zu versäumen./ wir haben nichts zu sagen./ wir haben.// die uhr ist aufgezogen./ die verhältnisse sind geordnet./ die teller sind abgespült./ der letzte autobus fährt vorbei.// er ist leer.// wir können nicht klagen.// worauf warten wir noch?

질문

1. 제1, 5, 6연에서 "우리"가 반복됩니다. "우리는 먹는다"라는 표현과 "우리는 가지고 있다"는 표현이 말하는 바는 무엇인가요?
2. 제6연이 이 시의 클라이맥스로 이해되는 까닭은?
3. 시적 현실은 "깨끗함"과 "질서 잡힘" 등으로 요약할 수 있습니다. 그런데 이러한 특징들이 공허함과 위협을 불러일으키는 까닭은 무엇 때문일까요?
4. 엔첸스베르거는 1960년에 발표한 시에서 다음과 같이 말했습니다. "독일인들은 위로 향하려 하지, 앞으로는 향하려 하

지 않는다." 이 말의 속뜻은 무엇입니까? 그리고 상기한 시의 어느 시구에서 이러한 속뜻이 암시되고 있는가요?

해설

1964년에 발표된 엔첸스베르거의 「미들 클래스 블루스」는 1960년대 이후의 포만한 중산층을 비아냥거리는 시입니다. 50년대에 발표되었던 시들은 풍자와 아이러니를 위하여 조어와 언어 유희를 충분하게 사용하였습니다. 이에 반해서 시집 『점자 *blindschrift*』에 실린 시 작품은 간결한 문장으로 직조되어 있습니다. 여기에는 사회 변화를 이룩하지 못한 시인의 절망과 체념이 은밀히 용해된 것 같습니다.

「미들 클래스 블루스」 역시 그러합니다. 서독의 소시민들은 경제적으로 윤택하게 되자, 이제 더 이상 "한탄"하려고 하지 않았습니다. 왜냐하면 그들에게는 "할 일이 있"었기 때문이지요. 이러한 발언 속에는 "자신에게 주어진 일만 충실히 하면, 더 이상 다른 일에 관여하지 않아도 된다"는 수수방관의 소시민 근성이 감추어져 있습니다. 그들은 싫증날 정도로 배불러 있는 것입니다. 가령 그들은 "국민 총생산"에 관해 걱정할 필요가 없습니다. 모든 게 질서 잡혀 있는 것처럼 보이지만, 이것은 일시적입니다. 시적 자아는 "사이렌이 울리지 않"는 상태를 "일시적"으로 규정합니다. 왜냐하면 인류의 역사에서 평화기는 짧았고, 전쟁 시기는 길었기 때문입니다.

제5연과 제6연은 그 자체 모든 것을 말해 주고 있습니다. "먹는다essen," "가진다haben"로 이루어진 두 연은 "등 따뜻하고 배부른 개가 된 소시민"들의 느긋하고도 포만한 태도를 그대로 보여 주기에 충분합니다(Hoffmann 98: 264). 왜 그들은 무언가를 숨기지 않을까요? 왜 그들은 안타까워하지 않고 말도 던지지 않을까요? 이에 대한 대답은 간단합니다. 왜냐하면 그들은 재화를 가지고 있기 때문이지요. 맨 마지막 질문은 두 가지 의미를 지닙니다. 첫째로 그것은 베케트의 질문과 유사합니다. 도대체 "우린 무엇을 기다리는가?" 기다림이란 갈구하는 무엇을 전제로 합니다. 갈구하는 무엇 혹은 갈구하는 사람이 없는데, 어떻게 우리는 무언가를 기다릴 수 있단 말입니까? 둘째로 그것은 죽음을 지칭합니다. 이를 암시하는 시어는 작품 속에 여러 번 등장합니다. "유서," "마지막 버스," "시계의 태엽," "서두를 필요 없는" 그리고 "비어 있다" 등의 시어를 생각해 보세요. 작품의 배후에서 시인은 완강하게 외칩니다. 과연 망각의 포만감 속에서 아무 희망 없는 생활이 과연 삶이라고 말할 수 있는가? 하고 말입니다.

부엌 메모지

할 일 없는 오늘 오후에
집에서 나는 열려 있는
부엌 문틈 사이로 바라본다,
우유 주전자, 양파 도마,
고양이 접시 하나를.
식탁 위에는 전보가 놓여 있다.

나는 그걸 읽지 않았다.

암스테르담의 어느 박물관에서
나는 오래 전 그림을 바라보았다,
거기 부엌 문틈 사이로
우유 주전자, 빵 바구니,
고양이 접시 하나를.
식탁 위에는 편지가 놓여 있었다.
나는 그걸 읽지 않았다.

모스크바 강가의 여름 별장에서
몇 주 전에 나는 바라보았다,
열려 있는 부엌 문틈 사이로
빵 바구니, 양파 도마
고양이 접시 하나를
식탁 위에는 신문이 놓여 있었다.
나는 그걸 읽지 않았다.

열려 있는 부엌 문틈 사이로
나는 바라본다, 쏟아진 우유,
삼십 년의 전쟁들,
양파 도마 위의 눈물,
반 로켓 — 로켓
빵 바구니들
계급투쟁들을

왼쪽 아래의 구석에 있는
고양이 접시를 나는 바라본다.

küchenzettel

an einem müssigen nachmittag, heute/ sehe ich in meinem haus/ durch die offene küchentür/ eine milchkanne ein zwiebelbrett/ einen katzenteller./ auf dem tisch liegt ein telegramm./ ich habe es nicht gelesen.// in einem museum zu amsterdam/ sah ich auf einem alten bild/ durch die offene küchentür/ eine milchkanne einen brotkorb/ einen katzenteller./ auf dem tisch lag ein brief./ ich habe ihn nicht gelesen.// in einem sommerhaus an der moskva/ sah ich vor wenigen wochen/ durch die offene küchentür/ einen brotkorb ein zwiebelbrett/ einen katzenteller./ auf dem tisch lag die zeitung./ ich habe sie nicht gelesen.// durch die offenen küchentür/ sehe ich vergossene milch/ dreißigjährige kriege/ tränen auf zwiebelbrettern/ anti-raketen - raketen/ brotkörbe/ klassenkämpfe./ links unten ganz in der ecke/ sehe ich einen katzenteller.

질문
1. 제목이 상징하는 바는 무엇일까요?
2. 왜 시인은 "전보," "편지" 그리고 "신문"을 읽지 않았을까요?
3. 이 시가 독자에게 말하려는 것은 무엇일까요?

해설

이 시는 1964년에 간행된 시집 『점자』에 실린 것입니다. 이 시집에서 시인은 이전의 비판적 참여 정신을 접고, 지금까지의 자신의 예술적, 정치적 행위를 성찰하고 있습니다. 우울하게, 비관적으로 울려 퍼지는 시의 분위기가 시인의 내면을 우리에게 그대로 전해 줍니다. 시적 자아는 제1연에서 의도적으로 어느 휴양지에서 은둔자로서 칩거하고 있습니다. 그곳은 네덜란드에 위치하고 있는 "트외메Tjöme"라는 섬이라고 합니다(Hiebel 2005: 445). 어느 날 오후 부엌에서, 시인의 뇌리에는 과거에 "이미 본déjà vu" 상이 떠오릅니다. 그것은 암스테르담의 어느 박물관에서 그리고 모스크바 강가의 별장에서 직접 겪었던 상이었습니다. 가령 시인은 언젠가 암스테르담의 "리크Rijk 박물관"에서 그림을 관람한 적이 있었습니다. 그것은 네덜란드 화가, 얀 페르메어Jan Vermeer가 그린 부엌의 정물화를 가리킵니다. 놀라운 것은 시인이 제가가외 상황 속에서 "전보," "편지" 그리고 "신문"을 읽지 않았다는 사실입니다. 그것들을 읽지 않더라도 그는 내용을 훤히 알고 있습니다. "전보" 속에는 징집 사실이 적혀 있고, "편지" 속에는 동원령에 대한 필요성이 설명되어 있으며, "신문"은 무엇보다도 전쟁에 관한 소식을 다루고 있습니다. 그렇다면 왜 시인은 이러한 소식들을 외면하려고 하는 것일까요? 갈등, 전쟁 그리고 계급투쟁은 언제 어디서나 항상 존재해 왔습니다. 시인은 비극의 반복과 "항존성Ubiquität"을 시적으로 다루고 있습니다.

엔첸스베르거의 시는 여러 각도에서 해석할 수 있습니다. 추측컨대 시인은 거대한 세계 곁에는 항상 작은 세계가 있다는 사실을 말하려고 했는지 모릅니다. 예술의 거대한 역사를 한꺼번에 보여 주는 박물관에도 부엌 장면이 있습니다. 소련에도 작은 일상의 세계가 존재합니다. 어쩌면 사람들은 거대한 세계 때문에 작은 세계를 외면해 왔습니다. 어쩌면 작은 세계는 일반 사람들이 살아가는 일상성과 다를 바 없는데, 전쟁과 계급투쟁 등의 문제 때문에 잊혀진 게 아닐까요? 어쩌면 인간의 삶은 그 자체 작은 세계들로 이루어져 있는지 모릅니다. 놀랍게도 제4연에서 어떤 내용상의 전복이 나타납니다. 그것은 다름 아니라 일상이 시대적 사건과 정면으로 부딪치는 사항입니다. 가령 "우유"는 쏟아져 있고, 양파 도마 위에는 "눈물"이 떨어져 있습니다. 계급투쟁 역시 "빵"을 차지하려는 자들의 원초적 욕망에서 비롯한 것을 염두에 둘 때, 인간의 일상은 세계의 고통스러운 사건과 결코 무관하지 않습니다. "이 세상에 일어나는 모든 일은 너와 관계 있다"라는 귄터 아이히 G. Eich의 발언을 생각해 보십시오.

연구 공동체

오 예언자들이여 바다에 등 돌리고
현재에 등 돌리고 오 영혼의 편안함으로
미래 속을 들여다보는 마술사들이여,
오 계속 갑판의 난간에 기댄 무당들이여 —
언젠가 문고판 한 권 뒤적거렸지,
너희를 깨달으려면, 그것으로 충분하지!

뼈, 별들, 깨진 조각 등으로부터 무언가
보편적인 것의 안녕을 위해, 내장 속에서
과거의 무엇, 앞으로 도래할 무엇을 읽고 있어 —
오 학문이여! 그대는 성스럽게 축복 받을지어다,
그대의 초라한 희망이여, 축복 받을지어다,
반쯤은 속임수이며, 절반은 통계이니, 죽음의
유형, 돈다발 목표, 증가하는 엔트로피…

그렇게 계속해 봐! 이 유황처럼 누런 불꽃들은
없는 것보다는 있는 게 낫고, 연기 나는
여름날 밤 우리를 즐겁게 해 주는구나!
컴퓨터 프린터가 막 토해 내는 인쇄용지,
무작위 실험, 발굴 작업 그리고 신탁神託의
방법에 따른 몇 가지 조언들 — 만만세!

일시적인 무엇이여, 축복 받을지어다!
거기 아직 충분한 신선한 물은 일시적이야,
피부는 일시적으로 숨 쉬고, 엿들어,
그대의 피부, 나의, 심지어 너희의 피부,
너희, 목재 같은 의학박사들 일시적인
판결에도 불구하고 아직도 숨을 쉬는구나,

각주 그리고 실험용 플라스크에도 불구하고 —
종말은 일시적이야 ("어떤 그침 없는,

세밀하게 분화된 자연의 파국 말이야")
아직 마지막이 아니야 — 그것 참 편안해!

주말에 친애하는 정보통들이여,
— 뉴펀들랜드에 근접하는 조각난 빙산들,
어느 여름 중부 유럽을 강타하는 천둥소리,
연기 자욱한 수평선에 유황빛이 솟는데 —
주말에 연구소 밖으로 나와 봐!
삶이 약간 필요해, 특히 주말에는,
설령 누가 일시적이라 말하더라도, 그저
자연스럽게, 진단하는 가치를 무시한 채.

너희, 오 영원히 지식에 목마른 자들이여,
너희가 불쌍하다, 러시아 별장 다차에서
아일랜드 농가 코르쿨라에서 바다를 등지고
영혼의 편안함으로 그대의 두뇌를 그냥
열어젖히는 걸 보면 — 탁구 시합에
너희의 불꽃이 제발 꺼지지 않기를 바란다!
계속해 봐! 나는 너희에게 축복을 보내노라.

Forschungsgemeinschaft

O Propheten mit dem Rücken zum Meer,/ mit dem Rücken zur Gegenwart, o seelenruhig/ in die Zukunft blickende Zauberkünstler,/ o immerfort an die Reling gelehnte

Schamanen -/ einmal ein Taschenbuch durchgeblättert,/ das genügt, um euch zu begreifen!

Aus Knochen lesen, aus Sternen, aus Scherben,/ zum Wohle der Allgemeinheit, aus Eingeweiden,/ was gewesen ist und was bevorsteht -/ o Wissenschaft! Gebenedeit seist du,/ gebenedeit deine kleinen Lichtblicke,/ halb Bluff halb Statistik: Todesarten,/ Geldmengenziele, wachsende Entropie...

Weiter so! Diese schwefelgelben Erleuchtungen/ sind besser als nichts, sie unterhalten uns/ an dunstigen Sommerabenden:/ Papierbahnen frisch vom Computer,/ Stichproben, Ausgrabungen, Tips/ nach der Delphi-Methode - bravo!

Gebenedeit sei das Vorläufige!/ Vorläufig ist noch genug frisches Wasser da,/ vorläufig atmet und lauscht die Haut,/ deine Haut, meine, - sogar die eure,/ ihr holzigen Medizinmänner, atmet noch,/ ungeachtet der Bleibeverhandlungen,

der Fußnoten und des Stellenkegels -/ vorläufig ist das Ende ("eine unaufhörliche,/ feinverteilte Naturkatastrophe")/ noch nicht endgültig - das ist angenehm!

Also am Wochenende, liebe Mitwisser,/ - vor Neufundland vereinzelt Eisberge,/ über Mitteleuropa Sommergewitter,/ schweflig am dunstigen Horizont -/ nichts wie raus aus den Instituten!/ Ein bißchen Leben am Wochenende,/ was immer das heißen mag, vorläufig/ natürlich nur, und ohne prognostischen Wert.

O ihr ewig nach Erkenntnissen Dürstenden,/ ihr dauert mich, wie ihr dann auf der Datscha,/ im irischen Bauernhaus, auf Korcula,/ mit dem Rücken zum Meer, seelenruhig/ euer Gehirn ausklinkt - daß euch allerdings/ beim Ping-Pong die Fackel nicht ausgehe!/ Nur so weiter! Ich segne euch.

질문

1. 제1연에서 학자가 "예언자," "마술사," "무당"으로 비유되는 까닭은?
2. 제2연에서 학문 만능주의가 빚어낸 결과를 나타내는 시어를 고르시오.
3. 시인은 학자를 어떻게 간주하고 있습니까?
4. "자욱한 지평선"과 "유황빛"이 시사하는 바는 무엇입니까?

해설

프리드리히 횔덜린Hölderlin은 『휘페리온』에서 다음과 같이 술회한 바 있습니다. "오래 전부터 야만인인 독일인들, 종교와 학문으로 더욱 야만적으로 변했다." 종교에 의해 야만적으로 변했다는 말은 어느 정도 이해할 수 있습니다. 그런데 학문을 통해 야만적으로 변했다는 말은 무슨 뜻일까요? 학문 연구는 인간의 전인적 삶을 도모하고, 개개인에게 행복을 가져다주지만, 때로는 어떤 부작용을 낳습니다. 즉, 하나의 특정한 영역에 골몰하는 "전문백치Fachidiot"를 양산합니다. 하나의 일에 몰두하다가, 결국 세상의 제반 관련성을 상실하는 외눈박이 거인Zyklop을 생각해 보세요.

엔첸스베르거의 시 「연구 공동체」는 독일의 학문 만능주의에 대한 신랄한 비판을 담고 있습니다. 이 작품은 1978년 『타이타닉호의 몰락』에 실렸습니다. 제1연에서 학자는 "예언자," "마술사" 그리고 "무당" 등으로 비유되고 있습니다. 태곳적부터 식자는 다른 사람들보다 많은 지식을 습득하고 있었으므로, 세인의 추앙을 받곤 했습니다. 그러나 학문 행위는 반드시 진리만 "도출"해 내고, "보편적인 것의 안녕"만을 "채굴"해 내지는 않습니다. 오늘날 발전된 학문은 때로는 주어진 현실 내지 인간적인 삶을 기만하기도 합니다. 특히 자연과학은 인문과학이 지니고 있던 가치 척도를 거의 장악했습니다. 그리하여 자연과학자들은 자연스러운 삶을 기만하고, 모든 것을 "통계"에 의존하고 있습니다. 그들은 죽음의 영역을 의도적으로 망각하고, 무한한 재화를 추구하며, 모든 자연과학적 수단이 현대인의 행복을 담지하고 있다고 굳게 믿습니다.

　제3연은 자연과학적 실험에 대한 아이러니로 이해할 수 있습니다. "누런 빛," "연기" 등은 과학 실험을 지칭하는 시어들입니다. 과학자들의 낙관주의적 맹신은 컴퓨터의 "인쇄용지"에서, 예컨대 보이체크Woyzeck에게 완두콩만 먹게 하는 "무작위 실험"을 통해서, "발굴 작업"에 의해서 그리고 "신탁"에 의한 "조언" 등에 의해서 그대로 드러납니다. 그러나 자연과학자들의 찬란한 낙관주의는 일시적 만족에 바탕을 두고 있습니다. 과연 학문은 오늘날 무엇을 할 수 있는가요? 전 인류가 지구의 황폐화로 인하여 파국을 맞이할지 모르는데, 과학 기술을 주도하는 자들은 낙관주의의 허구에 함몰해 있을 뿐입니다. 제4연과 제5연은 이에 대한 신랄한 비판을 담고 있습니다. 거대한 죽음이 전 인류에게 닥칠지 모르는데, 굳은 머리의 "목재 같은" 의학자들은 학문의 발전으로 인간이 오래 살 수 있다고 피력하고 있습니다. 그러나 그들이 말하는 "장수"란 그저 생명의 일시적 연장에 불과합니다.

그러나 자연과학자들은 어느 맑게 갠 날 아침 우연히 어떤 비밀을 감지합니다. 그들은 결국 "못 볼 것을 보고만" 것입니다. 그것은 전 지구의 황폐화로 인한 파국의 가능성입니다. 제6연에서 "조각난 빙산"은 이산화탄소의 증가로 북극의 얼음이 녹는 것을 뜻합니다. 전 지구의 보편적 위기인 생태계 파괴 현상은 자연과학자에게도 속수무책으로 다가올 뿐입니다. "여름 천둥"은 기상이변으로 인한 자연 재해를 상징하는 시어입니다. 전 세계적으로 퍼져 있는 대기 오염 현상은 "자욱한 수평선"의 "유황빛"으로 요약되고 있습니다. 그럼에도 자연과학자들은 그야말로 전문 백치처럼 매일 연구소에 칩거하며, 공식과 실험에 골몰할 뿐, 자연스러운 삶과 여가를 즐기지 못합니다. 마지막 연에서 과학자들은 시인의 마음속에 연민의 정을 부추깁니다. 왜냐하면 그들은 자연스러운 삶에 위배되는 지식에 영원히 목말라 하기 때문이지요. 심지어 휴가 기간 동안 휴양지에서도 그들은 연구 내용에 골몰해야 합니다. 이러한 태도는, 시인에 의하면, "탁구 시합"과 다를 바 없습니다. 왜냐하면 그들이 자나 깨나 행하는 학문 행위는 자연스러운 삶이라는 정도正道에서 벗어난 게임이기 때문입니다.

BRIGITTE OLESCHINSKI
브리기테 올레신스키

브리기테 올레신스키(1955-)는 쾰른에서 태어나 베를린에서 정치학을 공부한 뒤 줄곧 베를린에서 살고 있다. 그미는 1996년까지 "독일 저항 기념사업" 단체에서 일하였다. 올레신스키는 가령 작센의 토어가우에 있는 나치 법원을 전쟁 기념관으로 바꾸는 일에 가담하였다. 그미의 시는 아무도 눈여겨보지 않는 사물을 예리하게 투시하여, 그 속에 도사린 어떤 존재의 비밀을 예리하게 꿰뚫고 있다. 시집으로서 『마음의 열기 조절 *mental heat control*』(1990), 『당신의 여권은 이상 없습니다 *Your passport is not guilty*』(1997)가 있다.

얼마나 좁고 가벼운가, 어떤 연료 날개-

덮개는, 왜냐면 연료 덮개 손잡이 속에는 먼지처럼 부드러운 주름이
  붙어 있고, 더듬이들과 눈

그리고 수마일 떨어진,

웡웡거림이 주위에,
열기 속에서 깊이 긴장 풀고 있는

마치 연료총의 손잡이
손처럼

Wie eng, wie leicht: Ein Tankflügel-
stutzen, weil in den Tankstutzengriff sich eine staubweiche Falte/ schmigt, Fühler und Augen// und das meilenweite// Summen rundum, das tief in der Hitze/ sich entspannt// wie in der Hand der Bügel/ der Zapfpistole

질문
1. 시적 자아는 현재 어디서 무엇을 하고 있습니까? "연료 덮개"에다 "날개"라는 단어가 첨가된 까닭은?

2. "수마일 떨어진" 곳에서 "윙윙" 거리는 주체는 무엇인가요?
3. 어째서 시인은 주유소의 장면을 곤충의 삶과 대비시키고 있습니까?

해설

  첫 행에 기술된 시어는 우리를 몹시 당황하게 만듭니다. "연료 덮개"는 "연료 날개 덮개"로 표현되어 있습니다. 여기서 우리는 시인이 의도적으로 "날개"라는 단어를 삽입한 것을 알 수 있습니다. 왜 그렇게 표현했을까요? 시인은 연료 덮개에 붙어 있는 "먼지처럼 부드러운 주름"으로 하여금 나비 한 마리를 연상시키도록 조처한 것일까요? 그럴지도 모릅니다. 시적 자아는 작중 현실에 직접 드러나지 않지만, 그의 눈은 어느 초여름의 주유소를 바라봅니다. 독일에서는 총잡이로 일하는 젊은이들이 없어서, 운전자가 직접 주유해야 합니다. 기름(혹은 가스)을 넣는 동안 운전자는 무얼 하는가요? 우리는 주유하는 동안 우두커니 서서 짧은 순간 낮꿈, 즉 백일몽에 사로잡히지 않습니까? 그래, 이 점이 시적 주제를 간파하게 하는 키포인트입니다.

  시 제목 역시 이 순간과 관계있습니다. 기능적으로 살아가는 동안 우리의 시선은 "얼마나" 편협한가요? 주유소의 장면은 일순간 나비의 세계로 뒤집힐 수 있습니다. "연료 덮개"는 곤충, 그것도 나비의 날개로 유추되고 있습니다. "수마일 떨어진,/윙윙거림"도 귓전에 들려옵니다. 바로 이 순간 인간은 하던 일을 멈추고 온갖 망상에 사로잡힐 수 있습니다. 이러한 망상의 순간에 인간은 어쩌면 세계에 살고 있는 자신의 존재를 인지할지 모릅니다. "윙윙거림"은 벌들의 소리로 들립니다. 벌들은 자연 속에서 일하고, 유희하고 있습니다. 놀랍게도 벌들이 초여름에 비행하는 "윙윙거림"은 주유 탱크 속의 기름펌프 돌아가는 소리와 묘하게도 불협화음을 이루지 않습니까?

　그렇다면 시인은 어째서 주유소 장면을 곤충들의 모습과 대비시켰을까요? 현대인들의 자연 착취와 기술 숭배를 지적하기 위함은 아닐 것입니다. 대신에 시인은 무미건조한 주유소를 포에지의 대상으로 삼음으로써 현대적 삶의 의미를 독자에게 묻고 있습니다. 시인은 어떠한 격정도 도입하지 않고, 우리에게 새로운 시각을 부여하고, 편협한 세상을 미적으로 개방시킵니다. 편협하고 갑갑한 세계를 이런 식으로 개방시킨다는 것은 얼마나 간단한 일인가요?

WERNER SÖLLNER

베르너 죌너

베르너 죌너는 루마니아 출신의 독일 시인이다. 죌너는 1951년 루마니아의 호리아에서 태어났다. 1970년 루마니아의 클라우젠부르크에서 물리학, 독문학, 영문학을 공부하였으며, 파울 첼란에 관한 논문으로 석사 학위를 취득하였다. 그 후에 죌너는 부카레스트에 있는 김나지움의 교사로 일하였다. 1976년부터 1982년까지 그는 부카레스트에 있는 아동 서적 출판사에서 독일어 서적 편집자로 생활하다, 1982년 프랑크푸르트로 이주하였다. 1983에 프랑크푸르트 대학에서 강사 생활을 하다가 전업 작가로 활동하기 시작하였다. 시집으로 1992년에 출간된 『고수의 잠 *Der Schlaf des Trommlers*』이 있다.

고수의 잠

밤, 뇌우로 인해
노란, 집들은
비어 있고, 말오줌나무
버티는 서늘한 바닥에서
잠자는 자들은 세상을
등지고 잠이 든다

허나 수호자는 불안하게
걷는다, 펄럭거리는 꿈속에서
힘들게 걷는다, 돌로 된
북들을 건드리고
독풀의 나팔을 불면서 흩어진
뼈들을 소환한다

그들은 일어나서
양귀비를 씹고 불안한 가축들과
대화 나누고 쥐들에게
빵에 관해 물으며
쇠로 된 못을 죽음에서
뽑아내고 있다

바다, 서늘한

망각에 관하여, 그때 나는
역청 마리와 함께 있었다, 입에는
왜당귀가 있었다, 고수는
찢겨진 시간 속에
나무 옷을 입고 서 있다

Der Schlaf des Trommlers

Nacht, gelb/ von Gewittern, die Häuser/ sind leer, im kühlen Grund/ wo der Holunder sich hält/ schlafen die Schläfer/ sich aus der Welt// Aber der Hüter geht/ unruhig, im flackernden Traum/ geht er schwer, er rührt/ die Trommeln aus Stein/ und ruft mit der Schierlingsposaune/ das verstreute Gebein// Sie stehn auf/ und kauen den Mohn, sie reden/ mit dem unruhigen Vieh, sie fragen/ die Mäuse nach Brot/ und ziehen eiserne Nägel/ sich aus dem Tod// Grund, kühl/ von Vergessen, da war ich/ mit Pechmarie, hatte Liebstöckel/ im Mund, im hölzernen Kleid/ steht der Trommler/ in zerrissener Zeit

시어 설명

서늘한 토대: 아이헨도르프의 시 「부숴진 작은 반지 Das zerbrochene Ringlein」에서 인용된 것 같아 보인다. "서늘한 토대 속에서/방앗간 바퀴가 돌아가지/그곳에서 거주하던/내 사랑은 훌쩍 사라졌지//방앗간 바퀴소리 듣고 있어/내가 무얼 바라는지

몰라/무엇보다도 그냥 죽고 싶어/그럼 순간 조용해지겠지" (Hoffmann 98: 192). 말오줌나무: 열매는 검은 자줏빛인데, 신경 안정제 내지 수면제로 쓰인다. 독풀의 나팔: 소크라테스는 독풀 달인 사약을 먹고 죽었으며, 요한계시록에는 일곱 천사가 차례로 나타나 나팔을 분다는 이야기가 씌어져 있다. 쇠로 된 못: 십자가에 박힌 못을 상징한다. 역청 마리: 루드비히 베히슈타인 L. Bechstein의 동화 「황금 마리와 역청 마리」에 등장하는 소녀. 순종적인 황금 마리는 수많은 금을 얻고, 반항적인 역청 마리는 마지막에 시커먼 역청을 뒤집어쓴다. 왜당귀: 약용 식물을 가리킨다.

질문

1. "고수"는 밤을 지키는 "수호자"로 살아갑니다. 그는 어떤 부류의 사람인가요?
2. "잠자는 자들"은 누구일까요? 그는 왜 죽음, 잠 그리고 망각을 의식하려 하지 않는가요?
3. 어떠한 이유에서 고수는 그들을 깨우쳐 주지 못할까요? 이를 암시하는 구절은?

해설

쵤너의 시는 주위의 잠자는 사람들을 일깨워 주려는 시인의 절망적인 시도를 담고 있습니다. "고수"는 현대판 카산드라 Kassandra와 다를 바 없습니다. 왜냐하면 그는 지식인 내지 시인의 사명을 지키려고 하기 때문입니다. 그는 멀리서 울려 퍼지는 뇌우 때문에 북을 거머쥐지는 않습니다. 사람들은 이러한 끔찍한 상황에 대해 이미 주눅 들어 있기 때문입니다. 가령 북극의 얼음이 녹고, 물개가 떼죽음을 당하며, 남극의 오존층 구멍이 커지고, 숲이 죽어가는 데도 사람들은 눈앞의 이득에 집착하여 아무런 비판 의식 없이 그냥 살고 있습니다. 이러한 상황 속에서 쵤너는 북채를 집어 듭니다. 그러나 시인의 이러한 행위는 관객들에게 하나의 재미있는 퍼포먼스로 오해될 뿐입니다. 관객들은 시인의 다급함을 이해하지 못하고, 그저 예술가의 북 치는 재주만을 찬양하고 있습니다.

  제목 역시 이러한 절망적 상태를 그대로 반영합니다. 일반 사람들은 "양귀비"라는 일상의 마약에 절어 있으므로, 더 이상 (생태계 파괴로 인한 기상재해 등과 같은) 위협을 인지하지 못합니다. 파국을 외면하는 태도는 잠자는 자들의 삶의 원칙이기 때문입니다. 그렇기 때문에 시인이 경고하는 "독풀의 나팔" 소리는 그저 허공으로 울려 퍼질 뿐입니다. 고수는 "찢겨진 시간 속에" 살고 있습니다. 그가 지닌 언어의 힘은 안타깝게도 더 이상 효력을 발휘하지 못하고 있습니다.

PETER PAUL ZAHL

페터 파울 찰

페터 파울 찰은 감옥에서 글을 쓰기 시작했다는 점에서 프랑스의 작가 장 주네를 연상시킨다. 1944년 프라이부르크에서 태어났다. 그는 주로 뒤셀도르프 근처에서 성장하였고, 인쇄 공장에서 직업 교육을 받았다. 1964년 군 면제를 받으려고 베를린으로 도주한 그는 군 당국에 다음과 같이 편지를 썼다. "나는 극동 아시아에 머물고 있으니, 나를 찾지 마시오." 찰은 좌파 운동에 가담하면서, 1967년에 문예지 『스파르타쿠스』를 간행하였다. 1972년 경찰의 불심 검문에 불응하며 도주하던 찰은 추격하는 두 명의 경찰과 총격전을 벌였다. 이때 경찰 한 명이 총에 맞아 중상을 입었고, 그 이후 찰의 이름은 수배자 명단에 올랐다. 1972년 겨울, 경찰은 뒤셀도르프에서 자동차를 빌리던 찰을 체포하였다. 찰은 12년 구금 형을 선고받았다. 1979년 찰은 소설 『행복한 사람들』을 발표하였다. 소설은 커다란 호평을 받았다. 사람들은 찰을 정치범 혹은 테러리스트라고 칭하곤 했다. 출옥 후 찰은 이탈리아, 그라나다, 니카라과 등지를 방랑하다가, 1985년에 자메이카에 정주하여 그곳에서 살고 있다.

2월의 태양

침상을 창문 앞에
비스듬히 세우기

그 위에 누운 채
얼굴을 햇빛 속으로

머리를 같은
방식으로 돌리기

안 그러면 얼굴엔
철창 자국 생기지

가끔 바람은 감긴
눈 위를 스치지

너의 손가락으로
그 감촉 상상하기

부드럽게 바람이
스치고 부드럽게

너의 손가락을

떠올리고 있지

더 강한 스침을
나는 더 이상

견딜 수 없지

februarsonne

die pritsche schräg/ vors fenster stellen// auf ihr liegen/ das gesicht in der sonne// den kopf/ gleichmäßig drehen// sonst machten die gitter/ muster im gesicht// manchmal streicht wind/ über die geschlossenen augen// ich stelle mir vor/ es wären deine finger// sacht streicht der wind/ und sacht// denke ich mir/ deine finger// denn stärker/ könnte ich das// nicht ertragen

질문
1. 시적 자아는 현재 어디서 생활하고 있는가요?
2. "바람"은 무엇에 대한 객관적 상관물입니까?

해설
겨울에 사람들은 태양을 그리워합니다. 추운 날씨에 태양은 불과 몇 시간만 빛을 드리웁니다. 그것도 맑은 날에만 가능합니다. 조그마한 "창살의 감옥"에서 시인 역시 2월의 태양을 그리워합니다. 그러나 그는 일광욕을 할 수 없습니다. 창문이 너무 작기 때문입니다. 그래서 시인은 "침상을 창문 앞에 비스듬히 세"우고 드러눕습니다. 오로지 얼굴만 "햇빛 속"에 드러낼 수 있습니다. 그렇지만 시인은 "머리를/같은 방식으로" 돌려야 합니다. "안 그러면 얼굴엔/철창 자국 생기지" ― 그래, 시인은 지금 갇혀 있습니다. 시적 자아는 부자유의 몸입니다. 무슨 이유인지는 몰라도 구금당한 채 살고 있습니다. 바람이 불면, 그는 눈을 감고 사랑하는 여인을 생각합니다. 이때 바람은 마치 그미의 부드러운 손가락처럼 얼굴을 스칩니다. 그미에 대한 생각만이 그의 유일한 기쁨이 아닌가요? 그러나 시인은 더 강한 바람을 도저히 감내하지 못합니다. 왜냐하면 강한 바람은 스스로 갇혀 있다는 자신의 실제 상태를 확인시켜 주기 때문입니다. 그것은 달콤한 사랑의 기억을 순간적 느낌으로 사라지게 만들기 때문입니다. 그래도 시인은 모든 것을 참으려고 합니다. 어차피 태어나 살고 있는 곳이 감옥인 것을….

당국의 술수

틀림없이 그들을 보았을 것이다
군모 속의 그 얼굴들을
여러 번 구타당하는 동안에

틀림없이 그들을 보았을 것이다
군모 속의 그 얼굴들을
구타와 구타 사이에

틀림없이 그들을 보았을 것이다
군모 속의 그 얼굴들을
여러 번의 구타가 끝난 뒤에

"이 개새끼들"이라 말하지 말라
누가 그들을 시켰는지를 말하라

mittel der obrigkeit

man muß sie gesehen haben/ diese gesichter unter dem tschako/ während der Schläge// man muß sie gesehen haben/ diese gesichter unter dem tschako/ zwischen schlag und schlag// man muß sie gesehen haben/ diese gesichter unter dem tschako/ nach den schlägen// sag nicht: diese schweine/ sag: wer hat sie dazu gebracht

질문
1. 죄의 근원은, 시인의 견해에 의하면, 어디에 있는가요?
2. 전체적으로 주어가 생략되어 있습니다. 왜 그렇게 기술했을까요?

해설

 인용 시는 많은 것을 시사하고 있습니다. 사람들은 자신의 눈앞에서 재화를 빼앗아가는 강도에게 울분을 터뜨립니다. 그러나 그들은 보이지 않는 거금을 불법적으로 착복하는 데 대해서는 무감각합니다. 왜냐하면 "돈다발" 혹은 "사과 상자 속에 든 지폐"는 눈에 잘 띄지 않기 때문입니다. 사람들은 권력에 대해서도 그러한 태도를 취합니다. 자신에게 직접 해를 가한 사람들만 밉게 보이는 것입니다. 그러나 이들은 하수인들입니다. 인간은 배후에서 모든 것을 조종하는 자들에 대해서 매우 둔감합니다. 예컨대 광주 민주화 운동 당시 진압군은 노여움의 대상이 될 수 있습니다. 그러나 이들보다 더 끔찍한 자는 군인들에게 정신착란의 약을 먹이고, 뒤에서 학살을 조장한 주범이 아닌가요? 그래서 시인은 호소합니다. "'이 개새끼들'이라 말하지 말라/누가 그들을 시켰는지를 말하라"고.
 이야기 주어가 생략된 것은 지극히 의도적입니다. 시인은 독자들로 하여금 "자신에 관한 이야기"라고 믿도록 하기 위해서 의도적으로 주어를 생략하고 있습니다.

HEINZ CZECHOWSKI

하인츠 체흡스키

하인츠 체흡스키는 1935년 드레스덴에서 관리의 아들로 태어났다. 처음에 그는 제도 및 광고 디자인을 배웠다. 1958년에 체흡스키는 진로를 바꾸어, 요하네스 베허 연구소에서 4년간 문학을 공부하였다. 1961년부터 출판사에서, 70년대 초에는 막데부르크 극장에서 일하였다. 그의 작품은 동독에서 지속적으로 간행되었지만, 정작 자신이 애착을 느끼던 작품들은 대체로 서독에서 발표되었다. 체흡스키는 아돌프 엔들러, 불프 키르스텐, 자라 키르쉬, 베른트 옌취 등과 함께 작센 시학파의 한 사람이다. 현재 그는 라이프치히와 뒤셀도르프 등에서 거주하며, 쓰라린 기억에 대한 회고 작업을 진척하고 있다. 체흡스키는 동독 체제를 사악하다고 생각했으나, 자신의 고향 드레스덴을 몹시 사랑했다. 그렇기에 동독의 붕괴는 그의 내면에 깊은 상처를 안겨주었다. 특히 통일된 새로운 독일이 "소유"와 "번영"만을 중시하는 데 대해 아쉬움과 두려움을 느꼈는데, 이는 최근 작품에서 잘 드러나고 있다.

화염 속에 가라앉는 도시에서

1.
몇몇 작가에게서 아무것도 배울 수 없어.
마치 텔레비전처럼 거대한 화재에 관해 말하는
네게서도 그러해, 하늘 아래 인간,
아무 은총 없이 밤에 비치고, 포플러의
허리를 꺾는 거센 바람이 있었어.

언덕에는 떠들썩한 소리.
여러 숲 속에서는 봄의
분출들. 그렇게 많은 녹색!
그리고 살갗! 공중에는
새들의 필릭거림 그리고 입맞춤.

커브 길 사이 살인의 땅, 거기
관리가 쓰러져 죽은 그곳에서 태어났어,
어느 여자는 밤 시간인데도
빨래를 씻고 있었지, 그미도 관리였어.

이때 도시는 화염으로 예식 올리고 있었지.

요람도, 노래도 없었어.
실내 음량에 맞춰진 라디오에서 들리는

괴벨스의 고함소리. 안을 향해
즐거운 삶 속으로, 바로 이 도시
속으로 들어왔지.

눈꺼풀 가장자리 지나치는 마스크 모습
팀파니는 없고, 오로지 북들은
지하실로 내려가, 자신의
부패한 곰팡이 냄새만
맡고 있었어.

2.
그때 팀파니 소리 야밤의
하늘 위로 울려 퍼졌어. 그때 떨어진
인광燐光. 테르밋.
그때 도시에 남은 건 얼마 없었지.
그때 포도주는 유럽의
테라스 위에 흐르지 않았어.
그렇게 신속하게 시체를
파묻은 적이 없지.

그때 손톱들은 전에 없이 가장 강한
돌덩이를 웅크려 쥐었지.
그때 사람들은 전에 없이
고전적으로 조각된 돌들에 의해
처참히 맞아 죽었지.

이제 강들의 부드러운 파충류들이
철썩거리는 곳에서 도시는 그저 희다.
거기에 위치한 집들과
선량한 망각자들.
그곳에서 인정받는 발명자들의
딸들은 언덕 아래로 달리고 있어.

가끔 나는
그걸 인정해,
내 주위 환경이 좋지 않았음을.
화염 속의 미래를 떠올리지, 허나
미래는 나에게 다가와, 정말 계산하듯이.
그렇지만 내가 빠져나온 시간은
울고 있어.

Auf eine im Feuer versunkene Stadt

1. Ich kann nichts lernen von einigen Dichtern,/ Auch nichts von dir, der du vom Feuer sprichst/ Wie vom Fernsehn, Mensch unterm Himmel,/ Gnadenlos nächtlich beschienen und Pappeln gekrümmt/ Von rasenden Winden.// Zwischen den Hängen: Geplärr./ In den Wäldern: Ergüsse/ Des Frühlings. Soviel Grün!/ Und Haut! Und die Luft voll/ Von dem Geschmetter der Vögel und Küsse.// Zwischen den Kurven der

Mordgrund, da/ Bin ich gezeugt, wo ein Beamter erlag,/ Und eine Frau wusch noch in nächtlicher Stunde/ Die Wäsche, da war sie Beamtin.// Da war die Stadt schon den Feuern geweiht.// Keine Wiege. Kein Lied./ Goebbels' Empfänger, auf Zimmerlautstärke gestellt,/ Schrie. Und hinein gings/ Ins fröhliche Leben, in/ Diese Stadt.// Maskenzüge, die Lidränder streifend,/ Kaum Pauken, nur Trommeln./ Hinab in den Keller, atmen/ Den Modergeruch der eignen/ Verwesung.

2. Da dröhnten die Pauken über/ Den nächtlichen Himmel. Da fielen/ Phosphor, Thermit./ Da blieb nicht viel von der Stadt./ Da floß nicht Wein/ Auf Europas Terrasse./ Da wurden nie schneller/ Gräber gegraben.// Da krampften sich Nägel wie nie/ In die härtesten Steine./ Da wurden Menschen wie nie/ Von klassisch behauenen Steinen/ Erschlagen.// Und wo jetzt die sanften Reptilien der Flüsse/ Plätschern und weiß ist die Stadt/ Mit ihren Häusern/ Und ihren guten Vergessern,/ Laufen die Hänge hinab/ Die Töchter verdienter Erfinder.// Manchmal,/ Ich gebe es zu,/ Steht es nicht gut um mich:/ Die Stadt sehe ich im Feuer, aber/ Die Zukunft kommt mir entgegen, sicher berechnet,/ Doch die Zeit, der ich entronnen bin,/ Weint.

시어 설명 및 힌트

체홉스키의 시, 제1부는 1945년 2월 13일과 2월 14일 연합군 비행기들의 드레스덴 폭격을 형상화하고 있다. 그날 드레스덴에서는 카니발 축제가 열리고 있었다. 그날 22시 13분에 244대의 영국의 랭커스터 폭격기는 드레스덴을 잿더미로 만들어 버렸다. 세 시간 후에 다시 500대의 폭격기가 대대적인 폭격을 가했다. 도시는 온통 불바다로 변해 있었다. 약 65만 개의 방화탄과 20만 개의 폭탄이 드레스덴에 투하되었던 것이다. 2월 14일 자정 무렵부터 새벽 3시 사이에 300대의 대형 미국 전투기가 하늘을 날았다. 도시는 그야말로 지옥의 광경을 연출하고 있었다. 바람 섞인 화염은 거대한 "포플러 허리"를 사정없이 꺾어 놓았으며, 열차를 뒤집어 놓았다. 당시에 얼마나 많은 사람들이 죽었는지 모른다. 보도에 의하면, 사망자 수는 4만에서 13만 5천 명 사이에 이른다고 했다. 생존자 수는 얼마 되지 않아, 수많은 시체를 파묻는 데 애로를 겪었다고 한다(Groth 93B: 55f).

질문

1. "거대한 화제" 소식은 동시대인들에게 잘 선날되었는가요?
2. 사건 당시 시인은 어디에 머물고 있었나요?
3. 시의 2부를 주제를 고려하여 두 단락으로 나누세요. 어디서 끊을까요?
4. 마지막 연에서 암시하는 시인의 메시지는 무엇일까요?

해설

체홉스키는 10세의 나이에 지옥의 광경을 체험하였습니다. 끔찍한 체험은 시인의 기억 속에 간직되어 추체험으로 떠오르고 있습니다. 제2연은 일상의 지루함이 그대로 반영되어 있습니다. 봄, "녹색"으로 덮인 자연 속에는 "살갗," 즉 생명체의 겉모습이

자리합니다. 이는 시인이 일상에서 느끼는 감각적 체험을 지칭하는 것입니다. 제3연에서 시인은 자신의 탄생과 부친의 죽음을 암시합니다. 체홉스키의 부모는 모두 관리 출신이었다고 합니다. "커브 길"에서 아버지는 누군가에 의해 살해되고, 어머니는 아들을 낳아 길렀습니다. 밤 시간에 빨래한 까닭은 추측컨대 어머니가 생계를 유지하기 위해서 낮에 "관리"로 일해야 했기 때문일 것입니다. 제4연은 1행으로 이루어져 있습니다. 도시가 화염으로 "예식"올리고 있었다는 표현은 그 자체 아이러니나 다름이 없습니다. 사건은 워낙 끔찍했기 때문에 수십 년이 지난 후에도 뇌리에서 가시지 않습니다. 게어하르트 하우프트만G. Hauptmann은 1945년에 다음과 같이 말한 바 있습니다. "눈물을 흘릴 줄 모르는 자는 드레스덴의 몰락 당시에 그것을 배우게 될 것이다"(Groth 93B: 56). 제5연은 다시금 파시즘 사회의 일상을 암시합니다. 일상에서는 보호와 조화로움을 뜻하는 노래와 요람 대신에 괴벨스의 선전만이 라디오에서 들려올 뿐입니다. 다시 말해 "즐거운 삶"의 분위기는 죽음의 위협과 부패 등과 같은 그로테스크한 분위기와 뒤엉키고 있습니다.

  시의 제2부 제1연은 앞에서 거론한 드레스덴의 몰락을 간결하게 재현합니다. "인광燐光, 테르밋." 도시는 순식간에 폐허로 변했고, 사람들은 아비규환 속에서 우왕좌왕하고 있습니다. 건물의 잔해 아래에는 수많은 시신들이 깔려 있습니다. 당시 순간적으로 드러난 경악은 "가장 강한 돌덩이를 웅크려 쥐"는 "손톱들"로 표현되고 있습니다. 사람들은 건물의 "고전적으로 조각된 돌"의 아름다움에 찬사를 보내곤 했지만, 그 돌조각들은 폭격에 의해 산산조각이 나서, 사람들에게 튕겨 나갔습니다. 이로써 사람들은 건물의 아름다운 파편에 맞아 죽기도 했습니다. 제2부의 시구들은 급박한 감정을 드러내기 위해서 스타카토, 단문 등을 사용하고 있습니다. "그때"라는 시어가 반복되는 것도 이와 관련됩니다. 1연과 2연은 순식간에 발생한 끔찍한 사건을 그대로 재현하고 있습니다. 여기서 시적 자아는 결코 사건의 현장으로부터 거리감을 취하지 않습니다.

1, 2연이 과거의 끔찍한 사건을 다루고 있다면, 마지막 세 번째, 네 번째 연은 현재의 상황을 묘사하고 있습니다. 도시, 드레스덴은 전쟁 이후에 복구되었습니다. 과거의 끔찍한 흔적은 모조리 제거되어 있습니다. 제3연에서 "그곳에서 인정받는 발명자들"은 "아르덴네Ardenne 연구소"에서 일하는 의학 연구자들을 가리킵니다. 아르덴네 연구소는 동독에서 가장 인정받던 의학 연구 단체였는데, 오늘날에는 의료 기계, 암 퇴치를 위한 치료법 등을 연구하고 있습니다. 여기서 시인이 말하고자 하는 것은 다음과 같습니다. 즉, 과거 드레스덴 한복판은 폐허가 되었는데, 오늘날 드레스덴 중심부에 해당하는 체펠린 가街에는 "아르덴네 연구소"가 평화롭게 자리하고 있습니다. 학자들의 딸들은 끔찍한 과거에 대해 아무것도 모른 채 평화롭게 놀고 있을 뿐입니다.

마지막 연에서 다시 시적 자아가 등장합니다. 제1부 첫 연과 제2부 마지막 연은 전체적으로 시 작품의 "틀"로 작용합니다. 시인에게 망각이란 있을 수 없습니다. 비록 현재의 모든 사람들이 역사를 망각한다고 하더라도, 시인의 과거는 현재의 순간까지 이어지고 있습니다. 따라서 과거의 끔찍한 사건과 현재 일시적으로(?) 주어진 평화로운 순간 그리고 미래에 도래할 무엇 사이의 긴장 관계는 계속 남아 있는 셈입니다.

PAUL CELAN

파울 첼란

파울 첼란(본명: 파울 안첼)은 1920년 부코비나의 체르노비츠에서 태어났고, 1970년 프랑스 파리에서 자살하였다. 그의 부모는 유대인의 피가 섞여 있다는 이유로 강제 수용소에 끌려가, 그의 아버지는 1940년에 티푸스에 걸려 죽었고, 그의 어머니는 총살당하였다. 첼란은 1938년부터 전쟁이 발발할 때까지 의학을 공부하였고, 1939년 이후로 체르노비츠에서 라틴어 문학을 전공하였다. 1942년 독일군이 부코비나를 점령했을 때 도로 포장 공사를 위한 강제 노동에 징집되었는데, 전쟁의 와중에서 살아남았다. 1947년 첼란은 빈을 거쳐 파리로 여행하였다. 그 후에 그는 번역가로서 그리고 대학 강사로 일하면서 살았다. 1950년 프랑스 시민권을 획득한 뒤에 훌륭한 시를 많이 발표하였다.

시편

아무도 우리를 흙과 아교로 다시 반죽하지 않으며,
아무도 우리의 먼지에 관해 말하지 않으리라.
아무도.

칭송 받을지어다, 아무도 아닌 자여.
그대 위해서 우리는
만개하려 한다,
그대를
향해서.

하나의 무無였고,
무이며, 부로 머물리라,
우리는, 만개하면서
무無 ─, 그
아무도 아닌 자의 장미.

밝은 영혼의
암술대, 천국의 거친
꽃가루 주머니와 함께
가시 위
오, 가시 위의
우리가 칭송했던 자줏빛 언어에 의해

붉게 된 왕관과 함께.

Psalm

Niemand knetet uns wieder aus Erde und Lehm,/ niemand bespricht unsern Staub./ Niemand.// Gelobt seist du, Niemand./ Dir zulieb wollen/ wir blühn./ Dir/ entgegen.// Ein Nichts/ waren wir, sind wir, werden/ wir bleiben, blühend:/ die Nichts -, die/ Niemandsrose.// Mit/ dem Griffel seelenhell,/ dem Staubfaden himmelswüst,/ der Krone rot/ vom Purpurwort, das wir sangen/ über, o über/ dem Dorn.

질문
1. "우리"와 "아무도 아닌 자"는 어떠한 관계로 설명할 수 있는가요?
2. "아무도 아닌 자의 장미"는 누구를 지칭합니까? 이는 창조의 역사와 어떻게 관련됩니까?
3. "자줏빛 언어"가 상징하는 바는 무엇인가요?
4. 제4연에서는 결실의 진행 과정이 다루어집니다. 가시 왕관의 그리스도 상이 거론되는 배경은 무엇인가요?

해설
제1연은 유대교와 기독교의 인간 존재의 창조 과정을 내용으로 하고 있습니다. 원래 "아무도" 대신에 "신은"이라고 표현되어야 타당할 것입니다. 이를 고려할 때 제1연은 창조주를 원망하고 부정하려는 의도를 담고 있습니다. 아무도 우리를 창조하지 않고, 아무도 우리의 죽음을 발설하지 않을 것입니다. "우리"는 창조자의 직접적인 사랑과 보살핌으로부터 떠난 존재나 다름이 없습니다. 제2연에서 시인은 아무도 아닌 자를 직접 거명합니다. 비록 탄생과 죽음을 겪을 때 창조자의 사랑과 보살핌을 받지 않았다고 하더라도, "우리"는 그를 위하여, 어쩌면 그에 대항하여 찬란한 생명의 꽃을 피우게 될 것입니다. 마치 창조의 역사가 무이듯이, 이러한 생명의 꽃 역시 "무"일 것입니다. 시인은 제3연에서 역설적으로 묻습니다. 만일 그러하다면, 인간 존재란 "아무도 아닌 자의 장미"가 아닐까요? 제4연에서 시인은 장미의 상을 추적하면서 결실의 진행 과정을 묘사합니다. 인간의 생명은 천국으로부터 비롯한 거친 씨앗이 밝은 영혼의 꽃 대궁 속으로 들어와 저절로 결실 맺게 된 것입니다. 그렇다면 이러한 진행 과정에 신의 의지는 거의 작용하지 않고 있는 게 아닐까요? 신은 존재하지만 접촉할 수 없습니다. 신은 자신의 충만한 존재 속에서 인간 세계를 창조했지만, 인간과 세계 속에 함께 머물기를 포기해야 했습니다. 그렇다면 신은 살아 있는 정신의 창조 속에서 존재하지만, 동시에 언제나 자신의 내부 속에서 휴지하는 존재로서, 현실에서는 실존하지 않습니다. 만일 그러하다면 가시 면류관을 쓴 그리스도 상 역시 인간 정신이 가상적으로 떠올린 허구의 상에 불과하단 말인가요? 그리스도의 고통과 창조를 묘사한 "자줏빛 언어" 속에는 인간 정신의 위대함이 담겨 있습니다. 이러한 언어 역시 과연 헛된 것이란 말일까요?

아우슈비츠의 끔찍한 사건은 파울 첼란으로 하여금 신에 대한 믿음을 약화시키게 했습니다. 그토록 정의와 사랑을 갈구해 온

수백만 사람들이 나치에 의해 목숨을 잃었습니다. 그럼에도 "주는 조금도 흥분하지 않non in commotione Dominus"고 있었던 것입니다.

튀빙겐, 1월

눈멀기를 설-
득당한 눈동자들.
그들의 — "순수하게
출현한 것은
하나의 수수께끼" — 그들의
기억,
갈매기 맴도는, 출렁이는
횔덜린 탑에 관한.

익사한 목수의 방문
이러한 말이
솟아오를 때:

도래한다면,
한 인간이 도래한다면
한 인간이 세상에 도래한다면, 오늘,

추장의 빛 수염을
단 채, 그럼 그는,
이 시대에 관해
말한다면 그는
아마도
다만 자장자장 노래 부르리라
항상 그리고
항상
("팔락쉬 팔락쉬.")

Tübingen, jänner

Zur Blindheit über-/ redete Augen./ Ihre - "ein/ Rätsel ist Rein-/ entsprungenes" - ihre/ Erinnerung an/ schwimmende Hölderlintürme, möven-/ umschwirrt.// Besuche ertrunkener Schreiner bei/ diesen/ tauchenden Worten:// Käme,/ käme ein Mensch,/ käme ein Mensch zur Welt, heute, mit/ dem Lichtbart der/ Patriarchen: er dürfte,/ spräch er von dieser/ Zeit, er/ dürfte/ nur lallen und lallen,/ immer-, immer-/ zuzu./ ("Pallaksch. Pallaksch.")

질문
1. 제목에서 시인은 1월을 왜 고어체(Jänner)로 표기했을까요?
2. 첫 번째 2행이 가리키는 것은 무엇입니까?
3. "팔락쉬, 팔락쉬"는 횔덜린이 생전에 중얼거리던 말이라고

합니다. 시적 문맥을 고려할 때, 이 단어의 의미는 무엇일까요?

해설

시의 제목 가운데 "1월"은 고어체로 표기되어 있습니다. 이것은 뷔히너 G. Büchner의 중편 소설 「렌츠」의 한 구절을 연상시킵니다. "1월 20일 렌츠는 산맥을 지나갔다." 이때에도 "1월"은 고어체로 기술되어 있습니다. 어쩌면 첼란은 횔덜린의 광기를 렌츠의 그것과 유추하려고 했는지 모릅니다. 그리고 1월 20일은 1942년 베를린에서 채택된 유대인들에 대한 나치의 탄핵 결정안과 무관하지 않습니다. 이날의 결정으로 인해서 600만 명의 유대인들이 합법적으로 처형당하게 되었습니다. 첼란은 자신의 모든 시가 1월 20일에 초점을 맞추고 있다고 술회한 적이 있습니다.

횔덜린은 떠났지만, 횔덜린이 거주하던 탑은 그대로 남아 있습니다. 첫 두 행, "눈멀기를 설-/ 득당한 눈동자들"은 두 가지 의미로 해석할 수 있습니다. 그것들은 시인의 눈동자를 지칭할 수도 있고, 방문객의 눈동자를 가리킬 수도 있습니다. 전자의 경우, 시인은 주어진 현실에 둔감합니다. 횔덜린은 고대 그리스에 대한 상상의 현실을 분명히 직시했지만, 현재의 날짜를 망각하며 살아갔습니다. 후자의 경우를 생각해 봅시다. 그것은 방문객의 눈동자를 시사할 수도 있습니다. 방문객들은 오늘날 횔덜린의 고뇌와 희망 등을 감지하지 못합니다. 오늘날 시인은 무엇을 할 수 있을까요? 누군가 "추장의 빛 수염을" 달고 이곳에 다시 태어난다고 가정해 봅시다. 수염이 "빛"으로 이루어진 것을 고려할 때 그의 존재는 신적 특성을 지닙니다. 그는 누구일까요? "추장의 빛 수염"을 단 자는 이스라엘의 신인지 모릅니다. 그는 미켈란젤로의 위대한 동상, 모세일 수도 있습니다(Hiebel 2006B: 278). 가령 신 앞에서 제대로 말하지 못하고, 혀를 굴리지 못하는 모세를 생각해 보세요(출애굽기 제4장 11절). 그렇지만 이 모든 것은 추측 내지 가설에 불과합니다. 어느 누구도 다시 태어난 시인의 우수와 절망을 이해하지 못하고 있습니다. 시인의 발언은 동시대인들에게 그저 "자장가"로 들릴 뿐입니다.

"팔락쉬 팔락쉬." — 횔덜린의 전기 작가, 구스타프 슈밥G. Schwab은 광기의 시인을 자주 방문했는데, 이 말을 들었다고 합니다. 슈밥에 의하면, "팔락쉬"는 "네" 그리고 "아니오"의 두 가지 의미를 모두 지니고 있다고 합니다. 아니, 그 단어는 "허튼 소리Ballawatsch"를 연상시키는가 하면, "끝없는 헛소리Palaver"를 가리킬 수도 있습니다. 그렇다면 신께서 들려주는 진리의 말씀이 아직 해독 불가능하다는 뜻일까요? 시인 첼란은 괄호 속에서 횔덜린의 말을 인용합니다. "팔락쉬 팔락쉬" — 이 단어는 시인의 극한적인 영어圄圄와 무언無言의 상태를 드러내는 표현이 아닐 수 없습니다. 어쩌면 이 단어는 "태초Bereschith"와 관련있는 것일까요? 카발라 신비주의자, 루르야Lurja는 태초를 갇혀 있는 상태로 파악하고, 갇혀 있는 태초로부터의 "탈출exodus"을 천국의 마지막 목표로 삼았습니다. 그렇다면 "팔락쉬 팔락쉬"는 카발라 신비주의의 해방을 뜻하는 것일까요?

무제

난 아직 너를 볼 수 있어: 어떤 메아리,
감정의 단-
어로써 탐지할 수 있고, 작별의 뾰족
모서리.
너의 얼굴은 나직이 두려움을 드러내고,
갑자기 램프 빛처럼
환하게 되면,
나의 내면에, 흔히 사람들이
가장 고통스럽게 "안 돼" 하고 말하는 바로 그곳에서.

Ohne Titel

Ich kann Dich noch sehn: ein Echo,/ ertastbar mit Fühl-/ wörtern, am Abschieds-/ grat./ Dein Gesicht scheut leise,/ wenn es auf einmal/ lampenhaft hell wird/ in mir, an der Stelle,/ wo man am schmerzlichsten Nie sagt.

질문
1. 첫 행의 이탤릭체로 씌어진 부분은 인용입니다. 누구의 말이라고 추론되는가요?
2. "작별의 뾰족/모서리"는 어떠한 상태를 가리킵니까?
3. 시인은 어떠한 이유에서 단어를 행 구분으로 끊었을까요?

해설

누군가 의식을 잃은 채 삶과 죽음의 문턱에 머물고 있음을 이해하십니까? 죽어가는 사람은 자신의 존재가 사라진다는 사실보다, 자신의 모든 갈망이 덧없이 소멸된다는 자체를 무엇보다도 고통스러워 할 것입니다. 그렇기에 죽는다는 사실을 의식하는 것 자체가 죽어가는 사람에게 너무나 커다란 고통으로 머물게 됩니다. 그렇기에 고대에 일곱 현인들은 다음과 같이 말했습니다. "죽은 자에 관해서는 항상 좋은 말만 남겨라 De mortuis nil nisi bene"고 말입니다.

위의 시는 파울 첼란이 1970년에 자살하기 직전에 쓴 작품입니다. 첼란은 죽어 가면서 자신의 심경을 몇 마디로 표현합니다. 이러한 상황에서 모든 언어는 스타카토 식으로 차단될 수밖에 없습니다. 단어가 행의 구분으로 끊기는 이유도 그 때문입니다. 바로 이때 시인은 삶의 세계에 속하지도, 죽음의 세계 속으로 들어서지도 못하고 있습니다. "너의 얼굴"은 아련하게 보이지만, "나"의 말소리는 마치 메아리처럼 멍하니 들리지 않습니까? 갑자기 시적 자아의 내면이 환해지는 것을 느낍니다. 이 순간 자아는 "작별의 뾰족/모서리"를 거쳐, 죽은 자들의 세계로 향합니다. 말하자면 시인은 삶과 죽음 사이의 흔들림, 합리적 언어로부터의 차단 그리고 이승과의 작별을 감지하게 되는 것입니다. 죽어 가는 순간의 영역 — 바로 그곳에서는 "감정의 단어"만이 유효하고, 감정과 언어는 마침내 동일하게 변하는지 모릅니다.

YAAK KARSUNKE

야크 카르준케

야크 카르준케(1934-)는 베를린에서 태어났다. 3학기 동안 법학 공부를 한 뒤에 1955년부터 1957년 사이에 막스 라인하르트 배우 학교에 다녔다. 1965년부터 문학잡지 『호박씨 *Kürbiskern*』의 편집자로 일하면서, 창작에 몰두하였다. 카르준케는 재야 운동가로 활동하면서 정치적 시를 많이 남겼다. 1968년 학생 운동 당시에 그는 "군비 축소를 위한 민주적 캠페인"의 대변자로 활동하였다. 그는 시 창작 외에도 영화 제작에 관심을 가졌다. 실제로 카르준케는 라이너 베르너 파스빈더 Rainer Werner Fassbinder(1945-1982)의 영화 제작에 참여한 바 있으며, 1976년에서 1979년까지 베를린에 있는 예술 대학에서 영화 TV 아카데미 강사로도 일하였다. 시집으로는 『킬로이 & 다른 사람들』(1967), 『그사이에』(1979) 등이 있다. 카르준케의 시는 정치적 선동성이 강하지만, 스스로 편협함을 떨치고 냉정함을 유지하려는 자세를 보여 준다는 점에서 강점을 지닌다.

부스럼 딱지 1부터 3까지

1. 마지막 프로이센 전쟁에서 유래한 일화

아우슈비츠 강제 수용소에서
SS 감시병은 어느 포로에게
직업이 무엇인지 물었다.

대답은 "독문학자"였다.

화가 난 독일인은
즉시 폴란드의 유대인을
때려 죽였다.

2. 공산주의자는 무엇으로 식별되는가?

살해당하기 전에 그들은
다시금 큰 소리로 외쳤다,
자유 만세 하고.

감옥에 머물며
자신의 처형을 기다리는
그들의 동지들은
인터내셔널가를 노래한다.

그렇게 나치들의
수용소에서
그렇게 스탈린의 감옥 마당에서

그들은 삶을 잃지만
공산주의에 대한
믿음을 잃는 게 아니다.
자신은 "휴가 떠나는 시체"라고 한다.

3. 죽음 & 변용變容

넘어지는 자 그냥 누워 있고
총살당한 자 푹 쓰러졌다
가스실에서 서서 죽기도 했다.

오늘 수용소
박물관에서 녹음테이프가
빙빙 돌아간다.

"죽지 않는 희생자/너희는 쓰러져 죽는다."

schorf 1 bis 3

1. - anekdote aus dem letzten preußischen kriege// im

konzentrationslager auschwitz/ fragte ein ss-bewacher/ einen häftling dessen beruf// die antwort war: germanist// der wütende deutsche/ erschlug den polnischen/ juden sofort

2. - woran man kommunisten erkennt// bevor sie umgebracht werden/ rufen sie nocheinmal laut:/ es lebe die freiheit// ihre genossen/ die noch in den zellen/ auf die eigene hinrichtung warten/ singen: die internationale// so in den lagern/ der nationalsozialisten/ so in den gefängnishöfen stalins/ sie verlieren ihr leben/ aber nicht ihren glauben/ an den kommunismus/ & nennen sich: tote auf urlaub

3. - tod & verklärung// wer umkippte blieb einfach liegen/ die erschossenen sackten zusammen/ in den gaskammern starben sie stehend// :heute läuft/ im lagermuseum/ ein tonband:// "unsterbliche opfer/ ihr sanket dahin"

질문
1. 부스럼 딱지는 어떠한 상처의 결과로 나타난 것인가요?
2. 독일 군인은 어떠한 이유에서 독문학을 공부하는 폴란드 유대인을 죽였을까요?
3. 오늘날 많은 독일 사람들은 "공산주의"를 흉악하다고 생각합니다. 그 이유는?
4. 어째서 정치범들은 죽을 때 "자신은 '휴가 떠나는 시체'라고" 명명했을까요?
5. 3부에서 녹음테이프는 누구의 육성, 어떠한 내용을 담고 있습니까?

해설

 이 시가 발표된 시점은 70년대 초반입니다. 카르준케는「부스럼딱지 1부터 3까지」에서 정치적 이유로 목숨을 잃은 공산주의자들의 삶을 조명합니다. 시인이 지적하고자 하는 것은 공산주의의 이상을 추구하다가 사라진 사람들의 삶입니다. 이들은 모두 목숨을 잃었지만, 이상을 추구하던 그들의 신념은 결코 꺾이지 않았습니다. 그들의 이상은 때로는 정치적 이데올로기로 이용당하고, 때로는 변질되어, 현실 속에서 나타났습니다. 1부의 소제목 "마지막 프로이센 전쟁에서 유래한 일화"는 1810년 극작가 하인리히 폰 클라이스트가 베를린 석간에 발표한 에피소드의 제목입니다. (이 에피소드에서는 죽음을 두려워하지 않고 출병 전에 거침없이 술을 마시는 프로이센의 군인이 묘사되고 있습니다. 이로써 작가는 전쟁 이데올로기에 이용당하는 남자들의 만용을 비난합니다. H. v. Kleist: Sämtliche Werke, Bd. 3, Hanser, 1982, S. 263ff.) 여기서 비판의 대상이 되는 것은 편협한 국수주의적 사고입니다. 인용 시에서 나치 군인은 독문학을 전공했다는 이유로 폴란드 유대인을 때려죽입니다. 독문학은 오로지 독일의 정신을 찾으려는 노력이기 때문에 외국인에 의해 연구되어서는 안 된다는 게 그 군인의 어리석은 생각이었습니다. 이는 나중에 공산주의에 대한 독일인들의 증오심으로 발전합니다(Conrady 91: 810).

 2부에서 시인은 공산주의자들이 어떻게 처형되었는가를 비판적으로 기술합니다. 감옥에서 "처형을 기다리는" 자들은 인터내셔널가를 노래합니다. 인터내셔널가는 국제 사회주의 노동자 운동의 투쟁 가요로서 "대지의 저주받은 자들이여 깨어나라"로 시작됩니다. 이 가요를 지은 사람은 프랑스의 노동 운동가, 유진 포티에(Pottier, 1816-1887)였습니다. 이러한 노래를 통하여 사람들은 죽음에 대한 고통과 두려움을 떨치고 혁명에 몸바치려 했던 것입니다. 이러한 노래를 통하여 그들은 동료들의 시신을 "휴가 떠나는 시체"라고 위안해 주었던 것입니다.

  3부는 실제 역사적 현실과 히틀러의 선동적 발언으로 이루어져 있습니다. 수많은 사람들은 히틀러의 선전에 속아서 죽음을 당했지만, 히틀러는 "죽지 않는 희생자"를 설파했습니다. 말하자면 그는 "죽음조차도 조국에 대한 너희의 사랑보다 크지 않으리라"고 말하면서, 젊은이들을 선동했던 것입니다. 공산주의에 대한 혐오감은 부분적으로 이러한 선동적 발언에 영향을 받은 결과일지 모르겠습니다. 3부의 소제목 "죽음 & 변용"은 리하르트 슈트라우스(1864-1949)의 거대 오케스트라를 위한 교향시의 제목이기도 합니다.

  현대인들은 과거의 비극을 마냥 "부스럼딱지"로 간주하는데, 이는 시인의 생각에 의하면 커다란 오류라고 합니다. 근본적인 원인이 치유되지 않으면 과거의 잘못은 얼마든지 반복되어 나타날 수 있기 때문입니다.

HEINZ KAHLAU
하인츠 칼라우

하인츠 칼라우는 1931년 포츠담 근교의 드레비츠에서 노동자의 아들로 태어났다. 1948년까지 여러 일을 전전하다가, 트랙터 운전사와 FDJ(자유 청년 동맹)의 당원이 되었다. 1950년 이후에 시를 발표하였다. 브레히트에게 사사한 칼라우는 가끔 극작품과 동화 등을 집필하기도 하였다. 그는 1991년 12월 공개석상에서 슈타지와의 관계를 털어놓았다. 즉, 자신은 1957년부터 1964년 사이에 슈타지의 비공식 요원(IM)으로 일했다는 것이다. 1956년 당시 헝가리 폭동이 있었을 때, 동독 안기부(MfS)는 칼라우의 비판적 시 작품들을 거론하며, 협조하지 않으면 신변상의 위협을 받으리라고 그를 협박했다고 한다.

인간은 얼마나 많은 충격을 흡수하는가?

11세 히틀러 소년단이었을 때
폭탄 나의 도시에도 떨어졌어.
나는 충격 받았지, 이 전쟁은 오로지 죽음만을
가져다줄 게 분명해졌으니까.

14세 영웅주의에 유혹되었을 때
유혹자는 요구했지, 전쟁을 계속하라고.
나는 충격 받았지, 어떻게 오래 승리하고, 순식간에
패배할 수 있는지를 이해 못했으니까.

어느 날 작센하우젠으로 되돌아왔을 때
SS에 관한 모든 것을 전했시, 나는 경악에 사로잡혔어.
너무 많은 사람들이 몰랐다고 말했으니.
이곳은 어둡지만은 않았는데, 대낮이었으니까.

25세 때 나는 공산주의자였지.
사람들은 죽은 스탈린을 법정에 세웠어.
나는 충격 받았지, 거대한 권력이 두 번씩이나
마구 남용되는 것을 체험했으니까.

그로부터 5년 후, 8월 13일 사람들은
도시를 가르며 경계선을 그어버렸어.

나는 충격 받았지, 일순간 파악했으니까,
경계는 내부로도 향할 필요 있다는 것을.

아직 젊어, 아마 다른 사람도 그렇겠지만,
제대로 살아서 나의 시간을 보내고 싶어.
나는 충격 받았지, 인간이 얼마나 많은 충격을
흡수하는지 자신에게 물어보았거든.

Wieviel Erschütterungen trägt ein Mensch?
 Als ich elf Jahre alt und Hitlerjunge war/ fielen die Bomben auch auf meine Stadt./ Ich war erschüttert, auch mir wurde klar,/ daß dieser Krieg nur Tod zu bringen hat.
 Als ich verführt zum Heldentum und vierzehn war,/ ging mein Verführer drauf, der Krieg hielt an./ Ich war erschüttert, weil ich nicht verstand,/ wie man so lange siegen und so schnell verlieren kann.
 Als ich dann eines Tags nach Sachsenhausen kam,/ erfuhr ich alles über die SS, und ich erschrak,/ zu viele sagten, keiner hätt's gewußt -/ und es war nicht nur Dunkel hier, es war auch Tag.
 Mit fünfundzwanzig war ich Kommunist,/ als man dem toten Stalin ein Gericht gemacht./ Ich war erschüttert, denn zum zweitenmal/ erfuhr ich von dem Mißbrauch großer Macht.
 Fünf Jahr danach, am dreizehnten August,/ zog man die

Grenze quer durch meine Stadt./ Ich war erschüttert, weil ich plötzlich sah,/ daß man sie auch nach innen nötig hat.

Noch bin ich jung und möchte meine Zeit/ am Leben bleiben, wie wohl jedermann./ Ich war erschüttert, denn ich frage mich,/ wieviel Erschütterung ein Mensch ertragen kann.

질문
1. 제1연부터 제5연까지의 구체적인 시점을 지적해 보세요.
2. 어떠한 이유에서 시인은 자신이 아직 젊다고 하소연하는가요?

해설
로마의 시인, 호라티우스는 송시에서 다음과 같이 기술하였습니다. "만약 세계가 몰락하여 완전히 붕괴하면, 폐허는 흔들리지 않는 자에 의해서 지탱되고 있으리라 Si fractus inlabatur orbis, impavidum ferient ruinae." 이 시구에는 스토아 사상의 핵심 사항인 "부동심 ataraxia"이 거론되고 있습니다. 스토아 사상에서 중시된 것은 어떠한 경우에도 의연하고 당당한 자세를 고수하는 인간형이었습니다. 그런데 20세기에 끔찍한 세계대전을 겪은 사람이라면 과연 그런 식으로 발언할 수 있을까요? 수백만을 앗아간 세계대전은 인간의 의연함 대신 처참한 충격만을 전해 줄 것입니다.

칼라우의 시로 돌아가 봅시다. 시적 화자는 지금까지의 삶을 결론짓습니다. 두 개의 전체주의 국가 그리고 끔찍한 전쟁은 그에게 많은 충격을 가했습니다. 30년대에 태어난 사람들은 아무것도 모르고 나치에 유혹 당해서 히틀러 유겐트로 살았습니다. 자신이 세계를 제대로 파악할 만큼 철도 들지 않았던 것입니다. 제2차 세계대전이 발발할 무렵, 시인의 나이는 불과 11세였습니다. 전쟁 후에 시인은 다시금 경악에 사로잡힙니다. 그것은 외부적으로 나타난 끔찍한 사건 때문이 아니라, 사람들의 침묵 때문이었습니다. 여기서 이 침묵은 두 가지 의미를 지닙니다. 그 하나는 전율을 전율로 받아들이지 않는 둔감함이며, 다른 하나는 책임을 회피하는 소시민들의 의식입니다. 대부분의 사람들은 "대낮"인데도 "SS에 관한 모든 것"을 "몰랐다"고 말했던 것입니다.

자신의 오류를 드러내기란 얼마나 부끄러운가요? 그렇지만 오류를 감추는 일은 우리를 발전시키지 못합니다. 시 제4, 5연에서 시인은 기존 사회주의가 던지는 모순을 접하고 다시금 충격을 받습니다. 제4연이 1956년의 동독 문화 정책을 암시한다면, 제5연은 1961년의 베를린 장벽 건설을 시사하고 있습니다. 제6연에서 시인은 자신이 젊다고 하소연합니다. 이러한 발언의 배후에는 차제에 아무런 충격 없는 편안한 삶에 대한 시인의 갈망이 담겨 있습니다.

GÜNTER KUNERT
귄터 쿠네르트

귄터 쿠네르트는 독학으로 수많은 시와 산문을 발표한 작가이다. 1929년에 베를린에서 태어난 그는 어머니가 유대인인 관계로 고등학교에 다닐 수 없었다. 그러나 독학을 통해서 깊은 문학적 지식을 쌓았다. 1945년 동베를린 응용 미술 대학을 졸업한 뒤부터 시를 발표하였다. 그의 첫 시집 『이정표와 벽에 새겨진 글들』은 브레히트, 베허 등의 도움으로 1950년에 간행되었다. 1963년부터 사회주의 통일당과 갈등을 빚게 된 쿠네르트는 1977년 비어만 추방령 철회를 요구하는 탄원서에 서명하였다. 이로 인하여 작가 동맹으로부터 제명당하였다. 1979년 그는 서독으로 이주하였다. 쿠네르트는 홀스타인 주에 있는 "이체호에" 근교 카이스보르스텔에서 살고 있다. 혹자는 쿠네르트의 시문학보다 산문을 높이 평가하곤 한다. 필자는 수많은 문헌 가운데 그의 문학론에 관한 책을 지적하고자 한다. 『왜 쓰는가 Warum schreiben?』(1976), 『기억의 저편 Diesseits des Erinnerns』(1985), 『노아의 방주로서의 시』(1985) 등이 그것들이다.

도로테엔슈타트 공동묘지에 관하여

죽은 작가들의 묘지에서
권력이 언어의 무력함
위에서 승리를 구가하고 있다

육중한 비석들조차도
다만 경박한 거짓일 뿐
무방비의 유골에 개의치 않는,
살아 있는 자들에 대한 바리케이드
그래야 이들이 생각을
중지하고 계속 이어지는
이용 가치 속으로 빠져들 테니까
이르든 늦든 간에

검은 양복과 요구되는 표정 짓는
너와 같은 문상객,
한 번도 경고를 듣지 못한다,
지정된 장소로 향하는
길의 발바닥에 밟히는
시든 낙엽의 가엾은 외침을.

Vom Dorotheenstädtischen Friedhof

Auf den Friedhöfen der toten Dichter/ triumphiert die Macht/ über die Ohnmacht des Wortes// Selbst schwere Steine/ sind nur leichtfertige Lügen/ erhaben über wehrlosem Gebein/ Barrikaden gegen die Lebenden/ damit sie hier einhalten/ im Denken und wissen/ daß sie anheimfallen/ der weiterwährenden Gebrauchsfähigkeit/ früher oder später// Besucher wie du/ im dunklen Anzug und mit erforderter Miene/ vernehmen niemals die Warnung/ das erbärmliche Geschrei welker Blätter/ unter den Sohlen auf dem Wege/ zum zugewiesenen Platz.

질문
1. "살아 있는 자들에 대한 바리케이드"는 어떤 의미로 이해할 수 있는가요?
2. "계속 이어지는 이용 가치"는 권력 이데올로기와 어떠한 함수 관계에 있습니까?
3. 제목이 암시하는 전체 주제는 무엇일까요?

해설
도로테엔슈타트 공동묘지는 동베를린의 중심지에 위치하고 있습니다. 묘지 근처에는 자선 병원이 있고, 브란덴부르크 광장도 거기서 가깝습니다. 대체로 유명 인사들이 이곳 공동묘지에 묻혀 있습니다. 피히테와 헤겔의 시신이 이곳에 묻혀 있습니다. 브레히트 역시 50년대에 이 근처에 거주하다가, 이곳에서 영면했습니다. 사람들은 하인리히 만Heinrich Mann의 유골을 캘리포니아에서 가져와서 이곳에 안장시켰습니다. 요하네스 베허Johannes R. Becher, 한스 아이슬러Hans Eisler, 헬레네 바이겔Helene Weigel, 루트 베를라우Luth Berlau, 파울 드소Paul Dessau 등과 같은 쟁쟁한 문인들의 시신도 이곳에서 안식하고 있습니다.

쿠네르트의 시는 무엇을 지적하려는 걸까요? 기념일이 도래하면 과거의 작가와 지식인들은 이곳에서 국가로부터 찬양받곤 합니다. 아이러니하게도 그들은 생전에 국가를 위태롭게 하던 비판적 인물이 아니던가요? 국가는 일반 사람들로 하여금 죽은 지식인들을 무조건 찬양하도록 공공연하게 조처합니다. 따라서 "육중한 비석들"은 그저 "경박한 거짓"에 불과합니다. 만약 이들이 지금 살아 있다면, 과거의 작가들은 자신의 존재가 어처구니없이 권력에 악용당한다고 분개할지 모릅니다. 작가에 대한 국가의 찬양은 그야말로 허울 좋은 잔치에 불과합니다. 이는 하나의 이데올로기로서 "살아 있는 자들에 대한 바리케이드"로 기능할 뿐입니다. 생각해 보세요. 이곳에 처음 발 디디는 문상객들은 권력자와 지식인 사이의 일견 "우호적인" 관계를 액면 그대로 믿을 것입니다. 그렇게 되면 그는 비판적인 "생각을 중지하고," 은연중에 국가의 제반 요구 사항들을 그냥 받아들일 것입니다. 문상객들은 "그렇게 유명한 작가들도 충성을 다했는데, 하물며 나 같은 존재가 감히 국가를 배반할 수 있겠는가?" 하고 생각할 것입니다. 이렇듯 과거 작가들의 비판적 발언은 사장되고 맙니다. 그것은 "발바닥에 밟히는/시든 낙엽의 가엾은 외침"보다도 더 하찮은 것으로 취급되지 않는가요? 그렇기에 문상객이 작가들의 "경고"를 제대로 인지할 리 만무합니다.

쿠네르트는 1977년에 이 시를 발표하였습니다. 이때 그는 다음의 물음을 성찰하였습니다. 과연 "인공적으로 만들어진 독서 국가"인 동독이 얼마나 제대로 비판적 작가들의 발언을 수렴했는가요? 동독은 작가들을 적대시하지 않았습니까? 바로 그해에 시인 볼프 비어만은 동독으로부터 추방당했습니다. 12명의 작가들이 비어만 추방령을 철회하라는 공개서한에 사인했습니다. 그러나 이러한 요구 사항은 채택되지 않습니다. 그 이후부터 공개서한에 사인한 작가들은 당국으로부터 탄압을 받습니다. 쿠네르트도 그중 한 사람이었습니다. 어쩌면 시인은 동독 자체를 도로테엔슈타트 공동묘지로 비유하려고 했는지 모릅니다. 제목이 "공동묘지에서"가 아니라, "공동묘지에 관하여"인 까닭도 여기에 있습니다.

시의 운명

거짓을 강요당한 채
한 편의 시는 창백하게 있다
경직되어 더 이상 자신을
그리고 다른 무엇을 감동시킬 수 없다

순교와

범죄를 찬양하기 위해
그것은 장엄하게 그리고 끔찍하게
관공서 일꾼의 의도를 말한다

구금당해 자유가 박탈된 채
그것은 굳은 이념의 돌을 파괴하려고
사역하고 있다
그리고 모든 위대한 단어들을 끌고 간다
이것들로부터 탄생하는 것은
사고를 위한 감옥들이다

설령 그것이 자력으로
탈옥하여 살인자들의 이름을
마구 외친다 하더라도
그 시는 구원 없이 시 속에 갇혀
사멸해 버린다

Schicksal des Gedichts

Zum Lügen gezwungen/ erbleicht das Gedicht/ Es erstarrt und kann/ sich und nichts mehr rühren// Zum Lobe/ des Martyriums und des Verbrechens/ spricht es feierlich und fürchterlich/ die Absicht amtlicher Akteure aus// Eingefangen und der Freiheit beraubt/ front es/ im Steinbruch verhärteter Ideen/ schleppt alle großen Worte herbei/ aus denen

Gefängnisse/ für Gedanken entstehen// Und selbst wenn es selber/ ausbricht und audschreit/ in der Benennung der Mörder/ erstirbt das Gedicht im Gedicht/ rettungslos

질문
1. 시 작품이 "순교와/범죄를 찬양"한다는 말은 무엇을 함의하고 있습니까?
2. 시는 어떠한 직업의 인간으로 비유되고 있는가요?

해설
　인용 시에서 시인은 동독에서 찬양되는 긍정적 문학을 서술합니다. 그의 톤은 정교하지만, 거침이 없습니다. 이로써 역으로 교묘하게 비판당하는 것은 시에 대한 독자들의 일반적 입장입니다. 여기서 시는 "감옥"에 갇힌 사람, 성취하려는 자의 조수("관공서 일꾼") 등으로 비유됩니다. 또한 시는 권력의 하수인이기도 합니다. 모든 텍스트의 배후에는 작가가 서성거립니다.
　마지막 연은 얼핏 보기에는 체념적으로 울려 퍼집니다. "시는 구원 없이 시 속에 갇혀/사멸해 버린다." 여기서 시인은 시의 존재 가치를 완전히 부정하고 있는가요? 그렇지는 않습니다. 하나의 저항이 다른 결과를 낳든 그렇지 않든 간에 시 작품은 오로지 시 작품으로 남아 있습니다. 따라서 시 작품으로서의 시는 어쩌면 과거의 시적 기능을 상실한 공백 상태로 이해되어야 할 것입니다. 따라서 그것은 체념과는 근본적으로 다를 것입니다.「시의 운명」은 1980년에 서독에서 간행된 책 『살인 조처 *Abtötungsverfahren*』에 실렸습니다. 이 책은 쿠네르트가 서독에 건너온 지 1년

만에 발표한 것입니다. 이러한 정황을 고려할 때 이 작품은 작가의 창작의 획을 긋는, 일종의 전환의 시점에서 탄생한 것입니다. 지금까지 쿠네르트는 의식적이든 그렇지 않든 간에 문화 권력으로부터 조종당하며 창작에 임해 왔습니다. 바로 이러한 까닭에 그의 문학적 영향력과 시적 주제는 처음부터 제한될 수밖에 없었습니다. 이러한 맥락에서 고찰한다면, 앞의 시는 문학 창작에서 어떤 전환점을 시사하고 있습니다.

REINER KUNZE

라이너 쿤체

라이너 쿤체는 1933년 에르츠 산맥의 욀스니츠에서 광부의 아들로 태어났다. 1951년부터 1955년까지 라이프치히 대학에서 철학과 신문 방송학을 공부하였다. 1959년 동 대학 신문 방송학과에서 조교로 일하다가, 정치적인 이유로 인하여 그곳을 떠났다. 중장비 기계 공장과 농원 등에서 일하다가, 체코로 건너가, 그곳에서 오랫동안 체류하였다(부인은 체코의 여의사였다). 1961년 독일 작가 동맹, 동독 예술 아카데미 등의 회원으로 가입하였다. 사회주의 통일당과 마찰을 겪다가, 작가 동맹에서 제명당하였다. 1977년 서독으로 이주하여 바이에른에 정주하였다. 1989년 뮌헨 대학에서 시학을 강의하였다. 안기부는 "가명 서정시"라는 이름하에 3,491페이지에 달하는 문서를 만들었는데, 1990년에 쿤체는 이것들 가운데 일부를 공개하여 발표하였다. 산문 작품으로 『멋진 세월 *Die wunderbaren Jahre*』(1976)이 있다.

방의 음량

그 이후
12년 동안
내가 출판할 수 없었다고 말한다
라디오에서 그 남자는

나는 X를 생각하며
헤아리기 시작한다

Zimmerlautstärke

Dann die/ zwölf jahre/ durfte ich nicht publizieren sagt/ der mann im radio// Ich denke an X/ und beginne zu zählen

질문

1. 제목은 작품 내용과 어떤 관계가 있나요?
2. "그 남자"는 어떠한 인물일까요?
3. "X"가 가리키는 것은 무엇입니까?

해설

라이너 쿤체는 1972년에 자신의 시집 『방의 음량』을 서독에서 간행했습니다. 그 후 그는 약 5년간 동독에 머물렀습니다. 시에서 "X"란 무엇일까요? 어째서 시인은 여백의 비밀 부호인 "X"를 사용했을까요? 서랍 속의 미발표 원고, 혹은 머릿속에 남아 있는 체제 파괴의 특성을 지닌 단상일까요? 차마 발설할 수 없으며, 차마 기술할 수 없는 시어 하나일까요? 아니면 슈타지의 목록을 채우는 암호명일까요? 우리는 이에 대해 무언가를 함부로 단언할 수 없습니다. 시는 이처럼 모호한 여운을 전해 줍니다. 이러한 여운을 통해서 독자는 개별 작가에 대한 전체주의 국가의 탄압이 얼마나 작가를 고통스럽게 했으며, 작품 창작을 방해했는가를 유추할 수 있습니다.

"방의 음량"이라는 제목은 어떠한 함의를 지니는 것일까요? 그것은 아마도 외부로부터의 탄압에 대응하여 나타나는 불협화음, 혹은 내면에서 들리는 저항의 소리를 지칭하는지 모릅니다.

타마라 A의 첫 번째 편지

조만간 콤소몰의 당원이 될
열네 살의 타마라 A, 너에게
편지 썼다고 한다,

도시에는 네 개의 기념비가
있다고 한다: 레닌
      차파예프
      키로프

쿠이비셰프

그애가 자신에 관해 아무것도
말하지 않는 게 유감이라고 한다

딸아, 그애는 자신에 관해
말하고 있어

Erster Brief der Tamara A.

Geschrieben habe dir/ Tamara A., vierzehn jahre alt, bald/ mitglied des Komsomol// In ihrer Stadt, schreibe sie, stehen/ vier denkmäler: Lenin,/ Tschapajew/ Kirow/ Kuibyschew// Schade daß sie nichts erzähle/ von sich/ Sie erzählt/ von sich, tochter

시어 설명 및 힌트

콤소몰Komsomol: 소련의 청년 조직 단체, 9살에서 12살의 아이들은 "젊은 개척자"라는 그룹에 속하는데, 14세가 되면 모두 콤소몰에 의무적으로 가입해야 한다. 콤소몰에 가입한 젊은이들은 외국에 있는 젊은이들과 편지 교환을 통해서 국가에 대한 자신의 신뢰감을 드러내야 한다. **차파예프**: 러시아 농민 전쟁 당시 볼셰비키에 가담한 군사적 영웅이다. **키로프**: 스탈린의 심복으로서 1934년에 암살당했다. 이 사건은 스탈린으로 하여금 피의 숙청 정책을 펴게 했다. **쿠이비셰프**: 스탈린의 협조자로서 나중에 볼가 강 근처에 있는 도시 사마라는 일시적으로 그의 이름을 따랐다. 쿠이비셰프는 1935년 숙청 초기에 사망했다.

질문

1. 「타마라 A의 첫 번째 편지」는 간접 화법을 사용하고 있습니다. 그 이유는?
2. 시적 자아가 처한 배경을 설명해 보세요.
3. 맨 마지막 연은 어떤 비판이 감추어져 있는가요?
4. 시는 연작시 『딸과의 독백』에 실려 있습니다. 어째서 "딸과의 대화"가 아니라, "딸과의 독백"이라는 표현을 사용하고 있을까요?

해설

미리 검열 당한 편지 — 그 속에는 체제 파괴적인 구절이 발견될 리 만무합니다. 그러나 체제 비판의 암시가 없는 글은 역설적으로 그 자체가 체제 파괴적입니다. 왜냐하면 "검열 필"이라는 도장은 발신자의 자유를 미리 빼앗았다는 함의를 그대로 드러내고 있기 때문입니다.

상기한 시는 1969년에 발표된 것입니다. 시 속의 정황은 분명하지 않습니다. 추측컨대 시적 자아의 딸은 소련에 살고 있는 같은 나이 또래의 소녀와 편지를 교환한 것 같아 보입니다. 그미의 고향은 추측컨대 과거에 쿠이비셰프라고 불렸던 지역인 "사마라"인지 모릅니다. "콤소몰"에 가입해야 하는 타마라는 동독에 살고 있는 소녀에게 편지를 보냈습니다. 이러한 유형의 편지 교환은 동독에서도 권장하는 일이었습니다. 타마라 A가 사는 도시에는 네 개의 동상이 서 있다고 편지에 적혀 있습니다(Hoffmann 98: 329f). 딸은 타마라 자신에 관한 이야기가 쓰여 있지 않은 데 대해서 유감스러워 합니다. 그러나 아버지는 이를 반박합니다. "딸아, 그애는 자신에 관해/말하고 있어." 간결하게 씌어진 마지막 행에서 우리는 다음의 사실을 유추할 수 있습니다. 즉, 소련과 같은 전체주의 사회에서는 편지 내용 외에는 다른 이야기를 담을 수 없습니다. 개인적 이야기는 공공연한 이데올로기에 의해서 금지되어 있습니다. 말하자면 타마라는 자신에 관해 말할 수 없음을 역설적으로 드러낸 것입니다.

시의 내용이 간접 화법의 문장으로 구성된 점이라든가, 딸의 이름이 밝혀지지 않은 점 등은 지극히 의도적입니다. 가령 간접 화법의 문장은 정확한 전달의 기능을 담당합니다. 그렇기에 시인은 시적 내용을 있는 그대로 전달하려 한 게 분명합니다. 나아가 간접 화법의 문장은 문장 내용에 대해 화자가 책임을 질 필요가 없습니다. 어쩌면 시인은 자신의 글로 인하여 구설수에 오르고 싶지 않았는지 모릅니다.

HERTHA KRÄFTNER
헤르타 크레프트너

헤르타 크레프트너는 1928년 빈에서 태어나, 오스트리아의 마터스부르크에서 성장하였다. 빈 대학에서 독문학과 영문학 그리고 심리학을 공부했다. 빅토어 E. 프랑클과 우정을 맺은 뒤에 그미는 1949년에서 1950년 사이에 파리와 스칸디나비아 반도에 체류하였다. 크레프트너는 「프란츠 카프카에게서 증명된 쉬르리얼리즘의 목표 원칙」이라는 논문으로 박사 학위를 취득하였다. 1948년부터 헤르만 하켈이 간행하는 문학잡지 『린케우스』에 시 작품을 발표하였다. 50년대 아르트만과 바이겔 등과 함께 동인지를 간행하였다. 1951년 11월 13일, 크레프트너는 스스로 목숨을 끊었다.

저녁마을

하얀 협죽도 곁에서
그들은 아기를 묻었고,
서로 귀 기울였지,
행여나 거짓 바람이
이웃에게 이야기하는지,
세례 받지 않은 영혼이
마리의 수건에 목 졸려
하늘로 도망칠 때
약간 소리 지른 것을.
협죽도와 흙의 냄새
짚 냄새가 풍겼다,
서로 귀 기울였지,
행여나 바람이 누설할까,
그들이 죽은 아기의
작은 푸른 목에 하얀
데이지 화환 걸었다는 걸…
그러나 그들은 들었지,
휘파람 불며 귀가하는
마을 경관의 바퀴소리만.
울타리 지나칠 때
늙은 하녀 탄식했지,
"주여 우리를 불쌍히 여기소서."

Dorfabend

Beim weißen Oleander/ begruben sie das Kind,/ und horchten miteinander,/ ob nicht der falsche Wind/ den Nachbarn schon erzähle,/ daß es ein wenig schrie,/ als seine ungetaufte Seele,/ im Halstuch der Marie/ erwürgt, zum Himmel floh./ Es roch nach Oleander,/ nach Erde und nach Stroh;/ sie horchten miteinander,/ ob nicht der Wind verriete,/ daß sie dem toten Knaben/ noch eine weiße Margerite/ ans blaue Hälschen gaben.../ Sie horchten aber nur/ das Rad des Dorfgendarmen,/ der pfeifend heimwärts fuhr./ Dann seufzte im Vorübergehen/ am Zaun die alte Magdalen:/ "Gott hab mit uns Erbarmen."

질문

1. 시적 상황을 설명해 보세요. "그들"은 어떠한 이유에서 "아기"를 몰래 살해하였을까요?
2. "바람"과 마을 경관의 "휘파람"을 비교해 보세요. 그것들은 어떻게 기능하는가요?
3. 신이 인간을 불쌍히 여겨야 하는 이유는?

해설

「저녁마을」은 1951년 크레프트너가 자살하기 2개월 전에 쓴 시입니다. 허용되지 않은 사랑은 결국 영아 살해라는 비극적 사건으로 종결됩니다. 사랑하는 두 사람은 조용한 저녁 무렵 "협죽도夾竹挑"로 가득 찬 은폐된 황야를 물색합니다. 그곳에서 그들은 갓 태어난 아기를 목 졸라 죽이고, 땅 속에 파묻습니다. "마리"와 "거짓 바람" 등의 시어로 미루어, 시인은 게오르크 뷔히너 Georg Büchner의「보이체크Woyzeck」를 염두에 둔 듯합니다. 실제로 보이체크는 바람의 전언을 듣고 난 뒤에 부정을 저지른 여자, 마리를 살해합니다. 말하자면 바람은 거짓되고도 교활하게 영혼을 더럽히는 것입니다. 보이체크의 경우와는 반대로 그들은 행여나 바람이 그들의 범행을 누설할까 전전긍긍합니다. 그들은 한편으로는 죄의식에 사로잡혀 있으며, 다른 한편으로는 자식을 죽여야 하는 처지를 몹시 서러워합니다. 젊은 남녀는 죽은 아기의 목에다 "데이지 화환"을 걸어줄 때 하염없는 눈물을 흘렸을 게 분명합니다. 다행인지 불행인지 모르지만, 바람은 아무것도 누설하지 않습니다. 무심한 경관 역시 휘파람을 불면서 자전거를 타고 집으로 돌아갈 뿐입니다. 경관의 휘파람 소리는 두 가지 사항을 시사합니다. 첫째로 경관은 두 사람이 저지른 범죄를 알지 못하고 있습니다. 둘째로 인간은 이웃의 비밀스러운 고뇌를 조금도 인지하지 못합니다. 그러나 신은 인간의 사랑과 괴로움 그리고 그들의 필연적 범행 등을 모조리 알고 있습니다. 그렇기에 인간은 사랑으로 인해 발생한 죄를 신이 이해해 주기를 빌고 있습니다. 인간의 딱한 처지를 용서해 달라고⋯.

URSULA KRECHEL
우르줄라 크레헬

우르줄라 크레헬은 1947년 트리어에서 태어났다. 쾰른 대학에서 독문학, 연극학 그리고 예술사를 전공하였다. 대학을 마친 뒤에 극예술 감독으로 일하기도 했고, 대학에서 독문학을 강의하기도 했다. 1974년에 처녀작인 극작품 「에리카」를 발표하였고, 그 후에 그미는 시, 소설, 희곡 그리고 방송극 등 장르를 가리지 않고 활발하게 창작 활동을 펼쳤다. 크레헬은 처음에는 여성 운동과 신주관주의 경향의 작품을 집필했으나, 나중에는 초현실주의 경향을 지닌 작품을 많이 발표하였다.

이제 더 이상 그렇지 않다

이제 더 이상 그렇지 않다
우리는 발에 물집 잡히도록 피곤하고
더러운 몸으로 분수의 물에 젖은 채
집으로 돌아와, 먹고 마신 뒤
다시 영화관에 가곤 했다.

이제 더 이상 그렇지 않다
거리는 최소한 우리의 것이라고
그렇게 생각했다.
미래는 당연히 지금이든
나중이든 조만간 도래하리라고.

이제 더 이상 그렇지 않다
머리칼을 자르면서
웃을 때 동지를 인식했고,
우리의 어깨를 툭 치고, 공공연하게
모든 게 변하리라 생각했다.

이제 더 이상 그렇지 않다
두세 명이 모인 곳에서 내 이름을 걸고
나는 그들과 함께 있었고
그들을 가르치며, 독려하고 지지했다,

어떠한 질문도 던지지 않은 채.

이제 더 이상 그렇지 않다
우리는 억지 부리며 의연하게 가려 했고,
누군가 질문하기도 전에, 대답을 알았다,
마치 마른 모래 위의 달팽이처럼
기억의 끈 같은 흔적들을 남기고.

이제 더 이상 그렇지 않다
전철에서 모자 쓴 채 내리는
모든 노동자에게 즉시 말 건넬 수 있었다,
그들에게, 우리의 가옥 소유주에게
부족한 게 무엇인지를.

이제 우리에겐 갑자기 시간이 많아
침대 속에서 오래 토론할 수 있다.
발가락까지 땀 흘리며 차갑게,
처음으로 눈동자 속에서
흰자위를 바라보고 깜짝 놀란다.

Jetzt ist es nicht mehr so

Jetzt ist es nicht mehr so/ daß wir müde, mit Blasen an den Füßen/ verdreckt und naß vom Wasserstrahl/ nach Hause kommen, essen, trinken/ und wieder weg ins Kino.// Jetzt ist es nicht mehr so/ daß wir denken, wenigstens/ die Straße gehört uns./ Und die Zukunft natürlich/ jetzt oder später, aber bald.// Jetzt ist es nicht mehr so/ daß wir am Schnitt der Haare/ am Lachen die Genossen erkennen/ uns auf die Schulter klopfen, öffentlich/ wir könnten uns verändert haben.// Jetzt ist es nicht mehr so/ daß da, wo zwei oder drei versammelt sind/ in meinem Namen, ich mitten unter ihnen bin/ belehre, stärke, unterstütze/ ganz ohne Fragen.// Jetzt ist es nicht mehr so/ daß wir mit Köpfen durch die Wände gehen/ aufrecht, Antworten wissen, eh uns jemand fragt/ Spuren hinterlassen, Erinnerungsbänder/ wie Schnecken auf dem trockenen Sand.// Jetzt ist es nicht mehr so/ daß wir jedem Arbeiter/ der aus der U-Bahn steigt mit Mütze/ gleich sagen können, was ihm fehlt/ und unserem Hausbesitzer auch.// Jetzt haben wir plötzlich Zeit/ zu langen Diskussionen in den Betten./ Verschwitzt, aber kalt bis in die Zehen/ sehen wir zum ersten Mal das Weiße/ in unseren Augen und erschrecken.

질문
1. 제목이 시사하는 바는 무엇입니까?
2. "거리는 최소한 우리의 것"에서 우리는 무슨 일을 벌였을까요?
3. 제3, 4, 5, 6연을 토대로 70년대 젊은이들의 의식 구조를 설명해 보세요.

해설

우르줄라 크레헬의 시는 서독에서 70년대 초에 젊은이들이 느꼈던 분위기를 구체적으로 요약하고 있습니다. 이러한 분위기는 68 학생 운동의 "실패"로 인한 좌절감, 당면한 문제를 다루려는 정치 참여에 대한 반성 그리고 내면화로 이어지는 과정을 그대로 반영한 것으로서, 서구 사회에 순식간에 폭넓게 퍼져 나갔습니다. 이들 가운데에는 비록 바더 마인호프 그룹Baader-Meinhof-Gruppe처럼 수미일관 자신의 갈망을 끝까지 실천하려는 과격한 젊은이들도 있었습니다(오제명 2006: 36f). 그러나 대부분의 젊은이들은 더 이상 바깥에서 데모나 공동체 생활 등을 영위하지 않았습니다. 앞의 시에서는 68 학생 운동 당시의 젊은이들의 의식 구조가 놀랍게 암시되어 있습니다. 1. 승리에 대한 확신(2연 4, 5행), 2. 초조함(5연 2행), 3. 획일주의에 대한 비판(3연 3행), 4. 자기 합리화의 경향(3연 4, 5행), 5. 유토피아적 태도(5연 2, 3행), 6. 자만심(4연 4, 5행), 7. 유형적 사고에 대한 맹신(6연 2, 3행) 등을 생각해 보세요.

이러한 시대적 분위기에서 우리는 이른바 "경향의 전환Tendenzwende"이라는 사회 변화의 보편적 현상을 발견할 수 있습니다. 독일의 분위기는 50년대 중엽부터 60년대 말까지 대학생들의 개방적인 정치 활동, 작가들의 적극적 발언과 사회 참여 그리고 이를 뒷받침하는 좌파 지식인들의 개혁 의지 등으로 이루어져 있었습니다. 그러나 1970년 이후로 좌편향적 분위기는 어느새 우편향주의로 돌변합니다. 이러한 경향 전환은, 독일뿐 아니라 서구의 정신사의 변화를 고려할 때, 매우 중요한 것입니다. 크레헬의 시는 시대적 전환과 맞물려 살아가고 있는 젊은이들의 의식 구조 내지 생활 패턴의 변화를 날카롭고도 정확하게 서술하고 있습니다.

RESI CHROMIK
레지 크로미크

레지 크로미크(1943-)는 우리에게 잘 알려지지 않은 시인이다. 그미는 슐레지엔의 리그니츠에서 태어났으며, 현재는 킬에서 살고 있다. 아래의 작품은 1990년에 간행된 시집 『도중에서 *unterwegs*』에 실려 있다.

크리스티안

삶
너와 함께
있었지

삶
있었지
너와 함께

너와 함께
있었지
삶

Christian

Leben/ mit dir/ war.

Leben/ war/ mit dir.

Mit dir/ war/ Leben.

질문

1. 제목은 남자 이름입니다. 누구를 가리킬까요?
2. 독일어 문장에서 중요한 부분은 통상적으로 문장의 뒤로 향합니다. 각 연에서 가장 중요한 단어는 각각 무엇인가요?

3. 세 연은 제각기 다른 내용을 시사합니다. 그것은 무엇인가요?

해설

참으로 언어를 아끼는 시입니다. 절제된 언어의 시를 해석한다는 것은 무척 어려움을 요합니다. 왜냐하면 우리는 언어 외적인 여백 속에 감추어진 진리를 알 수 없기 때문입니다. 위의 시는 오로지 네 단어로 이루어져 있으며, 한 단어를 제외하면 모두 단음절로 이루어져 있습니다. "삶"이라는 단어만 두 음절로 이루어져 있을 뿐입니다. 제목 "크리스티안"은 남자 이름입니다. 이로써 그는 시인의 임이라는 사실을 유추할 수 있습니다. 아니면 그는 시인의 아버지일까요?

시인의 전언은 "너"와의 삶이 이제 끝났다는 것을 말해 주고 있습니다. 그렇지만 세 개의 동일한 문장 성분은 제각기 다르게 기능합니다. 첫 번째 연은 "그"가 이제 이 세상 사람이 아니라는 것을 강조하고 있습니다. 사랑하는 임이 세상을 떠난 뒤의 고통을 생각해 보세요. 죽은 자에 대한 원망은 그리 크지 않는 법이 아닌가요? 두 번째 연은 "너와 함께" 살았다는 것을 강조하고 있습니다. 말하자면 시인은 다음의 사실을 은근히 드러냅니다. 즉, 사랑 내지 혼인을 통해 두 사람이 하나의 공동체를 이루었다는 점 말입니다. 이러한 공동체의 삶에 대한 기억은 — 비록 임이 세상을 떠났지만 — 남아 있는 자의 내면에 간간이 행복감을 느끼게 해줄 것입니다. 세 번째 연은 "삶"을 강조하고 있습니다. 그것도 지고의 가능성으로서의 살아가는 일이 그를 통해서 실현 내지 성취되었다는 것을 뜻합니다. 이 경우의 삶은 "과거를 포괄한 현재"로 변화되어 있습니다. 비록 이승과 저승이 달라 두 사람은 헤어져 있지만, 다음의 사실을 공통적으로 생각함으로써 그들은 "함께" 있습니다. 말하자면 두 사람의 사랑은 함께 지냈던 삶 속에서 성취되어 있는 것입니다.

MICHAEL KRÜGER
미하엘 크뤼거

미하엘 크뤼거는 1943년 비트겐도르프에서 태어났지만, 유년 시절을 베를린에서 보냈다. 아비투어를 마친 뒤에 출판업에 뛰어들어, 1963년부터 1965년까지 런던에서 도서 상인으로 일하였다. 크뤼거는 1965년에 뮌헨의 한저 출판사의 편집인이 되었다. 그리하여 나중에(1976년에) 한저 출판사에서 문학에 관한 칼럼을 쓰고, 문예 잡지 『악첸테 *Akzente*』를 간행하였다. 특히 클라우스 바겐바흐 출판사에서 간행된 잡지 『문어 *Tintenfisch*』는 크뤼거의 노력에 의한 것이다. 크뤼거는 인간의 언어에 대해 회의하는 "사고시 Gedankenlyrik"를 주로 집필하였다. 인용 시「희망에 관하여」는 1978년 뮌헨에서 간행된 『디드로의 고양이 *Diderots Katze*』에 수록되어 있다.

희망에 관하여

우리는 희망에게
놀라움을 전하려 했다,
만약 그게 정신 잃으면,
즉 폭력의 순간에.
우리는 오랜
여행을 준비했다.
우리는 더위와 추위에
스스로 무장했다.
간식은 어깨 위에
무겁게 매달려 있었다,
역사, 교육,
희망 없음을 감내힐
능력, 많은 문헌.
어제부터 우리는 돌아와 있다.
피곤하고
누구나 생각할 수 있듯
배고프다.

갈망의 상들은 아직
발전되어 있지 않다.
결과들이
널리 알려진다.

Über die Hoffnung

Wir wollten/ die Hoffnung überraschen,/ wenn sie die Fassung verliert:/ die Sekunde der Revolte./ Wir richteten/ uns auf eine lange Reise ein./ Wir wappneten/ uns gegen Hitze und Kälte./ Der Proviant/ lag schwer auf unsern Schultern:/ Geschichte, Erziehung,/ die Fähigkeit, die Hoffnungslosigkeit/ zu ertragen, viel Literatur./ Seit gestern sind wir zurück./ Müde,/ wie man sich denken kann,/ und hungrig.// Die Bilder/ sind noch nicht entwickelt./ Die Ergebnisse/ werden bekanntgegeben.

질문

1. 희망의 특성은 어떠한가요?
2. 시인은 두 번째 연에서 무엇을 말하려 합니까?

해설

인간에게 희망은 정서적 양식에 다름 없습니다. 희망이 없다면, 인간의 제반 기대 정서는 한마디로 무의미합니다. 그렇지만 희망은 인간의 내면에 어떤 고통스러운 열정을 안겨줍니다. 희망은 인간의 마음속에 "여행을 준비"하게 하고, 주위 환경에 대해 "무장"하게 합니다. 인간의 열망은 너무나 강하므로, 그 불꽃은 황금도 녹입니다. 그러나 희망의 배후는 환멸을 가져다주지 않습니까? 결국 열정이 해소되든 실현되든 간에 인간은 마지막에 피곤함을 느끼고, 여전히 배고픔을 느낍니다. 따라서 우리는 다음과 같이 말할 수 있습니다. 즉, 희망하는 열정의 강도는 달성 시의 기쁨보다 더 크다고 말입니다. 바꾸어 말하면 인간은 성취할 갈망보다도 더 큰 것을 미리 갈구합니다. 이는 수많은 갈망들이 모조리 성취될 수 없기 때문에 나타나는 심리적 현상입니다. 성취되지 않았다고 해서 인간의 열정 속에 담긴 모든 가능성을 부정할 수 있을까요?

  마지막 연은 많은 것을 생각하게 합니다. "갈망의 상들은 아직/발전되어 있지 않다./결과들이/널리 알려진다." 희망은 수많은 과정을 거쳐 어떤 결과에 도달합니다. 수많은 과정들은 비록 그 자체 역사 속에 시행착오로 남아 있지만, 수많은 해결 방안들을 암시합니다. 그것이 결실을 맺지 못하는 까닭은 미완성의 형상들로 차단되어 있기 때문입니다. 그럼에도 사람들은 수많은 시도들을 하나의 상으로 고려하지 않고, 특정한 결과들만을 중시합니다.

SARAH KIRSCH

자라 키르쉬

자라 키르쉬(본명: 잉그리트 베른슈타인, 1935-)는 하르츠 지역의 "림링게로데"에서 전신 기술자의 딸로 태어났다. 아비투어를 마친 뒤에는 설탕 공장에서 일했으며, 뒤이어 할레 대학에서 생물학을 공부하였다. 1960년부터 시 작품을 발표하였다. 1963년에서 1965년까지 키르쉬는 라이프치히의 "요하네스 베허 연구소"의 장학금을 받고, 문학을 공부하였다. 라이너 키르쉬와 결혼하여 오랫동안 함께 살았다. 1976년 비어만 추방령에 항의하는 공개 서한에 서명한 뒤, 그미는 작가 동맹에서 제명당하였다. 1977년 서독으로 이주하여, 1983년 이후로 슐레스비히 홀슈타인의 틸레헴메에서 살고 있다. 통독 이후에 키르쉬는 동독 작가들의 슈타지 행적을 감추고 은폐하는 데 대해 공개적으로 비난을 가했다. 1999년에 키르쉬의 작품들은 5권의 전집으로 간행되었다.

레스보스에서 온 소식

나는 이질적 존재다 이곳을 지배하는
법칙들을 더 이상 참고 견딜 수 없다
우연에 의해 혹은 경직된 비 때문에
나의 잿빛 세포 속에서 변모가 드러났다
자매들이 원하는 대로 살아갈 수 없다

여기 횡행하는 무無를 더 이상 사랑하지 않는다
나를 지탱해 주는 가지가 다른 성性으로
향해 있음을 보았다 이제부터 나는
지난 나날처럼 둥근 뺨을 사랑하지 않는다
밤이면 수염 달린 자가 내 침대에서 쉬고 있다

육체적으로 만들어진 대로 행동했던 내가
죄인일까, 주어진 한계를 넘어섰단 말일까
자매들이 마침내 이를 발견하게 된다면, 나를
분명히 불 태워 죽일 것이다 은폐할 경우
불룩한 배는 나를 배반하게 될 것이다

Nachricht aus Lesbos

Ich weiche ab und kann mich den Gesetzen/ Die hierorts walten länger nicht ergeben:/ Durch einen Zufall oder starren

Regen/ Trat Wandlung ein in meinen grauen Zellen/ Ich kann nicht wie die Schwestern wollen leben.// Nicht liebe ich das Nicht das bei uns herrscht/ Ich sah den Ast gehalten mich zu halten/ An anderes Geschlecht ich lieb hinfort/ Die runden Wangen nicht wie ehegestern/ Nachts ruht ein Bärtiger auf meinem Bett.// Und wenn die Schwester erst entdecken daß/ Ich leibhaft bin der Taten meines Nachbilds/ Täterin und ich nicht meine Schranke/ Muß Feuer mich verzehren und verberg ichs/ Verrät mich bald die Plumpheit meines Leibes.

질문
1. 어째서 "나"는 이질적인 존재인가?
2. 시적 자아는 어째서 "자매들이 원하는 대로" 살아갈 수 없습니까?
3. 시의 근본적 주제를 설명해 보세요.

해설
자라 키르쉬는 "동독의 사포"라고 일컬어졌는데, 이 작품은 사포가 살던 레스보스 섬을 배경으로 한 것입니다. 사포는 기원전 610년에서 580년경에 활동했던 시인인데, 주로 레스보스 섬에서 살았다고 전해집니다. 사포의 작품이 꾸밈 없고, 간결하다는 점에서도 키르쉬의 그것과 유사합니다. 고대 작가들은 사포가 동성연애자라고 주장했으나, 이는 확실하게 밝혀진 것은 아닙니다. 사포의 작품은 거의 유실되었고, 오늘날 28행의 시와 16행의 시 두 편만이 완전하게 전해지고 있습니다. 주지하다시피 "레즈비

언"이라는 표현은 레스보스에서 유래한 것입니다.

시를 살펴보기로 합시다. 시적 자아인 "나"는 레스보스 섬에서 "이질적 존재"로 살아가고 있음을 분명히 밝힙니다. 이제 레스보스에서 통용되는 제반 "법칙"을 따를 수 없으며, "자매들이 원하는 대로 살아갈 수 없"습니다. 왜냐하면 "나"는 더 이상 "둥근 뺨" 대신에, 남몰래 "수염 달린 자"를 사랑하게 되었기 때문입니다. 시인은 "나"의 변신을 "우연" 혹은 "경직된 비" 때문이라고 표현합니다. "경직된 비"는 그 자체 어색한 표현입니다. 그렇지만 우리는 이러한 표현에서 어떤 정치적 요소를 발견할 수 있습니다. 레스보스는 동성애라는 경직된 삶의 원칙이 횡행하는 지역인지 모릅니다. "나"의 몸 세포가 "잿빛"을 띠는 까닭도 그 때문일 것입니다. 어쨌든 시적 자아는 자신을 "지탱해 주는" 사랑의 내적 촉수가 이성으로 향해 있음을 알게 됩니다. 그러나 이성을 사랑하는 것은 불법입니다. 그렇기에 사랑과 행복에 대한 "나"의 욕구는 적어도 레스보스에서는 완전히 충족되지 못할 것 같습니다. 모든 것을 감출 수 있지만, 이는 일시적입니다. 여자가 남자를 사랑하여 정을 통하면, 언젠가 임신하기 마련입니다. 그러면 자매들은 "나"를 규약을 어긴 사악한 여자로 몰아서, 화형시키게 될 것입니다.

「레스보스에서 온 소식」은 정치적으로 해석할 수 있습니다. 동독에서는 마르크스 레닌주의 이외의 모든 사상은 그 자체 불법이며, 이단으로 매도당했습니다(김광규 93: 216). 서구의 전위 예술이 퇴폐적이라고 매도당한 것을 생각해 보세요. 어쩌면 시인은 여기서 다른 사상과 다른 예술을 용인하고 관대하게 수용하지 않는 동독의 문화 풍토를 간접적으로 비판하려고 했는지 모릅니다.

초록의 시골

뻐꾸기 울면 너는 전혀 듣지 못해 난 멀리 있어
나와 도시 사이의 초록 초록의 시골
집으로 향했다 강의 팔 사이로

  허나 무얼 할까 난 고기 잡지 못해
  까마귀 소리도 이해하지 못해

들판 탑 근처의 폐쇄 농장 고목 보호림
고개 숙여 풀 뜯는 말들을 바라 봐 그들은 거기 없다
다만 축사의 창문으로 내비친 어느 머리통

  아 나는 도시를 빠져 나와
  울퉁불퉁한 길을 달렸다

비 맞으며 담배 핀다, 종일 아무도 만나지 않았다
그저 노인 한 사람이 신문 읽다가 울타리 위로 쳐다보았다
일 시작하면 우물 하나 얻을 거요 하고 말했다

  허나 나는 시골에서 아무것도 얻지 못해
  너를 위해 네잎 클로버를 가꿀 거야

Grünes Land

Wenn der Kuckuck ruft den hörst du nicht weit/ Grünes grünes Land zwischen mir und der Stadt/ Ich zieh ins Haus zwischen die Arme des Flusses// Aber was tu ich ich fang keinen Fisch/ Verstehe die Stimmen der Krähen nicht// Wiesen Koppel zu Türmen gehaunes Gras Schonungen der Hochwald/ Ich seh gebogene weidende Pferde sie sind gar nicht da/ Nur einmal ein Kopf aus dem Stallfenster// Ach und ich lief auf beuligen Wegen/ Fort aus der Stadt// Ich rauche im Regen traf tagelang keinen Menschen/ Nur ein Alter sah übern Zaun hatte Zeitung gelesen/ Wenns losgeht sagte er ich habe einen eigenen Brunnen// Ich nichts aber auf diesem Land/ Bau ich dir vierblättigen Klee

질문

1. 상기한 시는 1973년에 발표되었습니다. 시적 자아의 내·외적 체험을 지적하세요.
2. 첫 연과 마지막 연에 등장하는 "너"는 누구인가요?
3. 이 시에는 마침표, 쉼표 등이 하나도 없습니다. 이는 어떠한 효과를 지니는가요?
4. 키르쉬는 동료 시인 프란츠 퓌만Franz Fühmann에게 말했습니다. "도시와 자신의 과거로부터 벗어나기 위해서 녹지 공간으로 오는 자는 피난처에서도 도시와 자신의 과거를 지니고 있습니다"(Hoffmann 98: 146). 이러한 느낌은 시의 어느 곳에서 나타나는가요?

해설

 1973년에 발표된 「초록의 시골」은 총 6연으로 이루어져 있습니다. 시는 비교적 수월하게 읽힙니다. 사물에 대한 간결한 인상을 수채화처럼 그리고 있는 이 시에서 우리는 시인의 특징과 솜씨를 재인식할 수 있습니다. 시인은 도시를 탈출하여 시골로 향합니다. 도시의 삶이 얼마나 현대인들을 위협하는지 시골에 내려와서야 어느 정도 감지합니다. 제1연에서 시적 자아는 자연 속으로 향하려고 합니다. 여기서 "너"는 사랑하는 임을 지칭할 수도 있고, 대상화하여 표현된 자신일 수도 있습니다. 자연의 편안함 속에서 "강의 팔" 안에 안기려고 합니다.

 그러나 제2연에서 시적 자아는 자연 속에 완전히 빠져들지 못합니다. 왜냐하면 그를 지배하는 것은 여전히 도시의 사고이기 때문입니다. 제3연은 초록의 시골 속에서도 도시의 규칙이 어느 정도 배여 있음을 느낍니다. 자연 공간은 구획 정리되어 있고, 훼손되어 있습니다. "고목 보호림"에는 아예 접근이 금지되어 있습니다. 시적 자아는 자유롭게 뛰어노는 말들을 상상하지만, 유감스럽게도 그것들은 "거기 없"습니다. 제4연에서 시인은 자신이 추구한 꿈이 힘들고 성취할 수 없는 것임을 뼈저리게 느낍니다. "울퉁불퉁한 길"에는 아예 들어서지 말았어야 옳았는지 모릅니다. 제5연은 주로 시인의 고독과 절망을 묘사하고 있습니다. 우연히 만난 노인은 신문을 읽고 있습니다. [키르쉬의 시에서는 신문이 자주 등장합니다. 그것은 대체로 인간 삶과의 연관성 내지 간섭받고 있는 자연 상태를 암시하는 것 같습니다.] 그는 우물 하나를 얻으려고 합니다. 시골에 뿌리를 내린 사람은 바로 그 노인밖에 없습니다. "우물"은 어쩌면 삶의 비밀스러운 지식으로 향하는 길을 암시하는지 모릅니다. 그러나 시인은 시골에 정주하면서 우물 하나도 얻을 수 없습니다. 대신에 꿈꾸는 것은 네잎 클로버를 가꾸는 일뿐입니다.

한마디로 「초록의 시골」은 현대의 파국(세계 전쟁 그리고 생태계의 파괴 등)의 문제점, 이와 관련되는 현대인의 삶의 가치에 관한 문제 등을 지적해 주고 있습니다. 그렇다면 과연 우리는 어떠한 일을 통해서 네잎 클로버를 발견할 수 있을까요?

외눈으로

올리브나무들처럼 반짝인다, 목초지는
청록색으로 흔들리면서, 포플러는
실측백나무를 모방한다. (어두운
어둠아! 너희의 그림자를 가라앉혀라!) 바람은
그의 형제 북서풍의 하강과 비행을 연습한다.

Einäugig

Wie Ölbäume schimmern die Weiden/ Blaugrün und zitternd, die Pappeln/ Ahmen Zypressen nach (dunkler/ Dunkler! Vertieft eure Schatten!). Der Wind/ Übt Fall und Flug seines Bruders Mistral.

질문
1. "외눈으로" 사물을 바라보면, 우리는 무엇을 식별하지 못하는가요?
2. "목초지," "포플러" 그리고 "바람"은 시인에게 어떠한 사물로 비칩니까?
3. 영토와 한계의 구분을 지적하는 시는 어떠한 이유에서 정치적 함의를 담고 있는가요?

해설
한 눈으로 세상을 바라보면, 무엇이 비칠까요? 만약 우리가 정상적인 시력을 지녔다면, 한 눈으로도 주위의 사물을 어느 정도 인지할 수 있을 것입니다. 우리는 다만 사물의 거리감을 측정할 수 없습니다. 시인은 바로 이 점을 노린 것 같습니다. 사람들은 제각기 다른 지역에서 살고 있지만, 지역적 차이 내지 거리감은 시인의 상상 속에서는 사라지고 맙니다. 시인은 한쪽 눈으로 세상을 바라봅니다. "목초지"가 일순간 "올리브나무"로 비치고, "포플러"는 순간적으로 "실측백나무"로 둔갑한 것 같아 보입니다. 어디 그뿐일까요? "바람"은 "그의 형제 북서풍"의 상승과 하강을 "연습"하고 있습니다. "목초지," "포플러" 등은 북쪽 지방에서 흔히 대할 수 있는 자연 풍경이라면, "올리브나무"와 "실측백나무"는 지중해의 따뜻하고 온화한 기후를 연상시킵니다. "바람"이 동독 지역에서 흔히 대할 수 있는 것이라면, "북서풍"은 남프랑스에서 불어오는 산바람입니다. 이것은 수평으로 부는 게 아니라 수직으로 하강한다는 점에서 북독에서 흔히 대할 수 있는 바람은 아닙니다.

자라 키르쉬는 1976년에 동독에서 살고 있었습니다. 그미는 에른스트 마이스터 Ernst Meister와 함께 프랑스에서 페트라르카 문학상을 받게 되었는데, 이를 계기로 상기한 시를 집필했다고 합니다. 짤막한 시 형식을 통해서 정치적 제문제, 국경 차단과 거주 이전의 자유 등의 문제는 작품 속에서 예술적 자유의 가능성으로 승화되어 있습니다. 말하자면 남서 지역과 북동 지역의 한계는 시대에 앞서 극복되어 있는 것입니다.

KARIN KIWUS
카린 키부스

카린 키부스는 1942년 베를린에서 태어났다. 베를린 자유 대학에서 신문 방송학, 독문학 그리고 정치학을 공부한 그미는 프랑크푸르트, 함부르크 등지에서 편집자로 일하였다. 1976년 시집 『현재의 양면에 관하여 *Von beiden Seiten der Gegenwart*』를 간행하였다. 그미의 시는 주로 일상을 주관적으로 표현하는데, 냉정하고 명징한 표현을 선호한다.

작가들에게

세상은 잠들어 있다
너희가 태어나는 시간에

오로지 낮꿈으로써
너희는 세상을 깨운다

거친, 달콤한, 투박한
모험을 행하라고

현실의 부분 오랫동안
유희 속에서 패배당할 수 없다

An die Dichter

Die Welt ist eingeschlafen/ in der Stunde eurer Geburt// allein mit den Tagträumen/ erweckt ihr sie wieder// roh und süß und wild/ auf ein Abenteuer// eine Partie Wirklichkeit lang/ unbesiegbar im Spiel

질문
1. 어떠한 이유에서 작가들은 "세상이 잠들어" 있을 때 태어나는 것일까요?

2. 맨 마지막 연의 의미를 작가의 사회적 영향력을 고려하여 해명해 보세요.

해설

인용 시는 현대에 살고 있는 작가들의 기능 및 역할을 비판적으로 서술하고 있습니다. 시인들은 잠든 세상을 깨우려고 합니다. 그 까닭은 작가들이 현 상태 Status quo 를 거부하기 때문입니다. 현대 서구 사회 체제는 세련되어 보이지만, 시인의 눈에는 마냥 무미건조하게 보입니다. 왜냐하면 모든 게 질서 잡혀 있기 때문입니다. 서구의 다원 사회는 변화를 거부한다는 점에서 무엇보다도 체제 옹호적이고 정치와 사회에 둔감한 인간형을 양산시킵니다. 맨 마지막 연에서 나타난 체념적 어조는 시인의 비판적 입장으로 이해해야 할지 모릅니다. "현실의 부분 오랫동안/유희 속에서 패배당할 수 없다." 키부스의 견해에 의하면, 현대의 작가들은 시간적으로, 공간적으로 제한된 현실 속에서 활동하고 있습니다. 이는 작가들의 영향력이 제한되어 있기 때문이라기보다는 세상이 작가들의 세계를 유희로 받아들이기 때문입니다. 대부분의 사람들은 작품 속에 담긴 더 나은 세계에 관한 바람직한, 혹은 끔찍한 상을 주어진 현실과 무관한 "유희"로 못 박기 때문입니다. 우리는 키부스의 시에서 "너희"로서의 작가 그리고 그들로서의 소시민들 사이의 어떤 기막힌 소통 단절을 다시금 감지하게 됩니다.

깨지기 쉬운

너를 사랑한다고
지금 말한다면
그건 내가 신중하게
둘이서 한 번도 즐기지 않은
어느 축제의 선물을
전달한다는 사실일 뿐이야

얼마 지나서
다시 혼자
네가 태어난 날
며칠 전에
이 작은 소포를
초조히 잡아당기면
너는 더 이상
알지 못하지 그 속에
달각거리는 조각들을

Fragile

Wenn ich jetzt sage/ ich liebe dich/ übergebe ich nur/ vorsichtig das Geschenk/ zu einem Fest das wir beide/ noch nie gefeiert haben// Und wenn du gleich/ wieder allein/

deinen Geburtstag/ vor Augen hast/ und dieses Päckchen/
ungeduldig an dich reißt/ dann nimmst du schon/ die
scheppernden Scherben darin/ gar nicht mehr wahr

질문

1. 시인은 어떠한 이유에서 사랑을 "소포"로 비유하고 있을까요?
2. 사랑은 결코 강탈할 수 없다는 사실을 암시하는 문장을 찾아보세요.

해설

　카린 키부스는 훌륭한 연애시를 많이 발표하였습니다. 그미의 시들은 형식적으로 자유분방하지만, 내용적인 면에서는 어떠한 열정도, 격정적 페이소스도 담지 않습니다. 그미의 연애시는 더러는 노골적으로 성을 묘사하지만, 그렇다고 해서 냉담하지도, 천박하지도 않습니다. 인용 시는 "사랑은 얼마나 깨어지기 쉬운가?"를 주제화하고 있습니다. 자고로 현대인에게 사랑의 고백은 결코 쉽지 않습니다. "너를 사랑한다"는 말은 너와 나의 어떤 알 수 없는 축제를 전제로 한 것입니다. 이러한 축제를 위해서 "나"는 "너"에게 어떤 갈망의 선물을 전달합니다. 다시 말해 사랑의 고백은 둘이서 함께 행하는 축제를 위한 선물 꾸러미요, "소포"입니다.

　그래, 사랑의 고백은 기나긴 행로를 전제로 하는 두 사람 사이의 약속입니다. 누군가 사랑을 고백하는 순간, 두 사람의 뇌리에는 함께 걸어야 할 삶의 생소한 오솔길과 역정이 떠오를 것입니다. 이 길은 때로는 달콤하지만, 때로는 고통스러울 수도 있습니다. 따라서 사랑의 고백은 듣는 사람에게는 기쁨을 느끼게 할 수 있지만, 경우에 따라서는 엄청난 부담으로 작용할 수 있습니다. 그렇지만 사랑의 고백이 발설되는 순간 그것은 "태어난 날/며칠 전에" 받아든 생일 선물처럼 보일지 모릅니다.

  생일 선물로서의 사랑 — 그것은 깨어지기 쉬운 그릇이나 다름이 없습니다. 첫눈에 반한다는 것은 이 경우 사랑의 허상에 현혹되어 있다는 뜻이 아닌가요? 독일인들은 비교적 냉정하고 합리적입니다. 그들은 첫눈에 애정을 느끼더라도, 이를 쉽사리 발설하지 않습니다. 그들은 우정을 쌓고, 함께 축제를 즐기다가, 그야말로 "신중하게" 사랑을 표현합니다. 사랑은 결코 순식간에 강탈할 수 없는 무엇입니다. 만약 이를 깨닫지 못한다면, 우리는 사랑이 마치 그릇 조각인 것처럼 선물 꾸러미 속에서 "달각거리는" 소리를 듣게 될 것입니다.

HANNELIES TASCHAU

하넬리스 타샤우

하넬리스 타샤우(1937-)는 생태시로 출발했다. 그미는 함부르크에서 출생했지만, 주로 슈바벤과 루르 지방에서 자랐다. 젊은 나이에 문학에 뜻을 두어 시 작품을 많이 썼다. 프랑스, 아르메니아, 게오르기아, 러시아, 북구 등을 여행하는 동안 작품을 낭독하곤 하였다. 1967년부터 전업 작가로 살고 있다. 타샤우는 1980년 이후로 훌륭한 산문 작품을 많이 집필하였다. 니콜라스 보른 Nikolas Born은 그미의 시에 관해 다음과 같이 말했다. "하넬리스 타샤우의 시각에는 사심이 없다. 그미의 시는 낯선 내부 현실, 현대인의 방해당하는 관계, 불신과 두려움 등을 예리하게 포착하고 있다." 대표 시집으로 『숨 쉴 수 있는 공기』(1978), 『이중적인 삶』(1979) 등이 있다.

9월 7일에

정말 우리는
하늘에 관해 다시
이야기했지
그러한 하늘 그래
알지 못했지
비 오고 바람 분 뒤
토요일 다음
일요일 왔지 대기는
여전히 맑았지
이전에 그러한
하늘 보지 못했으니
노인들은 흥분했고
다시 인지했지
앞부분의 푸름은
뒷부분만큼 그렇게
강력하리라고
우린 알지 못했지
이전에는 한 번도
본 적이 없었으니
또한 르 사블레
돌로뉴에서도
연통과 계전기, 연기 나는

석탄 더미 사이에
하늘은 마치
질서에 반하는 듯 작용했지

Am 7. September

Wir haben tatsächlich/ wieder über den Himmel/ geredet/ So einen Himmel kannten/ wir nicht/ Nach dem Regen und dem/ Wind des Samstags kam/ der Sonntag und die/ Luft blieb klar/ Noch nie hatten wir so/ einen Himmel gesehen/ Die Alten regte es auf sie/ erkannten ihn wieder/ Das Blau/ im Vordergrund so/ intensiv wie im Hintergrund/ kannten wir nicht/ hatten wir nie vorher/ gesehen/ Auch nicht in Les Sable/ d'Olonne/ Zwischen Schloten und Relais/ und schwelenden Halden wirkte/ er wie eine/ Ordnungswidrigkeit

질문
1. 어느 9월 7일의 대기 상태는 어떠한가요?
2. 르 사블레 돌로뉴는 프랑스의 휴양지입니다. 이곳이 거론된 까닭은?

해설
인용 시 「9월 7일에」는 1979년에 취리히와 쾰른에서 간행된 그미의 시집 『이중적인 삶 *Doppelleben*』에 실려 있습니다. 이 시는 1970년대 말부터 사회문제로 부각된 서독의 대기 오염을 집중적으로 거론하고 있습니다. 사람들은 그때까지 오염으로 뒤덮인 잿빛 하늘을 바라본 적이 없었습니다. 남한에서는 무엇보다도 수질 오염이 가장 심각한 양상을 보여 주지만, 서유럽에서는 대기 오염이 가장 커다란 문제로 부각됩니다. 왜냐하면 유럽의 기후는 온화하고, 바람 부는 날이 많지 않기 때문입니다. 가랑비가 항상 내리고, 강물은 천천히 흐릅니다. 이로 인해서 수질 오염은 남한만큼 심각하게 드러나지는 않습니다. "앞부분의 푸름은/뒷부분만큼 그렇게/강력하리라고/우린 알지 못했지/이전에는 한 번도/본 적이 없었으니." 그래, 1970년대 말부터 대기 오염으로 인하여 서독의 많은 숲이 죽어 가고 있습니다. 사람들은 예전에 한 번도 이를 체험하지 못했습니다.

설령 유럽과 아시아의 기후와 풍토가 다르다고 해도, 환경 오염에는 국경이 없습니다. 환경 문제를 해결하는 데 있어서 걸림돌은 무엇보다도 국가 이기주의 내지는 이에 입각한 정책들이 아닌가요? 그렇기에 제 아무리 맑은 공기를 자랑하는 프랑스의 휴양지 "르 사블레/돌로뉴"라고 해서 오염의 위험으로부터 완전히 벗어날 수 없습니다.

무제

그런데 출신의 카를 G.는 원자력 발전소에서 일하지
그래서 원자력에 동조하지

그건 그에게 빵을 제공하니까
저 위의 사람들은 조심해야 해요, 하고 카를은 말한다,
어느 날 밤 우린 그들을 베저 강에 몰아넣을 거예요
보호 울타리 앞의 핵 반대자는 그에게서
빵을 뺏으려 하지
우린 더 많이 먹고, 더 이상
금연하지 말고, 원자력에 반대하지 말아야
해요
또한 사형 제도의 도입은 더 많은 일자리를
만들게 될 거예요
전쟁 역시 그래요
얼마나 많은 사람이 군인으로
군수 산업으로 빵을 얻게 될까요? 게다가
좋은 무기를 낡아빠질 때까지
연습용으로 사용할 수는 없지요
결국 모든 노동은 누군가의 빵이에요

Ohne Titel

Karl G. aus Grohnde arbeitet am Kernkraftwerk/ also ist er für Kernkraft/ sie ist sein Brot/ die da drüben sollen sich vorsehen sagt Karl/ Eines Nachts werden wir sie in die Weser treiben/ Die Atomgegner vor dem Schutzzaun wollen ihm/ schliesslich sein Brot nehmen/ Wir sollten mehr essen und aufhören nicht/ mehr zu rauchen und nicht mehr gegen

Atomstrom/ sein/ Auch die Wiedereinführung der Todesstrafe brächte/ neue Arbeitsplätze/ Ebenso Kriege/ wie viele Menschen kämen dann unter Brot/ als Soldat und auch in der Rüstungsindustrie/ den an den guten Waffen würde nicht mehr nur/ geübt bis sie veralten/ Schliesslich ist jede Arbeit jemandes Brot

질문
1. 카를 G. 씨는 핵 반대자들에 대해 어떠한 감정을 지니고 있는가요?
2. 시인은 카를 G. 씨의 견해를 어떻게 생각합니까?

해설
인용 시 「무제」는 1978년 칼스루에서 간행된 시집, 『숨 쉴 수 있는 공기 *Luft zum Atmen*』에 실린 것입니다. 이 작품은 타샤우의 대표작으로 과히 손색이 없습니다. 70년대 말부터 서독 사람들은 핵무기, 퍼싱 II의 설치에 반대하였으며, 도처에서 가동되고 있는 원자로에 대해 완강하게 데모했습니다. 그리하여 독일 정부는 90년대 초에 모든 중수로 가동을 중지하고, 경수로 역시 단계적으로 철거하기로 결정하였습니다. 대신에 독일의 과학기술부는 태양열 에너지 기술을 대대적으로 지원하고, 풍력 발전기와 바이오매스 등을 이용한 에너지 자급자족을 적극적으로 장려하고 있습니다.

하넬리스 타샤우의 시는 70년대 말부터 가장 중요한 사회적 이슈를 지적하고 있다는 점에서 가치를 지닙니다. 작품의 탁월성은 나아가 창작 방법 면에서도 발견됩니다. 이 작품을 통해서 우리는 다음과 같은 시인의 주장을 유추할 수 있기 때문입니다. "제3세계로 몰래 무기를 판매하는 서독 정부의 정책에 반대한다," "핵발전소 가동을 반대한다" 등을 생각해 보세요. 더욱이 작품은 작가의 입장을 노골적으로 드러내는 대신에, "비판에 대한 비판"이라는 기법을 활용하고 있습니다. 즉, 이른바 핵에너지를 찬성하는 핵발전소 직원의 발언이 비판적으로 인용되고 있습니다. 이로써 독자는 다음과 같은 물음을 떠올리게 될 것입니다. 오로지 빵을 얻을 수 있다면, 인간다운 삶을 망치게 하는 어떠한 끔찍한 행위도 용납될 수 있는가요? "우린 더 많이 먹고, 더 이상/금연하지 말고, 원자력에 반대하지 말아야/해요/또한 사형 제도의 도입은 더 많은 일자리를/만들게 될 거예요." 여기서 시인은 은근히 말합니다. 과연 경제 논리가 모든 정책을 집어삼킬 수 있는가? 먹고 살 수만 있다면, 모든 불법과 거짓이 용인되어도 좋은가? 핵발전소 직원은 군인들의 살육 행위 역시 빵을 얻는 데 도움이 된다면 용납될 수 있다고 합니다. "좋은 무기를 낡아빠질 때까지/연습용으로 사용할 수는 없지요." 이러한 견해가 과연 타당할까요?

RALF THENIOR

랄프 테니오르

랄프 테니오르(1945-)는 슐레지엔 지방의 쿠도바에서 태어나서, 현재 도르트문트에서 시인, 소설가 그리고 에세이스트로 활동하고 있다. 그는 함부르크에서 성장하여, 서적 유통업을 공부한 뒤, 정원사, 식당, 공사장에서 일하였다. 자를란트 지방에서 번역학을 공부하여, 나중에 영어 번역 자격을 취득하였다. 1969년 이후로 테니오르는 앤솔로지, 신문과 잡지 그리고 방송을 통하여 작품을 발표하였으며, 함부르크에서 아비투어를 마친 뒤 독문학을 공부하였다. 테니오르는 해외여행을 즐기면서 자신의 다양한 경험을 방송극과 라디오 에세이로 형상화시켰다.

이른 여자

만일 그미가
코너를 돌아오면
14살의 나이
분홍 스웨터
약간 더럽게
그미의 가슴은
주먹 볼록하다고
사내애들이 말하듯
만일 그미가
코너를 돌아오면
풍선껌 불다
입 앞에서
퍼억

Die Fastfrau

Wenn sie/ um die Ecke kommt/ mit ihren 14 Jahren/ und dem rosa Pullover/ etwas schmuddelig/ an den Brüsten/ hat schon 'ne Handvoll/ sagen die Jungs/ wenn sie/ um die Ecke kommt/ mit der Kaugummiblase/ vor dem Mund/ PLOPP

질문

1. 제목 "이른 여자Fastfrau"가 가리키는 의미는 무엇인가요?
2. 시인은 어째서 "그미"의 스웨터를 약간 더럽다고 묘사할까요?
3. 마지막 문장은 조건 문장입니다. 이후에 어떠한 말이 이어질 수 있을까요?
4. 풍선껌 터지는 소리 "**퍼억**"은 어떻게 해석할 수 있나요?

해설

「이른 여자」는 현대적 감각을 담은 연애시입니다. 그미는 "코너를 돌아" 급작스럽게 출현합니다. 그미의 이름은 감추어져 있습니다. 독자는 다만 그미가 "분홍 스웨터"를 걸쳤으며, "주먹 볼록"한 젖가슴을 지녔다는 사실을 접할 뿐입니다. 그미의 스웨터는 어째서 "약간" 더러울까요? 이러한 물음은 시의 여백에 관한 질문이 아닐 수 없습니다. 추측컨대 그미는 분명히 사내애들과 만나, 무언가를 체험했다는 사실입니다. 스웨터가 "약간" 더러워진 것으로 미루어, 그미 역시 사내애들과의 사랑(혹은 한 사내애와의 사랑?)에 약간 적극적이었는지 모릅니다. 9행에서 13행의 시구 역시 조건 문장으로 이루어져 있습니다. 사랑에 관한 이야기는 모두 생략되어 있고, 다만 "퍼억"이라는 풍선껌 터지는 소리로 끝납니다. 독자의 기대감은 여기서 일순 실망감으로 전환됩니다.

　분명히 시는 시각적이면서도 청각적입니다. 「이른 여자」는 하나의 장면을 시각적으로 포착하고 있으나, 풍선껌 터지는 소리, 즉 청각적으로 차단됩니다. "그미"는 시에서 관찰 대상으로 간주될 수 있습니다. 시인의 눈은 카메라의 눈과 같습니다. 관찰자의 카메라는 마치 영화 속의 카메라처럼 서서히 이전되면서 그미의 모습을 다른 각도에서 비추어 줍니다. 관찰자는 코너를 돌아오는 그미의 전체적인 모습을 비쳐줍니다(제1행-제3행). 관찰자는(제4행부터 제6행까지의 부분에서 묘사되어 있듯이) 그미의 "주먹 볼록"한 흉상을 예리하게 포착합니다. 마지막 행에서는 그미의 입이 클로즈업되고 있습니다. 풍선껌이 "퍼억" 하고 터지는 것은 "찰칵" 소리를 내는 한 장의 스냅 사진과 같습니다. 크게 클로즈업된 그미의 입은 풍선껌이 터지는 것과 함께 독자들에게 어떤 환멸을 전해 줍니다. 그미의 첫사랑은 마치 터지는 풍선껌 같은 실망감을 불러일으킵니다.

대문자로 표기된 의성어, "퍼억"은 그 자체 세 가지 의미를 지닙니다. 첫째로 그미는 성性이라는 은밀한 영역에 침투했지만, 은폐된 무엇을 감지하지 못하고 있습니다. 둘째로 그미는 아직 사랑의 완전한 성취를 맛보지 못했습니다. 따라서 "퍼억"이란 절망이나 환멸을 암시하는 게 아니라, 오히려 실패 속의 가능성이며, 일 라운드의 패배만을 뜻할 수 있습니다. 셋째로 "퍼억"은 그미의 미래를 유희적으로 암시해 주는 소리로 이해할 수 있습니다. 그래, 풍선껌 터지는 소리는 발설되지 않은 성적 긴장감입니다. 그것은 언어로 표현될 수 없으며, 다만 육체 언어, 즉 표정과 제스처로 드러날 뿐입니다. 모든 것은 「이른 여자」에게는 아직 이행되지 않고 있습니다.

단순한 일들

매일 단순한 일들이 내 주위에서
발생한다, 복도에서 소곤거리는
터키어, 흔들리며 지나치는 우산들,
떨어진 단추가 제자리에 달리고,
맛있는 식사, 시 작품들,
나는 서서히 살쪄 간다.

단순한 일을 바라보는 대가는
어떤 거대한 수고일까, 아니면 소주 한 잔
혹은 알약 하나 혹은 조인트 한 개비
그 다음에 우리는 다시 거기 앉아
단순한 일들을 바라본다.

어째서 수위 아줌마는 자신의
권한을 확장하려고 하는가?
왜 나는 다른 사람을 가까이하지 않으려고
그렇게 빈번히 방어적으로 말하는가?

Einfache Dinge

Jeden Tag geschehen einfache Dinge/ um mich herum;
geflüstertes Türkisch/ im Hausflur, vorbeischwankende

Schirme,/ ein Knopf wird angenäht,/ ein Essen schmeckt, Gedichte,/ langsam werde ich fetter.// Preis für den Anblick der einfachen Dinge/ ist eine große Mühe oder ein Schnaps/ oder eine Tablette oder ein Joint./ Und dann sitzen wir da und/ sehen die einfachen Dinge.// Warum versucht die Hauswartsfrau,/ ihren Machtbereich auszudehnen?/ Warum spreche ich so oft defensiv,/ um die anderen nicht heranzulassen?

시어 설명 및 힌트
조인트: 담배와 마리화나를 섞은 것을 가리킨다.

질문
1. 시적 자아는 일상적 사건을 대하면서도 이러한 "단순한 일들"의 근본적 내용을 잘 파악하지 못합니다. 그 까닭은?
2. 마지막 연에서 시인이 말하고자 하는 바는 무엇일까요?

해설
랄프 테니오르는 "나는 나 자신을 놀라게 하기 위해 글을 쓴다"라고 말한 적이 있습니다(Ralf Thenior, 78: 431). 테니오르의 위의 시는 형식을 거의 고려하지 않은 자유시에 해당합니다. 이것은 어쩌면 의도적인지 모릅니다. 미리 말하건대 시인은 위의 시에서 대도시에 사는 현대인의 소외를 자기비판의 방식으로 지적하려고 했습니다. 주위 사람들은 부분적으로 터키어를 사용하고, 대부분 우산을 쓰고 군중 사이로 스쳐 지나갑니다. 그렇기에 자신의 갈망과 고난은 남들에게 전혀 전달되지 않습니다. 일상적 삶 속에서는 인간적인 대화가 결핍되어 있습니다. 남들이 무심하게 살아가듯이, "나" 역시 그냥 시를 쓰고, 맛있는 음식을 즐기면서 그냥 고립되어 살아갑니다. 일반 사람들뿐 아니라, 시인 역시 분화된 사회 속에서 타인과 차단되어 살아가는 것입니다.

"나는 서서히 살쪄 간다." 이 대목에서 시인은 자신의 처지를 비판적으로 성찰합니다. 과거에 많은 시인들은 그렇지 않았습니다. 그들은 시대의 아픔을 노래하고, 갈망과 고난을 예술적으로 드러냄으로써 주위 사람들의 기대감에 부응하고, 이들의 원을 풀어 주기도 하지 않았던가요? 그러나 현대 시인은 동시대 사람들로부터 소외된 채 살아가고 있습니다. 시인이 동시대 사람들을 위해서 해줄 것은 아무것도 없습니다. 그렇기에 시인은 답답함을 떨치기 위해서 술을 마시며, 대마초를 피우거나 신경 안정제 한 알을 집어삼킵니다. 마지막 연의 내용은 우리를 무척 당황하게 만듭니다. 어째서 "수위 아줌마"는 자신의 권한을 넓혀 나가려고 하고, 자신은 그렇게 수동적으로 자기를 방어하면서 살아가고 있는가요? 첫 번째 문장은 확장되는 질서와 제한되는 자유를 비판적으로 조명하고 있는 반면에, 두 번째 문장은 자기비판적 발언을 통하여 소외된 삶 자체를 예리하게 지적하고 있습니다. 시인은 자신의 폐쇄적인 삶의 방식을 직접 비판함으로써 역으로 시인에게 폐쇄적 삶을 은근히 강요하는 사회의 풍토를 비판하고 있습니다.

JÜRGEN THEOBALDY

위르겐 테오발디

위르겐 테오발디는 1944년 스트라스부르에서 태어나서, 만하임에서 성장하였다. 그는 중등학교와 상업학교를 다닌 뒤에 가구 포장업에 종사하였다. 1966년부터 1970년까지 프라이부르크와 하이델베르크 등지에서 교직 수업을 받은 뒤, 70년대 초에 하이델베르크에서 독문학과 정치학을 전공하였다. 1974년에 발터 횔러러가 있는 베를린으로 거주지를 옮긴 뒤에 작가가 되기로 결심하였다. 시인은 1977년에 로마에 체류하였으며, 1984년에는 스위스로 이사하였다. 학생 시절에 "독일 사회주의 학생 동맹(SDS)"의 단원이었으며, 미국 언더그라운드 문학을 독일어로 옮기기도 하였다. 테오발디는 다음과 같이 말했다. "포에지는 그 자체 저항의 유형이다." "포에지의 언어는 매스컴, 경제 집단 그리고 정당 등에 대한 저항이어야 한다."

토요일 시

토요일 오후에 욕조에 물을
틀어놓고, 약간의 시간 동안
벌거벗은 채 방 안에서 이리저리
배회하는 건 즐거운 일이야.
나는 시내에서 책 두 권과
신문 세 부를 구입하였지,
욕조에 걸터앉아 읽고 있어, 아랍인들을
강제로 서독에서 내쫓는 데 반대하는
우리의 데모에 관한 기사를. 다시금
우리는 "주로 300에서 500명 정도의
젊은이들"로 파악되고 있고, 어째서
데모하는 지는 명확치 않다고 해.
서서히 물속으로 몸을 담그지.
베르벨이 외치고 있어, 내가 권한
소설이 무척 마음에 든다고.
아이 갖는 게 어떨까 하고 나는 생각해.
그럼 아인 팔레스티나에서 자랄 필요 없고,
나중에 종합학교에 다닐 테지.
차라리 훗날에 교사가 되는 게 나을까.
크나이프 "건초풀씨 기름"으로 목욕하며
지금 당장 결정할 필요 없다는 건 다행이야.
어제 우리가 생각하며 데모했던 아랍인 가운데

누구도 욕조를 소유하지 않았어,
그러나 이 말은 변기 달린 욕조를
건축하자는 주장이 아니야,
집세 인상에 관한 주장도 아니고,
반대로 그건 인도인들이 굶주리기 때문에
우리가 접시의 음식을 남김없이
다 먹어야 한다는 주장도 아니야.

Samstags-Gedicht

Es ist schön, am Samstagnachmittag/ das Wasser in die Wanne laufen zu lassen/ und für eine Weile/ nackt durch die Wohnung zu gehen./ Aus der Stadt habe ich/ zwei Bücher mitgebracht, drei Zeitungen/ und auf dem Rand der Wanne lese ich/ die Artikel über unsere Demonstration/ gegen die Verschleppung von Arabern/ aus der Bundesrepublik. Wieder einmal/ werden wir auf "drei- bis fünfhundert/ vorwiegend Jugendliche" geschätzt/ und es bleibt unklar, warum wir demonstrieren./ Langsam gleite ich ins Wasser./ Bärbel ruft; der Roman gefällt ihr/ den ich ihr empfohlen habe./ Ich denke daran, wie es wäre, ein Kind zu haben/ das nicht in Palästina aufwachsen muss/ das eines Tages die Gesamtschule besuchen wird./ Vielleicht sollte ich doch Lehrer werden./ Es ist gut, dies nicht jetzt entscheiden zu müssen/ im warmen Wasser mit "Kneip Heublumen Ölbad."/ Keiner, für den ich gestern demonstriert habe/ besitzt eine Badewanne/ aber das ist kein Argument dafür/ das Klosett ins Badezimmer zu bauen/ oder die Miete zu erhöhen./ So wie es auch kein Argument dafür ist/ den Teller leer zu essen/ weil die Menschen in Indien hungern.

질문

1. 독일인들의 토요일 일정과 남한 사람들의 그것은 어떻게 다른가요?
2. 시적 자아가 유대인이라는 사실을 암시하는 행은?

해설

「토요일 시」는 68 학생 운동 세대에 속하는 사람들의 의식을 반영하는 전형적인 시에 해당합니다. 독일 사람들은 토요일에 일터로 향하지 않고, 주로 오전 시간을 이용하여 장보러 갑니다. 맨 처음의 6행에서 독자는 일상적이고 사적인 내용을 읽을 수 있습니다. 그러한 이는 피상적 감상에 불과합니다. "나"는 현실적 사건으로부터 멀리 떨어져 있지는 않습니다. 왜냐하면 "나"는 하루 전에 "아랍인들을/강제로 서독에서 내쫓는 데 반대하는" 데모에 가담했기 때문입니다.

60년대 말의 세계 정세는 무척 급박했습니다. 베트남 전쟁과 그 여파, 이스라엘을 둘러싼 중동 지방에서의 인종적, 정치적 갈등과 테러, 유럽 내에 거주하는 중동 사람들 사이의 암투와 테러 등을 생각해 보세요. 그렇지만 유럽의 복지 국가들은 항상 거리감을 취해 왔습니다. 가령 독일은 제3세계에 탱크, 장갑차 등과 같은 고성능 무기를 판매하지만, 제3세계에서 발생하는 갈등에 대해서는 거의 모른 척했습니다. 기껏해야 국내에서 발생하는 외국인들 사이의 살인 사건에만 직접적으로 관여할 뿐이었습니다. 서독 정부는 자국 내의 살인 사건, 테러 등을 예방하기 위하여 그리고 자국 내에 거주하는 외국인들로 인해 발생할 수 있는 난제 등을 사전에 차단하기 위하여 60년대 말부터 특히 중동 지방 출신의 외국인 노동자들을 고향으로 되돌려 보냈습니다. 독일 내 외국인들 가운데 직격탄을 맞은 사람들은 터키 출신의 외국인 노동자들이었습니다. 테오발디의 시 역시 이러한 맥락을 고려하지 않고서는 제대로 이해할 수 없습니다.

문제는 "다시금/우리는 '주로 300에서 500명 정도의/젊은이들'로 파악되고 있고, 어째서/데모하는 지는 명확치 않다고 해"라는 시구입니다. 신문은 젊은이들의 데모 원인을 교묘하게 은폐하고 있습니다. 이로써 핵심적 사안은 은폐되고 조작됩니다. 시인은 자신의 처지를 다음과 같이 묘사합니다. 토요일 오후에 애인과 재미있는 소설을 읽고 편안히 목욕을 즐깁니다. 그것도 최상품인 "크나이프 '건초풀씨 기름'으로 목욕"하는 것입니다. 이러한 묘사는 그 자체 시인의 자학일 수 있습니다. 제1세계의 복지와 부유함은 근본적으로는 제3세계에서 발생하는 가난, 폭정 등을 담보로 한 것입니다. 무역, 수출입 등의 제도가 없다면, 국가와 국가 사이의 경제적 교류가 존재하지 않는다면, 유럽 복지 국가들은 결코 현재의 부를 누릴 수 없을 것입니다. 시인은 이 사실을 알기 때문에 데모에 가담한 것입니다. 그럼에도 세상은 바른 세계를 만들려고 하는 젊은이들의 의도를 이해하지 못하고 있습니다. 젊은이들의 요구 사항은 기껏해야 "변기 달린 욕조를/건축하자는 주장" 혹은 "집세 인상에 관한 주장"으로 "곡해"될 뿐입니다.

야간 요금

너는 나를 바라보고, 나는
네 손 붙잡을 수 있기를 원했어,
수화기보다 더 강하게.
차라리 우리가 전화의
발명을 한탄해야 할까?
네게 가까이 다가갈 수 없어
우리의 언어는 연방 전신국의
가는 전선에 칭칭 감기고,
누가 이 침대에서 그렇게 불편하게
전선에 휩싸여 사랑을 나눌까?
수천 개의 낯선 소음
어쩌면 얇은 입술 지닌 가장들은
혹시 도청할지 모른다,
호주머니 속의 이름을.

그때 야간 요금의
어둠 속으로 사라진다,

우리가 나누는 말 사이의 휴식들은.
시인의 문장들은 불현듯
문학 교수들이 항상
주장하고 있는 것만큼
그렇게 귀중한 건 아니야!

게다가 난 시인이 아니야,
긴 저녁 시간, 이곳 도시에서
문장 하나 어렵사리 끌어낼 뿐이야.
곧 만나!
그런 뒤에는
기계 속의 정적,
대륙 횡단 전선이 지나가는 숲과
들판에는 밤의 적막이 있다.

Nachttarif

Ich wünschte, du könntest mich sehen,/ und ich könnte dich halten,/ fester als ich den Hörer halte./ Sollen wir klagen/ über die Erfindung des Telefons?/ Es bringt mich nicht näher zu dir!/ Unsre Stimmen umschlingen sich/ in den engen Drähten der Bundespost,/ doch wer wollte sich lieben, in dem Bett,/ so unbequem und voll von Strom?/ Mit tausend fremden Geräuschen/ und abgehört womöglich/ von Familienvätern mit dünnen Lippen/ die Dienstmarke in der Hosentasche.// Da fließt sie dahin,/ ins Dunkel des Nachttarifs,/ die Pause zwischen unseren Sätzen./ So kostbar sind nicht einmal/ die Worte von Dichtern,/ was immer die Professoren für Literatur/ behaupten mögen!// Und ich bin kein Dichter,/ mühsam zieh ich noch einen Satz/ aus den langen Abenden, hier in dieser Stadt./ Bis bald!/ Und dann die Stille im Apparat,/ die Stille der Nacht in den Wiesen und Feldern,/ durch die das Überlandkabel zieht.

질문
1. 이 시는 연애시에 해당할까요? 만약 그렇다면, 그 이유는?
2. 당신은 이 시의 주제를 무엇이라고 생각하는가요?

해설
맨 처음 읽으면 테오발디의 작품은 현대적 감각의 연애시처럼 느껴집니다. 그러나 여러 번 읽으면, 우리는 많은 것을 유추할 수 있습니다. 훌륭한 시일수록 많은 의미를 포괄하지 않습니까? 1. 전선이 모든 인간의 사적인 삶을 통제하고 있습니다. 모든 대화는 얼마든지 "도청"이 가능합니다. 전선은 대륙을 횡단하고 있는데, 사람들은 고립된 채 살아갑니다. 기계의 힘은 놀랍게도 수많은 사람들을 간접적으로 조종할 수 있습니다. 2. 사랑은 인간 개개인에게 그렇게 중요한 것이지만, 사회적 관점에서 보면 하찮은 것입니다. 내가 누군가를 끔찍이 사랑하고, 그럼에도 그와 이별해야 하는 경우에도 세상은 눈 하나 깜짝하지 않습니다. 전화기를 놓으면서, 시인은 "기계 속의 정적" 그리고 "밤의 적막"을 느껩니다. 왜 우리는 수많은 자들 가운데 눈에 띄지 않는 개체여야 하는가요? 시는 다음의 사항을 암시합니다. "우리"는 해변의 수많은 모래알과 다를 바 없는 개체에 불과하지만, 사랑이 우리의 존재 의미를 밝혀 주는 게 아닌가요? 그렇지만 인간은 서로 사랑하더라도 결국에는 혼자 살아가야 합니다. 3. 현대 사회에서 인간의 내밀한 감정을 담은 문학 장르는 얼마든지 무가치할 수 있습니다. 현대 사회에서 개별적 인간은 소외되어 살아갑니다. 게다가 인간의 언어는 사람의 삶을 모조리 표현해 내지 못합니다. 그렇기에 시인은 "문학 교수들"의 말에 대해 비판적 태도를 취하고 있습니다. 개개인들이 서로 소지하는 것은 "야간 요금"의 영수증이며, "이름표"가 아닙니까?

Volker von Törne

폴커 폰 퇴르네

폴커 폰 퇴르네(1934-1980)는 하르츠에 있는 크베딘부르크에서 태어났다. 그의 아버지는 SS 대원으로 일하였다. 1954년부터 2년간 그는 브라운슈바이크에서 교육학을 공부하였고, 1956년부터 빌헬름스하펜에서 사회과학을 전공하였다. 1959년부터 3년간 퇴르네는 건축 공사장에서 인부로 일하였다. 1962년부터 베를린에 거주하면서, 그는 비판적 좌파 잡지인 『대안 Alternative』을 간행하였다. 1963년부터 1980년까지 좌파 평화 단체에 가담하여, 동유럽과 이스라엘 등을 돌아다니면서 평화를 설파하였다. 퇴르네의 과거 청산 작업은 학문적 역사 연구에 국한되는 게 아니라, 파시즘 범죄를 저지른 당사자들과 구체적 사실을 놓고 대화함으로써 그들의 입장을 반성케 하는 일이었다. 그의 시풍은 직설적이며, 그의 시적 주제는 민족 간의 화해 그리고 평화, 기독교적 사랑, 사회적 정의 등이다.

새처럼 자유롭게

　1.
나는 시인이야, 육체의
어둠을 기록하고 있어.
그래야 너희가 클라이스트 같은 나를
벌거벗긴 뒤에 구덩이 속으로 쳐 넣지 않겠지
독일의 암흑에서 내 일부의
삶이 찢겨지기 전에

　2.
칼날 위에 서서 나는 인사해,
발터 폰 데어 포겔바이데에게
그 역시 죽은 뒤에 이 조국에
묻혀 휴식하고 있어,
어느 노예가 리멘슈나이더의
두 손을 자른 뷔르츠부르크에서

　3.
그래, 이 민족은 예술의 영역을
반역죄 내지는 망상으로 단언했지
그래서 크비린 쿨만은 거기서부터
불타는 화염 연기 속에서 타죽어야 했지
아, 괴로움 이어지는 기도는

무법천지인 이 땅에선 끝이 없어

  4.
오, 죽음에 완강히 대항하다가
끝내 어둠 속으로 도피해야 했던
몽상가와 죽은 자들의 땅이여
프리드리히 횔덜린이 그랬지,
독일인으로 태어난 그는
이 땅을 혼자서 사랑하지 않았던가?

  5.
언젠가 파리의 하이네처럼
나 역시 밤 지새우며 눈물 흘리지
오, 인민이여, 행군의 노래 울릴 때
자신의 목에다 오랏줄 매고
그대들은 용서하지 않았지 시인들이
부른 자유의 멜로디를

  6.
오, 충직한 신하들의 인민이여
갈고리 십자가와 배기가스의 깃발이여
언젠가 고향이었던 땅에는
침묵으로 내 입을 간질거리고
내 가슴 설레게 했던 처녀들의
머리칼과 사과나무들이 있었지.

Frei wie ein Vogel

1\. Ein Dichter bin ich, und ich schreibe/ Mir die Dunkelheit vom Leibe/ Damit ihr nicht, wie den von Kleist/ Mich nackt in eine Grube schmeißt/ Bevor aus deutscher Finsternis/ Ich mir ein Stückchen Leben riß

2\. Ich grüß, getrost auf Messers Schneide/ Herrn Walter von der Vogelweide/ Der auch in diesem Vaterland/ Erst unterm Rasen Ruhe fand/ In Würzburg, wo ein Knecht hernach/ Des Riemenschneiders Hände brach

3\. Ja, Hochverrat und Hirngespinste/ Nennt dieses Volk die Schönen Künste/ So zog in eines Feuers Rauch/ Von dannen Quirin Kuhlmann auch/ Ach! endlos ist die Litanei/ Des Leids im Lande vogelfrei

4\. O Land der Träumer und der Toten/ Die dem Tod die Stirn geboten/ Und mußten doch ins Dunkel fliehn/ Wie jener Friedrich Hölderlin/ Der, daß er unter Deutsche kam/ Sich zu sehr zu Herzen nahm

5\. Wie in Paris einst Heinrich Heine/ So lieg ich schlaflos nachts und weine/ O Volk, das sich bei Marschmusik/ Dreht um den Hals den eignen Strick/ Du hast die Freiheitsmelodien/ Deinen Dichtern nie verziehn

6\. O Volk der treuen Untertanen/ Mit Hakenkreuz- und Abgasfahnen/ Im Land, das mir einst Heimat war/ Mit Apfelbäumen, Mädchenhaar/ Das meinen Mund mit Schweigen schlägt/ Und das mir doch das Herz bewegt

시어 설명 및 힌트

하인리히 폰 클라이스트(1777-1811): 독일의 반고전주의 작가 가운데 한 사람. 작가로서, 장교로서 그리고 남편으로서 제대로 인정받지 못했다. 34세의 나이에 권총 자살로 삶을 마감하였다. 발터 폰 데어 포겔바이데(1170-1230): 독일의 시인. 민네장 가수로서 방랑하면서 살았다. 틸만 리멘슈나이더(1455?-1531): 독일의 조각가. 인간의 내면적 모습을 가장 풍요롭게 묘사하였다. 1525년 독일 농민 전쟁 당시에 농민 편에 가담했다가, 체포 구금당했다. 이때 리멘슈나이더의 손은 고문으로 잘려 나갔다. 크비린 쿨만(1631-1689): 종교 시인. 38세의 나이에 심각한 병을 앓다가, 신통력을 얻는다. 그는 시를 쓰면서 영혼의 예언자로 방랑하였다. 1689년 러시아에서 독일로 송치되었는데, 루터교의 어느 목사는 그를 선동자 내지 천년 왕국설의 신봉자로 당국에 고발하였다. 그해 10월 4일에 쿨만은 화형당했다. 프리드리히 횔덜린(1770-1843): 독일의 시인. 그는 1805년부터 약 30년간 정신 착란 증세로 튀빙겐에 있는 탑에서 칩거하며 살았다. 하인리히 하이네(1797-1856): 유대인 출신의 독일 시인. 정치적인 이유로 1831년에 프랑스로 망명하여 그곳에서 죽었다.

질문

1. 제목은 중의적 의미를 지니고 있습니다. 누가 새처럼 자유롭게 나라를 떠나야 할까요?
2. 시인은 클라이스트의 자살을 어떻게 평가합니까?
3. 제2연에서 시인이 "폰 데어 포겔바이데"에게 인사하는 이유는?

4. 제3연에서 시인은 크비린 쿨만이 어떠한 이유로 화형당했 다고 생각하는가요?
5. 시인은 횔덜린의 정신 착란, 하이네의 망명 등의 원인을 무 엇이라고 판단합니까?
6. "갈고리 십자가"와 "배기가스"의 함의는?

해설

폴커 폰 퇴르네는 자유의 시인입니다. 그가 새를 노래하고, 자유의 상실로 인한 고통을 노래하는 것은 우연이 아닙니다. 시의 제목 "새처럼 자유롭게"는 우리에게 많은 의미를 시사해 줍니다. 그것은 자유로운 비행뿐 아니라, "법의 보호 없는" 내지 "추방당한"이라는 의미 또한 지니고 있습니다. 시인은 다음과 같이 굳게 믿었습니다. 설령 자유가 수많은 위험과 고통을 동반한다고 하더라도, 자유는 결코 포기의 대상일 수 없다고 말입니다.

제1연에서 시인은 자신이 운명을 클라이스트이 그것과 동일시합니다. 즉, 그는 현재 아무도 눈여겨보지 않는 작품에 매진하고 있는 것입니다. 게다가 독일의 "어둠"이 자신의 삶 전체를 망가뜨리기 전에 시인은 작품을 남기려고 합니다. 제2연에서 시인은 자신의 처지가 칼날 위에 서 있는 것과 같음을 감지합니다. 아닌 게 아니라 독일은 역사적으로 끊임없이 예술가의 삶을 위협해 오지 않았던가요? 예컨대 16세기에 활동했던 조각가, 리멘슈나이더는 강자인 제후 대신 약자인 농민을 지지했다는 이유로 손목이 잘리는 고문을 당했습니다. 20세기 칠레에서 피노체트 독재 정권에 항의하던 노래하는 음유 시인 빅토르 하라Victor Jara의 오른손이 짓이겨졌듯이, 리멘슈나이더의 손은 어느 "노예"의 작두에서 잘리고 말았던 것입니다. 종교 시인 크비린 쿨만은 세상을 구제하는 주를 갈구하면서 살아왔는데, 러시아에서는 선동자라는 이유로 추방당했고, 독일에서는 루터교 목사에 의해 고발당해 끝내 화형으로 죽습니다. 예술가의 수난은 이것으로 끝나지 않습니다. 프리드리히 횔덜린은 19세기 초에 정신 착란 증세를 일으키면서, 30년 동안 어느 탑 속에 칩거하며 살았습니다. 아직 성숙되지 못한 독일은 진보적 혁명 정신을 따르지 못했던 것입니다. 하인리히 하이네는 당국의 검열 때문에 프랑스에서 망명 생활을 영위해야 했습니다. 많은 예술가들이 고통스러운 삶을 보낸 까닭은, 퇴르네의 견해에 의하면, "충직한 신하들"을 양산하는 국가 때문이라고 합니다. 이로 인해 나타난 것은 독일의 파시즘이라는 것입니다("갈고리 십자가" "배기가스" 등의 깃발은 이를 암시해 주고 있다). 마지막으로 시인은 노래합니다. 과거에 시인의 가슴을 설레게 했던 처녀들의 "머리칼"과 "사과나무들"이 있던 고향은 이제 고동색 타향으로 변모하고 말았다고….

HANS-ULRICH TREICHEL
한스 울리히 트라이헬

한스 울리히 트라이헬은 1952년 서독 베스트팔렌의 베어스몰트에서 태어났다. 부모는 동독 지역 사람이었는데, 세계대전 동안에 아들, 즉 트라이헬의 형을 잃어버렸다. 이러한 과거 체험은 소설, 『잃어버린 아들 Der Verlorene』에 잘 묘사되어 있다. 70년대부터 베를린에서 독문학을 공부한 뒤 1984년에 볼프강 코에펜의 문학 연구로 박사학위를 취득하였다. 그 후에 트라이헬은 베를린 자유대학에서 문학 연구에 종사하다가 1993년에 교수 자격을 획득하여, 1995년 이후부터 라이프치히 문학 연구소의 교수로 일하고 있다. 시집, 『사랑 필요로 하는 Liebe not』 (1986)과 『유일한 손님 Der einzige Gast』(1994) 외에도 산문 작품들을 남겼다. 에세이 모음집으로 『문헌을 넘어서 Über die Schrift hinaus』(2000), 프랑크푸르트 시학 강연, 『작가의 설계 Der Entwurf des Autors』(2000) 등이 있다.

나의 질서

나는 살고 있다, 나의
사진 앨범은 거의
가득 찼다, 내가
TV에서 바라보는
국가는 나에게 좋다,
왜냐면 내가 국가에게
좋으므로, 평생 동안의
사면赦免, 이는 내가
아무 일 하지 않은 데 대한
대가이다, 나의 셔츠들은
잘 다려져 있다, 나의
길밍들은 직합하나,
나는 숨 쉰다, 모든 사람처럼,
나는 기침한다, 대부분의
사람들처럼, 가을이
다가오는, 지금, 잎들이
떨어지고, 나는
생각한다, 정당한가 하고.

Meine Ordnung:

Ich lebe, meine/ Fotoalben sind fast/ voll, der Staat,/ den ich im Fernsehen/ sehe, ist gut zu mir,/ weil ich gut zu ihm/ bin, lebenslange/ Amnestie, die ich/ mir durch Nichtstun/ verdiene, meine Hemden/ sind gebügelt, meine/ Wünsche kompatibel,/ ich atme, wie alle,/ ich huste, wie die/ meisten, jetzt, wo es/ Herbst wird, fallen/ die Blätter, und ich/ denke: zu Recht.

질문
1. 이 시는 1990년에 발표된 것입니다. "사람들"을 제외한다면, 일상적 사물을 가리키는 시어는 무엇입니까? 보편적 의미를 지닌 보통 명사 내지 추상 명사는 무엇입니까?
2. 후자에 속하는 시어들은 전자에 속하는 시어들과 어떤 관련성을 맺고 있습니까? 어째서 두 가지 사항은 "적합하다 kompatibel"라는 단어로 설명할 수 있을까요?
3. 이 시의 주제는 무엇입니까?

해설
통일된 독일 사회는 질서 잡혀 있습니다. 요즈음은 노인 인구가 많아서 어려움을 겪는 게 사실이지만, 독일의 사회복지 체제는 부러움의 대상입니다. 노동청은 국민들에게 직장을 알선해 주고, 취업이 될 때까지 약 3년간 생활비를 지급합니다. 대신에 독일인들은 대체로 개인주의적이며, 일이 끝나면 집에서 TV만 시청합니다. 횃불을 피워 놓고 둘러앉아 노래 부르는 경우는 독일에서 찾아볼 수 없습니다. 그래서 "남한이 재미있는 지옥이라면, 독일은 재미없는 천국"(어수갑 2004: 168)이라는 말이 나왔는지 모릅니다.

트라이헬의 시는 간결하고, 꾸밈없으며, 시적 대상으로부터 거리감을 취하고 있습니다. 때로는 어떤 기묘한 냉소적 환유가 사용되고 있습니다. 첫 행의 "나는 살고 있다"라는 일견 무의미한 표현부터 우리를 당혹스럽게 만듭니다. "사진 앨범," "TV," "나의 셔츠들," "잎들"은 일상의 사물들로서 나의 삶과 관계있는 시어입니다. 이에 비하면 "국가," "사면," "나의/갈망들"은 "나"의 보편적 삶과 관련 있는 시어입니다. 전자는 후자와 전혀 마찰을 일으키지 않습니다. 가령 "나의 갈망들"은 다른 것과 "적합 kompatibel"합니다. 나는 모든 게 질서 잡혀 있는 "국가"에서 살아가고 있습니다. 나 역시 주어진 질서에 순응합니다. 그렇기에 "나의 셔츠들은/잘 다려져" 있습니다. 문제는 "국가"라는 존재입니다. 이 존재는 내 눈 앞에 직접 보이지 않습니다. 대신에 "나"는 국가를 이끌어 나가는 자들을 TV 화면에서 바라볼 수 있습니다. 국가는 "나"를 잘 보살펴 줍니다. 그 이유는 나 자신이 국가에 대해 호의를 품고 있기 때문입니다. 이렇듯 국가는 어느 누구로부터 공격당하지 않습니다. 나는 아무 일도 행하지 않기 때문에 "평생 동안" 감옥에 가지 않습니다. 이렇듯 복지 사회에서는 어떠한 갈등과 저항도 있을 수 없습니다. 다른 사람도 마찬가지입니다.

평생 한곳에서 살아가는 사람들은 "숲"이 아니라 "나무"에 익숙해 있습니다. 그들은 자신의 삶을 비판적으로 조망할 기회를 얻지 못합니다. 그래서 독일과 독일인의 삶은 타인에 의해서 더 정확하게 포착될 수 있지요. 시인은 동시대인들의 이러한 맹점을 지적하고, 다음과 같이 묻습니다. 과연 복지 국가에서 편안하게 살아가는 삶이 바람직한 삶인가? 하고 말입니다. 이러한 물음은 "그대는 망각의 권태 속에서 배부른 개가 되어 등 따뜻하고 배부르게 먹고 사는가?" 하는 질문으로 발전할 수 있습니다. 이제 나이든 "나"의 "앨범"에는 지나간 삶의 흔적을 담은 "사진"들로 가득 차 있습니다. 마치 가을 낙엽처럼 사람들은 기침을 콜록거립니다. 시인은 독자로 하여금 죽음을 기억하게 합니다. 그러고는 다음과 같이 묻습니다. 당신의 삶이 과연 정당한 것인가? 하고.

모던의 시대

잘 되었어 지나갔지
지나간 건 잘된 일이야
사회주의 애벌레의 고통
지나간 건 빈대들 근원적 폭죽소리
혼돈 이론 모두 지나갔지
남과 북의 기울기 열기의 죽음
모든 게 잘 되었어 모두 좋은 무엇도 지나갔어
지나간 존재 또한 변증법이든
참뜻에 관한 물음이든 간에 비(雨)
모든 게 지나갔지

Moderne Zeiten

Es ist gut es ist vorbei/ es ist gut daß es vorbei ist/ der Sozialismus die Raupenplage/ die Wanzen der Urknall was

vorbei ist/ ist vorbei die Chaostheorie/ das Nord-Süd-Gefälle
der Wärmetod/ alles gut alles vorbei auch das Gute/ auch das
Vorbeisein die Dialektik/ sowieso die Sinnfrage der Regen/
alles schon wieder vorbei

질문

1. 제목은 채플린의 모던 타임즈를 연상시킵니다. 찰리 채플린은 1933년에서 1936년에 같은 제목의 영화를 만들었습니다. 여기서 그는 현대 사회의 열악한 노동 조건을 비판할 뿐 아니라, 기계의 소음을 강하게 야유하고 있습니다. 인용 시에서 "모던한 시대"는 일견 그 자체 야유의 대상으로 간주되고 있습니다. 그것은 어떠한 시대를 상징하고 있습니까?
2. 다음의 시어는 무엇을 상징하고 있을까요? "빈대들," "근원적 폭죽소리," "혼돈 이론," "남과 북의 기울기," "열기의 죽음," "참뜻에 관한 물음."
3. "지나갔다"는 시인의 반복적인 발언 속에 담긴 모순점은 무엇입니까?

해설

「모던의 시대」는 1997년에 발표된 시입니다. 이 제목은 20세기 초의 모던한 시대와 비교되는 "탈역사Posthistoire"의 시대를 전제로 하고 있습니다. 가령 소련 사회주의의 몰락을 고찰해 보십시오. 현대는 이제 더 이상 모던의 예술적, 정치적 분위기로 설명할 수 없습니다. 인용 시에서 "지나갔다"는 표현은 기이하게도 일곱 번이나 반복됩니다. 이러한 반복 속에는 어떤 어처구니없는, 자가당착과 같은 내용이 드러나는데, 바로 이 여백 속에서 우리는 시인이 의도한 작품 집필의 계기를 포착할 수 있습니다.

작품에 어떠한 방점도 나타나지 않습니다. 이로써 우리는 시적 발언 자체를 시인의 주장으로 막연하게 받아들일 수는 없습니다. 어쩌면 인용된 말인지도 모릅니다. 시인은 현재의 역사를 오로지 몇몇 단어로 요약하고 있습니다. "애벌레의 고통Raupenplage"이라는 표현은 일상적 용어가 아닙니다. 사회주의 운동은 고통과 비극을 가져다주었습니다. 사회주의 이상을 실천하는 과정 속에서 수많은 비극이 출현한 것은 사실입니다. "빈대들Wanzen"이 상징하는 바는 중의적입니다. 왜냐하면 그것은 한편으로는 1945년 제2차 세계대전이 끝날 무렵의 군영을 연상시키지만, 다른 한편으로는 사회주의 체제 하에서 감시 기능을 담당하던 "소형 도청기" 내지 "당의 앞잡이"를 가리키기 때문입니다. "근원적 폭죽소리"는 세계 형성에 관한 물리학적, 천문학적 이론과 관계됩니다. 혹자에 의하면, 천체들은 분할 과정에서 굉음을 발하면서 세계의 공간 속으로 퍼져 나갔다고 합니다. "혼돈 이론"은 인류의 역사에서 지속되어 온 인과 법칙 내지 유클리드 기하학에 반대되는 이론을 가리킵니다. 오늘날 인과 법칙 내지 유클리드 기하학은 효력을 상실했으므로, 모든 사항은 오로지 혼돈으로 설명할 수 있을 뿐입니다(Hiebel 2006B: 570). "남과 북의 기울기": 여기서 "남과 북"이란 "아프리카와 유럽" 그리고 "남미와 북미"를 전제로 한 개념입니다. "남과 북의 갈등"이란 못 사는 나라와 잘 사는 나라 사이의 갈등을 가리킵니다. 시인은 여기서 남과 북 사이의 경제적 차이가 세계화 정책 등으로 인하여 서서히 변하고 있음을 지적하기 위해서 "기울기"라는 표현을 사용한 것 같습니다.

그런데 모든 게 지나갔다는 사실은 과연 잘된 일일까요? "모든 게 잘 되었어 모두 좋은 무엇도 지나갔어/지나간 존재 또한 변증법이든/참뜻에 관한 물음이든 간에 비/모든 게 지나갔지." "좋은 무엇"은 보편적 의미에서 서양의 도덕 전체를 가리킵니다. 이것은 실증주의, 실용주의 그리고 기술주의에 의해 몰락의 과정을 걸었습니다. 지나간 존재, 그리고 일상을 뜻하는 "비" 또한 지나간다는 말은 논리적으로 터무니없습니다. 분명히 우리는 역사의 의미가 사라진 세계에 살고 있습니다. 그렇다고 역사가 사라진 것은 아닙니다. 그렇기에 "모든 게 지나갔지"라는 표현은 그 자체 자가당착이나 다름이 없습니다. 이렇듯 시인은 탈역사의 시대가 지닌 어떤 모순점을 예리하게 지적하고 있습니다.

JÖRG FAUSER

외르크 파우저

외르크 파우저는 자신의 존재를 다음과 같이 표현하였다. "장학금 없음, 문학상 없음, 돈 없음, 직업 없음, 학력 없음, 친구 없음, 결혼은 했으나 독립적으로 살아 감." 외르크 파우저는 한국의 시인 천상병처럼 기이한 인간형에 속한다. 그는 1944년 바트 슈발바흐에서 태어났다. 아버지는 화가였고, 어머니는 여배우였다. 어머니는 50년대 초에 헤센 방송국에서 일하였다. 파우저는 양심적 이유로 군 입대를 거부하였다. 파우저는 20세의 나이에 시를 발표했으며, 간간이 헤로인을 복용하기도 하였다. 1965년 프랑크푸르트에서 인류학과 영문학을 전공했는데, 1966년부터 마약 중독에 시달렸다. 그 후 학업을 중단하고, 런던, 이스탄불 등지를 돌아다니며, 경비원, 공항 인부로 일하면서 살았다. 1977년부터 본격적으로 작품을 집필했는데, 소설 『눈사람 *Der Schneemann*』이 영화화되어 세인의 주목을 받게 되었다. 이 작품은 마약을 둘러싼 마피아 이야기를 담고 있다. 파우저는 1987년에 교통사고로 사망하였다.

영혼의 무게

오늘 아침 베를린에서 온 편지.
여자 친구가 전했다, 미국의
과학자들이 체중 재는 방식으로
죽음 이전, 죽는 과정 그리고 죽음 이후에
다음의 사실을 알아냈다고. 마지막
요단강을 건널 때 인간은
21그램의 무게를
잃는다고 한다,
그건 바로
내가 추측하건대
영혼의 무게.

저녁에 전화가 왔다, 런던의
한 친구가 사망했다고,
31세, 뇌졸중으로.
이제 썩어가는 육체
줄어든 21그램의 영혼.
너는 오스트리아 빈이
불타는 걸 더 이상 보지 못해, 베니,
그리고 금성 또한.
마지막 처녀의 이름은 무엇이었지?
기계에 기름칠 잘 되어 있고,

마지막 유리컵에는 무엇이 담겨 있었을까?
너는 마지막으로 누구에게
화를 냈니?

너의 영혼은 육체를
더 이상 짓누르지 않고 뇌가
너를 모조리 파괴했니?

친구들은 어리둥절해 하며 여자 앞에 앉아 있고
음료수의 맛은 기이하며, 땅은
더욱 냉혹해 보인다.

나는 그날 밤 슬픈 마음으로 타자기 앞에 앉아
오로지 21그램에 집착하는 일 외에는
다른 무엇도 이해하지 못한다,
그건 손가락으로 글 쓰게 하고
내 꿈으로 하여금
죽음을 준비하게 하니까.

Das Gewicht der Seele

Heute früh ein Brief aus Berlin./ Eine Freundin teilte mit, daß amerikanische/ Wissenschaftler durch eine Wiegenmethode/ vor, während und nach dem Sterben/ herausgefunden haben: beim/ Überqueren des letzten Flusses/ gehen dem Menschen

21 Gramm/ Gewicht verloren,/ das Gewicht,/ nehme ich an,/ der Seele.

Heute abend ein Anruf, ein Freund/ in London ist gestorben,/ 31 Jahre, Hirnschlag,/ jetzt schon verwesender Leib/ minus 21 Gramm Seele./ Die Stadt Wien wirst du nicht mehr/ abbrennen sehen, Benny, und nicht den Planeten Venus./ Wie hieß das letzte Mädchen?/ War die Maschine gut geölt,/ was war im letzten Glas?/ Und wem galt dein letzter/ Zorn?

Wog deine Seele diesen Leib/ nicht mehr auf und zerschlug/ dir das Hirn?

Ratlos sitzen deine Freunde vor den Frauen,/ seltsam schmecken die Getränke, kälter/ scheint die Erde.

Freudlos sitze ich diese Nacht über den Tasten/ und verstehe doch nichts anderes/ als mich an die 21 Gramm zu klammern,/ die meine Finger schreiben machen/ und meine Träume verbereiten/ auf den Tod.

질문

1. "인간 영혼의 무게가 21그램"이라는 가설은 어떤 의미를 지닐까요?
2. "죽음을 준비"한다는 말을 설명해 보세요.

해설

인간의 영혼은 그 무게가 얼마나 될까요? 이는 터무니없는 질문처럼 들립니다. 시인 파우저는 "미국의 과학자들이" 실험한 결과를 "여자 친구"를 통해 듣습니다. 인간은 죽는 순간 자신의 몸무게로부터 21그램의 무게를 상실한다는 것입니다. 21그램의 무게는 파우저에 의하면 인간 영혼의 무게라고 합니다. 고도로 발달한 과학 기술과 첨단 무기의 시대를 살아가는 데에 인간의 영혼이 무슨 기능을 담당하겠습니까? 오늘날 인간의 영혼은 기껏해야 미신의 영역으로 치부되고 있을 뿐입니다. 삶의 모든 공간은 경제적 이득을 위해 피 흘리고 싸우려는 아귀들로 가득 차 있고, 자본주의는 더욱더 경쟁을 부추기지 않습니까?

이를 고려한다면, 더욱 미신적이고 혼란스러운 것은 이윤을 추구하는 자본주의 체제일 것입니다. 오늘날 영혼의 무게는 시인의 말대로 21그램일지 모릅니다. 친구의 죽음을 안타깝게 여기는 시인은 마지막 연에서 자신의 영혼의 가치를 인정하고, 이에 집착합니다. 인간의 영혼은 그다지도 가볍지만, 그 자체 결코 대수롭다고 말할 수는 없을 것입니다. 그리하여 파우저는 헤켈 Haeckel 이후로 유물론을 표방하는 천박한 자연과학자들의 주장을 학문적으로 반박하는 대신에 다음과 같이 기술합니다. 즉, 시인으로 하여금 "글"을 "쓰게 하고," "죽음을 준비하게 하"는 것은 불과 21그램에 불과한 영혼이라고 말입니다.

LUDWIG FELS

루드비히 펠스

루드비히 펠스(1946-)는 "노동 시인"이며 "생태 시인"이다. 그는 1946년 트로이트링겐에서 태어나서, 직업학교를 마친 후, 양조 공장, 기계 공장 등에서 일하였다. 프레스 가공 기술자로 일하던 펠스는 1973년 이후로 전업 작가가 되어, 수많은 시, 산문 그리고 방송극들을 집필해 발표하였다.

쓰레기 송시

매일 나의 큰 통을 꾹꾹 채울 수 있는 한
부유함은 밉살스럽지 않다.
많이 채워 넣을수록
나의 형편은 더 향상된 셈이다.
고무 껍질 같은 달걀 껍데기, 썩은 통닭 뼈
기름진 고기 그리고 기름 묻은 종이들은
악취 나는 구멍 속으로 도달한다.
어느 누구도 나의 빈병 수를 세지 않는다.
뒤뜰로 행진하면서
꽉 찬 통을 질질 끌고 간다.
종이 담긴 바구니 역시 대단한 물건이다.
남뱃삽은 궐런이 비싸나는 길 드러내니까.
쓰레기 포대로 마구 뽐내고 있는
경단과 샐러드 이파리는 이미 사람들이
더 이상 제공할 수 없는 음식 찌꺼기
나쁜 소시지와 오래된 흰 치즈는
때로는 새롭고 신선하다.
나는 병마개와 담배꽁초로
나의 큰 통을 가득 채운다.
쳐다보기 껄끄러운 것들은
변기통 안에 그냥 버리곤 한다.

Müll-Ode

Solang ich täglich meine Tonne füllen kann/ ist mir der Wohlstand nicht abhold./ Je mehr ich reinstopf/ desto besser ist es mir ergangen./ Eierschalen wie Gummihaut und morsche Hähnchenknochen/ fettes Fleisch und schmalziges Papier/ landen im stinkenden Schlund./ Die leeren Flaschen zählt mir keiner nach./ Auf dem Marsch zum Hinterhof/ schlepp ich die vollsten Eimer überhaupt/ auch der Papierkorb ist ein Ding für sich./ Die Zigarettenschachteln zeigen teure Sorten an./ Mit Abfallsäcken läßt sich protzen/ Knödel und Salatblätter sind schon Essensreste/ die man sich nicht mehr anbieten möchte/ schlechte Wurst und alter Quark/ war mal neu und frisch./ Ich bringe meine Tonne voll/ mit Korken und mit Kippen./ Was Blicke scheut/ schmeiße ich ins Klo.

질문

1. 나는 누구인가요?
2. 시인의 쓰레기 찬양은 무엇에 대한 알레고리인가요?

해설

"쓰레기 송시"라는 제목은 어떤 풍자를 드러냅니다. 송시란 오래 전부터 시적 대상을 찬양하기 위한 수단으로 쓰여진 시형입니다. 생각해 보세요. 쓰레기를 찬양하기 위해서 시를 쓴다는 것 자체가 얼마나 우스꽝스러운 일입니까? 시인은 쓰레기를 가득 채울 수 있다는 것 자체가 찬란한 복지 사회에서 살아가는 특권이라고 비아냥거립니다. 쓰레기는 시인에게는 결코 "밉살스럽지 않"습니다. "음식물 쓰레기," 포장된 상품, "담뱃갑" 등은 자신의 자랑스러움을 뽐내고 있습니다. 어째서 쓰레기가 시인의 눈에 자랑스럽게 보이는 것일까요? 그것을 바라보는 인간 자신이 오만하기 때문이 아닐까요? 어쩌면 시인은 다음의 사항을 드러내기 위해서 이 시를 썼는지 모릅니다. 즉, 풍요로움에 익숙한 사람들은 과소비를 의식하지 못합니다. 그들은 신선한 음식물을 다 먹지 않은 채 그냥 버립니다. 그렇기에 "소시지"와 "흰 치즈" 등은 부분적으로 여전히 신선함을 지니고 있습니다. 사치스러운 삶은 그 자체 수치가 아닌가요? 왜냐하면 그것은 하나의 낭비로서 자연을 엄청나게 훼손시키기 때문입니다. 그런데도 소비 사회의 현대인들은 이를 의식하지 못하고 자신의 부유함에 대해 자랑스럽게 생각할 뿐입니다.

ERICH FRIED

에리히 프리트

에리히 프리트(1921-1988). 30년대 말에 프리트의 아버지는 게슈타포에 문초 당하다가 사망하였다. 프리트는 이 일이 발생한 직후에 어머니 등과 함께 오스트리아를 떠나 영국으로 망명하였다. 그가 글을 쓰기 시작한 때는 바로 그 무렵이었다. 프리트는 한편으로는 집필에 몰두하고, 다른 한편으로는 정치 세력에 가담하였다. 그것은 "대영 제국 내의 젊은 오스트리아인"이라는 단체였는데, 공산주의를 표방하면서, 히틀러의 파시즘에 반대하였다. 이 단체를 통하여 프리트는 73명에 달하는 오스트리아의 젊은 유대인들을 구출하였다. 1960년 이래로 프리트는 적의 언어를 사용하여 시를 발표하였다. 『그리고 베트남 그리고 und VIETNAM und』(1966), 『연애시 Liebesgedichte』(1979) 등의 시집은 베스트셀러가 되었다. 단시, 거친 호흡, 생략 그리고 비약 등은 놀라움, 분노 그리고 비애 등을 불러일으켰다. 나아가 작품의 경향에 있어서 그리고 형식에 있어서 『경고시 Warngedichte』(1964)는 프리트 문학의 전환점으로 작용하는 시집이다. 여기서 프리트는 정치적 진실을 언어의 모호성 그리고 의도적인 거짓말 등과 결부시키고 있다.

성공하리라

어제 저지른 범죄는
그제 저지른 범죄에 대한
기념일을 완전히
없애게 했다

오늘 저지른 범죄에 직면하여
우리는 만들려고 한다,
어제의 범죄에 대한
기념일을

내일의 범죄는
우리가 오늘 맞이한 것을
기념일 없이
사라지게 할 것이다,
만일 그것을 미리
막지 않으면

ça ira

Die Verbrechen von gestern haben/ die Gedenktage/ an die Verbrechen von vorgestern/ abgeschafft// Angesichts der Verbrechen von heute/ machen wir uns zu schaffen/ mit den

Gedenktagen/ an die Verbrechen von gestern// Die
Verbrechen von morgen/ werden uns Heutige/ abschaffen/
ohne Gedenktage/ wenn wir sie nicht/ verhindern

질문
1. 기념일은 범죄를 예방하는 데 얼마만큼 도움이 됩니까?
2. 내일의 범죄는 어째서 기념일을 창조하지 못할까요?

해설
　프리트의 시 「성공하리라」는 페터 바이스에게 헌정된 것입니다. 제목 "성공하리라ça ira"는 1789년에 즐겨 부르던 혁명 가요의 후렴으로 사용된 바 있습니다. 이는 "전진하자," "잘 될 것이다" 등으로 번역할 수 있지만, 여기서는 의미를 중시하였습니다. (제1연): 역사에서 인간이 저지른 죄는 수없이 반복되어 왔습니다. 그렇지만 후세 사람들이 기념일을 만든 것은 과거의 죄를 기억하면서 죄의 반복을 막기 위함이 아니던가요? 그러나 아이러니하게도 기념일은 과거의 범죄를 기억하는 날이 아니라, 과거에 대한 책임 내지 살인으로 피 묻힌 선조의 손을 씻게 하는 도구로 사용되지 않습니까? (제2연): 현대인들은 현재에 자행되는 죄를 경고하기 위하여 기념일을 활용하려고 합니다. 가령 이라크 전쟁 기념관은 인류의 평화를 위하여 만들어진 것입니다. 그럼에도 불구하고 기념관 바깥에서는 전투가 벌어지고 있습니다. 따라서 우리는 기념일이라는 게 범죄를 예방하는 데 얼마나 미미한 영향을 미치고 있는가? 하는 점을 확인할 수 있습니다. (제3연): 제3연은 에리히 프리트의 촌철살인과 같은 예언을 담고 있습니다. 우리가 죽으면, 더러운 역사는 반복될 것입니다. 우리가 겪었던 죄는 무심하게 흐르는 역사 속에서 망각될 것입니다. 그렇지만 어째서 기념일이 더 이상 정해지지 않는 것일까요? 그것은 간단합니다. 끔찍한 범죄와 대량 학살 등으로 인하여 자손들이 살아남지 못하게 될 테니까 말입니다….

손 안의 대화

안으로 와
그건 우릴 따뜻하게 해
너의 머리를 숨겨
손톱 아래:
너의 긴 머리칼은
오직 손톱 아래에
둥글게 새겨진
곡선 하나에
불과할 거야

안으로 와
우리 모두 손 안에 있어
손이 열리면
밀치는 바람이 우릴 쓸어가고

손이 닫히면
뼈에서 피가 튀겨 나오지
와서 나에게 키스해
우리 곁의 손은 가볍게 떨려
아무 말 하지 마
그가 자고 있으니

가까이 와
눈을 꼭 감아 봐
그는 오래 잠자지 않을 거야
조만간 날이 밝아
두려워하지 마
이미 손금을 읽었지:
너에 관한
나에 관한
나쁜 것은 거기 없어

Rede in der Hand

Komm in die Hand/ Sie wärmt uns/ Versteck deinen Kopf/ unter dem Fingernagel:/ Dein langes Haar/ wird bald nichts sein/ als eine geringelte Linie/ in die Kuppe/ der Fingerspitze gekerbt// Komm in die Hand/ Wir alle sind in der Hand/ Wenn sie sich öffnet/ weht uns ein Windstoß weg/ Wenn sie sich schließt/ spritzt uns das Blut aus den Knochen/ Komm und küß mich/ Die Hand um uns zittern leise/ Sag nichts/ Er schläft// Komm nah/ Mach deine Augen zu/ Er wird nicht lange mehr schlafen/ Bald wird es Tag sein/ Hab keine Angst/ ich habe die Linien der Hand gelesen:/ Es steht nichts Schlechtes darin/ von dir/ und von mir

질문
1. 상기한 시에서 "손"은 어떻게 묘사되어 있습니까?
2. 손은 무엇을 상징하고 있습니다. (1) 운명, 신, (2) 삶, 자연, (3) 부친으로서의 국가, (4) 현재의 세상, (5) 말 못할 위협 등. 손은 이 가운데 무엇을 지칭할까요?
3. 이 시의 마지막 문장은 어떻게 해석할 수 있을까요?

해설
「손 안의 대화」는 1964년에 발표된 작품입니다. 두 연인은 어느 날 만나 사랑을 나눈 뒤, 헤어지기 전에 서로 손을 감싸 쥐고 대화를 나눕니다. 시는 한 사람이 사랑하는 임에게 던지는 말로 구성되어 있습니다. 일견 따뜻하고 아름다운 서정시처럼 느껴지지만, 여러 번 읽으면 우리는 어떤 위협적인 무엇을 감지할 수 있습니다. 가령 제1연의 언젠가는 파괴될 "머리칼"은 독자를 두렵게 만듭니다. 제2연은 손의 막강한 권능을 다루고 있습니다. 손은 인간의 삶과 죽음을 규정한다는 점에서 마치 모이라Moira 여신을 방불케 합니다. 문제는 "그가 자고 있"다는 사실입니다. 손이 깨어나게 되면, 과연 어떠한 파국이 도래하게 될까요? 이에 관해서는 아무도 모릅니다. 제3연에서 연인 한 사람은 다른 한 사람에게 눈을 감으라고 요구합니다. 그러나 이러한 요구는 그 자체 위험한 행동이 아닙니까? 자고로 어떤 거대한 위협적인 무엇에 도전하지 않고 편안함을 택하면, 위험은 더욱 커지는 법이 아닌가요? 프리트의 시는 조만간 도래할 거대한 파국을 인지하지 않고 그저 눈감고 잠을 청하려는 자의 무사안일주의를 은근히 비판하고 있습니다.

프리트는 이 시를 쓸 때 히로시마와 나가사키에 나뒹구는 거대한 바위의 그림자를 떠올렸다고 술회하였습니다(Domin 77: 295). 아닌 게 아니라 이 작품은 60년대 중엽의 시대적 참상과 관계있습니다. 1964년 미국은 베트남 남쪽 편에 서서 북베트남을 침공하였습니다. 이로 인해 남쪽 지역에서는 인민 해방 전선의 게릴라가 미국에 대항하여 싸웠습니다. 말하자면 남베트남 지역에서는 베트남 정규군과 이들에게 동조하는 미군에 맞서서 이른바 인민 해방 전선의 사람들이 게릴라전을 벌이게 된 것입니다. 전선 없는 전투는 외국 군대와 민족주의를 표방하는 인민 해방 전선 사이에서 끝없이 이어졌습니다. 미국의 베트남 참전에 반대하는 저항 운동은 독일에서도 거세게 몰아쳤습니다. G. 아이히, I. 바흐만, H. M. 엔첸스베르거, 에리히 프리트, 페터 파울 찰, F. C. 델리우스, G. 헤어부르거 보른 등의 작가들도 베트남 참전에 항의하는 서한에 사인하였습니다.

내가 죽기 전에

다시 한 번 말하리라
삶의 따뜻함에 관하여
이로써 몇몇이 깨닫도록,
삶은 따뜻하지 않지만
따뜻할 수 있다는 걸

내가 죽기 전에
다시 한 번 말하리라
사랑에 관하여
이로써 몇몇이 말하도록,
그게 있었으며
현재 있어야 한다는 걸

다시 한 번 말하리라
행복을 갈망하는 행복에 관해
이로써 몇몇이 묻도록,
그게 무엇이며
언제 다시 오는가 하고

Bevor ich sterbe

Noch einmal sprechen/ von der Wärme des Lebens/ damit

doch einige wissen:/ Es ist nicht warm/ aber es könnte warm sein// Bevor ich sterbe/ noch einmal sprechen/ von Liebe/ damit doch einige sagen:/ Das gab es/ das muß es geben// Noch einmal sprechen/ vom Glück der Hoffnung auf Glück/ damit doch einige fragen:/ Was war das/ wann kommt es wieder?

질문
1. 이 시는 프리트의 유언처럼 들리지만 유언이 아닙니다. 무엇을 위해서 유언이라는 표현이 사용될까요?
2. 시인이 "삶의 따뜻함," "사랑" 그리고 "행복에 대한 희망의 행복"을 찬양하는 까닭은 무엇인가요?
3. 어째서 시인은 후세 사람들 가운데 "몇몇"만의 반응을 의식하고 있습니까?

해설
프리트는 사람들의 무감각한 태도를 가장 싫어합니다. 소시민들은 대체로 부정에 대해 둔감하고, 불법에 익숙해 있으며, 끔찍한 범죄에 대해 무관심합니다. 시인은 이러한 소시민들을 가장 혐오하고 경멸합니다. 대신에 프리트는 힘없고 용기 꺾인 자들에게 힘을 실어 주고, 절망하고 의심하는 자들을 격려하며, 소외 받는 계층의 사람들에게 동정적 태도를 취합니다. 프리트는 언젠가 다음과 같이 말한 적이 있습니다. "고통을 동반하지 않는 지식은 없다." 불법의 상태를 깨닫는다는 것 자체가 이미 사람들에게 인식의 고통을 안겨줍니다. 그러나 이로써 태동하는 내면 속의 부정 정신은 어떤 긍정적인 무엇을 꿈꾸게 합니다. 그것은 다름 아니라 선善, 인간성, 친절함 등으로 인한 행복감이 아닌가요? 이러한 목표를 견지함으로써 사람들은 불법과 불의에 대한 노여움을 예술적으로 승화시킵니다.

인용 시는 프리트의 유언처럼 들리지만, 엄밀히 따지면 유언이 아닙니다. 시인은 유언의 방식을 통해서 삶에서 추구하는 바를 은근히 역으로 드러내려고 합니다. 얼핏 보면, 시인은 "삶의 따뜻함," "사랑" 그리고 "행복에 대한 희망의 행복" 등을 하나의 목표로 설정한 것 같아 보입니다. 그렇지만 이것들은 실제 현실에서 그대로 드러나지 않는 무엇입니다. 다시 말해서 그것들은 가능성, 요구 사항 그리고 비전 등의 차원에서 설명될 뿐입니다. 이로써 시인이 지적하는 바는 명확합니다. 즉, 동시대인들은 결코 자기만족의 구렁텅이에 안주해서는 안 된다는 것입니다. 대신에 시인은 다음의 사항을 요구합니다. 즉, 우리는 따뜻한 삶을 실현하려고 애써야 하며, 사랑을 실천해야 하며, 행복에 대한 희망을 저버리지 않음으로써 행복감을 느껴야 한다고 말입니다.

RICHARD PIETRASS
리하르트 피트라스

리하르트 피트라스(1946-)는 브란덴부르크 호수 근처에 사는 "작센의 청고래"라고 자신을 묘사하였다. 그는 리히텐슈타인이라는 마을에서 태어났다. 60년대에 베를린에서 임상 심리학을 공부한 뒤에 여러 출판사에서 편집자로 일하며 살다가, 1979년 전업 작가가 되었다. "파스테르나크 문학의 모방자"로 자처하는 피트라스는 모방시 이외에도 아름다운 연애시를 발표하기도 했다.

아버지에게

아버지, 당신의 커다란 손
          무엇을 위해 아껴 두셨나요?
그걸로 여러 자루를 짊어지고
          방앗간으로 수레 끌곤 했지요.
오한을 느끼며 전선으로 달려도
          총알 하나 잃은 적이 없어요.
아, 당신은 어떻게 돌아왔나요?
          눈멀고 머리카락 박박 깎인 채.
당신의 손을 기억했나요?
          두 손이 멀쩡하였다는 걸.
아침에 탄광으로 차타고 가서
          저녁에는 녹초가 되어 왔어요.
아침에 당신은 당을 찾았지만,
          저녁에는 탈당하려 했지요.
당신은 항상 뼈 빠지게 일했고,
          허름한 뒷집에서 거주했어요.
우라늄과 다듬은 목재를 끌고,
          상자, 끈 묶은 다발을 날랐지요.
어느새 두 다리가 노화되어,
          어느 순간 당신은 쓰러져야 했어요.
이제 병원 문 앞에서 깨어나,
          천국의 교통을 정리하려 하는군요.

당신 소원은 훨훨 날아보는 것,
　　　당신의 두 손 왜 그리 무거운가요?

An den Vater

Vater, deine großen Hände/ was haben sie dir erspart?/ Mit ihnen hast du Säcke gehuckt/ und in die Mühle gekarrt./ Bist fröstelnd an die Fronten gelaufen/ hast keine Kugel verloren./ Ach, wie bist du wiedergekehrt/ geblendet, scheitelhoch geschoren./ Hast dich deiner Hände erinnert/ die waren dir beide geblieben./ Morgens fuhrst du in die Grube/ am Abend warst du zerrieben./ Morgens fandest du deine Partei/ am Abend wolltest du raus./ Wie immer du geschuftet hast/ du wohnst im hinteren Haus./ Schlepptest Uran, dann Schnittholz/ Kisten, bald wollene Ballen./ Das Alter stieg eilig die Beine empor/ nicht lange, mußtest du fallen./ Nun wachst du am Tor zum Krankenhaus/ und regelst den Himmelsverkehr./ Vater, dein Wunsch: einmal fliegen/ was sind dir die Hände so schwer?

질문

1. 위의 시에서 "아버지"의 직업은?
2. 6행에서 "총알 하나 잃은 적이 없"다는 말을 설명해 보세요.
3. 어떠한 이유에서 사람들은 "훨훨 날아보는" 꿈을 꾸는가요?

해설

　인도의 신 가운데 손이 열 개 발이 열 개 달린 신들이 있습니다. 이들은, 힌두교에 의하면 어떠한 일도 다른 자들보다 열배 많이, 혹은 열배로 신속하게 해치우는 신들입니다. 이는 나중에 중국으로 전파되어 천수천안관음千手千眼觀音의 불상佛像으로 표현되었습니다. 바쁘게 살아가는 인간들은 무엇을 갈망할까요? 그들은 열 개의 손에 관한 허황된 꿈을 꾸었을 게 분명합니다.

　이 시는 1972년에 발표된 것입니다. 피트라스는 죽어가는 아버지 곁에서 느낀 심경을 작품으로 형상화한 것 같아 보입니다. 아들의 눈에는 "아버지"의 살아온 이력이 마치 주마등처럼 스쳐 지나갑니다. 비참하게 들릴지 모르지만, 손과 발은 특히 노동자의 삶에서 가장 중요한 "도구"로 쓰입니다. 그래, 손은 도구입니다. "아버지"는 바로 그 손으로 자루를 짊어지고 일했으며, 바로 그 손으로 우라늄을 캐내고, 목재를 운반하며 살아갔습니다. 전쟁터에서 "총알 하나 잃은 적이 없"을 정도로 그는 평화를 사랑하는 사람이었습니다. 그는 당이 있어도 정작 노동자를 위해서 일하지 않는 데 대해 분개하곤 했습니다. 그렇기에 "아침에 당신은 당을 찾았지만,/저녁에는 탈당하려 했"던 것입니다. 힘들게 일하며 살아가다가 쓰러진 아버지 곁에서 아들은 눈물을 흘립니다. 아버지는 이제 죽음의 문턱을 넘으려는 것일까요? 의식을 잃은 아버지의 그토록 강인하던 두 손이 축 쳐져 내려앉은 것입니다. 아들을 슬프게 만든 까닭은 두 손이 당신의 자유를 마음껏 구가하기 위한 게 아니라, 그저 먹고 살기 위해서 사용되던 도구였다는 사실, 바로 그 때문이었습니다.

ROLF HAUFS
롤프 하우프스

롤프 하우프스는 1935년 뒤셀도르프에서 태어났다. 처음에는 무역 상인으로 활동하다가 시를 쓰기 시작하였다. 1960년 이래로 베를린에서 거주하고 있는 하우프스는 1972년부터 베를린 자유 방송국의 문학 담당 편성자로 일하면서 수많은 시와 방송극을 발표하였다. 대표 시집으로 『단 하루만의 속도』(1976)가 있다. 초기 시에는 라인 강 하류의 아름다운 풍경이 끔찍한 전쟁에 대한 기억으로 착색되어 있다. 그의 시는 간결하며, 시적 언어와 일상적 언어를 절묘하게 결합시킨 것으로 정평이 나 있다. 70년에 하우프스는 『왼손잡이, 혹은 운명의 강한 단어』라는 소설을 발표하여 세인의 관심을 끌기도 했다.

배

"(…) 겨울이면 나는/어디서 꽃을 얻게 될까. 또한/
어디서 햇빛과/지상의 그림자를?" (횔덜린)

두 조각으로 쪼개라
아니, 잠깐, 우선 세밀하게 씻어라
껍질을 벗겨라
네가 직접 깎는 게 나을 거야
이제 너는 상한 부분을 알겠지
속은 곰팡이로 덮여 있어
슬프다 우리는, 유일한 **지상의 그림자**
바람은 없다. 깃발 또한. 겨울
언제나 항상.

Birnen

"…wo nehm' ich, wenn/ Es Winter ist, die Blumen, und wo/ Den Sonnenschein/ Und Schatten der Erde?" (Hölderlin)// Teile sie in zwei Hälften/ Doch halt: zuerst wasche sie gründlich/ Entferne den Schorf Besser du schälst sie/ Jetzt erkennst du kranke Stellen/ Das Gehäuse mit Schimmel bedeckt/ Weh uns, ein einziger *Schatten der Erde*/ Kein Wind. Keine Fahne. Winter/ Für immer

단어 설명 및 힌트

횔덜린의 「삶의 절반」은 다음과 같이 이루어져 있다. "노란 배와 거친/장미들이 가득 매달린,/호수로 향한 땅,/너희, 고결한 백조들,/입맞춤에 취한 채/성스럽게 냉정한 물속에/머리를 담근다.//슬프도다, 겨울이면, 나는/어디서 꽃을 얻게 될까. 또한/어디서 햇빛과/지상의 그림자를?/장벽은 말없이 냉혹하게/그냥 서 있고, 바람결에/풍향기 소리만 찢긴다."

질문

1. 횔덜린의 시 「삶의 절반」의 시구가 모토로 사용되고 있습니다. 그 까닭은?
2. 상한 배를 집중적으로 거론하는 것은 어떤 의도에서 비롯된 것인가요?
3. "지상의 그림자"를 이탤릭체로 표기한 까닭은 무엇일까요?

해설

하우프스는 횔덜린의 시의 내용 가운데 과실을 집요하게 추적합니다. 횔덜린에게 노란 배는 "거친 장미"와 마찬가지로 자연 속에서 조화롭게 생동하는 식물을 지칭합니다. 그것들은 신의 선물이요, 그 자체 사랑의 결실이기도 합니다. 그러나 하우프스의 시에서 배는 더 이상 횔덜린이 180년 전에 느끼던 천국, 조화로움과 화해의 정조를 드러내지 않습니다. 과일들은 온통 상해 있습니다. 속은 "곰팡이"로 덮여 있습니다. 위의 시가 오로지 과일의 상태만을 암시한다고 생각한다면, 그것은 분명히 근시안적 해석일 것입니다. 배가 상했다는 것은 현대인의 음식이 공해에 찌

들어 있다는 것을 의미하며, 나아가 인간이 생존의 위협에 시달리고 있다는 것을 암시합니다. 그래, 자연은 온통 생태학적으로 병들어 있습니다. 시인의 눈에는 차제에 더 이상 건강한 배를 맛볼 수 없을 것처럼 보입니다. 오늘날의 이러한 경험은 현대를 살고 있는 "우리"에게 슬픔을 안겨 줍니다. 놀라운 것은 "지상의 그림자"가 이탤릭체로 표기되어 있다는 사실입니다. 가령 하우프스는 「진보Fortschritt」라는 시에서 인간 역사를 "멸망을 위해 달려온 길"이라고 선언하고 있습니다. 이로써 시인은 핵무기 시대의 위기의식을 감지하면서 요한계시록의 파국에 해당하는 겨울을 암시하려 하였습니다. 시인이 처한 현실은 너무나 냉혹합니다. 바람도 깃발도 존재하지 않습니다. 빙하기로서의 겨울은 일시적인 계절이 아니라, 영원히 지속될 것입니다. 그 이유는 핵무기 시대에 생태계가 파괴되면 빙하기가 도래하기 때문입니다. 그렇게 되면 봄이 도래하기를 기다리는 것 자체가 어리석을 테니까….

HANS JÜRGEN HEISE
한스 위르겐 하이제

한스 위르겐 하이제(1930-)는 폼메른 지방의 부블리츠에서 태어났다. 그는 전쟁 후에 베를린으로 가서 문화 운동에 직접 뛰어들었다. 1949년 『일요일 Sonntag』의 편집자로 일했는데, 이듬해에 서독으로 이주하였다. 1958년부터 북독의 킬에서 살면서 "세계 경제 연구소"의 문서실에서 일하였다. 하이제는 여행을 좋아하여, 중남미, 아프리카 그리고 아시아 등을 돌아다녔다. 특히 스페인, 포르투갈, 멕시코 안달루시아 등의 지역을 애호하였으며, 이곳의 문학을 독일에 소개하기도 했다. 하이제는 누구보다도 일찍이 생태계 문제를 시로 다루었으며, 에세이 역시 많이 발표하였다. 그의 비판은 미국 자본주의, 문화 사업 내의 시장 경제의 특성, 딜레탕트주의 등으로 요약할 수 있다.

리스본

어획물 가공선들은 바다를 말아 올리고 있다
마치 정어리 통조림 따듯이
그렇지만 알파마 지역의 마지막
구두 수선공은 자신의 가게 안쪽에
앉아 있다 ― 마치 이빨 빠진 틈 사이로
담배 파이프 끼우듯이
작은 틀 속에 맞추어진 채
덜컹거리는 오래된, 타자기 같은 전차는
임대 가옥의 마지막 공간에서 종을 치며
지난 세기의 구석을 돌며 사라진다 우리
울타리 밖의 구경꾼들은 행군에 피곤한 눈길과
완선히 얼룩진
중고품 영혼을 지닌 채 향수 어린
골목길의 소란 사이로 빠져나간다.
한 층 위의 NASA 젊은이들은
여기서 항상
에어컨으로 작용하는
거짓 없는 밤바람에 도취된 채,
우리 태양계의 접시 가장자리에
위성 꽁초를 비벼 끄고 있다.

Lissabon

Die Fabrikschiffe rollen das Meer/ wie eine Ölsardinenbüchse auf/ Doch der letzte Flickschuster/ des Alfama-Viertels sitzt in der Tür/ seines Ladens - eingepaßt in den Rahmen/ wie die Tabakspfeife/ in seine Zahnlücke Die Straßenbahn/ alter ratternder Schreibmaschinenwagen/ klingelt am Ende der Häuserzeile/ und verschwindet um die Ecke/ ins vorige Jahrhundert Wir/ Zaungäste mit marodem Blick/ und stockfleckigen/ Second-Hand-Seelen stehlen uns/ durch nostalgisches Gassengewirr/ angetörnt von der ehrlichen Abendbrise/ die hier immer noch/ als Klimaanlage fungiert während/ eine Etage drüber die Boys von der Nasa/ ihre Satellitenkippen ausdrücken/ am Tellerrand unseres Sonnensystems.

질문

1. 시인은 어떠한 이유에서 "우리"를 "울타리 밖의 구경꾼"이라고 일컫고 있습니까?
2. 참신한 시각적 이미지의 예를 찾아보세요.
3. 마지막 6행에서 암시하고 있는 시인의 비판은 무엇인가요?

해설

앞의 시는 1982년에 발표된 작품입니다. 한스 위르겐 하이제가 흠모한 시인은 기이하게도 에즈라 파운드Ezra Pound였습니다. 파운드는 세계관과 자신의 근본적 입장에 있어서 많은 오류를 범했습니다. 가령 그는 자신의 고향 미국에 대한 적대감을 주체할 수 없어서 일시적으로 파시즘을 지지한 적도 있지만, 기법상으로 탁월한 시 작품을 많이 남겼습니다. 파운드는 시각적 이미지를 가장 현대적 감각으로 표출해 낼 줄 아는 시인이었습니다. 그 때문인지는 몰라도 하이제의 상기한 시에서는 참신한 시각적 이미지가 많이 등장합니다. "정어리 통조림 따듯이," "이빨 빠진 틈 사이로/담배 파이프 끼우듯이," "오래된, 타자기 같은 전차" 그리고 "위성 꽁초" 등과 같은 표현을 생각해 보세요.

 리스본은 포르투갈의 항구로서 콜럼버스가 신대륙을 발견한 이후로 세계 무역의 출발지로 각광을 받았습니다. 그러나 지금 그곳에서는 문명의 신선한 기운은 마치 철 지난 바닷가처럼 사라지고 없습니다. 시인의 눈에는 "구두 수선공"과 덜컹거리는 "전차" 등이 마치 사라진 번영과 화려함을 추체험하게 해 주는 도구로 비칠 뿐입니다. 신대륙에서 세계 국가인 미국이 강대해졌다면, 리스본은 이에 대한 반대급부로 피폐해졌단 말인가요? 여행객인 시인은 자신의 존재가 구두 수선공과 마찬가지로 "문명의 들러리"에 불과하다고 여깁니다. 말하자면 "우리"는 "행군에 피곤한 눈길과/완전히 얼룩진/중고품 영혼을" 지니고 있을 뿐입니다.

 그렇다면 문명의 칼자루를 누가 쥐고 있을까요? 그것은 미국 자본주의자들입니다. 그들은 지구뿐 아니라, 우주를 정복하기 위해서 리스본에도 기지를 건설해 놓고 있습니다. 미군은 세계 방방곡곡에 진을 치고 있습니다. 그들은 "태양계의 접시 가장자리"에 "위성 꽁초"를 비벼 끕니다. 우주선 발사를 위해서 소모되는 에너지의 양은 얼마나 엄청난가요? 이를 고려할 때 시 「리스본」

은 여행 인상기를 넘어서서, 생태계 문제와 미국 산업 문명에 대한 비판을 동시에 보여 주고 있습니다.

LIOBA HAPPEL

리오바 하펠

리오바 하펠(1957-)은 아샤펜부르크에서 태어났다. 밤베르크와 베를린에서 사회봉사 일을 하다가 베를린에서 독문학과 스페인 문학을 전공하였다. 영국, 아일랜드 그리고 스페인에 오래 체류하였으며, 현재 스위스에서 살고 있다. 시집으로 『초록의 오후 Grüne Nachmittage』(1989), 『얼음 속에서의 잠 Der Schlaf überm Eis』(1995)이 있으며, 산문 작품으로 『토성신과 같은 모자 Ein Hut wie Saturn』(1991)가 있다.

나는 석양 속에서 보았다

나는 어느 나룻배를 보았다
나는 늪 위의 어느 나룻배를 보았다
나는 저녁에 늪 위의 어느 나룻배를 보았다
나는 갈대를 보았다 돛이 세워졌다
나는 보았다 맹세컨대 새의 비약을 보았다

(검은 물속에는 혀의 잎, 붉은 목
부풀어 오른 이마의 곱슬머리, 그림자 목구멍 속으로
저녁에 흩어지는 음) 거의 미칠 것 같았다

나는 밤에 구름의 충돌을 보았다
나는 전나무 꼭대기, 톱날의 흔들림을 보았다
밤 내내 강한 폭풍이 불어왔다
성난 종소리에 가문비나무가 찢겨졌다
들판 가로질러 나는 손을 벌렸다 내 손을

나는 어떤 배척당한 달이 손가락 사이로
떠오르는 걸 보았다 눈가장자리에서 보았다

나는 어느 나룻배를 보았다
나는 늪 위의 어느 나룻배를 보았다
나는 저녁에 늪 위의 어느 나룻배를 보았다

맹세컨대 나는 저녁에 늪 위의 어느 나룻배를 보았다
나는 갈대를 보았다 돛이 세워졌다
나는 보았다 맹세컨대 새의 비약을 보았다

Ich sah im Abendrot

Und ich sah einen Kahn/ Und ich sah einen Kahn auf dem Weiher/ Und ich sah einen Kahn auf dem Weiher am Abend/ Und ich sah Schilf und es richtet die Segel auf/ Und ich sah ich schwöre ich sah einen Vogelaufschwung// (Zungenblatt, den roten Hals im Wasser, schwarz/ geblähte Stirnkrause, den Abendüberschall/ im Schattenrachen) und es war zum Verrücktwerden// Ich sah Nachtwolkenanprall/ Ich sah Sturmstrenge herrschte die Nacht an/ Die bellwütigen Fichtenföhren rissen sich/ Querübersfeld und ich öffnete meine Hand meine Hand// Und ich sah einen verfemten Mond durch die Finger/ Aufsteigen, in der Augenschräge sah ich// Und ich sah einen Kahn/ Und ich sah einen Kahn auf dem Weiher/ Und ich sah einen Kahn auf dem Weiher am Abend/ Und ich schwöre ich sah einen Kahn auf dem Weiher am Abend/ Und ich sah Schilf und es richtet die Segel auf/ Und ich sah ich schwöre ich sah einen Vogelaufschwung

질문

1. 이 시를 처음 읽으면, 어떠한 느낌에 사로잡힙니까?

2. 제2연에서 괄호 속의 내용은 무엇을 시사할까요?

3. 제4연에서 "어떤 배척당한 달"이 시사하는 바는 무엇입니까?

4. 이 시의 주제는 무엇일까요?

해설

일견 자연을 소재로 한 작품으로서 오규원(1941-2006)의 초기 시를 연상하게 합니다. 시 형식을 고려할 때 자유시에 속하는 작품은 총 5연으로 이루어져 있습니다. 첫 번째 연은 전원적 모습을 묘사하고 있으나, 어딘지 모르게 섬뜩함을 불러일으킵니다. 그 까닭은 아마도 반복적인 표현 때문인 것 같습니다. 시구는 마치 파울 첼란Paul Celan의「죽음의 푸가」에 나타난 반복 시구를 연상하게 하니까요. "나는 보았다"는 성서의 예언자들이 주로 사용했던 표현입니다. 그렇기에 시적 정취는 어떤 기이한 묵시록의 분위기를 드러내고 있습니다. 특히 "맹세컨대"라는 시어가 이를 반증해 줍니다. 제2연에서 괄호 속의 구절은 검은 물속에서 드러나는 형체를 은밀히 보여 줍니다. "부풀어 오른 이마"의 주인공은 누구일까요? 어쩌면 그는 몰래 살해되어, 어느 늪 속에 버려져 있는지 모릅니다. 어쩌면 "혀"와 "목"의 흔적은 어느 날 물 위로 드러날지 모릅니다. 새들은 이를 미리 간파한 듯이 경악의 외침을 터뜨립니다. 경악의 외침은 "저세상의 입구"에 해당하는 "그림자의 목구멍" 속으로 흩어지고 있습니다. 제3연에서는 끔찍한 밤이 묘사되고 있습니다. 그것은 그 자체 묵시록의 상입니다. 그러나 시에서「요한계시록」의 천사는 모습을 드러내지 않고, 새로운 하늘과 새로운 지구에 관한 상도 전혀 나타나지 않습니다. 그저 이상 기후로 인한 끔찍한 날씨만이 묘사되고 있을 뿐입니다. 시적 자아는 손을 편 채 폭풍이 몰아치는 들판에서 강한 폭풍을 맨 손으로 접하려 합니다. 이때 그미의 손에 감지되는 것은 "어떤 배척당한 달"입니다. 달의 여신, 루나는 옛날부터 여성성을 상징하는 존재가 아닙니까? 어쩌면 시인은 전원의 아름다움 속에 은폐된 어느 여성의 불행에 관한 흔적을 발견하려 했는지 모릅니다. 그렇다면 누가 밤새도록 울부짖고 있을까요? 누가 폭풍의 노여움으로 "가문비나무"를 사정없이 찢고 있을까요? 그미는 아마도 세계의 폭력에 시달리다가 결국 버림받은 채 목숨을 잃은 불행한 여성이 아닐까요? "검은 물속에는 혀의 잎, 붉은 목/부풀어 오른 이마의 곱슬머리" ― 그래, 그미는 틀림없이 햄릿의 연인, "오필리아"이며, 게오르크 뷔히너가 극작품에서 다룬 바 있는 여인, 레옹세Leonce로부터 버림받은 "로제타"일지 모릅니다.

ULLA HAHN

울라 한

울라 한은 1946년 자우어란트의 브라흐트하우젠에서 태어났다. 그미는 처음에는 사무직원으로 살려고 했으나, 진로를 바꾸어 대학에서 문예학, 역사학 그리고 사회학 등을 전공하여, 박사학위를 취득하였다. 함부르크, 브레멘, 올덴부르크에서 시학을 강의하였으며, 1979년에서 1989년까지 브레멘 라디오 방송국에서 문학 부문 프로듀서로 일하기도 했다. 시집으로는 『머리 위의 심장 Herz über Kopf』(1981), 『유희하는 사람들 Spielende』(1983), 『연애 시편들 Liebesgedichte』(1991) 등이 있다. 특히 울라 한은 90년대부터 장편 소설을 발표하여 세인의 주목을 받았다. 2001년에 간행된 소설, 『숨겨진 단어 Das verborgene Wort』는 작가의 유년 시절의 금기 사항과 이로 인한 사회의 부적응 등을 다루고 있다.

고상한 소네트

"어떤 고상한 시를 한 번 써 봐" (St. H.)

와서 꽉 잡아 난 가볍게
맛보는 걸 좋아하지 않아. 처음엔 세 번
키스해 줘, 기분 좋은 곳에. 입에서 입으로
나를 건드려 줘. 이제 한 번

눈앞에서 내 둥근 가슴 돌리고
내가 비밀리에 너의 안으로
뛰어들게 해. 어떻게 몸이 아래 위로
움직이는지 보여줘. 나는 외치다 침묵해.

내 곁에 있어. 기다려. 다시 올게
나에게 너에게 그 다음엔 "아름다운
오래된 노래의 반복 운처럼 완전하게."

태양 빛 고리를 내 배에다 문질러,
한번 그리고 항상. 나의 눈꺼풀은
그냥 열려 있어. 두 입술 또한.

Anständiges Sonett

"schreib doch mal ein anständiges Gedicht"(St. H.)// Komm beiß dich fest ich halte nichts/ vom Nippen. Dreimal am Anfang küß/ mich wo's gut tut. Miß/ mich von Mund zu Mund. Mal angesichts// der Augen mir Ringe um/ und laß mich springen unter/ der Hand in deine. Zeig mir wie's drunter/ geht und drüber. Ich schreie ich bin stumm.// Bleib bei mir. Warte. Ich komm wieder/ zu mir zu dir dann auch/ "ganz wie ein Kehrreim schöner alter Lieder."// Verreib die Sonnenkringel auf dem Bauch/ mir ein und allemal. Die Lider/ halt mir offen. Die Lippen auch.

질문

1. 시의 제목은 무엇을 풍자하고 있습니까?
2. "입에서 입으로/나를 건드려 줘"에서 "입"은 무엇을 가리킬까요? 마지막 행의 "두 입술"을 생각해 보세요.
3. 각 연에 나타난 주제상의 특징을 설명해 보세요.

해설

현대에 이르러 독일에서도 정형시가 거의 사용되지 않고 있습니다. 시적 운율은 완전히 해체되어, 자유시의 경우 더 이상 형식적으로 해체될 게 없는 실정입니다. 이에 대해 문학 비평가들의 견해는 다양합니다. 시 형식의 파괴에 대해 안타까워하는 보수적 기질을 지닌 비평가들은 다음과 같이 주장합니다. "자유시는 딜레탕트의 제어되지 않은 작위성을 그대로 드러내고 있다. 그것은 끊어 쓴 산문과 다를 바 없다."

 울라 한은 완전한 자유시를 선호하지는 않습니다. 그렇지만 정형시의 부자유스러운 형식이 현대인들의 사상과 감정을 담기에는 진부하다고 그미는 생각합니다. 위의 시는 철저한 시 형식에 대한 풍자나 다름이 없습니다. 예컨대 제1연과 제2연은 다섯 문장으로 이루어져 있지만, 사랑의 여섯 가지 요구 사항을 담고 있습니다. 제1연의 내용이 전희에 해당한다면, 제2연은 노골적인 육체적 사랑을 보여 줍니다. 제1연에서 "입에서 입으로/나를 건드려 줘"라는 표현은 그 자체 야하기 이를 데 없습니다. 여성은 두 개의 입술을 지니고 있지 않는가요? 제1연에서는 행과 행 사이에서 우리는 어느 정도 시간적 간격을 느낄 수 있지만, 제2연에 묘사된 두 육체의 반응 및 사랑하는 방식에는 휴식이 있을 수 없습니다. 육체적 사랑은 그만큼 숨 막히고 격렬하기 때문입니다. 제3연에서 시적 자아는 사랑과 성행위의 반복과 연속을 갈구합니다. 사랑은 "아름다운/오래된 노래의 반복 운처럼 완전하게" 이어져야 한다는 것입니다. 제4연에는 일견 가슴 설레는 내용이 담겨 있지는 않습니다. 열정이 승화되어 있기 때문입니다. 그렇지만 1행에서 시적 자아의 감정은 더욱 강화되어 있음을 알 수 있습니다. "태양 빛의 고리"는 낮 시간을 뜻하기도 하지만, 여기서는 더욱 강렬하고도 뜨겁게 타오르는 사랑에 대한 갈망이 담겨 있습니다. 마지막 연에서는 지속적인 행복과 쾌락에 대한 욕구가 사랑에 대한 보편적 욕구로 승화되어 있습니다. 사랑을 실천하는 여자의 "눈꺼풀"은 열려 있고, "두 입술"도 활짝 열려 있지 않는가요?

어느 파일럿을 위하여

만약 그대가 한꺼번에 전진하면서
지상의 나라가 부드러워질 때까지 발 디디면
더욱 높은 영역 속으로 이륙하여
그대의 지구가 가볍게 되고 얕아지면.

수백만의 시체들을 바라보는 순간 너무 힘들게
열려 있는 팔로 서로 동동 매달려 있는
시지포스와 탄탈로스가 모습 드러내면 멀리서
그대는 그들이 서로 극진히 사랑한다고 믿겠지.

그들의 신음소리 그대 귀에는 노래로 도달하고
카인의 손 아벨과 춤추려는 것처럼 그대에게 보이겠지
저녁노을은 모든 사람들의 땀구멍에서 솟아나

그대의 시야를 황금으로 도색하고 나를 잃어버린듯
그대가 잃어버릴 지구로의 귀환 더 높이
날지 마 우릴 더 이상 발견하지 못할 테니까.

Für einen Flieger
  Wenn du in Bausch und Bogen vorwärtsschreitend/ das
Erdreich mit den Füßen trittst bis weich/ du abhebst in die

höheren Regionen/ und dir die Erde leicht wird oder seicht.// erscheint beim Anblick dieser Millionen Toten/ der Sisyphos der Tantalos die schwer/ einander in den offenen Armen hängen/ glaubst du von fern: sie liebten sich so sehr.// Als Lied erreicht ihr Stöhnen deine Ohren/ Kains Hand scheint dir führt Abel hin zum Tanz/ ein Abendlicht quillt allen aus den Poren// vergoldet dir die Sicht die Wiederkehr/ zur Erde die du fast wie mich verloren/ flieg höher nicht: du findest uns nicht mehr.

질문
1. 비행사들은 어떠한 유형의 인간형을 상징합니까?
2. "한꺼번에 전진하면서"라는 표현 속에 "파일럿"의 성격이 반영되어 있습니다. 성격은 어떠한가요?
3. 왜 파일럿은 "수백만의 시체들"을 제대로 바라보지 못할까요?
4. "저녁노을Abendlicht"은 동독의 시인을 연상시킵니다. 그는 누구일까요?
5. 시인은 유토피아와 과학의 진보 등에 대해 어떠한 입장을 취하고 있습니까?

해설
서양 문학사에서 비행사는 언제 어디서든 간에 매력적인 인물로 다루어졌습니다. 예컨대 우리는 생텍쥐페리Saint Exupéry의 문학을 예로 들 수 있습니다. 파일럿은 하늘을 자유롭게 날아다니는 직업이 아닌가요? 그렇기에 비행사는 인간이 꿈꾸는 이상을 실천하는 인간형으로 묘사되었습니다. 나아가 그는 때로는 과학적 진보에 대한 전초적인 찬양자 내지 그것의 허구성을 지적하는 이카로스의 후예로 다루어졌습니다. 이탈리아 출신의 미래주의 소설가 가브리엘 단눈치오G. d'Annunzio가 전자에 해당한다면, 브레히트Brecht와 귄터 쿠네르트Günter Kunert 등은 후자에 해당합니다.

울라 한 역시 후자의 전통에 서 있습니다. 그러나 그미는 과학기술을 직접 거론하는 대신에, 어떤 언어의 연금술사를 염두에 둡니다. 동독의 시인 슈테판 헤름린St. Hermlin이 바로 그 사람입니다. 한의 시집 『머리 위의 심장 Herz über Kopf』에는 슈테판 헤름린의 말이 모토로 인용되어 있습니다. 상기한 시 11행에는 "저녁노을"이라는 표현이 사용되고 있습니다. 이것은 헤름린의 회고록 제목과 같습니다.

울라 한이 소네트 형식을 채택한 것은 일종의 아이러니로 이해할 수 있습니다. 그미는 1980년 헤름린의 책 『논문과 산문 Aufsätze und Erzählungen』의 편집을 맡은 적이 있는데, 이때부터 맹목적 유토피아를 지향하는 헤름린의 추상적 태도에 대해 거리감을 취하기 시작했습니다(Reich-Ranicki 2002: 755f). "어느 파일럿"은 한마디로 슈테판 헤름린을 지칭합니다. 울라 한의 눈에 헤름린은 "인간의 실질적 삶이 얼마나 고통스럽고도 참혹한가?"를 외면하는 작가로 비치고 있습니다. 헤름린은 오로지 추상적으로 그리고 보편적으로 사회주의의 진보와 미래를 찬양한다는 것입니다. 이러한 특성은 "한꺼번에 전진하면서"라는 표현에서 잘 나타나고 있습니다. 한은 헤름린이 현실의 구체적 상황을 고려하지 않고 모든 것을 싸잡아 어떤 이상을 추구하는 작가의 전형이라고 생각합니다. "지구Erde"는 그미에게 "수백만의 시체들"이 묻혀 있는 곳이지만, 헤름린에게는 찬란한 미래를 담지해 줄 "지상의 나라Erdreich"라고 합니다. 왜냐하면 헤름린에게는 카인과 아벨 사이의 투쟁도 마냥 "춤"으로 비치고, 인간의 참혹한 신음소리도 달콤한 "노래"로 와전되기 때문입니다. 바로 이러한 까닭에 헤름린은 저녁노을이 모든 사람들의 땀구멍에서 솟아난 고통의 붉음이라는 사실을 전혀 모른다는 것입니다.

울라 한은 하늘 위로 솟구치는 대신에 지구에 머물고, 구름 위의 모든 유토피아적 전망에 대해서 거리감을 취합니다. 울라 한의 상기한 시는 개인적이고도 사회적인 내용을 복합적으로 드러냅니다. 왜냐하면 이 작품은 개인적으로는 애정의 결별을 선언하고 있으며, 사회적으로는 헤름린이 견지하는 사회주의 유토피아 자체를 은밀히 부정하고 있기 때문입니다.

남김없이

네 세월의 저지대로부터 너를 끌어당겨
나의 여름과 바꾸어버렸다.
너의 손, 피부, 머리카락을 핥으며,
나의 것, 너의 것이라고 영원히 맹세했다.

너는 나를 돌려놓았다. 표시 남기려고

나의 얇은 피부에 은은한 불 피웠다.
그때 난 자아를 버렸다. 신속하게
자아로부터 도피하기 시작했다,

나의 맹세로부터. 처음에는 기억이 남았다,
나를 향해 외치는 어떤 아름다운 잔여물.
그러나 그때 너의 피부에 숨어 있었다,
자아를 피해. 너는 깊이 은닉시켜주었다.

자아가 네 속에서 완전히 솟아오를 때까지,
어느 순간 넌 나를 남김없이 뱉었으니까.

Mit Haut und Haar

Ich zog dich aus der Senke deiner Jahre/ und tauchte dich in meinem Sommer ein/ ich leckte dir die Hand und Haut und Haare/ und schwor dir ewig mein und dein zu sein.// Du wendest mich um. Du branntest mir dein Zeichen/ mit sanftem Feuer in das dünne Fell./ Da ließ ich von mir ab. Und schnell/ begann ich vor mir selbst zurückzuweichen.// und meinem Schwur. Anfangs blieb noch Erinnern/ ein schöner Überrest der nach mir rief./ Da aber war ich schon in deinem Innern/ vor mir verborgen. Du verbargst mich tief.// Bis ich ganz in dir aufgegangen war:/ da spucktest du mich aus mit Haut und Haar.

질문

1. "나"는 처음에는 해방된 여성이었습니다. 이를 보여 주는 표현은?
2. "기억," "아름다운 잔여물"은 나의 어떠한 태도를 가리키는가요?
3. 마지막 행이 지닌 함의를 설명해 보세요.
4. 누군가를 사랑하면, 우리는 자신의 독자적 존재 가치를 저버려야 할까요?

해설

   미리 말하건대 울라 한의 위 시는 사랑으로 인한 자기 소외의 문제를 거론하고 있습니다. 작품 속에는 놀랍게도 사랑이라는 단어가 한 번도 나타나지 않습니다. "나"는 여성 해방을 이해하는 성숙된 여자입니다. 이를 암시해 주는 문장은 첫 연의 1행과 2행입니다. 여기에서 시적 자아의 능동성을 유추할 수 있습니다. "너"는 "나"를 만나기 전에는 뜨거운 햇빛을 알지 못한 채 "저지대"에 살고 있었습니다. "나"는 사랑하는 남자를 마구 "핥으며," 상대방을 나 자신의 몸으로, 나를 상대방의 몸으로 이해합니다. 여기서도 애무와 성행위는 두 사람의 사랑을 확인하기 위한 몸부림으로 묘사되고 있습니다.

   어떤 갈등은 두 번째 연에서 나타납니다. "너는 나를 돌려놓았다." 남자는 시인의 피부에 사랑의 불꽃을 타오르게 만듭니다. 이로써 생겨난 것은 사랑이 아닌가요? 사랑하는 마음은 지금까지 견지해 온 "자신에게 충직하게 살겠다"라는 맹세를 어기게 합니다. "기억"과 "어떤 아름다운 잔여물" 등은 여성주의의 독립성 내지 남자 없는 자생적인 삶과 관련된 시어들입니다. 사랑하는 남자가 생기면서, 페미니즘을 고수하며 독자적으로 살아온 어느 여성은 순식간에 자신의 고유성을 상실할 위기에 처하게 된 것입니다. 이때 사랑하는 남자는 그미에게 은신처를 제공해 줍니다. 그곳은 남자의 사랑이라는 울타리이며, 양성 사이에서 조우하는 에로스의 보호막입니다.

그런데 문제는 이것으로 끝나지 않습니다. 여성은 자신의 고유성을 버리고, 사랑하는 임을 위해 살아갑니다. 이를 위해서 그미는 남존여비라는 이른바 전통적 수직 구도를 어느 정도 감수해야 합니다. 그러면서도 그미는 한 가지 사항을 추구합니다. 즉, 양성애의 체제 내에서 자신의 어떤 새로운 존재 가치를 계발해 내는 일이 바로 그 사항입니다. 그러나 이를 계발하려고 시도하는 순간 남자는 "나"를 걸어 차버립니다. 남자를 사랑하면서 동시에 자신의 고유성을 발견하려는 시도는 이로써 커다란 난관에 봉착하고 마는 것입니다. 그렇다면 여성(혹은 남성)이 사랑을 실현하면서 아울러 페미니즘의 이상을 실현시킬 수는 없을까요?

MARGARETE HANNSMANN

마르가레테 한스만

마르가레테 한스만(1921-)은 브레겐츠 근처의 하이덴하임에서 태어났다. 그미는 배우 수업을 마친 뒤에 오랫동안 방송국에서 일하였다. 1958년 남편이 사망한 뒤에 인형극 배우, 문구 판매원, 광고 대행 등의 일로 생활하였다. 조각가인 하프 그리스하버 Hap Grieshaber와 함께 오랫동안 그리스에 머물렀다. 1964년 이후로 많은 시집과 산문집을 간행하였다. 현재 슈투트가르트에서 살고 있다.

에프탈루의 오솔길

길가에서 일곱 편도를 발견했다
첫째 것은 귀먹었고
둘째 것은 쓰라렸다
셋째 것으로 나는 여름 잔해의
달콤한 핵을 깨물었다
입술 위의 소금
서풍은 무화과나무를 흔들고 있다
찢겨진 열매의 핵을 적시며
달라붙은 채 더럽혀진 나는
모든 삶을 내 안에
꾹꾹 채워 넣는다

Pfad in Eftalu

Sieben Mandeln fand ich am Weg/ die erste war taub/ die zweite war bitter/ mit der dritten zerbiß ich den süßen/ Kern des Sommerrests/ Salz auf den Lippen/ Westwind schüttelt die Feigenbäume/ triefend vom Mark der zerplatzenden Früchte/ stopfe ich/ verklebt und besudelt/ alles Leben in mich hinein

질문
1. 이 시를 두 단락으로 나눈다면, 어디서 끊을 수 있을까요?

2. 두 단락은 제각기 무엇을 다루며, 시적 정조는 무엇입니까?
3. 어째서 시인은 자신이 "달라붙은 채 더럽혀"져 있다고 생각하는가요?

해설

상기한 시는 마치 신비로운 동화처럼 울려 퍼집니다. 일곱 개의 편도 — 세 번째 편도는 "여름 잔해의 핵"과 연결되고 있습니다. 입술에서 소금기가 느껴지는 순간, 시적 자아의 뇌리에는 무화과의 터진 속이 스쳐 지나갑니다. 이로써 우리는 다음의 사실을 알 수 있습니다. 즉, 이 시가 결코 어떤 동화 속의 수수께끼를 전하려고 의도하지 않는다는 사실 말입니다. 오히려 시인의 체험은 시적 이미지 내지는 부호로 전달될 뿐입니다.

두 번째 단락은 "서풍은 무화과나무를 흔들고 있다"로 시작됩니다. 첫째 단락이 편도를 다루면서 정적이고 신비로운 분위기를 느끼게 해준다면, 둘째 단락은 무화과를 다루면서 열광적이고 극적 분위기에 휩싸이게 만듭니다. 서풍은 강한 바람으로 무화과의 생명을 위협합니다. 열매가 땅에 떨어졌는지, 아니면 심하게 찢겨진 채 매달려 있는지 우리는 알 수 없습니다. 열매는 어쨌든 치명적으로 훼손되어 있습니다. 시적 자아는 눈물 적시며 무화과를 먹습니다. 마치 그것이 사랑하는 임이라도 되는 듯이 말입니다. 그의 삶이 나의 삶과 "달라붙은 채 더럽혀"져 대신 살아가기를 바라면서….

마르가레테 한스만은 1981년에 사망한 애인, 조각가이자 삽화가인 하프 그리스하버 Hap Grieshaber(1908-1981)의 죽음을 애도하며 이 시를 썼다고 합니다.

STEPHAN HERMLIN
슈테판 헤름린

슈테판 헤름린(본명: 루돌프 레더)은 1915년 켐니츠에서 유대인 상인의 아들로 태어나, 1997년 동베를린에서 사망하였다. 그는 베를린에서 성장하였으며, 1931년 공산주의 청년 동맹에 가입하였다. 헤름린은 아비투어를 마친 뒤 인쇄소에서 일하며, 국가 사회주의자들에 대항하여 싸우기도 하였다. 1936년 팔레스티나, 이집트, 영국 그리고 프랑스 등지에서 망명 생활을 보낸 뒤 전후에 독일로 귀국하였다. 1947년 동베를린에 정착하여, 사망할 때까지 전업 작가로 살았다. 사회주의 통일당과 비교적 우호 관계를 유지했지만, 시간이 흐름에 따라 당 지도부와 마찰을 겪었다. 왜냐하면 그는 인간과 정의에 대한 믿음을 무엇보다도 고수하려고 했기 때문이다. 헤름린은 통독 이후에 체제 옹호적인 친정부 작가로 구설수에 올랐다.

새들과 실험

— 신문 보고에 의하면 수소폭탄 발사 실험 영향으로 남쪽 대양의
철새 떼들이 그들의 통상적 비행 노선을 바꾼다고 한다. —

사바나 지대로부터 열대의 대양을 지나
육체의 궁핍함은 바람과 함께 그들을 충동했다.
먼 곳에서 오래 전부터 거의 귀먹고 눈먼 듯,
음식과 보금자리를 찾아서 멀리 비행했다.

천둥도, 태풍도 그들을 멈추게 하지 못했다,
어떠한 그물도. 그것들이 멀리 비행하라고 외치면
새들은 동일한 목적지로 향했다, 어느 굉음의 연기,
동일한 궤도로 날았다, 끊임없이 같은 모습으로.

비와 뇌우에도 전혀 개의치 않던 그들이었다.
어느 날 밝은 대낮 높이서 더욱 밝은 어떤
빛 하나를 보았다. 끔찍한 빛의 상은 그때부터

새들의 비행 방향을 바꾸도록 요구하였다.
보다 온화한 지역을 다시 찾아야 했다.
이러한 변화로 그대의 심장이 두근거리게 될까?

Die Vögel und der Test

- Zeitungen melden, daß unter dem Einfluß der Wasserstoffbombenversuche die Zugvögel über der Südsee ihre herkömmlichen Routen ändern. -

Von den Savannen übers Tropenmeer/ Trieb sie des Leibes Notdurft mit den Winden,/ Wie taub und blind, von weit- und altersher,/ Um Nahrung und um ein Geäst zu finden.

Nicht Donner hielt sie auf, Taifun nicht, auch/ Kein Netz, wenn sie was rief zu großen Flügen,/ Strebend nach gleichem Ziel, ein schreiender Rauch,/ Auf gleicher Bahn und stets in gleichen Zügen.

Die nicht vor Wasser zagten noch Gewittern/ Sahn eines Tags im hohen Mittagslicht/ Ein höhres Licht. Das schreckliche Gesicht

Zwang sie von nun an ihren Flug zu ändern./ Da suchten sie nach neuen sanfteren Ländern./ Laßt diese Änderung euer Herz erschüttern...

질문

1. 원문을 큰소리로 읽고 어떠한 시 형식을 갖추고 있는지 설명해 보세요.
2. 「새들과 비행」이 생태학의 측면에서 시사하는 내용은 무엇입니까?

해설

불교 고승의 말씀에 의하면 선하게 살다가 간 사람은 죽은 뒤에 새가 된다고 합니다. 새는 하늘 위를 훨훨 날아다닐 수 있습니다. 그러나 이제 새들은 날아다니는 자유를 무한정 누릴 수 없습니다. 그들의 생존을 위협하는 것은 인간이 현재 행하고 있는 핵실험 바로 그것이기 때문입니다.

위의 시는 생태시에 속하지만, 전형적인 소네트 형식을 채택하고 있습니다. 약강격 5각운의 정형시를 원문으로 읽을 때 우리는 시어 구사의 참맛을 음미할 수 있습니다. 헤름린의 시는 내용상으로 고찰할 때도 더 이상의 설명이 필요 없을 정도입니다. 주지하다시피 새들은 척추동물 가운데 오염에 가장 민감하게 반응합니다. 왜냐하면 날짐승들은 평소 차단된 장소에 익숙하지 않기 때문입니다. 그렇기에 날짐승들은 탁한 공기를 참지 못하고, 어느 곳에 갇혀 있는 것을 가장 싫어합니다. 특히 철새들은 날씨와 기온에 매우 민감한 반응을 보입니다. 철새들은 오래 전부터 천둥과 뇌우에도 아랑곳하지 않고 비행 노선을 준수하면서 날아다녔습니다. 이는 태곳적부터 내려오는 본능적 습관이나 마찬가지입니다. 그러나 철새의 비행을 변화시키는 게 하나 있습니다. 그것은 수소 폭탄 실험입니다. 철새들은 폭탄 실험이 그들의 생존에 치명적이라는 사실을 본능적으로 감지하는 것입니다. 시인은 다음과 같이 묻습니다. "이러한 변화로 그대의 심장이 두근거리게 될까?" 하고.

11월

벌채 길이 연기 속에 가려진 곳에
11월의 숲길은 하나의 상으로 떠오른다.

그의 관자놀이 곁에서 죽어가는 과꽃
창백히 타오르며, 바라보고, 질타하며, 구애한다.

그의 상처, 검은 입술 위에는 이미
노여움과 희망이 은밀히 발견되었다.

내가 죽은 자들에 관한 비유를 외치면,
외침은 구름의 단계에서 흐릿하게 부서진다.

여치 울음소리가 넘실거리며 지나간다.
거친 신음, 어떤 속삭임을 추방시킨다.

그건 짧은 가곡의 흐름 속의, 죽임의
한 번도 생명에 순응하지 않은 소리.

후회한다, 사랑했던 자들이여, 후회막급이야!
너희는 유령처럼 나의 지조를 알고 있었지.

무죄는 세계의 차가운 강물 속에 깊이 있고,

모래는 멈추지 않고, 시계 속으로 떨어지고.

단어와 눈빛이 나와 자리를 바꾸면,
파도는 출렁거리며 밤을 스쳐 지나갔다.

찬란한 미래를 마련하려던 그들은
눈길 한 번 주지 않고 조수를 내몰고 있다.

아직도 멀거니 떠있는 눈동자들을
11월은 서른 번 이상이나 바라보았다.

November
Wo im Dunst die Schneise sich verhüllt,/ Steht am Wege des November Bild.// Aster, die an seiner Schläfe stirbt,/ Starrt blaß flammend, winkt, verweist und wirbt.// Auf den schwarzen Lippen seiner Wunden/ Haben Zorn und Hoffnung sich gefunden.// Wie ich nach der Toten Gleichnis rufen/ Will, bricht's fahl schon von der Wolken Stufen.// Im Gewoge zieht der Häherschrei,/ Wildes Stöhnen Flüstern treibt vorbei:// Die ans Leben niemals sich gewöhnen/ Tödlich in der Flut der Kantilenen.// Ich bereue, Liebende, bereue!/ Geisterhaft erkannt ihr meine Treue.// Unschuld tief im kalten Strom der Welt,/ Sand, der haltlos in der Uhren fällt.// Und die Wort und Blick mit mir getauscht/ Hat die Woge Nacht

vorbeigerauscht.// Die die Zukunft strahlend vorbereiten/ Treiben blicklos hin mit den Gezeiten.// In die Augen, die noch offen stehn,/ Hat November dreißigmal gesehn.

질문

1. 제2연과 제3연의 "그"는 누구를 가리킵니까?
2. 시인은 제7연의 "사랑했던 자들"과 어떤 관계로 살아왔는가요?
3. 맨 마지막 연을 해석해 보세요.

해설

이 시를 정확히 이해하려면, 우리는 작품 속에 묘사된 시간과 장소를 우선적으로 파악해야 할 것입니다. 앞에서 언급한 바 있듯이, 헤름린은 프랑스, 팔레스티나 등지에서 저항 운동에 가담한 적이 있습니다. 이때 그는 수많은 동지들을 저세상으로 보내야 했습니다. 그는 전쟁이 끝난 어느 날 자신이 싸웠던 어느 격전지를 찾아갑니다. 그곳은 벌채되어 있지만, 여전히 전쟁의 상흔으로 뒤덮여 있습니다. 예컨대 아직도 연기가 피어나고 있는 것입니다. 전우 곁에는 "과꽃"이 검푸른 빛을 띤 채 "그의 관자놀이" 가까이에서 부끄럽게 피어 있습니다. 그는 입술이 검게 그을린 채 서서히 죽어갔지만, 친구의 흔적은 없습니다. "거친 신음, 어떤 속삭임" 대신에 기껏해야 여치의 울음소리만 무심하게 들릴 뿐입니다. 시인은 동지를 잃고 혼자 살아남은 것을 몹시 안타까워합니다. 찬란한 미래를 위해 싸우던 친구들은 유명을 달리하고, 시인은 세계의 차가운 강물 속에서 고통을 느끼고 있습니다.

아무 죄도 저지르지 않았지만, 그의 마음속에 어떤 죄의식이 자리하고 있는 것입니다. 시인은 스스로 떠나간 친구들의 입장이 되어 세상을 바라보고 싶어 합니다. 그리하여 현재의 상황을 비판적으로 반추하고 싶어 합니다. 이는 제9연에서 다음과 같이 묘사되고 있습니다. "단어와 눈빛이 나와 자리를 바꾸면,/파도는 출렁거리며 밤을 스쳐 지나갔다." 마지막 구절에서 시인은 토로합니다. 만약 11월이 끔찍한 죽음의 관찰자라면, 그는 동지들의 죽음을 수십 번이나 목격했으리라고 말입니다.

GÜNTER HERBURGER
귄터 헤어부르거

귄터 헤어부르거는 1932년 알고이에서 태어났다. 그는 뮌헨 대학과 소르본 대학에서 철학, 연극학 그리고 산스크리트어를 몇 학기 공부하였고, 유럽과 북아프리카를 돌아다니며 다양한 직업을 전전하였다. 헤어부르거는 남독 방송국에서 1년간 TV 편집을 맡기도 하였다. 그는 1960년부터 전업 작가로 살고 있다. 1975년에 에센에 있는 단과 대학에서 독일 현대 문학에 관하여 강의하기도 하였다. 헤어부르거의 작품은 시, 단편, 방송극, 시나리오 등 다양하다.

오그라기 양배추 콜리플라워

오그라기 양배추 콜리플라워
무 각 수프 밀가루
통조림 우유 그 밖의 다른
몇 푼짜리 물품들
좁은 선반에 있고 나는
거기 서성거리며 허리 굽히며
잠깐 창문을 통해
거리를 관망하곤 해
그들이 롤러스케이트 타면
무릎 위의 상처
열정의 냄새와 함께
이에 대해 나는 즐겨
긴장하곤 하지
어느 커브 길에서
나에게는 분명히 보여
치마 펄럭 올라가고
브래지어 끈 달린 바지
그건 나를 즐겁게 해
가게 안 깊은 곳에서
그들이 거칠어지고 살 오르기 전에
어머니들은 요리하기 전
얼른 식초 혹은 달걀을

갈퀴 손톱으로 집어 들어
할인 쿠폰과 사은품 버터는
앞치마 속으로 들어가
그들은 서로 몸 비비고
배를 앞으로 내밀어
그러나 내가 더 빨라
계산이 맞을 때까지
상품의 바코드를 긁는 동안
눈으로 바깥에 노는
그들의 엉덩이를 더듬어

Der Wirsing der Blumenkohl...

Der Wirsing der Blumenkohl/ Rettiche Suppenwürfel Mehl/ Büchsenmilch und alle anderen/ tausend Pfennige/ in den engen Regalen/ wo ich stehe und mich bücke/ und durchs Fenster/ knapp die Straße übersehe/ wenn sie Rollschuh laufen/ mit einer Wunde am Knie/ dem Geruch von Eifer/ für den ich mich/ anstrengen möchte/ an dieser Kurve/ gerade noch sichtbar für mich/ wo sich der Rock hebt/ ein Lätzchen ein Steg/ das macht mich froh/ tief innen im Laden/ bevor sie roh und dick werden/ und noch schnell vor dem Kochen/ Essig kaufen oder Eier/ in die Mutterklaue nehmen/ Sparmarken und Fett/ in die Schürzentasche/ sie reiben sich/ drücken den Bauch vor/ aber ich bin schneller/ und während ich grammweise/ vom Papier kratze bis es stimmt/ bestaste ich draußen/ die Hüften ihrer Kinder

질문

1. 시적 자아가 처한 상황을 서술하세요. 그의 직업은? 그가 좋아하는 일감은 무엇일까요?
2. 마르크스에 의하면 상품 가치는 추상적이라고 합니다. 왜냐하면 상품은 그 자체의 (잉여) 가치만을 의도하기 때문입니다. 이러한 내용은 어디서 암시되는가요?
3. 시적 자아는 관음 증세를 보입니다. 그는 성에 대한 혐오감을 지니고 있을까요?
4. 시적 자아의 성도착증과 자본주의 시스템이 사람들에게 끼치는 악영향 등은 시의 어느 부분에서 암시되어 있습니까?

해설

1966년에 발표된 헤어.부르거의 시에는 방점과 연 등이 생략되어 있습니다. 이는 오로지 "나"의 의식의 흐름을 냉정하게 추적하려는 시인의 의도와 관련있는 것 같습니다. 시는 말하자면 시적 자아의 행동 및 정서 활동을 마치 뢴트겐 사진처럼 정밀하게 포착하고 있습니다. 미리 말하건대 시적 자아의 심리적 구조는 근본적으로 자본주의 사회 시스템과의 관련성 속에서 이해할 수 있습니다.

시적 자아는 상인입니다. 그는 상점에서 창문을 통하여 놀고 있는 소녀들을 관찰함으로써 묘한 성적인 감흥을 느끼고 있습니다. 어머니들이 상점 내에서 물건을 사고 있는 동안 그는 틈틈이 소녀들의 자연스러운 성적 동작을 훔쳐봅니다. 이는 관음증이나 다름이 없습니다. 관음증은 자신이 스스로 성적 욕망을 충족하는 대신에 타인의 성 충동을 구경하면서 느끼는 대리 만족의 행위가 아닌가요? "나"는 자신의 가게 선반이 매우 협소하다고 느끼지만, "몇 푼짜리 물품"을 팔 수 있다는 것만으로도 다행으로 생각합니다. 그렇기에 그는 자본주의의 종속 구조 속에 완전히 순응해 있는 자이며, "마음속 깊은 곳에서"가 아니라, "가게 안 깊은 곳에서" 행복을 느낍니다.

시적 자아는 일에 열중하면서도 "잠깐 창문을 통해" 소녀들의 생식기를 은밀히 엿봅니다. 문제는 소녀들의 생식기가 어떤 "상처 Wunde"로 표현된다는 사실입니다. 이는 다음 사항을 대변하고 있습니다. 즉, 시적 자아는 소녀들의 성적 체험을 불결하고도 추악한 것으로 여깁니다. "열정의 냄새 der Geruch von Eifer" 역시 이와 관련하여 이해할 수 있을 것입니다. 이 단어는 원래 "고름의 냄새 der Geruch von Eiter"를 연상시킵니다. 시적 자아는 소녀들의 성적 체험을 — 물론 이후에 나타나게 되겠지만 — 고통스럽고도 역겨운 것으로 간주하고 있습니다. 이러한 태도는 그 자체 성적 도착에 다름 아닙니다. 시적 자아는 "치마 펄럭 올라가"는 모습과 "브래지어 끈 달린 바지" 등을 바라보고 무엇보다도 상처 내지 고름 등을 떠올립니다. 바로 이러한 순간, 그는 "가게 안 깊은 곳에서" 즐거움을 느낍니다. 이 경우 "가게 Laden"는 시적 자아가 성적으로 흥분하는 공간이라는 점에서 "바지 Hose"를 연상시킵니다.

시적 자아는 소녀들의 "거칠어지고 살 오르"는 성적인 성숙 과정을 상상하면서 물건을 팔고 있습니다. 이러한 표현에서 성숙한 여인들의 성적 행위에 대한 시적 자아의 혐오감이 백일하에 드러나고 있습니다. "나"는 달걀을 집어 드는 여인들의 손을 "갈퀴 손톱"으로 표현합니다. 말하자면 "나"의 눈에는 물건 사는 여인들이 모조리 더럽고 흉악한 암컷의 모습으로 비치는 것입니다.

　시적 자아의 성도착증은 그가 자본주의 경제 시스템에 철저히 순응했기 때문에 비롯된 것입니다. 자본주의의 이윤 추구에 대한 집착은 결국 바람직한 성적 만족을 충족시키지 못하게 했고, 급기야는 시적 자아로 하여금 동년배의 성숙한 여인들에 대해서 전혀 성적 감흥을 느끼지 못하게 작용하고 있습니다(Hoffmann 98: 283f). 물건을 파는 동안에도 "나"는 아이들이 "서로 몸 비비고/배를 앞으로 내미"는 동작을 힐끔힐끔 쳐다봅니다. 한마디로 말해서 시적 자아의 성도착증은 치유되기 어려울 것입니다. 적어도 그가 "계산이 맞을 때까지/상품의 바코드를 긁는" 일을 계속하는 한에서는 더욱 그러할 것입니다.

KERSTIN HENSEL

케르스틴 헨젤

케르스틴 헨젤은 1961년 켐니츠에서 출생하였다. 그미는 간호사 연수를 마친 뒤에 라이프치히에 있는 문학 연구소에서 문학을 공부하였다. 현재 헨젤은 베를린에서 전업 작가로 일하면서, 그곳의 연극 예술 대학에서 강사로 활동하고 있다. 헨젤은 시 외에도 현대인들의 섬세한 감정을 담은 소설을 발표하기도 했다.

고습지에서의 한여름 밤의 꿈 여행

우리는 재빨리 하얀 침대를 내버려 두고
밤 동안 내내 질척거리며 걸었다.
노랗게 익은 말불버섯 김 내며 짝 벌어진다.
분화구는 우리의 뼈를 열망한다.
무언가 붉고 뾰족한 혀로 휘파람으로
사랑을 속삭이며 우리의 등과 목을 핥는다.
황홀감 속에서 걷다가 죽을 것 같아, 우리는 ㅡ
장난꾸러기 요정, 우아하게 자란 소년!

이후에 높이 자란 꽃 조용히 신호 보내고
몇몇 창백해진 동물 얼굴 붉게 변하며,
나이든 양치식물 잿빛으로 서 있다, 격자 받침대.
우리는 여행의 마지막 길에 머물고 있다.
여기, 순간이 행복으로 흘러가는 곳
행복이 순간 내부에서 사멸하는 곳.

Hochmoorsommernachtstraumreise

Wir lassen schnell zurück die weißen Betten/ Und unsre Schritte schmatzen durch die Nacht./ Ein gelbgereifter Bovist raucht und kracht./ Nach unsren Knöcheln gieren die Mofetten./ Und etwas pfeift mit rotgespitzter Zunge/ Und leckt uns girrend über Hals und Rücken./ Wir gehen und vergehen im Entzücken -/ Ein Puck springt ab, ein zartgewachsner Junge!// Die späten hohen Blumen wanken leise/ Und röten manches schon verblaßte Tier,/ Und die betagten Farne stehen grau Spalier./ Wir sind am Ende unserer Reise/ Hier wo der Augenblick gerinnt zum Glück/ Und wo das Glück vergeht im Augenblick.

시어 설명 및 힌트

한여름 밤의 꿈: 셰익스피어의 중기 희극으로 1596년에 발표되었다. 작품은 아테네의 귀족, 요정 그리고 시골 장인들이라는 세 그룹의 사랑 이야기가 중첩되어 있는데, 요정이 인간의 삶에 영향을 끼친다. (1) 에게우스는 딸 헤르미아를 데메트리우스에게 시집 보내려 한다. 그런데 헤르미아는 정작 시골 장인 리산더를 사랑하고 있다. 데메트리우스의 애인 헬레나는 결혼 때문에 자신을 멀리하는 데메트리우스와 헤르미아를 질투한다. 그래서 그미는 두 남녀(헤르미아와 리산더)가 도시 밖에서 식을 올리려 한다는 소식을 데메트리우스에게 전해 준다. 이때 리산더와 헤르미아는 군인들을 피해 요정이 머무는 곳에 은닉한다. (2) 아드리안 브로워스는 여자들에게 둘러싸여, 아테네의 지배자 피라무스와 티스베의 결혼식을 풍자하는 극을 진행한다. 이 축제는 결국 피라무스에게 커다란 위협으로 작용한다. (3) 난쟁이 왕국에서 오베론과 티타니아는 서로를 반목하고 있다. 요정 푹은 기적의 꽃으로 잠자는 티타니아를 깨워 오베론과 사랑하게 도와준다. 셰익스피어는 세 가지 이야기를 중첩적으로 묘사하고, 요정을 등장시켜

사랑으로 얽혀 있는 인간적 갈등을 해소하게 해준다.

질문

1. 제1연에서 "우리"는 누구입니까? 그들은 무엇을 묘사합니까?
2. 시적 주제는 무엇으로 요약할 수 있는가요?

해설

작품은 짧은 두 연으로 이루어져 있으며, 엄밀히 따지면 정형시, 소네트에 해당합니다. 다만 네 개의 연으로 이루어진 소네트를 두 개의 연으로 만든 게 특징적이라고 하겠습니다. 5각운의 약강격 Jambus 을 사용하고 있으며, 각운 역시 정형 소네트와 차이를 보이지 않습니다. 5각운 약강격은 주로 프리드리히 실러에 의해서 사용된 바 있는데, 달콤하고 아름다운 분위기를 형상화하는 데 적절한 시 형식이 아닐 수 없습니다.

"우리"는 연인으로서, 윌리엄 셰익스피어의 「한여름 밤의 꿈」의 장면을 추적합니다. 어쩌면 그들은 극작품을 관람하면서, 꿈속의 사랑을 추체험하고 있는지 모릅니다. 그게 아니라면 어느 다른 현실 속에서 몽유하면서 사랑을 추적하는지 모릅니다. 셰익스피어는 상기한 극작품을 통하여 사랑의 어리석음, 방종할 수밖에 없는 인간의 열정 그리고 인간의 열망과 사물의 질서 사이의 갈등을 다루었습니다. 극작품을 대하면서 "우리"는 "황홀감 속에서 걷다가 죽"을 것 같은 느낌에 휩싸입니다. 그렇지만 이는 "우리"의 의지에 의해서가 아니라, 오로지 요정의 마술 때문에 비롯된 것입니다. 그렇다면 인간은 어째서 자신의 감정을 조절하지 못하고, 뻔히 알면서도 방종한 열정에 빠져드는 것일까요? 어쩌면 셰익스피어는 16세기에 인간 내면의 리비도Libido를 직감적으로 인지했는지 모릅니다.

시인은 마지막 두 행에서 순간과 행복의 상호 관계를 요약합니다. "여기, 순간이 행복으로 흘러가는 곳/행복이 순간 내부에서 사멸하는 곳." 여기서 한 가지 의문점이 떠오릅니다. 어째서 인간은 무한한 기쁨의 시간을 마냥 순간적으로 느끼고, 슬픔과 고통의 시간을 오래 감지해야 하는가요? 이는 아마도 장난꾸러기 요정의 농간 때문인지 모릅니다.

PETER HUCHEL

페터 후헬

페터 후헬은 호르스트 비넥 Horst Bienek의 표현을 빌면, "참고 견디는 인간, 도덕주의자, 매수되지 않는 자, 정직하고 겸손한 문인"이다. 그는 1903년 베를린 근교의 리히터펠데에서 태어나 1981년 프라이부르크 근처의 슈타우펜에서 사망하였다. 일찍이 그는 베를린, 프라이부르크 그리고 빈에서 문학과 철학을 공부한 뒤에 20년대에 『문학 세계』와 『행렬』이라는 문예지를 간행하였다. 제2차 세계대전 당시에는 독일군에 징집되어 싸우다가 소련군의 포로가 되었다. 1945년부터 1948년 사이에 후헬은 베를린 방송국에서 일하였으며, 1949년부터 1962년까지 동독에서 가장 중요한 문예지 『의미와 형식 Sinn und Form』의 편집장으로 일하였다. 1962년 이념적 차이로 편집장의 직위를 박탈당한 그는 1971년까지 포츠담 근교의 빌헬름스호르스트에서 고립되어 살았다. 1971년에 로마의 빌라 마시모 재단의 후원을 받았으며, 1972년부터 죽을 때까지 프라이부르크 근처의 슈타우펜에서 살았다.

부호

밋밋한 나무 언덕,
축축한 공기 사이로
다시 한 번 날았다
들오리 행렬, 저녁에.

부호였을까?
담황색 작살로
호수는 휴식 없는
안개를 뚫고 있다.

나는 마을을 지나
흔한 모습 보았다.
양치기는 무릎 사이로
수컷 양을 묶었다.
발톱을 자르고, 그루터기
들판에서 다친 발에 타르를 칠했다.
여자들은 하루 동안 짠
우유 양동이를 세었다.
아무것도 밝힐 수 없었다.
혈통 증명서에 씌어 있었다.

오로지 죽은 자들에게만

시각 알리는 종소리의 울림에,
송악의 성장에 감동한 채
그들은 지구의
얼어붙은 그림자를 보며
달을 힐끔 쳐다본다.
공기와 물속에서
숨 쉬는 것들이 사라지면
이게 머물리라는 걸 안다.

누가 아무것도
해독할 수 없는, 경고하는
글씨를 남겼는가?
나는 호수 뒤 밀집된
말뚝에서 발견했다.
부호였을까?

눈(雪)의 침묵에
경직된 채,
눈먼 듯 잠들었다,
십자무늬 독사 덤불은.

Das Zeichen

Baumkahler Hügel,/ Noch einmal flog/ Am Abend die Wildentenkette/ Durch wäßrige Herbstluft.// War es das

Zeichen?/ Mit falben Lanzen/ Durchbohrte der See/ Den ruhlosen Nebel.// Ich ging durchs Dorf/ Und sah das Gewohnte./ Der Schäfer hielt den Widder/ Gefesselt zwischen den Knien./ Er schnitt die Klaue,/ Er teerte die Stoppelhinke./ Und Frauen zählten die Kannen,/ Das Tagesgemelk./ Nichts war zu deuten./ Es stand im Herdbuch.// Nur die Toten,/ Entrückt dem stündlichen Hall/ Der Glocke, dem Wachsen des Efeus,/ Sie sehen/ Den eisigen Schatten der Erde/ Gleiten über den Mond./ Sie wissen, dieses wird bleiben./ Nach allem, was atmet/ In Luft und Wasser.// Wer schrieb/ Die warnende Schrift,/ Kaum zu entziffern?/ Ich fand sie am Pfahl,/ Dicht hinter dem See./ War es das Zeichen?// Erstarrt/ Im Schweigen des Schnees,/ schlief blind/ Das Kreuzotterndickicht.

질문

1. 1963년에 발표된 후헬의 시는 특성상 두 단락(3연과 3연)으로 나누어집니다. 두 단락의 특징을 설명해 보세요
2. 제4연에서는 죽은 자들의 세계가 암시됩니다. 맨 마지막의 "이게"가 가리키는 것은 무엇인가요? 본문에서 찾으세요.
3. "십자무늬 독사 덤불"은 어떤 위협적인 무엇에 대한 비유입니다. 그것은 시인이 느끼는 어떤 말할 수 없는 위협에 대한 부호로서 근접 불가능한 특성을 보여 줍니다. 이를 보여 주는 형용사는?

해설

 독일의 신비주의자 야콥 뵈메Jakob Böhme는 다음과 같이 말한 적이 있습니다. "모든 사물 속에는 신의 계시를 위한 입(口)이 도사리고 있다." 후헬의 시를 읽으면 어째서 뵈메의 말이 떠오르는 것일까요? 후헬의 시 「부호」는 일견 가을의 자연을 묘사한 것처럼 느껴질지 모릅니다. 1연에서 3연까지의 내용은 그 자체 무리 없이 이해되고 있습니다. 풍경은 세계에 근접하고 있습니다. 그것은 수수께끼 같고, 비밀스러우며, 때로는 위협적입니다. 가령 "밋밋한 나무"는 세워 놓은 창으로서 하늘을 찌르는 듯합니다. 풍경에 전해 주는 의미는 다양하며, 인간은 이러한 의미를 정확히 인지하지 못할 수도 있습니다. 제3연에서 양치기는 수컷 양을 치료하고, 여자들은 어디론가 보낼 우유를 점검합니다. (양들이 숲 속을 헤매면 뾰족한 나무로 인하여 발에 상처를 입습니다. 이때 타르를 상처 부위에 발라주면, 상처가 아뭅니다.) 시적 자아는 세계에서 방향을 설정하기 어렵다는 데 대해 어떤 절망감을 느끼고 있습니다. 제4연은 현재형으로 씌어져 있습니다. 오로지 죽은 사람들만이 어떤 재앙을 감지하며, 죽은 자들의 세계가 존속되리라는 사실을 잘 알고 있습니다. 죽은 자들의 지식에 대해서 시적 자아는 자신의 무능력을 토로합니다. 왜냐하면 그는 어떤 경고하는 글씨를 해독할 수 없기 때문입니다. 4연의 마지막 행의 "이게"는 "지구의 얼어붙은 그림자"를 가리키지만, 궁극적으로는 하나의 끔찍한 재앙을 상징합니다. 시인은 마을의 삶 속에 도사리고 있는 익숙한 것들을 서술하지만, 정작 경고하는 글씨로 표현된 재앙을 예견하지는 못합니다. 그렇다면 자연 속에 숨어 있는 부호를 통해서 인간은 어쩌면 도래할지 모르는 파국을 미리 알아차리지 못한단 말일까요? 제5연, 제6연은 다시금 과거 시제로 서술되고 있습니다. 제5연에서 시인은 상기한 내용을 집요하게 묻습니다. 그러나 제6연에서 시인에게 메아리로 돌아오는 것은 경직과 침묵밖에 없습니다. 말하자면 시인은 사물의 배후에 도사린 절대적인 진리를 언어로써 밝혀내려는 자신의 믿음에 대해서 회의를 느끼는 것입니다.

오필리아

훗날, 아침
하얀 여명 무렵
얕은 강물을
장화로 디디기
막대로 찌르기
어느 거친 호령
그들은 들어 올린다
진창의 가시 어살을

오필리아여,
어느 외침이
물을 꿰뚫으며
어느 마술이

버드나무 잎가의 방울을
산산조각 튕기게 하는
왕국은 없다.

Ophelia

Später, am Morgen,/ gegen die weiße Dämmerung hin,/ das Waten von Stiefeln/ im seichten Gewässer,/ das Stoßen von Stangen,/ ein rauhes Kommando,/ sie heben die schlammige/ Stacheldrahtreuse.// Kein Königreich,/ Ophelia,/ wo ein Schrei/ das Wasser höhlt,/ ein Zauber/ die Kugel/ am Weidenblatt zersplittern läßt.

시어 설명 및 힌트

진창의: 햄릿 제4막 7장에는 다음과 같이 씌어져 있다. "그렇지만 오래 머물지는 않았다/그미의 옷이 심하게 적셔질 때까지/불쌍한 아이(…)/진창의 죽음 속으로 빠져들다니." 오필리아: 셰익스피어의 「햄릿」에 등장하는 처녀. 햄릿이 실수로 그미의 아버지를 살해했을 때, 오필리아는 이성을 잃고 강에 빠져 죽는다. 서구의 시인들은 권력 추구와 남성적 폭력과 반대되는 인물로서 오필리아를 묘사한 바 있다. 가령 아르튀르 랭보A. Rimbaud의 시 「오필리아Ophélie」(1870)를 예로 들 수 있다. 어느 외침이/물을 꿰뚫으며: 구약성서에 의하면 야훼는 이집트를 떠나는 유대인들을 위해 바다를 갈라 놓았다. 버드나무: 당시에 여왕은 오필리아의 죽음을 애도하기 위해서 버드나무에다 화환을 걸어놓으려고 했

다. "버드나무는 개울로 고개를 수그리고, 밝은 강 속에 자신의 잿빛 잎을 보여 주고 있다."

질문
1. 이 시는 1965년에 발표된 것입니다. "가시 어살"은 무엇을 위한 도구입니까?
2. 제1연에서 추론 가능한 사건은 무엇입니까?
3. "버드나무 잎"과 "방울"이 시사하는 정조는 어떠한가요?

해설
오필리아는 대체로 남성 사회에서 어리석게 이용당하다가 목숨을 잃는 나약하고 자의식이 없는 여자로 형상화되곤 하였습니다. 셰익스피어의 비극에서 햄릿은 아버지의 범인을 죽이려고 하다, 착각하여 폴로니우스를 칼로 찌릅니다. 그러나 살해당한 자는 어머니와 놀아난 삼촌이 아니라, 장차 장인이 될 사람이 아닙니까? 오필리아는 아버지를 잃은 슬픔에 정신 착란을 일으켜 결국에는 강물에 빠져 죽습니다.

후헬의 시에서 오필리아는 어떠한 인간형으로 표현되고 있을까요? 그미는 갇혀 있다가 자유의 공간으로 탈출하는 사람일까요? 과연 그미가 모든 위협을 극복하고 탈출에 성공했을까요, 아니면 강물에 빠져 죽었을까요? 탈주자는 어떤 인물일까요? 우리는 이러한 일련의 질문에 관해서는 아무것도 모릅니다. 우리가 접하는 것은 다만 한 가지 사항입니다. 즉, 사건이 발생한 다음날 아침, "장화" 신은 자들이 "어느 거친 호령"에 맞추어 강을 수색하다가, "진창" 속에서 "가시" 철망으로 이루어진 "어살" 하나를 발견한 사항 말입니다. 추측하건대 시인은 어느 여자의 죽음을 기리면서, 이 시를 쓴 것 같아 보입니다. 그미는 동독을 탈출하려고 하다가 실패하여 강에 빠져 죽었는지 모릅니다. 시인은 제1연에서 문장을 사용하지 않습니다. 단어들은 서로 끊겨져 있을 뿐입니다. 제2연도 그러합니다. 여기서 시인은 직접 오필리아를 거명합니다. 그미는 흔적도 없이 사라지고 말았습니다. 그미에게 주어진 것은 신의 도움도 아니었고, 자연의 마력도 아니었습니다. 남아 있는 것은 우연히 발견된 "가시 어살," 그것뿐이었습니다.

테오프라스토스의 정원

정오 무렵 시구詩句들의 하얀 불이
유골단지 위에서 덩실덩실 춤추고 있다면,
생각해 봐, 내 아들아, 어떻게 나무를 재배하는지
옛날에 대화 나누던 자들을 생각해 봐.
정원은 죽어 있다, 숨쉬기 더욱 힘들어지는구나.
당시의 시간을 보존하라, 여기 테오프라스토스
떡갈나무 분말로 땅에 거름 주고, 내피內皮로
상처 난 껍질을 동여매러 걸어갔던 때를.
어느 올리브 나무 부스러질 듯한 장벽을 쪼개고
뜨거운 먼지 속에는 아직 소리가 남아 있다.

그들은 나무뿌리를 뽑으라고 명령했다.
너의 빛은 가라앉는다, 무방비의 잎사귀야.

Der Garten des Theophrast

Wenn mittags das weiße Feuer/ Der Verse über den Urnen tanzt,/ Gedenke, mein Sohn. Gedenke derer,/ Die einst Gespräche wie Bäume gepflanzt./ Tot ist der Garten, mein Atem wird schwerer,/ Bewahre die Stunde, hier ging Theophrast,/ Mit Eichenlohe zu düngen den Boden,/ Die wunde Rinde zu binden mit Bast./ Ein Ölbaum spaltet das mürbe Gemäuer/ Und ist noch Stimme im heißen Staub./ Sie gaben Befehl, die Wurzel zu roden./ Es sinkt dein Licht, schutzloses Laub.

시어 설명 및 힌트

테오프라스토스(BC. 372-287)는 플라톤과 아리스토텔레스의 수제자로서 아리스토텔레스가 죽은 뒤 소요학파를 이끌었다. 그 후에 약 이천 명의 제자들이 리케이온Lykeion 학원에서 공부하며, 테오프라스토스를 은사로 삼았다. 그러나 테오프라스토스는 걸출한 제자를 배출할 수 없었다. 왜냐하면 정원(리케이온)이 데메트리우스 왕의 아테네 침공으로 기원전 294년에 완전히 파괴되었기 때문이다. 테오프라스토스가 쓴 200여 권 가운데에는 먼 훗날 라 브뤼에르La Bruyère에 의해 새롭게 씌어진 바 있는 『인성학』과 『물리학자들의 견해』가 있다. 특히 후자의 책은 그리스 철학사 가운데 가장 오래된 것이다. 한마디로 "테오프라스토스의 정원"은 학문과 뮤즈를 사랑하는 사람들이 거닐던 장소이자, 위대한, 잊혀진 철학자가 묻힌 곳으로 이해할 수 있다.

질문
1. 이 작품은 마치 시인의 유언처럼 울려 퍼집니다. 이를 뒷받침해 주는 시어는?
2. 시인은 과거 소요학파의 찬란했던 정원을 기억해 내려고 합니다. 제1행에서 암시되는 시점은?
3. 제4행에서 "대화"가 가리키는 것은 구체적으로 무엇인가요? 본문에서 찾으세요.
4. "올리브 나무"와 "장벽"은 정치적으로 이해할 수 있습니다. 그것은 무엇일까요?
5. "나무뿌리를 뽑으라고 명령"하는 "그들"은 어떠한 유형의 사람들입니까?

해설
제1-2행은 조건문으로 이루어져 있습니다. 왜냐하면 현재 "정원"은 파괴되어 있기 때문입니다. 여기서 시인은 과거 소요학파들의 찬란했던 정원을 기억해 내려 합니다. "하얀 불이/유골단지 위에서 덩실덩실 춤추"는 시기는 분명히 여름의 정오입니다. 생명력으로 충만한 여름날은 마지막 두 행의 삭막한 겨울의 풍경과 묘하게 대조를 이루고 있습니다. 먼 옛날 소요학파 사람들은 격의 없이 어울리며, 평화와 뮤즈에 관해 대화를 나누었습니다. 그들은 강단 대신 정원에서의 산책을 수업의 과정으로 삼았습니다.

이때 아름다운 시구들을 뇌리에 소환하는 게 무엇보다도 그들의 학업 행위였습니다. "뮤즈Mnemosyne"가 어원상 기억을 뜻하는 것도 이와 관련됩니다.

시적 자아의 정체 및 그의 대화자는 제3행에서 비로소 드러납니다. 즉, 시인은 자신의 아들에게 "옛날에 대화 나누던 자"를 "생각해" 보라고 권합니다. 제3행은 브레히트의 시「후세 사람들에게」를 연상시킵니다. 그렇지만 나무에 관한 대화는 후헬의 시에서는 다른 맥락에서 이해할 수 있습니다. 그것은 평화와 번영을 기약해 주는 "올리브 나무"의 성장과 직결되고 있습니다. 나무는 후헬의 시에서는 "침묵"이 아니라, 오히려 "뜨거운 먼지 속im heißen Staub"에서도 무언가 의미심장한 내용을 전해 주는 "소리Stimme"로 작용합니다. 나무는 그 자체 생명으로서, 녹색의 평화를 온 누리에 전파하지 않는가요?

제5행부터 제8행까지 시인은 아들에게 유언을 들려줍니다. 테오프라스토스를 "생각하gedenke"는 것, 그가 살던 때를 "보존하라bewahre"는 게 유언의 내용입니다. 실제로 테오프라스토스는 생전에 제자들과 함께 식물 재배에 심혈을 기울였습니다. 그는 "떡갈나무 분말Eichenlohe"로 땅을 기름지게 하고, 나무의 "내피Bast"로 상처 난 식물들을 가꾸고 돌보았습니다. 그러나 유감스럽게도 정원은 생명력을 상실하고 있습니다. 시인은 마치 정원 아래에 자리한 테오프라스토스의 시신屍身처럼 "숨쉬기 더욱 힘들어지는" 것을 느낍니다.

인용 시에서 "신처럼 말하는 자(Theos+Phrastos)," 테오프라스토스는 페터 후헬을 가리키는 것일까요? "어느 올리브 나무 부스러질 듯한 장벽을 쪼개고/뜨거운 먼지 속에는 아직 소리가 남아 있다." "올리브 나무"는 얼마든지 시인으로서 그리고 편집자로서의 후헬의 숨은 과업을 상징할 수 있습니다. 생명을 보존하는 일은 결국 생명과는 무관한 무기질로서의 "장벽"이 허물어지게 작용합니다. 폐허 속의 올리브 나무는 따뜻한 먼지에 뒤덮여 있어도 어떤 "소리"를 남깁니다. 이 소리는 생각을 달리하는 자들에게 화해의 소통을 가능하게 해 주는 게 아닐까요?

누군가 사정없이 올리브 나무를 뽑으라고 명령합니다. "그들"은 다름 아니라 테오프라스토스의 사악한 후손들입니다. 나무뿌리가 뽑히게 되자, 잎사귀는 더 이상 올리브 나무의 보호를 받지 못합니다. 여기서 "잎사귀"는 테오프라스토스의 정원에서 더 이상 평화와 광명을 얻을 수 없으며, "빛"이 어둠 속으로 완전히 가라앉는다면, 올리브 나무는 참혹한 겨울에 생명을 위협당할 수밖에 없습니다.

BRUNO HILLEBRAND
브루노 힐레브란트

브루노 힐레브란트는 1935년 라인란트 팔츠 주의 뒤레에서 태어났으며, 독문학자로서 활동하며, 시와 산문을 집필하였다. 고트프리트 벤과 니체 등을 연구하였으며, 니힐리즘 미학에 관한 책을 간행하였다. 잘 알려진 저서로는 『예술이란 무엇인가? 개인주의 시대의 문학에 관한 에세이 *Was denn ist Kunst?, Essays zur Dichtung im Zeitalter des Individualismus*』(2001) 등이 있다.

애무에 관하여

어째서 그대가
살해하는 자들이
그대를 사랑해야 하는가 —

마음대로 되지 않는
그대의 구애
잘 알지 못하는
모든 게 그대를 묶는다,
지워지지 않는 휴가
과거의 울타리로 이루어진
머릿속에서 긁어모은
여러 착상들.

여행객의 애무를 바라보는 자는
즙액을 들이킨
코코넛을
해변에 굴린다.

꿈꾸는 자들은
어떤 다른 세계의
애무에 관해
더 이상 꿈꾸지 않는다,

남쪽 바다 산호도의
폐허들은
그린란드 앞에서 보였다.

그대는 적도 너머의
구애들에 관해서 대체
무얼 알고 있는가,
그대의 직업 아닌 모든
게 그대를 옥죄인다.

세계의 가장자리에서
애무들이 그대에게
아양 떨고 있다,
그대는 죽지 않는다.

Von den Zärtlichkeiten

Warum sollen die/ die du mordest/ dich lieben -//
Zuneigungen die/ du dir selbst versagst/ es gürtet dich alles/
was du nicht weißt/ ungelöschter Urlaub/
Zusammengehacktes/ Rosinen im Kopf/ aus alten Schränken//
Ausgeschlürft/ die Kokusnuß/ kollert am Strand/ wer das
gesehen hat.// Von den Zärtlichkeiten/ in einer anderen Welt/
träumen nicht einmal mehr/ die Träumer/ die Trümmer/ der
Südseeatolle/ wurden vor Grönland gesichtet.// Was weißt

denn du/ von den Zuneigungen/ jenseits des Äquators/ es
gürtet dich alles/ was du nicht bist.// Vom Weltrand her/
umschmeicheln dich/ die Zärtlichkeiten/ unsterblich bist du.

질문

1. 첫 연은 어떤 느낌을 불러일으킵니까?
2. "그대"가 행하는 일은 무엇인가요?
3. 시인이 이 시에서 비판하려는 내용은?

해설

이 시를 읽는 독자는 여러 번에 걸쳐 당혹감을 느낄 것입니다. 제목은 애틋한 사랑을 노래하는 것 같지만, 제1연은 이러한 느낌을 순간적으로 차단시키기 때문입니다. 제1연의 내용은 독일인과 유대인의 관계를 연상시킵니다. 제2연 역시 독자에게 거의 아무것도 말하지 않습니다. "그대"는 지금까지의 현실에서 행복한 사랑을 얻지 못했습니다. 겨우 "휴가"라는 단어만이 "그대"가 처한 시적 정황을 암시해 주고 있습니다. 제3연에 이르러 우리는 다음의 사항을 짐작할 수 있습니다. 즉, 시인은 "그대," 즉 따뜻한 나라에서 휴가를 즐기는 돈 많은 유럽 남자를 비판적으로 기술하고 있다는 것을 말입니다. 그는 남국의 "코코넛" 해변에서 휴가를 보내며, 토착 여성들을 사귑니다. 그러나 이러한 만남은 그 자체 거짓된 것입니다. 왜냐하면 이곳 남녀의 만남에는 돈, 다시 말해 화대가 결부되어 있기 때문입니다. 여기서 우리는 비로소 "어째서 그대가/살해하는 자들이/그대를 사랑해야 하는가"를 이해할 수 있을 것입니다.

유럽 국가들은 제3세계 사람들의 빈곤을 담보로 부를 축적해 왔습니다. 이는 19세기 말 식민지 쟁탈전, 아니 16세기 아메리카 원주민 착취 시기부터 줄곧 자행되어 왔습니다. 제3세계의 재화는 무력에 의해서 강탈되었지만, 이러한 재화의 강탈은 제2차 세계대전 이후로 교묘한 경제적 착취 형태로 변모되었습니다. 가령 유럽 국가들은 제3세계 사람들로부터 원자재를 헐값으로 구입하는 반면에, 제품은 그곳에다 비싼 값으로 팔았습니다. 때로는 무기를 팔아서 제3세계 사람들로 하여금 서로 싸우도록 부추기기도 했습니다. 유럽 사람들이 "그린란드"를 정복하였을 때부터, 식민지의 폐허는 처음부터 정해져 있었던 것입니다. 이러한 내용을 고려할 때 토착 여성들의 접근은 오로지 "그대의 직업," 즉 재화 획득에 대한 열망에서 기인한 것입니다. "그대"는 적도 너머에서 아름다운 여자들 속에 파묻혀 있지만, 정작 사랑과 진정한 구애에 관해서는 아무것도 모르고 있습니다.

참고 문헌

축약어

김광규 93: 김광규, 자라 키르쉬의 서정시, in: 한양대 인문 논총 23, 1993, 203-21쪽.

류신 2005: 류신, 혁명적 이카루스의 추락. 볼프 비어만의 담시「프로이센의 이카루스에 관한 발라드」깊이 읽기, in: 독어교육, 제32집, 2005, 327-58쪽.

변학수 2004: 변학수, 프로이트 프리즘. 문학 그리고 영화, 책세상 2004.

블로흐 2004: 에른스트 블로흐, 희망의 원리 5권, 열린책들 2004.

오제명 2006: 오제명 외, 68 세계를 바꾼 문화혁명, 길 2006.

어수갑 2004: 베를린에서 18년 동안 부치지 못한 편지, 휴머니스트 2004.

윤노빈 2003: 신생철학, 학민사 2003.

Bloch 85: Ernst Bloch, Zwischenwelten in der Philosophiegeschichte, Frankfurt a. M. 1985.

Conrady 91: Karl Otto Conrady (hrsg.), Das grosse deutsche Gedichtbuch. Vonn 1500 bis zur Gegenwart, München 1991.

Domin 77: Domin, Hilde (hrsg.): Doppelinterpretationen. Das zeitgenössische deutsche Gedicht zwischen Autor und Leser, Frankfurt a. M. 1977.

Groth 93A: J. R. Groth, (hrsg.): Literatur im Widerspruch. Gedichte und Prosa aus 40er Jahren DDR, Köln 1993.

Groth 93B: J. R. Groth, Materialien zu Literatur im Widerspruch, Köln 1993.

Haugk 2004: Ludwig Haugk (hrsg.), Kalkfell zwei. Thcater der Zeit Berlin 2004.

Hoffmann 98: Dieter Hoffmann, Arbeitsbuch. Deutschsprachige Lyrik seit 1945, Bd. 3, 1989.

Kunert 85: Vor der Sintflut. Das Gedicht als Arche Noahs, München 1985.

Reich-Ranicki 2000: Marcel Reich-Ranicki (hrsg.), Hundertgedichte des Jahres, Frankfurt a. M. 2000.

Reich-Ranicki 2002: Reich-Ranicki, M. (hrsg.): Frauen dichten anders. 181 Gedichte mit Interpretationen, München 2002.

Thenior 78: Ralf Thenior, Sätze zu meiner Arbeit, in: Lyrik-Katalog, hrsg., Jan Hans u.a., München: Goldmann 1978.

Hiebel 2006A: Hiebel, H. Hans: Das Spektrum der modernen Poesie, Teil I, Würzburg 2006.

Hiebel 2006B: Hiebel. H. Hans: Das Spektrum der modernen Poesie, Teil II, Würzburg 2006.

독일 시에 관한 문헌

김광규: 자라 키르쉬의 서정시, in: 한양대 인문 논총 23, 1993, 203-21쪽.

김용민: 생태문학. 대안사회를 위한 꿈, 책세상 2003.

김이섭: 영원히 마르지 않는 지혜의 샘. 독일시 모음, 현대미학사 1998.

비스만, 루이스: 독일 현대시 개론, 김재혁 역, 예문 1996.

박설호: 갇힌 사회 속의 열린 사랑. 독일 여성들의 연애시, in: 시문학, 제 431집, 2007, 150-68쪽.

박설호: 잃어버린 고향, 근원±자유의 나라, in: 시문학, 제433집, 2007, 147-64쪽.

박진형: 잉에보르크 바하만 문학에 나타난 역사 체험의 의미, in: 독일 문학 제62집, 1997, 198-221쪽.

박찬일: 브레히트 시의 이해, 연세대 출판부, 2004.

발트만, G.: 독일 서정시 입문, 채연숙 역, 담론사 1997.

변학수: 프로이트 프리즘. 문학 그리고 영화, 책세상 2004.

브레히트, 베르톨트: 브레히트 망명시집 흔들리는 사람에게, 박영구 역, 한마당 1993.

블로흐, 에른스트: 희망의 원리, 박설호 역, 열린책들 2004.

송용구: 생태시와 저항의식, 다운샘 2001.

송용구: 녹색의 저항. 독일의 생태시, 들꽃 2003.

아이히, 귄터: 비가 전하는 소식, 김광규 역, 민음사, 1975.

오제명 외: 68 세계를 바꾼 문화혁명, 길 2006.

이광복: 독일의 시교육. '정감의 공유'에서 '카니발식 접근'까지, in: 현대시, 2001. 4, 29-37쪽.

이택권: 거지의 욕망과 견자(見者)의 성찰, in: 오늘의 문예 비평, 통권 57호 2005, 177-183쪽.

전영애: 독일의 현대 문학, 창작과 비평사 1998.

채연숙: 크리스티네 부스타 시의 역사적 문화적 콘텍스트, in: 독일어문학, 1999, 199-222쪽.

첼란, 파울: 아무도 아닌 자의 장미, 고위공 역, 혜원 출판사 2000.

프리드리히, 후고: 현대시의 구조. 보들레르에서 20세기까지, 장희창 역, 한길사 1996.

Allemann, Beda: Gottfried Benn. Das Problem der Geschichte, Pfullingen 1963.

Anz, Thomas: Die Bedeutung poetischer Rede. Studien zur hermeneutischen Begründung und Kritik von Poetologie, München 1979.

Asmuth, Bernhard: Aspekte der Lyrik. Mit einer Einführung in die Verslehre, Leverkusen 1981.

Bekes, Peter u.a. (hrsg.): Deutsche Gegenwartslyrik von Biermann bis Zahl. Interpretationen, München 1982.

Bender, Hans u. a.: Was alles hat Platz in einem Gedicht? Aufsätze zur Lyrik seit 1965, München 1977.

Berbig, Roland (hrsg.): Der Lyrikclub Pankow. Literarische Zirkel in der DDR, Berlin 2000.

Biermann, Wolf, Über Deutschland unter Deutschen, Köln 2002.

Breuer, Dieter (hrsg.): Deutsche Lyrik nach 1945, Frankfurt a. M. 1988.

Conrady, Karl Otto (hrsg.): Das grosse deutsche Gedichtbuch. Von 1500 bis zur Gegenwart München 1991.

Domin, Hilde (hrsg.): Doppelinterpretationen. Das zeitgenössische deutsche Gedicht zwischen Autor und Leser, Frankfurt a. M. 1977.

Drews, Jörg (hrsg.): Das bleibt. Deutsche Gedichte 1945-1995, Leipzig 1995.

Duhamel, Roland: Dichter im Spiegel. Über Metaliteratur, Würzburg 2001.

Emmerich, Wolfgang: Kleine Literaturgeschichte der DDR, erweiterte Auflage, Köln 2001.

Ewers, Hans Heino (hrsg.): Alltagslyrik und neue Subjektivität, Stuttgart 1994.

Die Fachgruppe Deutsch-Geschichte im Bayrischen Philologieverband (hrsg.): Interpretationen moderner Lyrik. Anläßlich der Germanistenverbandstagung in Nürnberg,

Frankfurt a. M. 1966.

Frey, Daniel: Kleine Geschichte der deutschen Lyrik, München 1998.

Grimm Gunter (hrsg.): Gedichte und Interpretation, Deutsche Balladen, Stuttgart 1988.

Groth, J. R. (hrsg.): Literatur im Widerspruch. Gedichte und Prosa aus 40er Jahren DDR, Köln 1993.

Hage, Volker (hrsg.): Lyrik für Leser. Deutsche Gedichte der 70er Jahre, Stuttgart 1981.

Hamburger, Michael: Die Dialektik der modernen Lyrik. Von Baudelaire bis zur Konkreten Poesie, München 1972.

Hans, Jan u.a. (hrsg.): Lyrikkatalog. Bundesrepublik, Gedichte: Biographien: Statesments, München 1981.

Haugk, Ludwig (hrsg.): Kalkfell zwei, Theater der Zeit, Berlin 2004.

Hiebel, H. Hans: Das Spektrum der modernen Poesie, zwei Bände,, Würzburg 2006.

Hildebrand, Olaf (hrsg.): Poetologische Lyrik, Köln 2003.

Hinck, Walter (hrsg.): Gedichte und Interpretationen, Bd 6, Gegenwart, Stuttgart 1982.

ders.: Die deutsche Ballade von Bürger bis Brecht, Göttingen 1978.

Höllerer, Walter: Theorie der modernen Lyrik, 2 Bde. München 2003.

Höck, Wilhelm: Formen heutiger Lyrik, München 1969.

Hoffmann, Dieter: Arbeitsbuch. Deutschsprachige Lyrik seit 1945, Bd. 3, 1989.

Huchel, Peter: Gesammelte Werke, Bd. 1, Frankfurt a. M. 1984.

Jordan, L. u.a. (hrsg.): Lyrik - Erlebnis und Kritik, Frankfurt a. M. 1988.

ders. u.a. (hrsg.): Lyrik über die Grenze, Frankfurt a. M. 1984.

Killy, Walter: Wandlungen des lyrischen Bildes, Göttingen 1978.

Kleist, Heinrich v.: Sämtliche Werke, Bd. 3, Müchen 1982.

Köpf, Gerhard (hrsg.): Neun Kapitel Lyrik, München/Wien/ Zürich 1984.

Korte, Hermann: Geschichte der deutschen Lyrik seit 1945, Stuttgart 1989.

Krusche, Dietrich: Mit der Zeit. Gedichte in ihren Epochen. Ausgewählt für den Unterricht Deutsch für Fremdsprache. Teil 1: Texte, Teil II: Erläuterungen und Materialien, Bonn 1992.

Kunert, Günter: Literatur im Widerspruch, Stuttgart 1984.

Kunert, Günter: Vor der Sintflut. Das Gedicht als Arche Noahs, München 1985.

Kunisch, H. u.a. (hrsg.): Lexikon der deutschsprachige Gegenwartsliteratur, 2 Bde., München 1977.

Lermen, Brigitte u.a.: Lyrik aus der DDR. Exemplarische Analysen, Paderborn 1987.

Ludwig, Hans-Werner: Arbeitsbuch Lyrikanalyse, Tübingen 1981.

Mickel, Karl u.a. (hrsg.): Lyrik aus der DDR, Berlin 1981.

Müller-Zettelmann, Eva: Lyrik und Metalyrik. Theorie einer Gattung und ihrer Selbstspiegelung anhand von Beispielen aus der englisch- und deutschsprachigen Dichtkunst, Heidelberg 2000.

Pratz, Fritz (hrsg.): Deutsche Gedichte von 1900 bis zur Gegenwart, Frankfurt a. M. 1979.

Reich-Ranicki, M. (hrsg.): Frauen dichten anders. 181 Gedichte mit Interpretationen, München 2002.

ders. (hrsg.): Hundertgedichte des Jahres, Frankfurt a. M. 2000.

Schubbe, Elimar (hrsg.): Dokumente zur Kunst-, Literatur- und Kulturpolitik, Stuttgart 1972.

Seidler, Manfred: Moderne Lyrik im Deutschunterricht, Frankfurt a. M. 1968.

Segebrecht, Wulf (hrsg.): Fundbuch der Gedichtinterpretationen, Paderborn 1997.

Sengle, Friedrich: Moderne deutsche Lyrik von Nietzsche bis Enzensberger, Heidelberg 2001.

Thenior, Ralf: Sätze zu meiner Arbeit, in: Lyrik-Katalog, hrsg., Jan Hans u.a., München: Goldmann 1978.

Urbanek, Walter (hrsg.): Gespräch über Lyrik. Dokumente zur Poetik des Lyrischen, Bamberg 1961.

Vieregg, Axel: Die Lyrik Peter Huchels, Berlin 1976.

Weissenberger, Klaus (hrsg.) Dei deutsche Lyrik 1945 - 1975, Düsseldorf 1981.

Wolf, Gerhard: Sprachblätter. Wortwechsel, Leipzig 1992.

찾아 보기

갈린스키, 하인츠 Ganinski, Heinz 303
게른하르트, 로베르트 Gernhardt, Robert 23-33
게바라, 체 Guevara Che 89
고르바초프, 미하일 Gorbachev, M. 267, 270
고위공 595
곰링거, 오이겐 19ff.
괴벨스, 파울 요젭 Goebbels, Paul Joseph 383
그라이너, 울리히 Greiner, Ulrich 265
그로트, J. R. Groth, J. R. 232, 382f, 593
그뤼니히, 우베 Grünig Uwe 35-42
그륀바인, 두르스 Grünbein, Durs 43-54
그리스하버, 하프 Grieshaber, Hap 549ff
긴스버그, 앨런 Ginsberg, Allen 288, 297

김광규 442, 593f
김용민 594
김이섭 594
김재혁 594

네로 Nero 270
노박, 헬가 M. Novak Helga M. 175
니체, 프리드리히 Nietzsche, Friedrich 587
닉, 닥마르 Nick, Dagmar 55-61

단눈치오, 가브리엘 d'Annunzio, Gabriele 543
데겐하르트, 프란츠 요젭 Degenhardt, Franz Josef 63-9
데겐하르트, 요하네스 요아힘, Degenhardt, J. J. 63
데모스테네스 Demosthenes 252
델리우스, F. C. Delius, F. C. 71-80, 213, 513
도민, 힐데 Domin Hilde 55, 513, 593

돔다이, 호르스트 Domdey, Horst 266f

드소 Dessau, Paul 283, 410

두츠케, 루디 Dutschke, Rudi 299

디드로, 데니스 Didcrot, Denis 435

딤트, 막시밀리안 Dimt, Maximilian 249

라반트, 크리스티네 Lavant Christine 81-6

라 브뤼에르 La Bruyère 582

라스커-쉴러, 엘제 Lasker-Schüler, Else 197

라이히-라니츠키, 마르셀 Reich-Ranicki, Marcel 203, 211, 236, 252, 284, 322, 543, 594

라인하르트, 막스 Reinhardt, Max 273, 395

라테노, 루츠 Rathenow, Lutz 87-92

랑게서, 엘리자베트 Langgässer, Elisabeth 93-7

랭보, 아르튀르 Rimbaud, A. 579

레닌, 블라디미르 일리치 Lenin, V. I. 442

레만, 빌헬름 Lehman, Wilhelm 93

로볼트, 에른스트 Rowohlt, Ernst 219

로브그리예, 알랭 Robbe-Grille, Alain 285

루르야, 이삭 Lurja, Isaac 392

루스티거, 아르노 Lustiger, Arno 303

룽게, 도리스 Runge, Doris 99-104

륌, 게어하르트 Rühm, Gerhard 105-8

륌코르프, 페터 Rühmkorf, Peter 109-14

류신 298, 593

리멘슈나이더, 틸만 Riehmenschneider, Tilman 482, 485

리터, 로만 Ritter, Roman 115-26

리히터, 한스 베르너 Richter, Hans Werner 191

릴케, 라이너 마리아 Rilke, Reiner Maria 203, 249

마르크스, 카를 Marx, Karl 176ff, 278, 442

마르티, 쿠르트 Marti, Kurt 127-30

마이뢰커, 프리데리케 Mayröcker, Friederike 131-8, 309, 323, 326f

마이발트, 페터 Maiwald, Peter 139-45

마이스터, 에른스트 Meister, Ernst 147-53, 448

만, 하인리히 Mann, Heinrich 410

말콥스키, 라이너 Malkowski, Reiner 155-9

메켈, 크리스토프 Meckel,
  Christoph 161-5
모르쉬호이저, 보도 Morschhäuser,
  Bodo 167-73
모세 141, 392
몸젠, 테오도르 Momsen, Theodor
  267, 269f
뮐러, 하이너 Müller, Heiner 270f
미켈란젤로, 부오나로티
  Michelangelo, Buonarroti 392

바겐바흐, 클라우스 Wagenbach,
  Klaus 435
바더, 프란츠 Baader, Franz 145
바르취, 쿠르트 Bartsch, Kurt 175-8
바르트, 카를 Barth, Karl 127
바이겔, 한스 Weigel, Hans 421
바이겔, 헬레네 Weigel, Helene
  273, 410
바이너, 리하르트 Weiner Richard
  322
바이스 페터 Weiss, Peter 509
바인헤버, 요제프 Weinheber, Josef
  249
바흐만, 잉게보르크 Bachmann,
  Ingeborg 55, 167, 179-86, 513
박설호 594f
박영구 595
박진형 594

박찬일 595
발저, 마르틴 Walser, Martin 332f
베른, 쥘 Verne, Jules 306ff
베를라우, 루트 Berlau, Ruth 410
베버, 막스 Weber, Max 200
베커, 위르겐 Becker, Jürgen 187-9
베케트, 사무엘 Beckett, Samuel
  349
베허, 요하네스 Becher, Johannes R
  337, 407, 410, 439
베히슈타인, 루드비히 Bechstein,
  Ludwig 368
베힐러, 볼프강 Bächler, Wolfgang
  191-5
벤, 고트프리트 Benn, Gottfried
  197-203, 587
벨러스호프, 디터 Wellershoff,
  Dieter 286
변학수 21, 593, 595
보들레르, 샤를르 Baudelaire,
  Charles 26
보르헤르스, 엘리자베트 Borchers,
  Elisabeth 205-12
보른, 니콜라스 Born, Nikolas 213-24, 455, 513
보만, 가브리엘레 Wohmann,
  Gabriele 225-8
보브롭스키, 요하네스 Bobrowski,
  Johannes 229-40
본드라첵, 볼프 Wondratschek,

Wolf 241-8
볼프, 크리스타 Wolf, Christa 225
뵈메, 야콥 Böhme, Jakob 577
브링크만, 롤프 디터 Brinkmann,
　Rolf Dieter 213, 285-92
부스타, 크리스티네 Busta Christine
　249-55, 595
부시, 빌헬름 Busch, Wilhelm 178
부젤마이어, 미하엘 Buselmeier,
　Michael 257-62
뷔히너, 게오르크 Büchner, Georg
　265, 293, 391, 424, 535
브라운, 폴커 Braun, Volker 263-72
브레히트, 베르톨트 Brecht, Bertolt
　91f, 139, 158f, 265, 273-84, 401,
　407, 410, 543, 595
브렌타노, 클레멘스 Brentano,
　Clemens 341
블로흐, 에른스트 Bloch, Ernst
　191, 194, 244, 278, 321, 593,
　595
블루멘베르크, 한스 Blumenberg,
　Hans 194
비넥, 호르스트 Binek, Horst 573
비드머, 우르스 Widmer, Urs 309
비스만, 루이스 594
비아스 Bias 321
비어만, 볼프 Biermann, Wolf 63,
　266, 293-304, 407, 439
빌, 막스 Bill Max 19

사포 Sappho 441
생텍쥐페리 Saint Exupéry 542
샤르댕, 장 B Chardin, Jean B. 322
세잔, 폴 Cezanne, Paul 243
솅크, 요하네스 Schenk, Johannes
　305-8
셰익스피어, 윌리엄 Shakespeare,
　William 265, 569f, 579, 580
소크라테스 Sokrates 272
송용구 595
숄, 잉게 Scholl, Inge 205
슈니츨러, 아르투르 Schnitzler,
　Arthur 323
슈밥, 구스타프 Schwab, Gustav
　392
슈트라우스, 리하르트 Strauss,
　Richard 400
슈페르버, 마네스 Sperber Manès
　211
슈펭글러, 오스발트 Spengler, O.
　199f
슐렌도르프, 폴커 Schlöndorff,
　Volker 191
스탈린 397, 402
스탕달 Stendhal 203

아도르노, 테오도르 Adorno Th.
　23
아르트만, 한스 카를 Artmann,

Hans Carl 309-13, 421
아리스토텔레스 Aristoteles 582
아옌데, 살바도르 Allende, Salvador 74
아우스렌더, 로제 Ausländer, Rose 55
아이슬러, 한스 Eisler, Hans 410
아이헨도르프, 요젭 Eichendorff, Joseph 367
아이히, 귄터 Eich, Günter 315-22, 353, 513
아이힝거, 일제 Aichinger, Ilse 315
안더존, 자샤 Anderson, Sascha 293
얀들, 에른스트 Jandl, Ernst 131, 309, 323-8
어수갑 491, 593
에르프, 엘케 Erb, Elke 329-36
에카르트, 가브리엘레 Eckhart, Gabriele 337-9
에카르트 선사 Meister Eckhart 81, 84
엔들러, 아돌프 Endler, Adolf 377
엔첸스베르거, 한스 마그누스 Enzensberger, Hans Magnus 341-59, 513
엥겔스, 프리드리히 Engels, Friedrich 278
예수 그리스도 388
옌취, 베른트 Jentzsch, Bernd 377

오규원 534
오스본, 존 Osborne, John 343
오제명 429
올레신스키, 브리기테 Oleschinski, Brigitte 361-4
욀체, F. W. Oelze, F. W. 199
윤노빈 21, 593
이광복 595
이경자 228
이택권 9, 595

자파, 프랭크 Zappa, Frank 89f
장희창 595
전영애 595
재거, 믹 Jagger Mick 79
죌너, 베르너 Söllner, Werner 365-9
주네, 장 Genét, Jean 371

차범근 31, 33
차파예프 418
찰, 페터 파울 Zahl, Peter Paul 371-6, 513
채연숙 595
채플린, 찰리 Chaplin, Charlie 494
체홉스키, 하인츠 Czechowski, Heinz 377-84
첼란, 파울 Celan, Paul 385-94, 534, 595
천상병 497

추크마이어, 카를 Zuckmayer, Carl 273

카르준케, 야크 Karsunke, Yaak 395-400
카베, 에치엔느 Cabet, Étienne 298
카프카, 프란츠 Kafka, Franz 421
칼라우, 하인츠 Kahlau, Heinz 401-5
코에펜, 볼프강 Koeppen, Wolfgang 489
콘라디, 카를 오토 Conrady, Karl Otto 399, 593
콜베, 우베 Kolbe, Uwe 339
쿠네르트, 귄터 Kunert, Günter 145, 278, 407-14, 543, 594
쿠이비셰프 419
쿠자누스 Cusanus 9, 16,
쿤체, 라이너 Kunze, Reiner 415-20
쿨만, 크비린 Kuhlmann, Quirin 482, 485
크라우스, 카를 Kraus, Karl 194
크레프트너, 헤르타 Kräftner, Herta 421-4
크레헬, 우르줄라 Krechel, Ursula 425-9
크로미크, 레지 Chromik Resi 431-3
크뤼거, 미하엘 Krüger, Michael 435-7
클라분트 Klabund 197
클라이스트, 하인리히 폰 Kleist, Heinrich von 399, 482 485
키루프 418
키르쉬, 라이너 Kirsch, Rainer 439
키르쉬, 자라 Kirsch, Sarah 164, 175, 377, 439-47
키르스텐, 불프 Kirsten, Wulf 377
키부스, 카린 Kuwus. Karin 449-54

타샤우, 하넬리스 Taschau, Hannelies 455-61
테니오르, 랄프 Thenior, Ralf 463-9, 594
테오발디, 위르겐 Theobaldy, Jürgen 471-9
테오프라스토스 Theoprastos 581ff, 584
퇴르네, 폴커 폰 Törne, Volker von 481-7
투콜스키, 쿠르트 Tucholsky, Kurt 127
트라이헬, 한스-울리히 Treichel, Hans-Ulrich 489-96

파라켈수스 Paracelsus 114
파스빈더, 라이너 베르너 Fassbinder, Reiner Werner 191, 395

파스테르나크, 보리스 Pasternak, Boris 517
파우저, 외르크 Fauser, Jörg 497-501
파운드, 에즈라 Pound Ezra 527f
페르메어, 얀 Vermeer, Jan 352
펠스, 루드비히 Fels, Ludwig 503-6
펨페르트, 프란츠 Pfempfert, Franz 322
포겔바이데, 발터 폰 Vogelweide, Walther von 482, 485
포티에, 유진 Pottier, Eugène 399f
퓌만, 프란츠 Fühmann, Franz 444
프랑클, 빅토어 Frankl Viktor 421
프로이트, 지그문트 Freud 17
프루동 피에르 조셉 Proudhon, P. J. 108
프리드리히, 후고 Friedrich, Hugo 595
프리쉬, 막스 Frisch, Max 179
프리트, 에리히 Fried, Erich 323, 507-16
프리트렌더, 자울 Friedländer, Saul 333
플라톤 Platon 582
피노체트 아구스토, Pinochet Ugarto A. J. 74
피트라스, 리하르트 Pietrass, Richard 517-20
피히테, 요한 고트립 Fichte, Johann Gottlieb 409

하라, 빅토르 Jara, Viktor 487
하버니히, 요젭 Habernig, Joseph 81
하우크, 루드비히 Haugk, Ludwig 271, 593
하우프스, 롤프 Haufs, Rolf 521-4
하우프트만, 게어하르트 Hauptmann, Gerhart 383
하이네, 하인리히 Heine, Heinrich 483, 485f
하이데거, 마르틴 Heidegger, Martin 179, 318
하이센뷔텔, 헬무트 Heißenbüttel, Helmut 187
하이제, 한스 위르겐 Heise, Hans Jürgen 525-9
하인, 크리스토프 Hein, Christoph 304
하켈, 헤르만 Hakel, Hermann 421
하펠, 리오바 Happel, Lioba 531-5
한, 울라 Hahn Ulla 537-47
한스만, 마르가레테 Hannsmann, Margarete 549-51
한트케, 페터 Handke, Peter 213
한하운 81
헤겔, 게오르크 빌헬름 프리드리히 Hegel G. W. Fr. 113, 194, 409
헤라클레이토스 Heraklit 194

헤름린, 슈테판 Hermlin, Stephan 538, 543, 553-9
헤어부르거, 귄터 Herburger, Günter 513, 561-6
헤어초크, 베르너 Herzog, Werner 191
헤켈, 에른스트 Haeckel, Ernst 501
헨젤, 케르스틴 Hensel, Kerstin 567-71
헵벨, 프리드리히 Hebbel, Friedrich 99
호라티우스 Horaz 404
호메로스 Homer 96
호프만, 디터 Hoffmann, Dieter 182, 199, 210, 313, 420, 444, 566, 593

휠덜린, 프리드리히 Hölderlin, Friedrich 133f, 265, 357, 391, 483, 485, 522f
휠러러, 발터 Höllerer, Walter 71, 213
후헬, 페터 Huchel, Peter 573-85
휘트먼, 월트 Whitman, Walt 288
히벨, 한스 Hiebel, Hans 200, 278, 352, 392, 495, 594
히틀러, 아돌프 Hitler, Adolf 275, 400, 405, 507
힐데스하이머, 볼프강 Hildesheimer, Wolfgang 173
힐레브란트, 브루노 Hillebrand, Bruno 587-91